Hans-Herbert Krieg

Der Tausch ›Schulden gegen Umwelt‹

D1996303

Hochschulschriften

Band 11

Wissenschaftlicher Beirat

Heinrich Bortis, Fribourg - Harald Hagemann, Stuttgart-Hohenheim - Peter Kalmbach, Bremen - Jürgen Kromphardt, Berlin - Heinz D. Kurz, Graz - Kazimierz Laski, Wien - Hajo Riese, Berlin - Kurt W. Rothschild, Wien - Bertram Schefold, Frankfurt - Heinz Peter Spahn, Stuttgart-Hohenheim

Hans-Herbert Krieg

Der Tausch ›Schulden gegen Umwelt‹

Ein Beitrag
zur Lösung der Schuldenkrise und
Umweltkrise der Weltwirtschaft

Metropolis-Verlag
Marburg 1992

Die Deutsche Bibliothek - CIP-Einheitsaufnahme

Krieg, Hans-Herbert:
Der Tausch ›Schulden gegen Umwelt‹: Ein Beitrag zur Lösung der Schuldenkrise und Umweltkrise der Weltwirtschaft / Krieg, Hans-Herbert. -
Marburg: Metropolis-Verl., 1992
(Hochschulschriften ; Bd. 11)
Zugl.: Frankfurt, Univ., Diss., 1992
ISBN 3-926570-68-7
NE: GT

Metropolis-Verlag für Ökonomie, Gesellschaft und Politik GmbH
Postfach 1748, D-3550 Marburg
Copyright: Metropolis-Verlag, Marburg 1992
Alle Rechte vorbehalten
Druck: Difo-Druck, Bamberg

ISBN 3-926570-68-7

Vorwort

Die vorliegende Arbeit wurde im Juni 1992 vom Fachbereich Wirtschaftswissenschaften der Johann Wolfgang Goethe - Universität Frankfurt am Main als Dissertation angenommen.

Meinem Doktorvater Herrn Prof. Dr. Hermann Sautter und meinem Zweitgutachter Herrn Prof. Dr. Joachim Mitschke möchte ich an dieser Stelle für die Diskussionen und Anregungen sowie ihre über die fachliche Betreuung hinausgehende Unterstützung herzlich danken.

Die zentrale Idee der Untersuchung, die beiden Problembereiche "Schuldenkrise" und "globale Umweltzerstörung" in einem simultanen Lösungsansatz zu verbinden, entstand 1983 in einer Zeit, in der die Verschuldung der "Dritten Welt" von den meisten Ökonomen als die herausragende Gefahr für die gesamte Weltwirtschaft gesehen wurde. Dagegen spielten globale Umweltprobleme, wie der anthropogene Treibhauseffekt und die Zerstörung der Ozonschicht in der ökonomischen Diskussion noch kaum eine Rolle. In der Zwischenzeit hat sich dieses Verhältnis umgekehrt, jedoch ohne daß die Schuldenkrise "wirklich" gelöst wäre. Dieser Wandel dokumentiert sich nicht zuletzt in der Bedeutung, die der vom 1. bis 12. Juni 1992 stattfindenden UNO-Umweltkonferenz in Rio de Janeiro sowohl in den "reichen" Industrieländern als auch in den "armen" Ländern der "Dritten Welt" für die Entwicklung der Welt als Ganzes beigemessen wird. Wichtigster Punkt der Tagesordnung ist die Verständigung über eine "Klima-Konvention", die den Rahmen für die zukünftigen Aktivitäten zur Begrenzung der weltweiten Emission des Treibhausgases Kohlendioxid bilden soll.

Die vorliegende Analyse zeigt am Beispiel des anthropogenen Treibhauseffekts Wege auf, wie Maßnahmen zur Erhaltung globaler Gemeinschaftsgüter in Ländern der "Dritten Welt" unter den durch die Schuldenkrise gesetzten Restriktionen finanziert werden können. Im Kern der Lösungsvorschläge steht der Tausch von "Schulden" gegen "Verfügungsrechte über Naturvermögen". In diesem Zusammenhang werden Möglichkeiten zur Operationalisierung von Verfügungsrechten über Naturvermögen erörtert, so daß ein internationaler Handel mit "Umwelt" stattfinden kann und damit ein Ausgleich der relativen Ausstattungs- und Nachfrageunterschiede im Umweltbereich auf Länderebene herbeigeführt wird.

Usingen, im Juni 1992

Inhaltsverzeichnis

Seite

Verzeichnis der Grafiken und Übersichten

Grafik

Übersicht

0. Einleitung

"Specialists who never look beyond their own domain are apt to see things out of true proportion; much of the knowledge they get together is of comparatively little use; they work away at the details of old problems which have lost most of their significance and have been supplanted by new questions rising out of new points of view; and they fail to gain that large illumination which the progress of every science throws by comparison and analogy on those around it."

Alfred Marshall

0.1. Problemstellung

Die Diskussion des Verhältnisses zwischen Industrie- und Entwicklungsländern hat sich in den letzten Jahren zunehmend der beiden Problembereiche "Schulden" und "Umwelt" angenommen. Ein wichtiger Diskussionspunkt ist die Frage, ob und wenn ja, welche **kausalen Verbindungen** zwischen der Verschuldung der Entwicklungsländer und der dramatisch fortschreitenden Umweltzerstörung in den Entwicklungsländern bestehen. Zwei (grundsätzlich konträre) Standpunkte werden von denjenigen vertreten, die eine Verbindung sehen:

(1) Insbesondere die auslandskreditfinanzierten Großprojekte dienen der "ökonomischen Inwertsetzung" noch intakter Naturräume ohne Rücksichtnahme auf die ökologischen Auswirkungen.[1)]

---

1) Diesen Standpunkt nimmt z.B. Altvater in seiner Analyse der Schuldenkrise und der ökologischen Gefährdung für den Fall Brasilien vollständig ein.
Altvater, Elmar: Sachzwang Weltmarkt - Verschuldungskrise, blockierte Industrialisierung und ökologische Gefährdung - der Fall Brasilien, Hamburg 1987.

(2) Ein verminderter Zufluß von Auslandskapital, der dazu zwingt Schuldendienst real leisten zu müssen, führt zu einer größeren "Naturintensität" der Produktion. Der Produktionsfaktor Kapital wird durch den Produktionsfaktor Natur ersetzt.[2)]

Der zweite Standpunkt ist in der Diskussion dominierend. Es werden vor allem zwei Varianten genannt:

(2a) Die Exporte natürlicher Ressourcen in Form von Rohstoffen werden gesteigert, um mit den Devisenerlösen den Schuldendienst leisten zu können.

(2b) Bei der industriellen, einschließlich der agro-industriellen Produktion werden Umweltschutzmaßnahmen unterlassen und Produktionsverfahren ohne jede Prüfung der Umweltverträglichkeit angewendet, um Kosten zu senken und damit Kapital zu sparen.

Darüberhinaus gewinnt eine dritte Variante zunehmend an Bedeutung:

(2c) In den Industrieländern "unerwünschte" Abfälle werden von Entwicklungsländern gegen Bezahlung übernommen. Die Entwicklungsländer exportieren "Deponieraum", um - wie bei Variante (2a) - mit den Devisenerlösen

---

2) Dieser Standpunkt wird u.a. auch im Brundtland-Bericht und von der Enquete-Kommission "Vorsorge zum Schutz der Erdatmosphäre" vertreten.

"*Die Schuldenkrise bleibt für die internationale Finanzstabilität eine Bedrohung, aber den größten Einfluß hat sie bisher auf den Entwicklungsprozeß genommen sowohl in wirtschaftlicher wie in ökologischer Hinsicht.*" (Brundtland-Bericht)

"*Eine der wesentlichen Ursachen der Tropenwaldvernichtung liegt in der sich verschärfenden Schuldenbelastung vieler Tropenwaldländer. Der Zwang zur Devisenbeschaffung für Zins- und Tilgungszahlungen führt zur zunehmenden Übernutzung der tropischen Wälder.*" (Enquete-Kommission)

Beispiele zum Zusammenhang von "Schuldenkrise und Umweltschutz" werden von Schumann gegeben: "*Es wird versucht* (von den Schuldnerländern in der Dritten Welt, A.d.V.), *durch rigorose und intensivste Nutzung der natürlichen Ressourcen diesen Verbindlichkeiten nachzukommen. Die Produktion von agrarischen Exportgütern wird forciert. Dazu werden großflächige Anbaumethoden angewandt (z.B. Soja-Anbau als "cash-crop"). Damit werden auch die tropischen Regenwälder in alarmierendem Umfang gefährdet, die landwirtschaftlich, bergbaumäßig oder energiewirtschaftlich genutzt werden sollen (Carajás-Projekt und Xingu-Staudamm in Brasilien, aber auch indisches Flußentwicklungsprogramm u. a.).*"

Hauff, Volker: Unsere gemeinsame Zukunft - Der Brundtland-Bericht der Weltkommission für Umwelt und Entwicklung, Greven 1987, S. 76.

Enquete-Kommission "Vorsorge zum Schutz der Erdatmosphäre": Schutz der tropischen Wälder (zweiter Zwischenbericht), Bonn 1990, S. 856.

Schumann, Hartmut: Schuldenkrise und Umweltschutz, in: Europa-Archiv, Folge 1 / 1991, S. 17 - 26, hier: S. 19.

den Schuldendienst leisten zu können.[3]

Die Umweltzerstörung in den Entwicklungsländern kann die **Wohlfahrt in den Industrieländern** auf zwei Arten beeinträchtigen:

(1) Die Wohlfahrt in den Entwicklungsländern geht als Argument in die Wohlfahrtsfunktion der Industrieländer ein. Eine umweltbedingte Beeinträchtigung der Lebensumstände in den Entwicklungsländern mindert die Wohlfahrt in den Industrieländern. Dies ist (zumindest im Rahmen der neoklassischen Wohlfahrtstheorie) die typische Situation, um "unentgeltliche Hilfe" zu leisten mit dem Ziel, die eigene Wohlfahrt durch Wohlfahrtsgewinne der anderen zu steigern.

(2) Entwicklungsländer und Industrieländer sind durch "globale Gemeinschaftsgüter", die ihre Ursache in den natürlichen Gegebenheiten der Erde haben, miteinander verbunden.[4] Bei solchen Gemeinschaftsgütern handelt es sich prinzipiell entweder
- um "Raritäten der Natur", wie tierische und pflanzliche Lebewesen, die zumeist in einer ökologischen Nische existieren (bekanntestes Beispiel ist der Panda-Bär) und auch um ganze Ökosysteme von globaler Bedeutung (beispielsweise die tropischen Regenwälder Madagaskars)
oder
- um die "Auswirkungen ökologischer Kreisläufe", wie eine bestimmte Ausprägung des Klimas (insbesondere Temperatur und Niederschläge) und wie den Strahlenschutz der stratosphärischen Ozonschicht.
Von Entwicklungsländern verursachte Beeinträchtigungen solcher Gemeinschaftsgüter gehen in Form (empfangener) negativer externer Effekte in die Wohlfahrtsfunktion der Industrieländer ein. Die Gemeinschaftsgüter als

---

3) Zur Problematik der Giftmüllexporte in Entwicklungsländer vgl. den Beitrag von Lahl / Zeschmar.
Lahl, Uwe / Barbara Zeschmar: Die große Verschiebung - der internationale Giftmüllverkehr, in: Peter Cornelius Mayer-Tasch (Hrsg.): Die Luft hat keine Grenzen, Frankfurt 1986, S. 184 - 204.
4) Für diese Art von Gütern finden sich in der Literatur auch die folgenden (weitgehend) synonymen Bezeichnungen:
- Common-Property Resources
- Common-Pool-Properties
- Global Commons
- Gemeinnutzungsressourcen
- Internationale (oder globale) öffentliche Güter
- Gemeinsames Erbe der Menschheit

Argument in der Wohlfahrtsfunktion der Industrieländer verlieren in Höhe der externen Effekte an Wert. Eine Verbesserung der Wohlfahrt ist für die Industrieländer durch eine finanzielle "Kompensation" der Entwicklungsländer im Austausch für eine Einschränkung der Nutzung der Gemeinschaftsgüter seitens der Entwicklungsländer möglich.

Die Rodung der tropischen Regenwälder beeinträchtigt beide genannten Formen von Gemeinschaftsgütern. Zum einen beheimatet der tropische Regenwald nach verschiedenen Schätzungen bis zu 90 % aller Arten von Lebewesen der Erde und zum anderen ist der Regenwald ein wichtiger Einflußfaktor z.B. des globalen Kohlenstoffkreislaufs und des Wasserkreislaufs und damit auch des globalen Klimas.[5)]
Betrachtet man zunächst einmal nur die Funktion des Regenwaldes als Kohlenstoffspeicher, dann drängt sich die Frage auf, ob die Industrieländer im Alleingang durch eine Begrenzung der bei der Energieerzeugung entstehenden Kohlendioxidemissionen die das **Gemeinschaftsgut "Klima"** schädigende Überbeanspruchung des globalen Kohlenstoffkreislaufs im gewünschten Maße zurückführen können. In jedem Fall gilt, je größer das Ausmaß der Vernichtung des Kohlenstoffspeichers "tropischer Regenwald", desto einschneidender müssen die Maßnahmen zur Einschränkung der Kohlendioxidemissionen in den Industrieländern sein, wenn die Konzentration von Kohlendioxid in der Atmosphäre nicht in dem Ausmaß wie bisher steigen soll. Die Erhaltung der tropischen Regenwälder hat für die Industrieländer offensichtlich einen (Tausch-) Wert, der mindestens den Kosten der alternativ erforderlichen Maßnahmen zur Einschränkung der Kohlendioxidemissionen in den Industrieländern entspricht. Schuldnerländer, die über tropischen Regenwald verfügen, können den Industrieländern im **Tausch für Schulden** die Erhaltung von Regenwäldern anbieten. Für eine solche Transaktion hat sich inzwischen die Bezeichnung "Debt-(for-)Nature swap" bzw. "Tausch Schulden gegen Umwelt" etabliert.

Die Erhaltung der tropischen Regenwälder ist jedoch nur eine erste Maßnahme zur Stabilisierung des globalen Kohlenstoffkreislaufs, die in Entwicklungsländern ansetzt. Der **Schwerpunkt zukünftiger Aktivitäten** muß der Vermeidung des erwarteten starken Anstiegs der Kohlendioxidemissionen bei der Energiegewinnung in Entwicklungsländern gelten. Der gewaltige Nachholbedarf an Energiedienstleistungen in Entwicklungsländern darf nicht durch eine

---

5) Vgl. hierzu die Ausführungen des Kapitels 6. "Ökologische Beziehungen zwischen Ländern", S. 209 f.

Energieerzeugung befriedigt werden, die eine auch nur annähernd so hohe Emissionsintensität aufweist wie der Durchschnitt der heutigen Verfahren.[6)]
Wie können Industrieländer auf die Kohlendioxidemissionen bei der Energieerzeugung in Entwicklungsländern Einfluß nehmen?
Ausgangspunkt der Überlegungen muß sein, daß Entwicklungsländer souveräne Staaten sind, die wie die Industrieländer allein dem Völkerrecht unterworfen sind. Völkerrechtliche Regelungen werden nicht von einer "Weltregierung" geschaffen und durchgesetzt, sondern sind das Ergebnis von Verhandlungen zwischen gleichberechtigten Staaten. Eine **Verhandlungslösung** von Umweltproblemen setzt die Existenz von Verfügungsrechten als Gegenstand der Verhandlungen voraus. Tatsächlich hat jedes Land das ("Gewohnheits"-)Recht, soviel Kohlendioxid zu emittieren, wie es will. Wenn die Industrieländer eine Einschränkung der Kohlendioxidemission in den Entwicklungsländern wünschen, dann muß den Entwicklungsländern eine Gegenleistung ("**Kompensation**") für den Verzicht auf eine uneingeschränkte Kohlendioxidemission angeboten werden. Anders formuliert: Die Entwicklungsländer müssen für den Verzicht auf eine emissionsintensive und damit aus ihrer Sicht billige Energieproduktion von den Industrieländern entschädigt (oder "kompensiert") werden. Die Kompensation kann in Form eines "Schuldenerlasses" erfolgen und ebenfalls als Tausch "Schulden gegen Umwelt" bezeichnet werden.
Solche Debt-nature swaps sind jedoch nur ein erster Schritt der Industrieländer, um den Entwicklungsländern zu dokumentieren, daß die Erhaltung der natürlichen Umwelt in den Entwicklungsländern für die Industrieländer einen Tauschwert besitzt.

Das **ursprüngliche Problem der Entwicklungsländer**, die Finanzierung der gewünschten Entwicklung, ist damit jedoch nicht gelöst. Im Gegenteil: Es werden zusätzlich Ansprüche an die Entwicklung gestellt. Die Entwicklung soll "umweltverträglich" sein. Für das Beispiel der Kohlendioxidemissionen heißt

---

6) Lediglich 15 % des kommerziellen Weltenergieverbrauchs entfällt auf Entwicklungsländer, obwohl etwa 75 % der Weltbevölkerung in Entwicklungsländern leben.
Bundesministerium für wirtschaftliche Zusammenarbeit: Siebenter Bericht zur Entwicklungspolitik der Bundesregierung, Bonn 1988, S. 26 / 27.
Zur Bedeutung der Entwicklungsländer für den zukünftigen Energieverbrauch der Welt vgl. die Ausführungen der Enquete-Kommission "Vorsorge zum Schutz der Erdatmosphäre". Die Kommission kommt zu dem Schluß, daß "*nur ein globales Absenken der Emissionen die erforderliche Reduktion der Konzentration in der Atmosphäre erbringen*" kann.
Enquete-Kommission "Vorsorge zum Schutz der Erdatmosphäre": Erster Zwischenbericht, Bundestags-Drucksache 11 / 3246, vom 2.11.1988, S. 232 - 268, Zitat: S. 248.

das, die Aufgabe besteht nicht nur in einer Verbesserung der Versorgung der Entwicklungsländer mit Energiedienstleistungen, sondern die Energiedienstleistungen sollen darüberhinaus mit möglichst geringen Kohlendioxidemissionen produziert werden. Damit diese Aufgabe bewältigt werden kann, müssen die Industrieländer als (Mit-)Nutznießer verminderter Kohlendioxidemissionen in den Entwicklungsländern die Zusatzkosten einer umweltverträglichen Entwicklung zumindest teilweise tragen (oder "kompensieren").

Diese Vorstellung - für das Unterlassen bestimmter, die Umwelt schädigende Aktivitäten dem Ausland Zahlungen zu leisten - gründet sich in eher abstrakten Überlegungen der ökonomischen Allokationstheorie, die insbesondere den wirtschaftspolitischen Entscheidungsträgern in den Industrieländern nicht attraktiv genug erscheinen, um damit Wähler zu gewinnen. Der Tausch "Schulden gegen Umwelt" kann eine **hilfreiche Konstruktion** sein, um den Weg zur Durchführung solcher Kompensationszahlungen zu bereiten und damit der nationalen Umweltpolitik die Möglichkeit zur Einflußnahme auf weltweite Entwicklungen der natürlichen Umwelt mittels ökonomischer Anreize zu eröffnen.

0.2. Die Dimensionen der beiden Problembereiche "Verschuldung" und "Umwelt"

Die Dimensionen der Schuldenkrise:

Die gesamte Auslandsverschuldung der Entwicklungsländer beträgt im Jahr 1990 nach Angaben der Weltbank 1221 Mrd. US-$.7) Die Zinszahlungen der Entwicklungsländer für den Zeitraum von 1983 bis 1990 summieren sich auf 527 Mrd. US-$. Wenn man den Zinszahlungen den Nettozufluß neuer Kredite ("net flows on debt") gegenüberstellt, dann läßt sich für den Zeitraum von 1983 bis 1990 ein durch die Auslandsverschuldung verursachter Nettotransfer ("net transfers on debt") von 250 Mrd. US-$ ermitteln.8)

Grafik 1 (S. 15) zeigt die Entwicklung des Schuldenstandes und der Zinszahlungen der Entwicklungsländer für den Zeitraum von 1983 bis 1990.
Die zeitliche Entwicklung der absoluten Höhe der Verschuldung - Anstieg bis zum Jahr 1987, leichter Rückgang im Jahr 1988, in den beiden folgenden Jahren ein zunehmender Anstieg - gibt einen ersten Eindruck von der quantitativen Dimension der Schuldenkrise. Ein unmittelbarer Schluß von der zeitlichen Entwicklung der Schuldenhöhe auf die Entwicklung der Schuldenkrise ist jedoch nicht möglich. So kann der Rückgang der Verschuldung im Jahr 1988 sowohl durch eine reale Tilgung von Schulden aus "überschüssigen" Exporterlösen der Schuldnerländer bewirkt worden sein, was auf eine Entspannung der Schuldenkrise hindeutet, als auch durch einen zunehmenden Verlust an Kreditwürdigkeit, so daß die Gläubiger die Vergabe neuer Kredite weiter einschränkten, was - zumindest aus der Sicht der Schuldner - als eine Verschärfung der Schuldenkrise angesehen wird. Die jährlichen Zinszahlungen sind seit Beginn der Schuldenkrise nahezu konstant geblieben, obwohl die Verschuldung im gleichen Zeitraum um über 50 % gestiegen ist.

---

7) Die Angaben zur Verschuldung sind den "Debt Tables" der Weltbank entnommen.
Weltbank: World Debt Tables 1990 - 91, Washington D.C.

8) Zur Problematik der empirischen Ermittlung der "Nettotransfers" von Schuldnerländern vgl. die Ausführungen von Didszun. Die von der Weltbank ermittelten Nettotransfers berücksichtigen beispielsweise nicht die ausländischen Direktinvestitionen in Entwicklungsländern und einseitige Transferzahlungen aus dem Ausland.
Didszun, Klaus: On the Problem of Negative Net Financial Transfers to Developing Countries, in: Intereconomics, Heft 2 / 1990, S. 64 - 72.

Grafik 1: Entwicklung der Schulden und Zinszahlungen der Entwicklungsländer im Zeitraum 1983 - 1990 [1)]

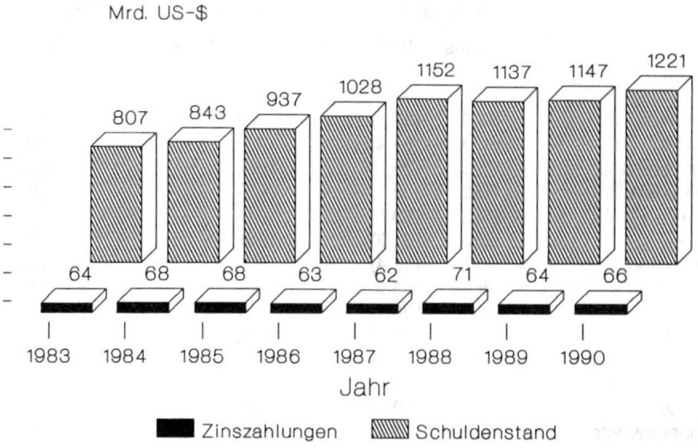

1) Die Angaben sind den "Debt Tables" der Weltbank entnommen und beziehen sich auf die gesamte Bruttoverschuldung der Entwicklungsländer.
Weltbank: World Debt Tables 1990 - 91, Volume 1 - Analysis and Summary Tables, Washington D.C.

Da sich Zahlen in der Größenordnung von Milliarden US-$ bzw. DM dem Vorstellungsvermögen weitgehend entziehen, ist eine Relativierung durch die Bildung von Kennziffern und ein Vergleich mit Zahlen aus anderen Bereichen ein wichtiges Hilfsmittel zur Verdeutlichung der Größenordnung der Verschuldung.

In Übersicht 1 (S. 16) sind zwei Kennziffern - der Schuldenstand in Prozent des Bruttosozialprodukts (BSP) und die Schulden pro Kopf der Bevölkerung in US-$ - für ausgewählte Entwicklungs- und Schwellenländer wiedergegeben. Als Indikator für die wirtschaftliche Leistungsfähigkeit des jeweiligen Landes wird zusätzlich das BSP pro Kopf der Bevölkerung aufgeführt. Je geringer das BSP pro Kopf ist, desto schwerer wiegt die Last der Verschuldung für einen Schuldner bei gleichem Wert der Kennziffer "Schuldenstand in % des BSP". So ist anzunehmen, daß die Schuldenlast für Indonesien (wesentlich) größer ist als für Argentinien, obwohl der Schuldenstand in % des BSP für beide Länder nahezu gleich ist (67,1 % bzw. 66,2 %).

Übersicht 1: Kennziffern zur Verschuldung ausgewählter Entwicklungs- und Schwellenländer im Jahre 1988

	Schuldenstand in % des BSP 1)		Schulden pro Kopf in US-$ 2)	BSP pro Kopf in US-$ 3)
Amerika				
Brasilien	33,8	(37,1)	801	2160
Mexico	60,9	(68,4)	1204	1760
Argentinien	66,2	(74,0)	1864	2520
Venezuela	60,5	(58,1)	1887	3250
Peru	96,2	(70,6)	918	1300
Chile	96,0	(101,3)	1530	1510
Kolumbien	46,7	(45,4)	536	1180
Ecuador	108,2	(95,0)	1064	1120
Bolivien	134,1	(138,1)	787	570
Guyana	525,7	(500,0)	2100	420
Afrika				
Nigeria	114,7	(100,0)	290	290
Elfenbeinküste	139,6	(162,1)	1248	770
Sudan	143,2	(104,7)	503	480
Zaire	94,9	(154,0)	262	170
Kongo	217,3	(217,6)	1980	910
Madagaskar	155,8	(175,6)	334	190
Gabun	101,9	(85,7)	2545	2970
Kamerun	33,9	(37,3)	377	1010
Ägypten	175,2	(149,4)	986	660
Asien				
Indien	21,4	(20,6)	70	340
Indonesien	67,1	(68,6)	302	440
China	11,4	(11,8)	39	330
Philippinen	74,8	(77,3)	487	630
Thailand	37,2	(40,0)	400	1000
Malaysia	62,3	(62,2)	1207	1940
Bangladesch	55,4	(56,1)	95	170
Papua Neu-Guinea	66,5	(76,5)	620	810
Laos	155,7	(117,4)	211	180
Burma	38,0	-	110	290 4)
Zum Vergleich:				
USA	-	(7,2)	1421 5)	19840

	Nettogeldvermögen der pr. Haushalte in % des BSP	Nettogeldvermögen der pr. Haushalte pro Kopf in US-$	BSP pro Kopf in US-$
BRD	≈110 6)	20300 6)	18480 7)

(Fußnoten zur Übersicht 1 auf der nächsten Seite)

Fußnoten zur Übersicht 1:

1) Die erste Zahl ist (direkt) den "Debt Tables" der Weltbank entnommen. Die zweite Zahl (in Klammern) ist als Quotient der Angabe in Spalte 2 (Schulden pro Kopf in US-$) und der Angabe in Spalte 3 (BSP pro Kopf in US-$) berechnet. Die Differenz zwischen beiden Zahlen resultiert aus der unterschiedlichen Umrechnung des BSP von heimischer Währung in US-$. Die Umrechnung in den "Debt Tables" erfolgt mit dem durchschnittlichen Wechselkurs des betreffenden Jahres. (Vgl. World Debt Tables 1990 - 91, S. xiii.) Zur Umrechnung des BSP in Spalte 3 vergleiche Fußnote 3.
2) Die Angaben über den Schuldenstand sind den "Debt Tables", die Angaben über die Bevölkerung dem "Weltentwicklungsbericht" der Weltbank entnommen.
3) Die Angaben zum Bruttosozialprodukt (BSP) pro Kopf sind (direkt) dem Weltentwicklungsbericht der Weltbank entnommen. Die Umrechnung des BSP von heimischer Währung in US-$ erfolgt nach dem "Atlas-Verfahren". "*Der Atlas-Umrechnungsfaktor für jedes Jahr besteht aus dem Durchschnitt der Wechselkurse für das jeweilige und die beiden vorhergehenden Jahre, die um das Verhältnis der Inflationsraten des betreffenden Landes und der Vereinigten Staaten bereinigt worden sind.*" (Weltentwicklungsbericht 1990, S. 288.)
4) Da der Weltentwicklungsbericht 1990 für Burma keine Angabe zum BSP pro Kopf enthält, wurde diese Zahl aus der in den Debt Tables veröffentlichten Angabe für das BSP (11,602 Mrd. US-$) und der Bevölkerungszahl aus dem Weltentwicklungsbericht (40,0 Mio. Einwohner) berechnet.
5) Nettoauslandsverbindlichkeiten der USA pro Kopf der Bevölkerung. Eigene Berechnung auf der Grundlage von Daten der OECD über die Forderungen (1988: 746,279 Mrd. US-$) und Verbindlichkeiten (1988: 1096,173 Mrd. US-$) der USA sowie der Bevölkerungszahl (246,3 Mio. Einwohner) aus dem Weltentwicklungsbericht 1990.
6) Eigene Berechnungen auf der Grundlage der Finanzierungsrechnung der Deutschen Bundesbank.
7) Diese Angabe ist dem Weltentwicklungsbericht der Weltbank entnommen.

Deutsche Bundesbank: Zahlenübersichten und methodische Erläuterungen zur gesamtwirtschaftlichen Finanzierungsrechnung der Deutschen Bundesbank, Sonderdrucke der Deutschen Bundesbank Nr. 4, 1988 sowie spätere Ergänzungslieferungen.
OECD: Financial Statistics Part 2 - Financial Accounts of OECD Countries / United States 1974/1989, Paris 1991.
Weltbank: World Debt Tables 1990 - 91, Volume 2. Country Tables, Washington D.C. 1991.
Weltbank: Weltentwicklungsbericht 1990, Washington D.C. 1990.

Als direkte Vergleichsgrößen werden Kennziffern der beiden Industrieländer USA und BRD herangezogen. Obwohl die USA mit einer (Netto-)Auslandsverschuldung von ca. 350 Mrd. US-$ absolut gesehen das Land mit der bei weitem höchsten Auslandsverschuldung sind (es folgt Brasilien mit 116 Mrd. US-$ im Jahr 1988), beträgt der Schuldenstand lediglich 7,2 % des BSP und die Schulden pro Kopf der Bevölkerung erreichen 1421 US-$. Auch ein Vergleich mit dem "Nettogeldvermögen der privaten Haushalte in % des BSP" für die Bundesrepublik läßt die Dimensionen der Verschuldung deutlicher werden. Der Anteil des Nettogeldvermögens der privaten Haushalte am BSP von 110 % in der Bundesrepublik gibt eine Vorstellung vom relativen Ausmaß der "wirtschaftlichen Anstrengung", die die privaten Haushalte in Ecuador (Schuldenstand 108 % des BSP) oder in Nigeria (Schuldenstand 114 % des BSP) erbringen müßten, um die Verschuldung vollständig abzubauen.

Auch aus anderen Bereichen sollen einige Zahlen zum Vergleich genannt werden:

- Die gesamte Auslandsverschuldung der Entwicklungs- und Schwellenländer im Jahr 1990 (1221 Mrd. US-$) entspricht etwa dem Bruttosozialprodukt der Bundesrepublik im Jahr 1988 (1202 Mrd. US-$).[9)]

- Die weltweiten Verluste an den Börsen am "Schwarzen Montag" (19. und 20.10.1987) erreichten weltweit fast 2000 Mrd. US-$ und waren damit annähernd doppelt so hoch wie die Auslandsverschuldung der Entwicklungs- und Schwellenländer im gleichen Jahr.[10)]

- Die Ausgaben der Welt für militärische Zwecke betrugen 1985 mehr als 900 Mrd. US-$ und waren damit höher als die Auslandsverschuldung der Entwicklungs- und Schwellenländer im gleichen Jahr.[11)]

- Die Kosten des ersten Golf-Kriegs werden für den Iran auf mindestens 500 Mrd. US-$ und für den Irak auf etwa 240 Mrd. US-$ geschätzt.[12)] Dies entspricht weit mehr als die Hälfte der Auslandsverschuldung der Entwicklungs- und Schwellenländer im Jahr 1990.

- Die Kosten des zweiten Golf-Krieges belaufen sich für die USA nach eigenen Angaben auf 54 Mrd. US-$, was fast den jährlichen Zinszahlungen auf die gesamte Auslandsverschuldung der Entwicklungs- und Schwellenländer entspricht.

---

9) OECD: Economic Surveys - Germany 1990/91, Paris 1991, S. 179.

10) Bobinger, Manfred / Wolfram Schubert: Falsche Hochrechnung, in: Wirtschaftswoche Nr. 45 / 1987, S. 120 - 124.

11) Hauff, Volker: Unsere gemeinsame Zukunft ... S. 299.

12) o.V.: Folgekosten behindern am Golf den Wiederaufbau, in: Handelsblatt vom 25.7.1988.

Die Dimensionen der Schuldenkrise werden jedoch mit Zahlen nur unvollständig erfaßt, woran der Inhalt folgender beiden kleinen Zeitungsmeldungen erinnern sollte:

Bei Banküberfällen in Mexiko und Brasilien jubelt die Bevölkerung den Bankräubern zu. Die mexikanischen Bankräuber erklärten: "*Wir sind alles arme Bauern. Wir brauchen das Geld für unsere Familien wegen der Wirtschaftskrise.*" Tausende von Bewohnern der Stadt Los Mochis versammelten sich vor der Bank, drängten die Polizei ab und riefen, "*laßt sie laufen*". Nach den Bankräubern wurde nach geglückter Flucht mit einem Großaufgebot von über tausend Beamten, unterstützt von Hubschraubern und Aufklärungsflugzeugen gefahndet.[13)]
Die brasilianischen Bankräuber gaben an, daß die Wirtschaftkrise sie zu ihrem ersten Banküberfall gezwungen habe. "*Wir haben uns die staatliche Bank ausgesucht, weil das Geld der Nation und nicht irgendeiner Einzelperson gehört.*" Die Bankräuber stellten ihren Geiseln - einem Geistlichen und einer Nonne - Cruzeiros im Werte von 17000 Dollar für ein Vorschulprogramm und ein Programm für benachteiligte Kinder zur Verfügung.[14)]

Die Dimensionen der Umweltkrise:

Charakteristisch für die Umweltkrise ist die Vielfalt der Gefährdungen, die als Folge unvorhersehbarer Entwicklungen - wie zuletzt das Entstehen des Ozonlochs - ständig zunimmt.

Die Dimensionen der Umweltkrise sollen exemplarisch anhand von drei zur Zeit besonders intensiv diskutierten globalen Umweltproblemen aufgezeigt werden:

- Auf der Dringlichkeitsskala der weltweiten Umweltgefährdungen ganz oben steht die Aufheizung der Atmosphäre als Folge anthropogener Emissionen klimawirksamer Spurengase. Die möglichen Auswirkungen eines globalen Temperaturanstiegs, wie Überflutungen der Küstenregionen, Verschiebung von Klimazonen und damit Verlust von landwirtschaftlicher Nutzfläche nimmt

---

13) o.V.: Bevölkerung von Los Mochis jubelte Bankräubern zu, in: Die Welt vom 23.4.88, S. 24.
14) o.V.: Bevölkerung bejubelte Flucht der Bankräuber, in: Frankfurter Rundschau am Abend vom 9.6.88, S. 1.

Ulrich Beck zum Ausgangspunkt des folgenden Szenarios:
"*Die Ärmsten der Welt wird es am schlimmsten treffen. Sie werden sich am wenigsten der Veränderung der Umwelt anpassen können. Wer sich aber um seine Existenzgrundlage gebracht sieht, der wird dem Ort des Elends entfliehen. Wahre Völkerwanderungen von Ökoflüchtlingen und Klima-Asylanten werden den reichen Norden überfluten; Krisen der Dritten und Vierten Welt könnten zu Kriegen eskalieren.*"[15)]

Die Existenz von Umweltflüchtlingen ist allerdings schon Realität.
Nach einer Schätzung von Gunnar Hagman, einem Mitarbeiter des Genfer Henri-Dunant-Instituts, gibt es zur Zeit 500 Mio. Umweltflüchtlinge fast ausschließlich in der Dritten Welt. Bei einer Fortsetzung der gegenwärtigen Tendenz könnte es im Jahr 2000 eine Milliarde Umweltflüchtlinge geben. (Umweltflüchtlinge sind nach einer Definition des Umweltprogramms der Vereinten Nationen (UNEP) "*Menschen, die gezwungen wurden ihre traditionelle Umgebung vorübergehend oder dauerhaft zu verlassen, da Umweltschäden (seien diese natürlicher Art oder durch den Menschen ausgelöst) ihre Existenz in Gefahr brachten und/oder ihre Lebensqualität schwerwiegend beeinträchtigten*".)[16)]

- Eine zweite Umweltgefährdung von weltweitem Interesse geht von der Zerstörung der tropischen Regenwälder aus. Das Entwicklungsprogramm der Vereinten Nationen (UNDP) warnt:
  "*Nur eine atomare Katastrophe könnte die globalen Auswirkungen des Rückschreitens der tropischen Urwälder übertreffen... Zehn bis zwanzig Prozent tierischer und pflanzlicher Lebewesen werden um das Jahr 2000 herum von der Erde verschwunden sein... Die Lebensbedingungen der Menschheit verändern sich drastisch.*"[17)]
  Darüber hinaus wird durch die massive Abholzung und Brandrodung der Regenwälder Kohlendioxid freigesetzt und die Funktion der Regenwälder als ein

---

15) Beck, Ulrich: Risikogesellschaft - Überlebensfragen, Sozialstruktur und ökologische Aufklärung, in: Aus Politik und Zeitgeschichte - Beilage zur Wochenzeitschrift "Das Parlament", 36 / 1989, S. 3 - 13, hier: S. 9.

16) Hagman, Gunnar: Umweltzerstörung und Flüchtlingsströme, in: epd-Entwicklungspolitik: Materialien V / 1987, S. 62 - 75.
Dort findet sich auch die Definition von Umweltflüchtlingen als ein Zitat aus einer (nicht näher genannten) Veröffentlichung des UNEP.

17) UNDP: Presse Kommunique des UNDP vom 25.6.1987, Genf, S. 1.

Regulator des weltweiten Klimas beeinträchtigt, wodurch der Treibhauseffekt noch verstärkt wird.

- Eine bisher nur schwer einzuschätzende Gefahr für das gesamte Leben auf der Erde geht von dem sogenannten "Ozonloch" aus. Seit einigen Jahren wird während der Wintermonate über der Antarktis ein fast vollständiges Verschwinden des Ozons in der Stratosphäre beobachtet. Das stratosphärische Ozon wirkt für das Leben auf der Erde als Schutzschirm vor den lebensfeindlichen "harten" UV-Strahlen der Sonne. Eine Ausdehnung des Ozonlochs über die gesamte Erde würde alles der Sonnenstrahlung direkt ausgesetzte Leben vernichten. Jedoch sind auch schon von einem geringen Abbau des Ozons in der Stratosphäre Schädigungen von Zellen zu erwarten, die zu Mutationen, einer Schwächung der Fortpflanzungsfähigkeit und Hautkrebs führen können.

  Als Hauptursache des Ozonlochs wird die Emission von Fluorchlorkohlenwasserstoffen (FCKWs) in die Atmosphäre angesehen. Aufgrund ihrer hohen Stabilität können FCKWs eine Verweildauer in der Atmosphäre von bis zu 100 Jahren haben und in dieser langen Zeitspanne ihre zerstörerische Wirkung auf das Ozon entfalten, ohne daß der Mensch dies durch irgendwelche Maßnahmen verhindern könnte.

0.3. Gang der Untersuchung

Der Tausch "Schulden gegen Umwelt" soll gleichzeitig einen Beitrag zur Lösung der Schuldenkrise und der Umweltkrise der Weltwirtschaft leisten. Damit läßt sich der Tausch "Schulden gegen Umwelt" prinzipiell aus **zwei Blickwinkeln**, nämlich dem der Schuldenkrise und dem der Umweltkrise analysieren:

(1) Im Rahmen einer Arbeit über die Schuldenkrise ist der Tausch "Schulden gegen Umwelt" als ein **Vorschlag zur Lösung der Schuldenkrise** zu sehen.

(2) In einer Untersuchung der weltweiten Umweltprobleme ist der Tausch "Schulden gegen Umwelt" als ein **Instrument grenzüberschreitender Umweltpolitik** zu verstehen.

Die vorliegende Untersuchung versucht beide Aspekte zu erfassen.

Dabei steht im **ersten Hauptteil** die Schuldenkrise der Weltwirtschaft im Mittelpunkt der Analyse. Der Tausch "Schulden gegen Umwelt" wird als ein Weg (neben anderen) zur Lösung der Schuldenkrise gesehen.
Bevor über Ursachen und Wege zur Lösung der Schuldenkrise nachgedacht werden kann, muß eine Vorstellung darüber existieren, welche Rolle die Institution "Schulden" in der ökonomischen Theorie spielt. Diese Vorstellung soll im ersten Kapitel durch die Darstellung und die Diskussion unterschiedlicher "Ansätze zur Erklärung von Verschuldung" vermittelt werden.
Im zweiten Kapitel wird mit Hilfe eines stromökonomischen Verschuldungsmodells versucht, verschiedene "Stadien von Verschuldung" herauszuarbeiten und eine "Klassifizierung von Ländern unter dem Aspekt der Verschuldung" vorzunehmen.
Auf Grundlage der beiden ersten Kapitel werden im dritten Kapitel die "Ursachen der Schuldenkrise" erörtert.
Im vierten Kapitel sollen grundsätzliche "Wege aus der Schuldenkrise" gefunden werden. Ein grundsätzlich möglicher Weg - neben drei anderen Wegen - ist der "Tausch von Schulden gegen andere Passiva" (Schuldentausch, debt swap). Eine Variante des Schuldentauschs ist der Tausch "Schulden gegen Umwelt" (oder genauer: Schulden gegen Verfügungsrechte über Naturvermögen). An

dieser Stelle findet eine allgemeine Analyse des Schuldentauschs statt, die unmittelbare Grundlage der speziellen Analyse von Debt-Nature swaps im zweiten Hauptteil ist.
Im fünften Kapitel wird ein Resümee der Analyse der Schuldenkrise der Weltwirtschaft gegeben.

Im **zweiten Hauptteil** wird der Schwerpunkt auf die umweltökonomische Analyse des Tauschs "Schulden gegen Umwelt" gelegt. Der umweltökonomische Blickwinkel ist einzunehmen, so daß der Tausch "Schulden gegen Umwelt" als ein Instrument der Umweltpolitik verstanden werden kann.
Das sechste Kapitel (der gesamten Untersuchung) geht der Frage nach, welche "ökologischen Beziehungen zwischen Ländern" bestehen. Nicht zuletzt durch dieses "nicht-ökonomische" Kapitel soll der, durch das Zitat Alfred Marshalls gestellte Anspruch, über den Tellerrand der eigenen Disziplin zu blicken erfüllt werden.
Das Ergebnis dieses Ausflugs in die Naturwissenschaft wird im siebten Kapitel der ökonomischen Analyse zugänglich gemacht. An zwei Beispielen - der Rodung tropischer Regenwälder und der Emission von Kohlendioxid - wird gezeigt, wie der anthropogene Treibhauseffekt im Rahmen des Konzepts der externen Effekte erfaßt werden kann. Anschließend wird der Versuch unternommen, das Klima und die Unsicherheit über eine anthropogene Klimaänderung mit Hilfe des Gutsbegriffs in einem ökonomischen Modell zu analysieren.
Im achten Kapitel werden "die Voraussetzungen für einen Tausch Schulden gegen Umwelt" dargestellt und überprüft.
Das neunte Kapitel gibt zunächst einen Überblick der bisher schon praktizierten Debt-Nature swaps, um anschließend verschiedene Möglichkeiten zur Ausgestaltung von Debt-Nature swaps zu erörtern.
Ein Resümee des Tauschs "Schulden gegen Umwelt", einschließlich einer Prognose über die weitere Entwicklungsrichtung, schließt im zehnten Kapitel die Untersuchung ab.

Beide Hauptteile der Untersuchung sind so angelegt, daß einerseits zwar jeder Teil in sich geschlossen ist und mehr oder weniger als eigenständige Arbeit bestehen könnte, daß aber andererseits auch ein "roter Faden" durch die gesamte Untersuchung führt, die dadurch insgesamt mehr als die Summe ihrer beiden Teile ist.

Erster Teil: Die Schuldenkrise der Weltwirtschaft

"Und diese Liebe will ich Euch erweisen.
Geht mit mir zum Notarius, da zeichnet
Mir Eure Schuldverschreibung; und zum Spaß
Wenn Ihr mir nicht auf den bestimmten Tag,
An dem bestimmten Ort, die und die Summe,
Wie der Vertrag nun lautet, wiederzahlt:
Laßt uns ein volles Pfund von Eurem Fleisch
Zur Buße setzen, das ich schneiden dürfe
Aus welchem Teil von Eurem Leib ich will."

Shylock (Kaufmann aus Venedig)

1. Ansätze zur Erklärung von Verschuldung

Was ist Verschuldung? Schulden und Forderungen sind die beiden Seiten des Geldvermögens. Verschuldung gibt es nur in dem Umfang, wie auf der anderen Seite Forderungen angesammelt werden.
Eine vollständige Erklärung von Verschuldung muß das Verhalten von Schuldner und Gläubiger in die Analyse einbeziehen. Es genügt nicht zu erklären, warum sich jemand verschulden will (Schuldnersicht), es muß auch gesagt werden, warum sich jemand verschulden kann, d.h. warum jemand bereit ist, Forderungen zu erwerben (Gläubigersicht).

Eine Möglichkeit, das Zustandekommen von Verschuldung darzustellen, soll exemplarisch sowohl aus (1) Schuldnersicht als auch aus (2) Gläubigersicht aufgezeigt werden:

(1) Ein Schuldner sieht offensichtlich einen Vorteil darin, mehr Güter in einer Periode zum Zwecke des Konsums oder der Investition zu kaufen ("importieren") als Güter aus seiner Produktion zu verkaufen ("exportieren").

Damit ein Schuldner dieses gewünschte Leistungs(bilanz)defizit realisieren kann, bedarf es eines Gläubigers, der bereit ist einen entsprechenden Leistungs(bilanz)überschuß hinzunehmen, d.h. mehr Güter zu verkaufen ("exportieren") als zu kaufen ("importieren"). Der Gläubiger finanziert mit seinem Leistungs(bilanz)überschuß das Leistungs(bilanz)defizit des Schuldners.

(2) Ein Gläubiger sieht offensichtlich einen Vorteil darin, mehr Güter in einer Periode aus seiner Produktion zu verkaufen ("exportieren") als Güter zum Zwecke des Konsums oder der Investition zu kaufen ("importieren"). Damit ein Gläubiger diesen gewünschten Leistungs(bilanz)überschuß realisieren kann, bedarf es eines Schuldners, der bereit ist ein entsprechendes Leistungs(bilanz)defizit hinzunehmen, d.h. mehr Güter zu kaufen ("importieren") als zu verkaufen ("exportieren"). Der Schuldner ermöglicht mit seinem Leistungs(bilanz)defizit den Leistungs(bilanz)überschuß des Gläubigers.

Verschuldung kommt tatsächlich nur dann zustande, wenn Schuldner und Gläubiger sich einen Vorteil ausrechnen. Insofern ergeben erst beide Sichtweisen zusammen ein vollständiges Bild (aber noch keine Erklärung) der Verschuldung. Aus der Schuldnersicht wird der Schuldner zum Kreditnachfrager und der Gläubiger zum Kreditanbieter. In der Gläubigersicht erscheint der Schuldner als Wertpapieranbieter und der Gläubiger als Wertpapiernachfrager.

Ohne Zweifel wird die Schuldnersicht in der Literatur und der allgemeinen Diskussion über Verschuldung "bevorzugt". Was ist der Grund hierfür? Die folgende Spekulation könnte zu einer Antwort führen: Auf einem "normalen (mikroökonomischen Lehrbuch-)Markt" sind die Nachfrager bereit, den Anbietern einen Preis zu zahlen. So zahlen die Kreditnachfrager den Kreditanbietern einen Preis in Form des Zinses. Auf dem Wertpapiermarkt scheinen die Uhren jedoch "falsch" herum zu laufen. Hier sind offenbar die Wertpapieranbieter bereit, den Wertpapiernachfragern einen Preis zu zahlen! Beispielsweise ist die Differenz zwischen (höherem) Rückgabekurs und (niedrigerem) Ausgabekurs einer Null-Kupon-Anleihe der Preis, den der Emittent den Nachfragern der Anleihe zahlt. Somit entspricht die Schuldnersicht der lehrbuchmäßigen Analyse eines mikroökonomischen Marktes. Voraussetzung ist allerdings, daß der Zins positiv ist. Diese Voraussetzung ist, zumindest was den Realzins betrifft, in der Realität nicht immer erfüllt. Die durch die Schuldnersicht suggerierte Vorstellung vom Schuldner, der einen Preis in Form des (positiven) Zinses zu

zahlen hat und die damit verbundene Vorstellung vom Wesen der Verschuldung ist so dominierend, daß die "andere", die (wie gezeigt ergänzende) Gläubigersicht von Verschuldung oft vernachlässigt wird.
Diese den Vorteil der Gläubiger betonende Sicht von Verschuldung findet man insbesondere bei Keynes, der sich wiederum explizit auf einen Außenseiter der ökonomischen Theorie - Silvio Gesell - stützt.[1)]
Mit der Einführung des Schwundgeldes wollte Gesell die Geldhaltung mit einem negativen Zins belegen, um die Attraktivität des Geldes als Wertaufbewahrungsmittel zu mindern.[2)] Diese Idee wurde von Keynes in seinen Vorschlägen zur Neuordnung des Weltwährungssystems nach Beendigung des 2. Weltkrieges aufgegriffen und auf das Halten von internationalem Geld in Form von Devisen übertragen. Länder mit steigenden Devisenreserven als Folge fortwährender Leistungsbilanzüberschüsse sollten für ihre Devisenhaltung einen Zins zahlen, um den Anreiz, weiterhin Leistungsbilanzüberschüsse zu erzielen, abzuschwächen.[3)] Erinnert sei auch an die schon früher in der "General Theory" von Keynes geäußerte Befürchtung, daß der Gleichgewichtszins auf dem Kapitalmarkt negativ werden könnte als Folge einer zunehmenden Sparneigung und einer abnehmenden Investitionsneigung. Bei Existenz eines (positiven) Mindestzinses stellt sich ein Sparüberschuß auf dem Kapitalmarkt ein und auf dem Gütermarkt herrscht Nachfragemangel.[4)]

Die Gläubigersicht von Verschuldung wird dann (unbewußt?) aufgegriffen, wenn ein Mangel an (guten) Schuldnern herrscht. So führte ein nach mehr als einem halben Jahrhundert erstmals wieder zu beobachtender Finanzierungsüberschuß des britischen Staatshaushalts zu Befürchtungen wie "*britische Staatsanleihen könnten so kostbar wie Goldstaub werden*" und der Vorstellung von einer "*Verknappungsprämie*", die in steigenden Kursen (= sinkenden Zinsen!) enthalten sei.[5)]

---

1) Keynes, John Maynard: The General Theory of Employment Interest and Money, 8. Auflage, London 1949, S. 353 - 358.

2) Gesell, Silvio: Die neue Lehre vom Geld, Berlin 1911.

3) Keynes, John Maynard: Proposals for an International Clearing Union, wiederabgedruckt aus British Government Publication, Stationery Office, London 1943, in: Herbert G. Grubel (Hrsg.): World Monetary Reform - Plans and Issues, Stanford 1963.

4) Keynes, John Maynard: The General Theory ... S. 175 - 185.

5) o.V.: Britische Staatsanleihen - kostbar wie Goldstaub, in: Wirtschaftswoche Nr. 51 / 1988, S. 100 - 101.

Die hier gegebene Antwort auf die Frage, "was ist Verschuldung", ist nicht erschöpfend und sollte es auch nicht sein, sondern hat zum Ziel, die beiden Seiten der Verschuldung (Kreditnachfrage = Wertpapierangebot und Kreditangebot = Wertpapiernachfrage) als gleichwertige, sich ergänzende Ansatzpunkte zur Erklärung von Verschuldung herauszustellen. Im Gegensatz dazu erweckt die (wirtschafts)politische Diskussion der Verschuldung von Entwicklungsländern eher den Anschein, als ob die beiden Seiten bei der Erklärung von Verschuldung miteinander konkurrierten.

Welche Erklärung von Verschuldung gibt die ökonomische Theorie?
Eine spezielle "Verschuldungstheorie" existiert nicht. Ansätze zur Erklärung von Verschuldung müssen in anderen Theorieteilen gesucht und zum Teil mühevoll herausgearbeitet werden. Dies soll ohne Anspruch auf Vollständigkeit, aber mit dem Anspruch die wichtigsten Argumentationslinien zu erfassen, für die **Außenwirtschaftstheorie**, die **Entwicklungstheorie** und die **neoklassische Kapitaltheorie** erfolgen.

1.1. Verschuldung in der Außenwirtschaftstheorie

Die Außenwirtschaftstheorie ist noch immer entsprechend der klassischen Dichotomie in "realwirtschaftliche" und "monetäre" Analyse unterteilt, "*ohne daß bereits eine zufriedenstellende Integration der beiden Gebiete erreicht ist*".[6)]

Die **reale oder reine Theorie** abstrahiert vom Geld und untersucht im Grunde für eine Naturaltauschwirtschaft die Determinanten des Außenhandels, das reale Austauschverhältnis der gehandelten Güter und die Wohlfahrtswirkungen des Außenhandels. Verschuldung ist möglich, wenn der Handel mit datierten Gütern zugelassen wird.

---

6) Diese Feststellung von Rose aus dem Jahr 1965 ist auch 1992 "noch immer" aktuell.
Rose, Klaus: Entwicklung und Stand der Außenwirtschaftstheorie, in: Klaus Rose (Hrsg.): Theorie der internationalen Wirtschaftsbeziehungen, Köln / Berlin 1965, S. 13 - 27, hier: S. 13.

Die **monetäre Theorie** ergänzt die reine Theorie gewissermaßen um eine Analyse der direkten und indirekten Wirkungen von Geld auf den Zahlungsbilanzausgleich bzw. den Wechselkurs. So wird z.B. gefragt, wie sich Änderungen des Wechselkurses (Elastizitätsansatz), des Volkseinkommens (Multiplikatoransatz) und des Preisniveaus (Monetärer Ansatz) ceteris paribus auf den Zahlungsbilanzsaldo auswirken. Eine Integration der sich ergänzenden Elastizitäts- und Multiplikatoranalyse wird mit dem Absorptionsansatz versucht.

Monetärer Ansatz und **Absorptionsansatz** können einerseits als konkurrierende und andererseits als sich ergänzende Hypothesen zur Erklärung von Zahlungsbilanzsalden verstanden werden. Während der Monetäre Ansatz die Finanzierungsseite (den geld- oder finanzwirtschaftlichen Aspekt) als dominierend ansieht, wird mit dem Absorptionsansatz die Leistungsseite (der güterwirtschaftliche Aspekt) der Zahlungsbilanz in den Vordergrund gerückt.7)

Im **Finanzaktiva-Ansatz** - einer Variante des "ursprünglichen" Monetären Ansatzes - wird die Bedeutung von Ertragsraten auf Vermögensbestände für die Zahlungsbilanz betont.

Der **New Cambridge Approach** versucht im Rahmen einer absorptionstheoretischen Analyse finanzwirtschaftliche Aspekte zu integrieren und kann insofern als ein "mixtum compositum" aus leistungs- und finanzierungsseitigen Überlegungen gelten. Die Frage, wer befiehlt, Leistungsbilanz oder Kapitalbilanz, stellt sich jedoch trotz dieses Integrationsversuchs noch immer.

---

7) Das Begriffspaar "geld- oder finanzwirtschaftlich" und "güterwirtschaftlich" wird in dieser Untersuchung nicht als Synonym für "nominal" und "real" oder zur Unterscheidung von "Geldwirtschaft" und "Naturaltauschwirtschaft" verwendet, sondern steht ausschließlich für die gedankliche Aufspaltung von Leistungstransaktionen in eine "Finanzierungsseite" und eine "Leistungsseite". (Eine Leistungstransaktion liegt bei der Übertragung eines Gutes oder einer Faktorleistung gegen eine Forderung oder bei der Schenkung einer Forderung vor. Leistungstransaktionen verändern den Bestand an Forderungen oder Verbindlichkeiten bei den beteiligten Wirtschaftssubjekten.)
Zur Unterscheidung von Leistungs- und Finanzierungsseite vgl. die Ausführungen in Kapitel 1.4. "Eine Systematisierung der Ansätze zur Erklärung von Verschuldung", S. 90 f.
Neben dem Begriffspaar "finanzwirtschaftlich" und "güterwirtschaftlich" wird später das Begriffspaar "nominalwirtschaftlich" und "realwirtschaftlich" verwendet werden. Es sei schon jetzt darauf hingewiesen, daß beide Begriffspaare streng zu trennen sind.

1.1.1. Reine Theorie: Tausch datierter Güter

Mit dem Instrumentarium der reinen Theorie läßt sich Verschuldung von Ländern erklären, wenn der Zeitpunkt der Verfügbarkeit ein Merkmal von Gütern ist, d.h. wenn Güter datiert sind. Heutige Güter können nicht nur gegen (andere) heutige Güter getauscht werden, sondern auch gegen zukünftige Güter.[8)]

Vereinfachend wird unterstellt, daß es nur das Einheitsgut "Sozialprodukt" oder "Einkommen" gibt. Verschuldung ist dann das Ergebnis des Handels mit Einkommen in der Zeit. Der Zinssatz wird zum realen Austauschverhältnis von Einkommen, die zu unterschiedlichen Zeitpunkten verfügbar sind. Ein Schuldner bietet zukünftiges Einkommen an, ein Gläubiger fragt es nach. Und umgekehrt: Ein Schuldner fragt heutiges Einkommen nach, ein Gläubiger bietet es an. In der Sprache der Außenhandelstheorie ist ein Schuldner Importeur von heutigem Einkommen und Exporteur von Ansprüchen auf zukünftiges Einkommen. Ein Gläubiger ist Exporteur von heutigem Einkommen und Importeur von Ansprüchen auf zukünftiges Einkommen.

Was sind die Determinanten des Handels mit Einkommen in der Zeit? Offensichtlich hat ein Gläubiger komparative Vorteile bei der Produktion heutigen Einkommens und ein Schuldner komparative Vorteile bei der Produktion zukünftigen Einkommens. Komparative Vorteile bei heutigen Einkommen heißt, daß heutiges Einkommen, gemessen in Einheiten zukünfigen Einkommens, relativ billig ist oder kurz, daß der Zinssatz niedrig ist. Umgekehrt bedeuten komparative Vorteile bei zukünftigen Einkommen, daß der Zinssatz hoch ist.
Wovon hängt die Höhe des Zinssatzes ab? Connolly schließt sich der Erklärung des Zinses von Irving Fisher an.[9)] Der Zins wird bestimmt durch die Zeitpräferenz und die Investitionsgelegenheiten. Je schwächer die Gegenwartspräferenz und je schlechter die Investitionsgelegenheiten, desto niedriger ist der Zinssatz. Ein Land mit geringer Gegenwartspräferenz und wenigen Investitionsgelegenheiten hat komparative Vorteile bei heutigen Einkommen und wird zum Gläubi-

---

8) Die folgende Darstellung des Tauschs datierter Güter folgt im wesentlichen der Analyse von Connolly.
Connolly, Michael Bahaamonde: International trade and lending, New York 1985, S. 107 - 115.

9) Damit unterscheidet sich die Erklärung von Verschuldung durch die reine Außenhandelstheorie in der theoretischen Fundierung und damit im Ergebnis nicht von der Erklärung von Verschuldung durch die Kapitaltheorie wie sie in Kapitel 1.3. dargestellt wird. Der Unterschied beider Erklärungsansätze besteht grundsätzlich lediglich im Instrumentarium und der Diktion.

ger, ein Land mit hoher Gegenwartspräferenz und guten Investitionsgelegenheiten hat komparative Vorteile bei zukünftigen Einkommen und wird zum Schuldner.

Solange ein Land komparative Vorteile bei zukünftigen Einkommen (und damit komparative Nachteile bei heutigen Einkommen) hat, steigt seine Verschuldung im Ausland. Eine (reale!) Tilgung der Schulden setzt ein, wenn sich das Verhältnis der komparativen Vorteile umkehrt, d.h. wenn der Schuldner komparative Vorteile bei heutigen Einkommen erlangt.

Eine Disaggregation der datierten Einkommen (Einheitsgüter) führt zur allgemeinen mikroökonomischen Gleichgewichtstheorie. Alle Forderungen sind dann "*auf den Terminmärkten bereits in Form von Ansprüchen auf Lieferungen spezieller Güter zu speziellen Zeitpunkten festgelegt worden*"[10]. Eine solche Verfeinerung des oben dargestellten Ansatzes bringt jedoch keine zusätzlichen Erkenntnisse für die Erklärung von Verschuldung in einer Geldwirtschaft und soll deshalb nicht weiter verfolgt werden.

1.1.2. Monetäre Theorie: Wer befiehlt, Leistungsbilanz oder Kapitalbilanz ?

1.1.2.1. Absorptionsansatz

Der "Begründer" des Absorptionsansatzes, Alexander[11], wollte zeigen, daß die Analyse von Abwertungseffekten mit Hilfe partieller (Preis-)Elastizitäten der Importe und Exporte (Vorgehensweise des Elastizitätsansatzes[12]) lediglich die

---

10) Dixit, Avinash / Victor Norman: Außenhandelstheorie, München 1982, S. 92.

11) Alexander, Sidney S.: Effects of a Devaluation on a Trade Balance, in: International Monetary Fund, Staff Papers, Bd. 2 / 1952. Ins Deutsche übersetzt, in: Klaus Rose (Hrsg.): Theorie der internationalen Wirtschaftsbeziehungen, Köln / Berlin 1965, S. 334 - 351.

12) Die Vorgehensweise des Elastizitätsansatzes wird von Rose kurz und prägnant wie folgt beschrieben:" *Die Reaktion der Leistungsbilanz wird von der Veränderung zweier Größen bestimmt: des Exportwertes und des Importwertes. Eine Veränderung dieser Wertgrößen ist aber wieder das Ergebnis der Veränderung zweier anderer Größen: der Preise und der Mengen von Export- und Importgütern.*"
Rose, Klaus: Entwicklung und Stand der Außenwirtschaftstheorie ... S. 23.

primäre Verbesserung der Leistungsbilanz ermitteln kann. Bei Vollbeschäftigung muß in dem Maße, wie sich die Leistungsbilanz verbessert, die inländische Absorption sinken. Bei Unterbeschäftigung führt die primäre Verbesserung der Leistungsbilanz als Folge steigender Produktion von Export- bzw. Importersatzgütern zu einem Anstieg des Volkseinkommens.
Wie sehen die direkten und indirekten (vom Einkommen induzierten) Wirkungen einer Abwertung auf die Absorption aus und inwieweit wird die primäre Verbesserung der Leistungsbilanz bei Betrachtung der "totalen Elastizitäten"[13] eingeschränkt?

Ausgangspunkt der Überlegungen zur Beantwortung dieser Frage ist die Identitätsgleichung

$X - M \equiv Y - A$ mit X = Exporte (einschl. Faktorleistungen),
M = Importe (einschl. Faktorleistungen),
Y = Einkommen,
A = Absorption.

Der Leistungsbilanzsaldo läßt sich nicht nur über die Veränderungen der Exporte und Importe erklären (Elastizitätsansatz), sondern auch über Änderungen des Einkommens und der Absorption. So kann z.B. die Verringerung eines Leistungsbilanzdefizits ($X - M < 0$) nur dann gelingen, wenn ein Abbau des Absorptionsüberschusses ($Y - A < 0$) bewirkt wird. Damit wird die Absorption zur zentralen Größe des Absorptionsansatzes.
Die Absorption läßt sich in eine induzierte (einkommensabhängige) und eine autonome (einkommensunabhängige) Komponente zerlegen. Daraus folgt eine Absorptionsfunktion, die formal der keynesianischen Konsumfunktion entspricht:

$A = A^{aut} + a \cdot Y$ mit A^{aut} = autonome Absorption,
$a \cdot Y$ = induzierte Absorption

Die marginale Absorptionsneigung "a" wird als konstant angenommen.

---

13) *"Eine totale Elastizität mißt also gar nicht die unmittelbaren Wirkungen von Preisveränderungen auf die Menge, sondern vielmehr simultane Veränderungen von Preisen und Mengen im Verlauf des Anpassungsprozesses des gesamten wirtschaftlichen Systems an ein neues Gleichgewicht."*
Alexander, Sidney S.: Effects of a Devaluation ... (deutsche Übersetzung) S. 335.

Die autonome Absorption kann interpretiert werden "*als ein nicht näher spezifizierter und daher ziemlich unklarer, als deus ex machina auftretender und in dieser Hinsicht sehr praktischer Sammelausdruck für alle jene Nachfragewirkungen, die nicht unmittelbar vom Volkseinkommen ausgehen*".14)

Alexander analysiert neben den Wirkungen einer Änderung der Einkommensverteilung und dem Vorliegen von Geldillusion vor allem auch die Wirkungen des Realkasseneffekts auf die autonome Absorption. Wie später zu sehen sein wird, stellt der Realkasseneffekt eine analytische Verbindung von güterwirtschaftlicher und geldwirtschaftlicher Sicht her.

Die **Kritik** am Absorptionsansatz richtet sich vor allem gegen die Annahme einer konstanten marginalen Absorptionsquote. Wenn man nicht alle Nachfragekomponenten, außer den Konsumausgaben, vollständig der autonomen Absorption zurechnet, dann muß neben einer konstanten marginalen Konsumneigung zumindest auch eine konstante marginale Investitionsneigung postuliert werden.15)
Wenn die Kritik zutrifft und die marginale Absorptionsneigung tatsächlich nicht konstant ist, dann ist der Absorptionsansatz in der Formulierung von Alexander zwar eine nicht länger haltbare Theorie, aber noch immer "*eine sehr zweckmäßige Betrachtungsweise*".16) Das charakteristische Merkmal dieser Betrachtungsweise ist die Betonung der güterwirtschaftlichen Sicht der Zahlungsbilanz.

Wie läßt sich **Verschuldung** aus dem Blickwinkel des Absorptionsansatzes **erklären**?

Bei konstanten Parameterwerten der Absorptionsfunktion wird die Verschuldung von der Höhe des Einkommens bestimmt. Mit steigendem Einkommen

---

14) Beinsen, Lutz: Der Absorptionsansatz der Zahlungsbilanztheorie, in: WiSt Heft 4 / 1988, S. 169 - 171, hier: S. 170.

15) Oder es wird statt der Konstanz von marginaler Konsumneigung und marginaler Investitionsneigung ein Mechanismus gefunden, der dafür sorgt, daß bei variabler marginaler Konsum- und Investitionsneigung, diese sich immer zu einer konstanten marginalen Absorptionsneigung ergänzen. Dieser Weg wird im Rahmen des New Cambridge Approach bezüglich der durchschnittlichen Absorptionsneigung beschritten. Vgl. Kapitel 1.1.2.4. "New Cambridge Approach", S. 54 f.

16) Beinsen, Lutz: Der Absorptionsansatz ... S. 171.

sinkt die durchschnittliche Absorptionsneigung. Damit verbessert sich die Leistungsbilanz und die Verschuldung sinkt.
Wenn man diese Entwicklung weiter verfolgt, dann kommt man unmittelbar zu den Aussagen der keynesianischen Stagnationstheorie. Danach setzt ein Ende des Bevölkerungswachstums und die Sättigung mit "Sozialprodukts"-Gütern dem wirtschaftlichen Wachstum einer Volkswirtschaft von der Nachfrageseite eine Grenze.
Diese Wachstumsgrenze aufgrund fehlender Güternachfrage kann durch steigende Leistungsbilanzüberschüsse solange hinausgeschoben werden, wie andere Länder Absorptionsüberschüsse wünschen und eine Zunahme ihrer Auslandsverschuldung hinnehmen.

Im **2-Länder-Fall** muß ex-post dem Absorptionsdefizit (= Einkommensüberschuß) des einen Landes (Land "Ü") ein gleich großer Absorptionsüberschuß (= Einkommensdefizit) des anderen Landes (Land "D") gegenüberstehen. Ein weltwirtschaftliches (Gütermarkt-)Gleichgewicht herrscht jedoch nur dann, wenn der geplante Absorptionsüberschuß des Landes "D" dem geplanten Absorptionsdefizit des Landes "Ü" entspricht.
Wenn der geplante Absorptionsüberschuß des Landes "D" größer ist als das geplante Absorptionsdefizit des Landes "Ü", dann kommt es zu einer expansiven bzw. inflatorischen Lücke in der Weltwirtschaft ("weltwirtschaftliche Angebotslücke").
Wenn der geplante Absorptionsüberschuß des Landes "D" kleiner ist als das geplante Absorptionsdefizit des Landes "Ü", dann kommt es zu einer kontraktiven bzw. deflatorischen Lücke in der Weltwirtschaft ("weltwirtschaftliche Nachfragelücke").

Der **Fall der weltwirtschaftlichen Nachfragelücke** soll exemplarisch mit Hilfe der Grafik 2 (S. 35) veranschaulicht werden:
Für Land "Ü" und Land "D" wird die jeweilige Absorptionsfunktion in ein keynesianisches 45°-Diagramm mit dem Einkommen als Abszisse und der Absorption als Ordinate eingetragen. Entsprechend der Vorgehensweise bei der Konstruktion mikroökonomischer Box-Diagramme wird eines der beiden 45°-Diagramme um 180° gedreht und so auf das andere 45°-Diagramm gelegt, daß die Kantenlänge der quadratischen Box dem geplanten Welteinkommen (= geplantes Weltgüterangebot) entspricht.

Die weltwirtschaftliche Nachfragelücke ergibt sich aus der Differenz zwischen geplantem Absorptionsdefizit in Land "Ü" und geplantem Absorptionsüberschuß in Land "D" und entspricht damit der Strecke GB = G'B'.
Bei gegebenem Einkommen muß die weltwirtschaftliche Nachfragelücke durch zusätzliche Absorption in Land "Ü" und/oder in Land "D" geschlossen werden. Eine zusätzliche Absorption in Land "D" vergrößert dessen Leistungsbilanzdefizit und führt damit zu einer höheren Verschuldung. Wenn die steigende Verschuldung von Land "D" nicht "finanziert" werden kann, dann muß zwangsläufig die Absorption in Land "Ü" steigen.[17)] Die unzureichenden Finanzierungsmöglichkeiten des Schuldners halten dessen Leistungsbilanzdefizit unter dem Niveau, das unter dem güterwirtschaftlichen Aspekt des Absorptionsansatzes von der Gläubigerseite wünschenswert ist.
In Grafik 2 entspricht die Strecke G'F = GC dem unter dem güterwirtschaftlichen Aspekt von der Gläubigerseite (fehlende Güternachfrage im Gläubigerland!) gewünschten Leistungsbilanzdefizit des Schuldners. Die Strecke CB = FB' stellt das unter Berücksichtigung der Finanzierungsmöglichkeiten geplante Leistungsbilanzdefizit dar. Die weltwirtschaftliche Nachfragelücke (Strecke GB = G'B') wird zur ungeplanten Absorption des (Gläubiger-)Landes "Ü", d.h. die Kapitalbilanz befiehlt.
Die Grenzen der güterwirtschaftlichen Sicht des Absorptionsansatzes zur Erklärung von Verschuldung sind erreicht. Die Zusammenhänge auf der Finanzierungsseite müssen untersucht werden. Dies ist das Ziel des Monetären Ansatzes.

---

17) Der Anstieg der Absorption kann bei gegebenem Einkommen mit niedrigeren Exporten oder mit höheren Importen verbunden sein. Niedrigere Exporte der Überschußländer wirken kontraktiv auf das Wachstum der Weltwirtschaft, höhere Importe expansiv.
Hierzu beispielhaft das folgende Zitat:
"*Die grundlegende Entscheidung über den künftigen Kurs der Weltwirtschaft kann nur von der Bundesrepublik und den anderen Überschußländern gefällt werden: nur wenn sie mehr importieren, wird eine weitere Ausweitung der gesamten Weltwirtschaft möglich sein. In der gegenwärtigen Situation können die Defizitländer nur die Spielverderber sein. Falls die Überschußländer nicht mehr kaufen, so sind die Defizitländer gezwungen, ihre Handelsbilanz durch eine Importdrosselung ins Gleichgewicht zu bringen. Das wäre nicht nur für Deutschland, sondern auch für die ganze Welt katastrophal.*" (Robert H. Heller)
Diese Vorstellung wurde insbesondere von der OECD in Anschluß an die weltweite Rezession Mitte der 70er Jahre vertreten und hat seitdem in der praktischen Wirtschaftspolitik als "Lokomotiventheorie" einen festen Platz gefunden.
Heller, Robert H.: Deutschland, Amerika und die Zukunft der Weltwirtschaft, Vortrag im Rahmen einer Veranstaltung des Deutschen Sparkassen- und Giroverbandes, Bonn am 5. Februar 1987, in: Deutsche Bundesbank / Auszüge aus Presseartikeln, Nr. 13 / 1987, S. 3 - 6, hier: S. 6.
OECD: Economic Outlook, 22. Dez. 1977, S. 8.

Grafik 2: Absorptionsansatz für den 2-Länder-Fall

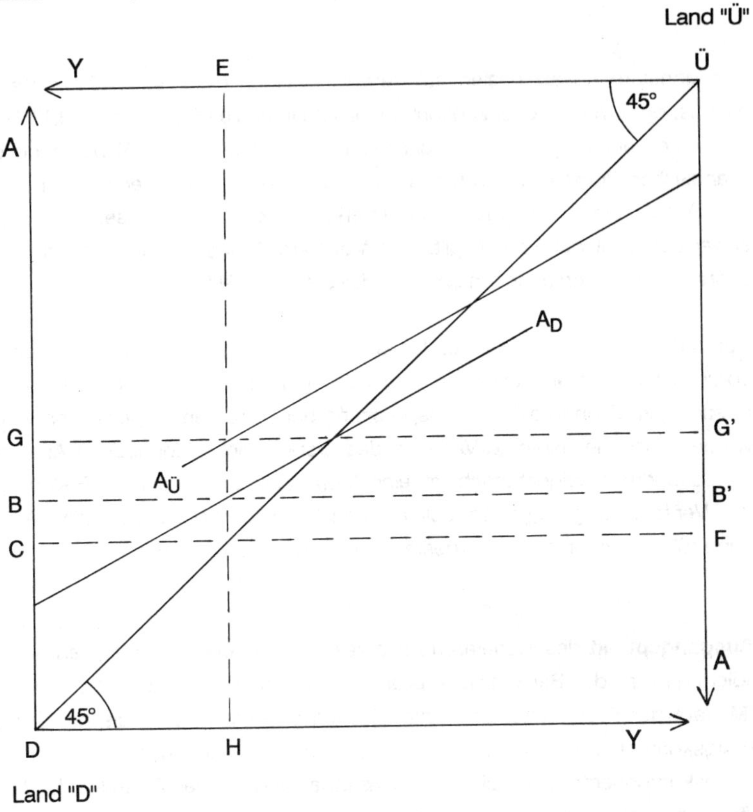

Achsenbezeichnung: A = Absorption
Y = Einkommen

Funktionen: A_D = Absorptioncfunktion in Land "D"
$A_Ü$ = Absorptionsfunktion in Land "Ü"

Strecken:
DH = DC = geplantes Einkommen in Land "D"
DB = geplante Absorption in Land "D"
CB = FB' = geplanter Absorptionsüberschuß
= geplantes Leistungsbilanzdefizit in Land "D"
ÜE = ÜF = geplantes Einkommen in Land "Ü"
ÜG' = geplante Absorption in Land "Ü"
CG = FG' = geplantes Absorptionsdefizit
= geplanter Leistungsbilanzüberschuß in Land "Ü"

1.1.2.2. Monetärer Ansatz:[18)]

Der Monetäre Ansatz basiert auf dem klassischen Geldmengen-Preis-Mechanismus, dessen Grundkonzeption auf David Hume zurückgeführt wird.[19)] Während der Geldmengen-Preis-Mechanismus jedoch über eine Abweichung des inländischen Preisniveaus von dem des Auslands abläuft, unterstellt der Monetäre Ansatz einen homogenen Weltmarkt, auf dem das "Gesetz der Unterschiedslosigkeit der Preise" gilt. Der Monetäre Ansatz wurde Ende der 60er Jahre vor allem von Johnson und Mundell entwickelt.[20)]

Durch die Verwendung eines umfassenderen Vermögenskonzepts kann der ursprüngliche Monetäre Ansatz, in dem Vermögen nur in Form von "Geldhaltung" existierte, im Grunde beliebig entsprechend der speziellen Fragestellung variiert werden. Als eine derartige Variation des ursprünglichen Monetären Ansatzes, die besonders geeignet erscheint, eine Antwort auf die Frage nach Erklärungen von Verschuldung zu geben, soll im nächsten Kapitel der Finanzaktiva-Ansatz von Fröhlich exemplarisch dargestellt und untersucht werden.

Ausgangspunkt des Monetären Ansatzes ist die in der (vereinfachten) konsolidierten Bilanz des Bankensystems enthaltene Identität, wonach die Geldmenge "M" (auf der Passivseite) einer inländischen und einer ausländischen Entstehungskomponente (auf der Aktivseite) entspricht. Die ausländische Entstehungskomponente ist gleich dem Devisenbestand "D" der Zentralbank, die inländische Entstehungskomponente ist gleich dem Kreditbestand "K" der inländischen Nichtbanken gegenüber dem Bankensystem.

---

18) Die Darstellung des Monetären Ansatzes der Zahlungsbilanz folgt weitgehend dem Lehrbuch zur Geldtheorie von Claassen.
Claassen, Emil-Maria: Grundlagen der Geldtheorie, zweite, neubearbeitete und erweiterte Auflage, Berlin / Heidelberg / New York 1980, S. 352 - 381.
19) Hume, David: Nationalökonomische Abhandlungen (übersetzt von H. Niedermüller), Leipzig 1877, S. 41 - 55 ("Von der Handelsbilanz").
20) Johnson, Harry Gordon: Towards a General Theory of the Balance of Payments, in: International Trade and Economic Growth, 5. Aufl., London 1967, wiederabgedruckt in: Frenkel / Johnson (Hrsg.): The Monetary Approach to the Balance of Payments, London 1976.
Mundell, Robert A.: International Economics, New York / Toronto 1968.

konsolidierte Bilanz des Bankensystems

K	M
D	

Demnach entspricht der Devisenbilanzsaldo "dD/dt" (= Änderung des Devisenbestandes in der Zeit) der Differenz zwischen der Änderung der Geldmenge in der Zeit "dM/dt" und der Änderung des Kreditbestandes der inländischen Nichtbanken gegenüber dem Bankensystem in der Zeit "dK/dt":
$(dD/dt \equiv dM/dt - dK/dt)$

Konstitutives Merkmal des Monetären Ansatzes ist die Vorstellung von einem <u>ursächlichen Zusammenhang</u> zwischen einer (gewünschten) Änderung der Geldmenge und dem Devisenbilanzsaldo.
Damit wird "*die Zahlungsbilanz als ein grundsätzlich monetäres Phänomen*"[21] angesehen und dies in zweifacher Hinsicht. Erstens soll der Devisenbilanzsaldo erklärt werden und zweitens steht der Geldmarkt im Mittelpunkt der Erklärung.

<u>Übersicht 2:</u> Aufbau der Zahlungsbilanz

	Zahlungsbilanz	
	Leistungsbilanz	
Güter- und Faktormärkte	Einnahmen für Güter- und Faktorexporte	Ausgaben für Güter- und Faktorimporte
	Kapitalbilanz (i.e.S.)	
Wertpapiermarkt	Kapitalimport (Wertpapierexport)	Kapitalexport (Wertpapierimport)
----------	----------------------	-------------------
	Devisenbilanz	
Geldmarkt	Devisenabfluß (Geldexport)	Devisenzufluß (Geldimport)

21) Claassen, Emil-Maria: Grundlagen der Geldtheorie ... S. 357.

"*Der monetäre Ansatz setzt sich zum Ziel, die diesem Saldo* (dem Devisenbilanzsaldo; A.d.V.) *unterliegenden Verhaltensrelationen zu untersuchen, anstatt jene Verhaltensrelationen zu analysieren, die den (dem Devisenbilanzsaldo buchhaltungstechnisch entsprechenden) anderen Teilzahlungsbilanzen - vor allem der Leistungs- und Kapitalbilanz - zugrundeliegen.*"[22]

Die gesuchten Verhaltensrelationen sind die Angebots- und die Nachfragefunktion auf dem Geldmarkt, die beide stabil sein sollen. Die Geldangebotsfunktion wird in dem Sinne als stabil angesehen, "*daß erratische Fluktuationen des Geldschaffungsmultiplikators (zumindest in längerfristiger Sicht) auszuschließen sind*".[23] Damit stehen Änderungen der tatsächlichen Geldmenge (= Geldangebot) in der Zeit "dM/dt" und Änderungen des Devisenbestandes der Zentralbank in der Zeit "dD/dt" in einem festen Verhältnis zueinander, das dem Geldschöpfungsmultiplikator "m" entspricht:

$$m = dM/dt \;/\; dD/dt$$

Die Stabilität der Geldnachfrage erfordert, "*that the quantity of money is predictably related to a small set of key variables linking money to the real sector of the economy*".[24] Als Schlüsselgrößen werden das Preisniveau "P", der Zinssatz "i" und das Realeinkommen "Y" genannt.[25] Damit läßt sich die Geldnachfrage (= gewünschte Geldhaltung) "M^d" mit Hilfe der Cambridge-Gleichung der Quantitätstheorie darstellen:

$$M^d = k(i) \cdot P \cdot Y \qquad \text{mit} \qquad \frac{\delta M^d}{\delta i} < 0 \,;\; \frac{\delta M^d}{\delta P} > 0 \,;\; \frac{\delta M^d}{\delta Y} > 0$$

(In der Zinsabhängigkeit des Kassenhaltungskoeffizienten "k" findet sich die keynessche Spekulationskasse wieder. Je niedriger der Zins, desto größer die Spekulationskasse und desto größer der Kassenhaltungskoeffizient.)

---

22) Claassen, Emil-Maria: Grundlagen der Geldtheorie ... S. 357 - 358.

23) Claassen, Emil-Maria: Grundlagen der Geldtheorie ... S. 361.

24) Judd, John P. / John L. Scadding: The Search for a Stable Money Demand Function: A Survey of the Post-1973 Literature, in: Journal of Economic Literature, Vol. XX / 1982, S. 993 - 1023, hier: S. 993.

25) Claassen, Emil-Maria: Grundlagen der Geldtheorie ... S. 359.

Eine zusätzlich gewünschte Geldhaltung ($M^d > M$) als Folge einer Preisniveauerhöhung (die wiederum von einer Abwertung verursacht sein kann), eines steigenden Realeinkommens oder eines sinkenden Zinssatzes führt unter den genannten Annahmen des Monetären Ansatzes zwangsläufig zu einem Devisenzufluß. Der Devisenbilanzüberschuß hält solange an, bis der steigende Bestand an Devisen der Zentralbank eine zusätzliche Geldmenge entstehen läßt, die der zusätzlich gewünschten Geldhaltung entspricht und damit wieder ein Gleichgewicht auf dem Geldmarkt herrscht.
Die Dauer der Anpassung der tatsächlichen Geldmenge an die gewünschte Geldhaltung hängt von der Anpassungsgeschwindigkeit "Φ" ab. Die Anpassungsgeschwindigkeit ist eine empirisch zu bestimmende Variable, die im Rahmen des Monetären Ansatzes nicht näher beschrieben wird. Da jedoch angenommen wird, daß eine Bestandsanpassung über mehrere Perioden erfolgt, muß der Parameterwert "Φ" < 1 sein.
Der Devisenbilanzüberschuß einer Periode (als Folge einer zusätzlich gewünschten Geldhaltung) läßt sich somit nach folgender Gleichung bestimmen:

$$dD/dt = dM/dt \ / \ m = \Phi \cdot (M^d(i,P,Y) - M) \ / \ m$$

Die Differenz zwischen gewünschter Geldhaltung und tatsächlicher Geldmenge ($M^d(i,P,Y) - M$) wird in einer Periode nicht vollständig durch einen Anstieg der tatsächlichen Geldmenge ausgeglichen, sondern lediglich um den Bruchteil "Φ" verringert. Die verbleibende Differenz ist Ausgangsbasis für die Anpassung in der folgenden Periode.

Dem Devisenbilanzüberschuß kann (1) ein Leistungsbilanzüberschuß oder (2) ein Kapitalbilanzüberschuß zum **Ausgleich der Zahlungsbilanz** gegenüberstehen.

(1) Zahlungsbilanzausgleich via Leistungsbilanz
Die Absorption wird über mehrere Perioden relativ zur Produktion (bzw. wenn Zinszahlungen berücksichtigt werden, zum Einkommen)[26] verringert. Der Leistungsbilanzüberschuß führt zu einem Zufluß an Devisen. Es gilt für jede Periode, daß "*die marginale Nutzeneinbuße einer Absorptionsverringerung ... gleich dem Grenznutzen eines permanenten Anstiegs der Realkasse*

26) Zur Berücksichtigung von Zinszahlungen vgl.:
Smeets, Heinz-Dieter: Der monetäre Ansatz der Zahlungsbilanztheorie, Frankfurt / Bern 1982, S. 46 - 47.

ist".[27)] Die Kosten der Geldnachfrage setzen sich zusammen aus dem Zins als permanente Opportunitätskosten der Geldhaltung und aus der temporären Reduktion der Absorption als Kosten des Gelderwerbs. Es wird also eine Wahlentscheidung zwischen Sozialproduktsgütern einerseits und dem Gut "Geldhaltung" andererseits getroffen.

(2) Zahlungsbilanzausgleich via Kapitalbilanz

Der Zahlungsbilanzausgleich via Kapitalbilanz wird als ein dem Zahlungsbilanzausgleich via Leistungsbilanz komplementärer Anpassungsprozeß gesehen.

Die Verringerung der tatsächlichen realen Geldhaltung (oder Zunahme der gewünschten realen Geldhaltung) stört das gewünschte Verhältnis zwischen der Geldhaltung und der Wertpapierhaltung (= Portfoliogleichgewicht). Zur Wiederherstellung des gewünschten Verhältnisses wird der realwertgesicherte Wertpapierbestand[28)] zugunsten der Geldhaltung abgebaut. Das Überschußangebot an Wertpapieren bewirkt zunächst einen Wertpapierexport (= Kapitalimport). Es kommt zu einem Kapitalbilanzdefizit.

Diese Portfolioumschichtung ändert jedoch nichts an der Tatsache, daß der tatsächliche Vermögensbestand (bestehend aus realwertgesicherten Wertpapieren und realer Geldhaltung) geringer ist als der gewünschte Vermögensbestand. Die Anpassung an den gewünschten Vermögensbestand kann nur über einen Leistungsbilanzüberschuß erfolgen. In den folgenden Perioden wird sowohl die Geldhaltung als auch der Wertpapierbestand aufgestockt. Dem Devisenzufluß steht nun ein Leistungsbilanzüberschuß und ein Kapitalbilanzüberschuß gegenüber. Nur in der ersten Periode der Anpassung gibt es ein Kapitalbilanzdefizit, um die gewünschte Aufteilung des Vermögens zwischen Wertpapieren und Geldhaltung (das Portfoliogleichgewicht) sofort wiederherzustellen.

Wenn der gewünschte Vermögensbestand (bestehend aus gewünschter Geldhaltung und gewünschtem Wertpapierbestand) realisiert ist, dann sind in diesem Bestandsgleichgewicht alle drei Teilbilanzen der Zahlungsbilanz ausgeglichen.

---

27) Claassen, Emil-Maria: Grundlagen der Geldtheorie ... S. 366.

28) Unter einem realwertgesicherten Wertpapier hat man sich einen Anteilsschein am Realkapital einer Volkswirtschaft - entsprechend einer Aktie - vorzustellen.

Der Monetäre Ansatz analysiert zunächst Bestandsanpassungen in einer stationären Wirtschaft, d.h. bei unveränderter realer Produktion. Eine Entwertung der nominellen Geldhaltung als Folge von Preisniveausteigerungen wird (zumindest teilweise) durch "Geldimporte" (= Devisenzuflüsse) ausgeglichen. Eine (vollständige) Befriedigung der zusätzlich gewünschten Geldnachfrage durch eine Expansion des inländischen Kreditvolumens wird durch die Annahme eines stabilen Geldangebotsverhaltens ausgeschlossen.

Die Aufstockung der nominellen Geldhaltung erfordert dann einen realen Absorptionsverzicht, um über Leistungsbilanzüberschüsse einen Geldimport zu bewirken.
Dies ist für eine Volkswirtschaft der teuerste Weg der Geldschöpfung und entspricht, was die Inanspruchnahme von Produktionsfaktoren betrifft, der Gewinnung von Gold zum Zwecke der Münzprägung. Statt Gold zu schürfen und davon Goldmünzen zu prägen (oder mit Gold gedeckte Geldscheine zu drucken) werden zunächst Sozialproduktsgüter gegen Devisen und anschließend Devisen gegen inländisches Geld getauscht.

Läßt man im Rahmen des Monetären Ansatzes **dauerhaftes Wachstum der realen Produktion** zu (wachsende Wirtschaft), dann folgt daraus ein dauerhafter Leistungsbilanzüberschuß. Dem Monetären Ansatz "*zufolge ist es nämlich gerade ein positives Wirtschaftswachstum, welches Verbesserungen der Zahlungsbilanz hervorruft, und umgekehrt*".[29)]
Nur ein Teil des Wirtschaftswachstums erhöht die Absorption. Der andere Teil wird benötigt, um über Leistungsbilanzüberschüsse die ebenfalls wachsende Geldnachfrage durch Geldimporte befriedigen zu können.
Genaugenommen muß man jedoch die Änderung der Wachstumsrate betrachten bzw. die Entwicklung der Wachstumsraten zweier Länder vergleichen. Es gilt dann, "*daß Geld von langsam wachsenden zu rasch wachsenden Regionen fließt. Die Einwohner der schnell wachsenden Region werden die Ausgabenhöhe unter dem Ausbringungsniveau halten, um einen Zahlungsbilanzüberschuß herbeizuführen und damit die Geldakkumulation zu finanzieren.*"[30)]
Dem langsam wachsenden Land fällt ein Geldemissionsgewinn in Form von Absorptionsüberschüssen (= Leistungsbilanzdefiziten!) zu. Das schnell wach-

---

29) Smeets, Heinz-Dieter: Der monetäre Ansatz ... S. 184.
30) Mundell, Robert A.: Geld- und Währungstheorie - Inflation, Zins und Wirtschaftswachstum in der Weltwirtschaft, München 1976, S. 161.

sende Land kann dem jedoch durch Ausdehnung der inländischen Kreditkomponente der Geldmenge entgegenwirken. Es entsteht ein "*Wettbewerb um den Geldemissionsgewinn*".[31)]

Welche **Erklärung von Verschuldung** läßt sich aus dem (hier beschriebenen) Monetären Ansatz herausfiltern?

Es wird sich das Land verschulden (Leistungsbilanzdefizite akkumulieren), das für andere Länder "Geld produziert".
Dies erfordert eine Wachstumsrate der inländischen Kreditexpansion im Schuldnerland, die relativ zur Wachstumsrate der (Güter-)Produktion größer ist als in den Gläubigerländern. Dazu kommt es jedoch auf Dauer nur, wenn die Gläubigerländer (= Geldimporteure) bereit sind, dem Schuldnerland (= Geldexporteur) den entsprechenden Geldemissionsgewinn zu überlassen.

Wer "verursacht" den Zahlungsbilanzsaldo und damit die Verschuldung, Gläubiger oder Schuldner?
Mundell beantwortet die Frage wie folgt:[32)] Die "*Angebotstheorie des Zahlungsbilanzdefizits*" sieht die Ursache in der zu starken Kreditexpansion des Schuldnerlandes. Der "*Nachfragetheorie des Zahlungsbilanzdefizits*" zufolge ist die Devisenakkumulation der Gläubigerländer verantwortlich für den Zahlungsbilanzsaldo. Solche "*einseitigen Defizittheorien*" und die damit verbundenen Ungleichgewichtsvorstellungen sind jedoch nicht notwendig.
Der Zahlungsbilanzsaldo wird bestimmt durch das Verhältnis der Expansionsraten der inländischen Kreditkomponenten, die von der nationalen Geldpolitik zugelassen werden.
Eine Ursache-Wirkung-Beziehung ist nicht zu finden. Die Geldpolitik eines Landes kann im Hinblick auf die beiden wirtschaftspolitischen Ziele "Zahlungsbilanzausgleich" und "Preisniveaustabilität" bewertet werden.[33)] So kann ein Gläubigerland durch eine expansive Geldpolitik (= Ausweitung der inländischen Kreditkomponente) unter Inkaufnahme von Preisniveausteigerungen einen Zahlungsbilanzüberschuß abbauen oder durch eine restriktive Geldpolitik Preisni-

---

31) Mundell, Robert A.: Geld- und Währungstheorie ... S. 167.

32) Mundell, Robert A.: Geld- und Währungstheorie ... S. 177 - 181.

33) Im Rahmen des Monetären Ansatzes hat die Geldpolitik (langfristig) nur auf diese beiden Ziele Einfluß. Beschäftigung und Wirtschaftswachstum werden ausschließlich von "realen" Faktoren bestimmt. (Dies entspricht der klassischen Dichotomie zwischen realem und monetärem Sektor.)

veausteigerungen verringern, jedoch bei steigenden Zahlungsbilanzüberschüssen. Das monetäre System der Weltwirtschaft ist allerdings asymmetrisch. Das Land mit der monetären Führungsrolle bestimmt das Inflationstempo der Weltwirtschaft, die übrigen Länder bestimmen durch ihre nationale Geldpolitik den Zahlungsbilanzsaldo.
Wie sind die Möglichkeiten einzuschätzen, mit Hilfe des Monetären Ansatzes die Schuldenkrise der Weltwirtschaft zu analysieren?
Der Monetäre Ansatz als monetaristische Theorie der Entwicklung von Zahlungsbilanzen[34)] kann Verschuldung, verstanden als akkumulierte Leistungsbilanzdefizite, nur aus der Funktion von Ländern als Produzenten international nachgefragten Geldes erklären. Die Verschuldung eines solchen Reservewährungslandes ist solange nicht zurückzuzahlen, wie die anderen Länder bereit sind, Devisen in seiner Währung zu halten. Bemerkenswert ist die Vorstellung von Geldexporten als Geldemissionsgewinn[35)] und nicht als Verschuldung. Diese Vorstellung geht implizit von der Annahme aus, daß das Entstehen eines Reservewährungslandes ein irreversibler Prozeß ist. Nur dann stehen den, durch Geldexport ermöglichten Absorptionsüberschüssen (= Geldemissionsgewinn) keine zukünftigen Absorptionsdefizite gegenüber.
Der Monetäre Ansatz will den Devisenbilanzsaldo erklären. Der Saldo der Kapitalbilanz i.e.S. wird lediglich als Reflex von Portfolioumschichtungen infolge von Geldmarktungleichgewichten interpretiert ("Zahlungsbilanzausgleich via Kapitalbilanz"). Im Saldo der Leistungsbilanz spiegelt sich die Anpassung an einen gewünschten Vermögensbestand wider. Diese wird ausschließlich von den Bedingungen auf dem Geldmarkt beeinflußt ("Zahlungsbilanzausgleich via Leistungsbilanz"). Der Monetäre Ansatz - so wie hier vorgestellt - ist lediglich geeignet, die Rolle des Landes in der Schuldenkrise zu untersuchen, dessen Währung auf dem Weltkapitalmarkt zur Begründung von Schuldverhältnissen überwiegend herangezogen wird, also den USA.

Der **entscheidende Mangel** des Monetären Ansatzes (zumindest unter dem Aspekt der Erklärung von Verschuldung) ist die Einengung der Analyse von Zahlungsbilanzen auf unterschiedliche Konstellationen von Geldangebot und Geldnachfrage und die damit verbundene Hervorhebung des Devisenbilanzsaldos. Länder werden als "Geldexporteure" und "Geldimporteure" gesehen. Eine

34) So wird der Monetäre Ansatz von einem seiner "Begründer" eingestuft.
Johnson, Harry Gordon: Inflation - Theorie und Politik, München 1975, S. 95.
35) Diese Vorstellung findet sich besonders ausgeprägt bei Mundell.
Mundell, Robert A.: Geld- und Währungstheorie ... insbesondere S. 163 - 172.

auf der Finanzierungsseite ansetzende Erklärung von Verschuldung erfordert jedoch die Einbeziehung aller Finanzaktiva. Länder müssen als "Wertpapierexporteure" (einschließlich Geld) und "Wertpapierimporteure" betrachtet werden. Dieser analytische Standpunkt wird vom "Finanzaktiva Ansatz" eingenommen.

1.1.2.3. Finanzaktiva-Ansatz [36)]

Der Finanzaktiva-Ansatz von Fröhlich wendet sich gegen eine, aus den speziellen Annahmen des Monetären Ansatzes resultierende Gleichsetzung von Devisenbilanzsaldo und Leistungsbilanzsaldo. (Diese Gleichsetzung wird, wie gesehen, auch durch die Möglichkeit einer kurzfristigen Anpassung via Kapitalbilanz, über den gesamten Zeitraum der Anpassung betrachtet, nicht aufgehoben.)
Die **zentrale These** der Untersuchung von Fröhlich besagt, daß der Monetäre Ansatz "*mit dem Kassenbestand nicht das angemessene monetäre Konstrukt in den Mittelpunkt bestandsökonomischer Zahlungsbilanzanalyse*" stellt. Als "*zentrale Plan- und Bestandsgröße ... ist das (Netto-)geldvermögen: die Summe sämtlicher Geldforderungen abzüglich der Geldschulden*" zu sehen.[37)]

Die Geldnachfrage wird durch die Geldvermögensnachfrage[38)] des privaten Sektors als zentrale zu erklärende Größe ersetzt.

---

36) Der im folgenden vorgestellte Finanzaktiva Ansatz wird von Fröhlich als "alternativer monetärer Ansatz" vorgeschlagen. Die Untersuchung von Fröhlich folgt inhaltlich weitgehend dem Mikro-Absorptionsansatz von Stützel. Dem Finanzaktiva-Ansatz von Fröhlich wird jedoch der Vorzug gegeben, da die Art der Darstellung eher den engen Bezug zum Monetären Ansatz sichtbar werden läßt.
Fröhlich, Hans-Peter: Zahlungsbilanzsalden als Umverteilung monetärer Bestände, Köln / Berlin / Bonn / München 1986.
Eine erste Darstellung des (erst später von Stützel sogenannten) Mikro-Absorptionsansatzes findet sich in:
Stützel, Wolfgang: Volkswirtschaftliche Saldenmechanik, 2. Auflage (unveränderter Nachdruck der 1. Auflage von 1958), Tübingen 1978, insbesondere S. 124 - 207.
Eine erneute Darstellung ist enthalten in:
Stützel, Wolfgang: Währung in weltoffener Wirtschaft, Frankfurt 1973.

37) Fröhlich, Hans-Peter: Zahlungsbilanzen ... S. 1 - 2.

38) Unter der Geldvermögensnachfrage ist in den Ausführungen zum Finanzaktiva-Ansatz stets die (Netto-)Geldvermögensnachfrage zu verstehen, so wie mit Geldvermögen immer das (Netto-)Geldvermögen gemeint ist.

Die Geldvermögensnachfrage des privaten Sektors "GV^{d}_{pr}" bestimmt sich wie folgt:

$GV^{d}_{pr} = f(i,r,l,\alpha) \cdot V$

V = (Gesamt-)Vermögen, das aus Geldvermögen (Finanzaktiva) und Sachvermögen besteht.
Die Ersparnis (= Änderung des Gesamtvermögens) wird als exogen, durch die Zeitpräferenzrate bestimmt, angesehen.
"*Dann ergibt sich die Leistungsbilanzentwicklung als Resultat einer Portfolio-Entscheidung: Wird Vermögen eher als Sachvermögen oder als Geldvermögen zu halten gewünscht?*" 39)

f = Anteil des Geldvermögens am Gesamtvermögen.

i = Zins für das Halten von Finanzaktiva (Geldvermögen).

r = erwartete Rendite des Sachvermögens.
Langlebige Gebrauchsgüter für Konsumzwecke werden von Fröhlich ausdrücklich zum Sachvermögen gezählt. Damit wird deutlich, daß die Rendite nicht nur pekuniäre Erträge umfaßt, sondern auch nicht-pekuniäre Erträge in Form eines direkten Nutzens.
Als ein wesentlicher Bestimmungsfaktor der erwarteten Sachvermögensrendite wird die Preisniveauänderungserwartung genannt. Je größer die erwartete Preisniveauänderung, desto höher ist die erwartete Sachvermögensrendite und desto größer ist die Verschuldungsbereitschaft.

Das Verhältnis der Verzinsung des Geldvermögens zur Rendite des Sachvermögens wird als zentrales Kriterium der Portfolio-Entscheidung herausgestellt.

l = subjektive Liquidität
Der Einfluß der subjektiv empfundenen Liquidität wirkt in die gleiche Richtung, wie das objektive Rentabilitätskalkül der Portfolioentscheidung. Allgemein subjektiv optimistische Erwartungen (z.B. Wachstumseuphorie) verstärken die Verschuldungsbereitschaft.

---

39) Fröhlich, Hans-Peter: Zahlungsbilanzen ... S. 87.

α = Niveauvarible, die den Einfluß der nicht spezifizierten Determinanten der Portfolioentscheidung widerspiegelt.

Da das (Netto-)Geldvermögen der Welt definitorisch immer gleich null ist, heißt Leistungsbilanzen zu analysieren, "*Änderungen in der weltweiten Verteilung von (Netto-) Geldvermögensbeständen zu erklären*".[40] Unter Hinweis auf die "klassische" Kritik Böhm-Bawerks[41] an der Betonung güterwirtschaftlicher Aspekte, stellt Fröhlich fest, daß der Aufbau eines Geldvermögensbestandes für ein Land bzw. für die Summe der inländischen Wirtschaftseinheiten nur möglich ist, wenn die Ausländer bereit sind, eine entsprechende Verschuldung zu akzeptieren. Damit sind Leistungsbilanzen als "*Ausdruck einer Divergenz bezüglich der Stärke der (Überschuß-)Nachfrage nach Geldvermögensbeständen in den beteiligten Ländern*" zu interpretieren.[42]

Die **zentrale Annahme** der weiteren Analyse ist, "*daß mittel- und langfristig jeweils die Pläne zur Änderung des Geldvermögensbestandes die Leistungsbilanzentwicklung dominieren, und daß nicht umgekehrt der Leistungsbilanzsaldo durch andere Faktoren determiniert wird und die Geldvermögensänderung lediglich passiv hingenommen wird*".[43]
Die Kapitalbilanz befiehlt der Leistungsbilanz!

Die Änderung des (Netto-)Geldvermögensbestandes einer Volkswirtschaft "dGV" und damit der Leistungsbilanzsaldo setzt sich zusammen aus der ökonomisch bestimmten Änderung des Geldvermögensbestandes des privaten Sektors "dGV_{pr}" und der (wirtschafts-)politisch bestimmten Änderung des Geldvermögensbestandes des staatlichen Sektors "dGV_{st}":

$$dGV = dGV_{pr} + dGV_{st}$$

---

40) Fröhlich, Hans-Peter: Zahlungsbilanzen ... S. 81.

41) "*Wir hätten nicht innerhalb der letzten sechs Jahre annähernd um 2600 Millionen mehr Waren aus dem Ausland beziehen als an dasselbe abgeben können, wenn wir nicht für diese 2600 Millionen oder wenigstens für einen Großteil derselben stundungsbereite Gläubiger im Ausland gefunden hätten.*"
Böhm-Bawerk, Eugen von: Unsere passive Handelsbilanz, in: Gesammelte Schriften von Eugen von Böhm-Bawerk, Hrsg.: Franz X. Weiss, Wien / Leipzig 1924, S. 499 - 515, hier: S. 508.

42) Fröhlich, Hans-Peter: Zahlungsbilanzen ... S. 81.

43) Fröhlich, Hans-Peter: Zahlungsbilanzen ... S. 85 / 86.

$dGV_{st} = T - G$ mit T = Einnahmen des staatl. Sektors
G = Ausgaben des staatl. Sektors

$dGV_{pr} = \Phi \cdot (GV^d_{pr} - GV_{pr})$ mit GV^d_{pr} = gewünschter Geldvermögensbestand des privaten Sektors
GV_{pr} = tatsächlicher Geldvermögensbestand des privaten Sektors
Φ = Anpassungsgeschwindigkeit, "*die eine institutionelle Konstante ist*" 44)

$$dGV = \Phi \cdot (GV^d_{pr}(i,r,l,\alpha) - GV_{pr}) + (T - G)$$

$$\text{mit} \quad \frac{\delta GV^d_{pr}}{\delta i} > 0 \; ; \quad \frac{\delta GV^d_{pr}}{\delta r} < 0 \; ; \quad \frac{\delta GV^d_{pr}}{\delta l} < 0$$

Wenn die Erwartungsgrößen Sachvermögensrendite "r" und subjektive Liquidität "l" als exogen angesehen werden, dann ist der gewünschte Geldvermögensbestand eine positive Funktion des Zinsniveaus. Eine Zinserhöhung führt zu einer Umstrukturierung des Geldvermögens von Geld zu verzinslichen Forderungen und zu einer <u>Erhöhung des Geldvermögens</u> in seiner Gesamtheit.

Der Finanzaktiva-Ansatz läßt sich für den **2-Länder-Fall** (Land "D" und Land "Ü") anhand der Grafik 3 (S. 48) wie folgt veranschaulichen:

Zur Vereinfachung wird angenommen, daß
(1) $T = G$ und damit dGV_{st} bzw. $GV_{st} = 0$
und
(2) die Anpassungsgeschwindigkeit "Φ" = 1 ist, d.h. die Anpassung erfolgt vollständig innerhalb einer Periode.

Im linken Teil der Grafik 3 wird für beide Länder "D" und "Ü" der tatsächliche Geldvermögensbestand "GV" dem positiv zinsabhängigen gewünschten Geldvermögensbestand (= der Geldnachfrage) "GV^d" gegenübergestellt.

---

44) Fröhlich, Hans-Peter: Zahlungsbilanzen ... S. 86.
Eine weitergehende Erläuterung der Anpassungsgeschwindigkeit gibt Fröhlich nicht. Im folgenden geht Fröhlich implizit (wohl lediglich zur Vereinfachung der Darstellung) von einer Anpassungsgeschwindigkeit von 1 aus.

Grafik 3: Finanzaktiva-Ansatz für den 2-Länder-Fall

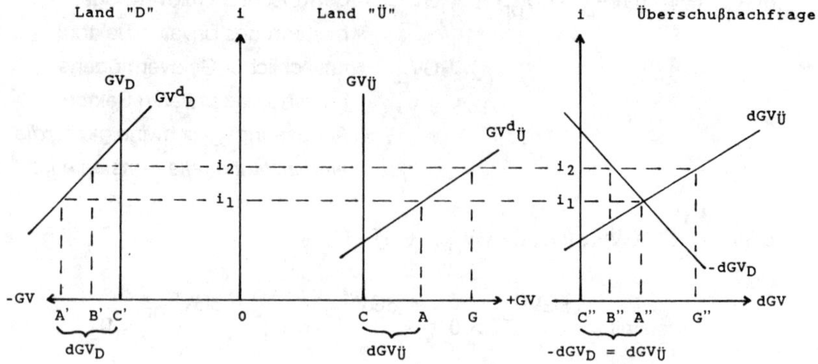

i = einheitlicher Weltzinssatz, d.h. das Zinsparitäten-Theorem gilt. Der ausländische Zinssatz, korrigiert um den Einfluß von Wechselkursänderungserwartungen, entspricht dem inländischen Zinssatz.

GV = tatsächlicher (Netto-)Geldvermögensbestand
in Land "D" = Strecke 0C'
in Land "Ü" = Strecke 0C

GV^d = gewünschter (Netto-)Geldvermögensbestand
in Land "D" bei i_1 = Strecke 0A'
bei i_2 = Strecke 0B'
in Land "Ü" bei i_1 = Strecke 0A
bei i_2 = Strecke 0G

dGV = gewünschte Änderung des (Netto-)Geldvermögensbestandes (= Leistungsbilanzsaldo)
in Land "D" bei i_1 = Strecke C'A'bzw. C"A"
bei i_2 = Strecke C'B' bzw. C"B"
in Land "Ü" bei i_1 = Strecke CA bzw. C"A"
bei i_2 = Strecke CG bzw. C"G"

Die Summe der tatsächlichen Geldvermögensbestände der beiden Länder ist definitorisch gleich null ($GV_Ü + GV_D = 0$). D.h. Land "D" hat einen negativen Geldvermögensbestand, der betragsmäßig dem positiven Geldvermögensbestand des Landes "Ü" genau gleich sein muß (Strecke 0C' = Strecke 0C).
Im rechten Teil der Grafik 3 wird der gewünschten positiven Geldvermögensänderung (= Leistungsbilanzüberschuß) des Landes "Ü" ("$dGV_Ü$") die gewünschte negative Geldvermögensänderung (= Leistungsbilanzdefizit) des Landes "D" ("dGV_D") gegenübergestellt.
Bei einem Zinssatz von "i_1" sind die Zahlungsbilanzen der beiden Länder in dem Sinne ausgeglichen, daß dem Leistungsbilanzdefizit des Landes "D" ("dGV_D") ein freiwilliger Kapitalexport des Landes "Ü" ("$dGV_Ü$") in genau gleicher Höhe gegenübersteht ($-dGV_D = dGV_Ü$).
Bei einem Zinssatz von "i_2" entsteht ein Zahlungsbilanzungleichgewicht ($-dGV_D < dGV_Ü$) in Form eines weltwirtschaftlichen Nachfrageüberschusses nach Geldvermögen ($-dGV_D + dGV_Ü > 0$).

Die Geldpolitik hat die Aufgabe, durch Steuerung des Geldzinsniveaus für den **Ausgleich der Zahlungsbilanz** zu sorgen.
Bei einem Zinssatz, der über dem Gleichgewichtszins liegt (z.B. "i_2"), wünscht die Gesamtheit der Wirtschaftssubjekte in Land "Ü" einen Leistungsbilanzüberschuß (Strecke CG bzw. C"G"), der über die Verschuldungsbereitschaft der Wirtschaftssubjekte in Land "D" (Strecke C'B' bzw. C"B") hinausgeht.
Eine expansive, den inländischen Geldzins senkende Geldpolitik in Land "Ü" wirkt zweifach:

(1) Die Neigung der inländischen Wirtschaftssubjekte Einnahmeüberschüsse zu erzielen vermindert sich, da der Geldzins relativ zu der (annahmegemäß) unveränderten Sachvermögensrendite sinkt. Dies führt zu einem Abbau des gewünschten Leistungsbilanzüberschusses.
(2) Die inländischen Finanzaktiva verlieren im Vergleich zu den ausländischen Finanzaktiva an Attraktivität, da der inländische Geldzins relativ zu dem ausländischen Geldzins sinkt und diese Zinsdifferenz (annahmegemäß) nicht durch entsprechend geänderte Wechselkursänderungserwartungen kompensiert wird. Dies führt zu einer Zunahme des gewünschten (="freiwilligen") Kapitalexports.
Die gestiegene Nachfrage nach ausländischen Finanzaktiva führt zu einer Zinssenkung, die wiederum die Verschuldungsbereitschaft im Ausland erhöht.

Im Rahmen des Finanzaktiva-Ansatzes sorgt das geldpolitisch beeinflußbare "richtige" Zinsniveau für den Zahlungsbilanzausgleich. Der Ausgleich der Zahlungsbilanz bedeutet jedoch nicht Saldenlosigkeit, sondern, daß dem Leistungsbilanzdefizit eines Landes freiwillige Kapitalexporte der Ausländer gegenüberstehen. Es besteht ein Stromgleichgewicht oder - in der Terminologie von Fröhlich - ein "Bestandsumschichtungsgleichgewicht".

Das **Verhältnis des Finanzaktiva-Ansatzes zum Absorptionsansatz** läßt sich folgendermaßen beschreiben:
Was sich auf der einen (Finanzierungs-)Seite als ein Nachfrageüberschuß nach Geldvermögen darstellt, das zeigt sich auf der anderen (Leistungs-)Seite als Güternachfragelücke.
Eine Zinssenkung bewirkt aus der güterwirtschaftlichen Sicht des Absorptionsansatzes einen Anstieg der "autonomen Absorption".
In Grafik 2 (S. 35) bewegen sich die Absorptionsfunktionen von Überschuß- und Defizitland (parallel verschoben) aufeinander zu. Die tatsächlichen Leistungsbilanzsalden der beiden Länder werden größer.
Der Absorptionsansatz impliziert dauerhafte Leistungsbilanzsalden und damit eine fortwährende Änderung des Geldvermögensbestandes. Nach dem Finanzaktiva-Ansatz dienen Leistungsbilanzsalden einer Bestandsanpassung und sind folglich von ihrem Wesen vorübergehender Natur. Allerdings können auch im Rahmen des Finanzaktiva-Ansatzes dauerhafte Leistungsbilanzsalden auftreten, was nun zu zeigen ist.

Die **Wirkung einer fortwährenden Änderung des Gesamtvermögens auf den Leistungsbilanzsaldo** stellt sich wie folgt dar:
Eine Änderung des Gesamtvermögens durch Ersparnis "S" führt bei konstantem Anteil des Geldvermögens am Gesamtvermögen "f" zu einer proportionalen Zunahme der Geldvermögensnachfrage "GV^d", die nach Maßgabe der Anpassungsgeschwindigkeit "Φ", den Leistungsbilanzsaldo "dGV" bestimmt. (Der Budgetsaldo des Staates wird vernachlässigt, d.h. gleich null gesetzt.)

$$dGV^d = f \cdot S$$

und

$$dGV = \Phi \cdot dGV^d$$

In Grafik 3 (S. 48) verschiebt sich die Geldvermögensnachfrage- und Geld-

vermögensangebotsfunktion des Landes "Ü" in jeder Periode weiter nach rechts und die Geldvermögensnachfrage- und -angebotsfunktion des Landes "D" nach links. Die Überschußnachfragen nach Geldvermögen werden durch die Differenz zwischen Ersparnis und Änderung des Sachvermögens in den beiden Ländern bestimmt. Die Entwicklung des Gleichgewichtszinssatzes hängt bei Konstanz der übrigen Faktoren (Sachvermögensrendite, subjektive Liquidität, Einnahme-Ausgabe-Saldo des staatlichen Sektors) von dem Verhältnis der Ersparnisse beider Länder ab.
Eine Analyse der Wirkung des Sparens auf die Leistungsbilanz, die über die Wiederherstellung eines ursprünglich vorhandenen Bestandsgleichgewichts hinausgeht, wird von Fröhlich der Kapitaltheorie überlassen. Der Finanzaktiva-Ansatz untersucht lediglich Portfolioungleichgewichte zwischen Geldvermögen und Sachvermögen bei konstantem Gesamtvermögen.[45)]

Welche Begründung für die Existenz von Leistungsbilanzsalden und damit welche **Erklärung für Verschuldung** (als akkumulierte Leistungsbilanzdefizite) kann der Finanzaktiva-Ansatz geben?
Während der Finanzaktiva-Ansatz verstanden als Theorie des Zahlungsbilanzausgleichs - bildhaft gesprochen - die Lage der Geldvermögensnachfragefunktionen in Grafik 3 (S. 48) als gegeben annimmt und nach den Bedingungen des Zahlungsbilanzausgleichs fragt, muß der Finanzaktiva-Ansatz verstanden als Theorie der Verschuldung (= als Theorie, die das Vorzeichen des Leistungsbi-

---

45) Allerdings sind die Ausführungen von Fröhlich (zumindest) nicht präzise. Einerseits wird eine exogene Ersparnis ungleich null zugelassen ("*Die Wirtschaftssubjekte haben ihre Entscheidung über die Höhe der Ersparnis bereits getroffen.*" S. 87), andererseits wird eine Ersparnis ungleich null offensichtlich als exogene Störung des, nach Abschluß der zinsinduzierten Bestandsumschichtungen erreichten Bestandsgleichgewichts angesehen ("*Zu einem neuerlichen Leistungsbilanzsaldo ungleich null kommt es in diesem Modell erst dann wieder, wenn exogene Störungen in einem der beiden Länder die Geldvermögensnachfrage verändern und damit das bestehende Bestandshaltegleichgewicht destabilisieren.*" S. 102)
Solange es eine Ersparnis ungleich null gibt, existiert kein Bestandsgleichgewicht beim Geldvermögen und damit (abgesehen von dem Sonderfall, daß die Ersparnis genau gleich der Änderung des Sachvermögens ist und damit das Verhältnis zwischen Sachvermögen und Geldvermögen fortwährend in eine Richtung geändert wird) auch nach Abschluß des zinsinduzierten Bestandsumschichtungsprozesses keine ausgeglichene Leistungsbilanz. Der ersparnisinduzierte Bestandsumschichtungsprozeß des definitorisch immer null betragenden (Netto-) Geldvermögens der Welt sorgt weiterhin für Leistungsbilanzsalden.
Die explizite Annahme einer exogenen Ersparnis, die, da nichts gegenteiliges gesagt wird, ungleich null sein kann, wird von Fröhlich implizit zur Annahme einer Ersparnis von null erweitert.
Fröhlich, Hans-Peter: Zahlungsbilanzen ...

lanzsaldos erklärt) gerade die Lage der Geldvermögensnachfragefunktionen bestimmen.
Als Bestimmungsfaktoren nennt Fröhlich die Sachvermögensrendite und das Gefühl der subjektiven Liquidität. Weitere mögliche Faktoren werden in einer Niveauvariablen zusammengefaßt. Damit wird sich das Land verschulden, das eine, im Vergleich zu anderen Ländern, verbesserte Sachvermögensrendite erwarten läßt.
Da die Sachvermögensrendite, zusammenfassend und allgemein gesagt, von der Entwicklung der "Kosten-Erlös-Relation" abhängt, gilt:[46)]
Es wird sich das Land verschulden, dessen Kosten-Erlös Relation sich relativ zur Kosten-Erlös-Relation in anderen Ländern verbessert hat.

Diese Aussage bezieht sich jedoch nur auf das von Zinsrelationen gesteuerte Verhalten des privaten Sektors und vernachlässigt die Auswirkungen des "politisch" bestimmten Einnahme-Ausgabe-Verhaltens des staatlichen Sektors, das im Rahmen des Finanzaktiva-Ansatzes als "exogene Störung" erfaßt wird.

Ein **staatlicher Budgetsaldo** hat die folgenden Wirkungen auf den Leistungsbilanzsaldo:
Ein Defizit des staatlichen Sektors in einem Überschußland vermindert (ausgehend von einem ausgeglichenen Budget, T=G) die gesamtwirtschaftliche Überschußnachfrage nach Geldvermögen. In der Grafik 3 (S. 48) verschiebt sich die $dGV_{Ü}$-Kurve im Ausmaß des Defizits parallel nach links und wird zur "$dGV_{Ü}$ + (T-G) Kurve". "*Nur zu attraktiveren Konditionen sind die in- und ausländischen Privaten bereit, mehr Vermögen statt in Form von Sachvermögen in Forderungstiteln zu halten und auf diese Weise den Kreditbedarf des Staates zu befriedigen.*" [47)] Ein höherer (Welt-)Zins bewirkt im Überschußland eine Zunahme der privaten Überschußnachfrage nach Geldvermögen (= Abnahme der Kreditnachfrage) als Folge eines zins-

---

46) Fröhlich spricht von den "*künftig relevanten Rahmenumständen*" und erläutert: "*Primär sind damit die Verkaufschancen sowie die eigenen Beschaffungs- und Absatzpreise angesprochen.*"
Fröhlich, Hans-Peter: Zahlungsbilanzen ... S. 89.
Stützel sieht die Sachkapitalrendite bestimmt durch "*die Relation zwischen der strukturbedingten (technischen) Produktivität und dem herrschenden Reallohn*". Unter der Struktur einer Volkswirtschaft versteht Stützel die "*geographischen, technischen und soziologischen Voraussetzungen*" der Güterproduktion.
Stützel, Wolfgang: Saldenmechanik ... S. 133.
47) Fröhlich, Hans-Peter: Zahlungsbilanzen ... S. 114.

induzierten crowding-out privater Ausgaben im Inland und eine Verringerung des Leistungsbilanzüberschusses als Folge eines zinsinduzierten crowding-out privater Ausgaben im Ausland.
Dieses Ergebnis ist zu modifizieren, wenn das staatliche Defizit andere Einflußfaktoren der privaten Geldvermögensnachfrage, außer dem Zinssatz, beeinflußt. So führt eine, durch zusätzliche Staatsausgaben bewirkte Zunahme des Einkommens zu einem Anstieg der einkommensabhängigen Ersparnis. In Grafik 3 (S. 48) verschiebt sich die $dGV_{Ü}$-Kurve parallel nach rechts. Der Zinsanstieg wird abgeschwächt oder sogar verhindert.

Die Untersuchung des Zusammenhangs zwischen staatlichem Budgetsaldo und Leistungsbilanzsaldo ist ein Schwerpunkt des "New Cambridge Approach". Dieser außenwirtschaftliche Aspekt des New Cambridge Approach soll im folgenden Kapitel auf eine Erklärung von Verschuldung hin analysiert werden.

1.1.2.4. New Cambridge Approach [48)]

Der New Cambridge Approach kann als Mischung keynesianischer und monetaristischer Theorie, stromökonomischer und bestandsökonomischer Analyse oder güterwirtschaftlicher und geldwirtschaftlicher Sicht bezeichnet werden, wobei der Schwerpunkt jeweils auf der ersten Komponente liegt.

Ausgangspunkt der Analyse ist die Definitionsgleichung des Gütermarkts:

$Y = A + G + (X\text{-}M)$

Y	=	Einkommen
A	=	Absorption des privaten Sektors
G	=	Staatsausgaben
$(X\text{-}M)$	=	Leistungsbilanzsaldo

Die Absorption des privaten Sektors wird bestimmt durch:

$A = A^{aut} + a \cdot Y^{v}$

A^{aut}	=	einkommensunabhängige Absorption
a	=	marginale Absorptionsneigung
Y^{v}	=	verfügbares Einkommen des privaten Sektors

Kurzfristig ist $0 < a < 1$ und $A^{aut} > 0$,
langfristig ist $a = 1$ und $A^{aut} = 0$,
d.h. langfristig ist die durchschnittliche Ausgabenneigung gleich 1.
Die langfristige Absorptionsfunktion verkürzt sich zu $A = Y^{v}$.

Die langfristige durchschnittliche Ausgabenneigung von 1 ist das Ergebnis empirischer Untersuchungen.[49)] Die theoretische Begründung wird in der Existenz

---

48) Einen umfassende Darstellung und Analyse des New Cambridge Approach gibt Knaebel.
Knaebel, Wilfried K.-H.: Der New Cambridge Approach - Zur Analyse von Bestandsanpassungsprozessen in keynesianischen Modellen einer offenen Volkswirtschaft, Frankfurt / Bern / New York / Paris 1987.
Speziell die außenwirtschaftlichen Implikationen untersucht Sauernheimer.
Sauernheimer, Karlhans: Die außenwirtschaftlichen Implikationen des "New Cambridge Approach", in: Konjunkturpolitik, Heft 6 / 1983, S. 348 - 365.
Eine Darstellung des Kern-Modells durch zwei Mitbegründer des New Cambridge Approach findet sich in:
Fetherston, Martin J. / A. H. Godley: "New Cambridge" Macroeconomics and Global Monetarism, in: Brunner / Meltzer (Hrsg.): Public Policies in Open Economies, Amsterdam / New York / Oxford, Journal of monetary economics Supp. 9, 1978, S. 33 - 65.
49) Zu den empirischen Grundlagen des New Cambridge Approach vgl.
Knaebel, Wilfried K.-H.: Der New Cambridge Approach ... S. 35 - 37.

eines Bestandsgleichgewichts von tatsächlicher Geldvermögenshaltung "GV_{pr}" und gewünschter Geldvermögenshaltung "GV^d_{pr}" gesehen.

Zwischen dem verfügbarem Einkommen und der gewünschten Geldvermögenshaltung des privaten Sektors besteht ein festes Verhältnis "b", das man, analog zum Kassenhaltungskoeffizienten der Geldnachfragetheorie, als "Geldvermögenshaltungskoeffizient" bezeichnen sollte.[50)]

$$GV^d_{pr} = b \cdot Y^V$$

Eine kurzfristige Ausgabenneigung kleiner 1 wird als das Ergebnis eines durch Einkommensänderungen ausgelösten Bestandsanpassungsprozesses bei der Geldvermögenshaltung interpretiert. Die Dauer der Bestandsanpassung hängt wiederum von der (nicht näher bestimmten) Anpassungsgeschwindigkeit "Φ" ab. Die Bestandsanpassungsfunktion nimmt dann die folgende Form an:

$$dGV_{pr} = \Phi \cdot (GV^d_{pr}(Y^V) - GV_{pr})$$ [51)]

Die **Parameterwerte der Absorptionsfunktion** werden vollständig durch die Bestandsanpassungsfunktion und die Einkommensabhängigkeit der gewünschten Geldvermögenshaltung determiniert. Dies soll im folgenden gezeigt werden.

Bestimmung der marginalen Absorptionsneigung "a":

Das verfügbare Einkommen wird zur Absorption und zur Änderung des Geldvermögens verwendet:

$$Y^V = A + dGV_{pr}$$

---

50) Diese Analogie wird auch von Zinn gesehen, der von einem "Geldvermögenskoeffizienten" spricht.
Knaebel verwendet dagegen die Bezeichnung "*Vermögenspräferenz*" und versucht diese Größe als Ergebnis einer nutzenmaximierenden Wahlentscheidung zwischen "*Vermögen*" und "*Gütern*" zu erklären.
Knaebel, Wilfried K.-H.: Der New Cambridge Approach ... S. 38 - 46.
Zinn, Karl Georg: Geldvermögen, Zinseinkommensquote und Inflation, in: Jahrb. f. Nationalökonomie und Statistik Bd. 201/4, 1986, S. 350 - 369, hier: S. 368.

51) Eine entsprechende Spezifizierung der Bestandsanpassungshypothese des New Cambridge Approach gibt
Sauernheimer, Karlhans: Die außenwirtschaftlichen Implikationen ... S. 357, Fußnote 14.

Die Änderung des verfügbaren Einkommens ist gleich
$dY^V = dA + d(dGV_{pr})$.

Die Änderung der Absorption erhält man durch Ableitung der Absorptionsfunktion nach Y^V:
$dA = a \cdot dY^V$

Die "Änderung der Änderung" des Geldvermögens folgt aus der Bestandsanpassungsfunktion
$dGV_{pr} = \Phi \cdot (GV^d_{pr} - GV_{pr})$, mit $GV^d_{pr} = b \cdot Y^V$.

Durch Ableitung von
$dGV_{pr} = \Phi \cdot (b \cdot Y^V - GV_{pr})$ nach Y^V
ergibt sich
$d(dGV_{pr}) = \Phi \cdot b \cdot dY^V$.

Damit ist
$$dY^V = \underbrace{(a \cdot dY^V)}_{dA} + \underbrace{(\Phi \cdot b \cdot dY^V)}_{d(dGV_{pr})}$$
und nach Division durch dY^V und Umstellen erhält man
$\mathbf{a = 1 - \Phi \cdot b}$.

Bestimmung der autonomen Absorption "A^{aut}":

Durch Einsetzen der Absorptionsfunktion $A = A^{aut} + a \cdot Y^V$ in die Identitätsgleichung $Y^V = A + dGV_{pr}$ und Umformen erhält man
$A^{aut} = (1 - a) \cdot Y^V - dGV_{pr}$.

Die Änderung des Geldvermögens ist gleich
$dGV_{pr} = \Phi \cdot (b \cdot Y^V - GV_{pr})$.

Damit ist
$A^{aut} = (1 - a) \cdot Y^V - \Phi \cdot (b \cdot Y^V - GV_{pr})$.

Da $(1 - a) = \Phi \cdot b$ ist, folgt
$\mathbf{A^{aut} = \Phi \cdot GV_{pr}}$.

Aufgrund der Abhängigkeit der autonomen (= einkommensunabhängigen) Absorption von der Höhe des tatsächlichen Geldvermögens verschiebt sich die kurzfristige Absorptionsfunktion während eines Bestandsanpassungsprozesses.

Der durch einen Anstieg des Einkommens ausgelöste **Bestandsanpassungsprozeß** soll mit Hilfe der Grafik 4 (S. 58) verdeutlicht werden:

Durch die Zunahme einer autonomen Komponente der Güternachfrage (z.B. Staatsausgaben) steigt das verfügbare Einkommen des privaten Sektors von Y^V_1 auf $Y^V_{2,3,...,n}$.
Zur Vereinfachung wird zunächst angenommen, daß nur in Periode 2 ein Anstieg des verfügbaren Einkommens stattfindet und das Einkommen der folgenden Perioden 3,...,n dem Einkommen der Periode 2 entspricht.
Bei einer (in der Grafik angenommenen) Anpassungsgeschwindigkeit von $\Phi=0{,}5$ und einem Geldvermögenshaltungskoefizienten von $b=0{,}8$ beträgt die marginale Absorptionsneigung $a=0{,}6$.

Ausgehend von einem Bestandsgleichgewicht (Punkt B) steigt die Absorption in Periode 2 entlang der kurzfristigen Absorptionsfunktion $A^{aut}(GV_1) + aY^V$ von A_1 auf A_2. Die gewünschte Geldvermögenshaltung steigt um $dGV^d = b \cdot dY^V$ von $GV^d(Y^V_1)$ auf $GV^d(Y^V_2)$. Die tatsächliche Geldvermögenshaltung steigt (mit der Anpassungsgeschwindigkeit $\Phi=0{,}5$) in Periode 2 von GV_1 auf GV_2. Die Änderung des Geldvermögens ist $dGV_2 = GV_2 - GV_1$ = Strecke CD = $Y^V_2 - A_2$.

Die Zunahme des Geldvermögens bewirkt einen Anstieg der autonomen Absorption in Periode 3 von $A^{aut}(GV_1)$ auf $A^{aut}(GV_2)$. Die Zunahme des Geldvermögens ist $dGV_3 = GV_3 - GV_2$ = Strecke HD = $Y^V_3 - A_3$.
Die kurzfristige Absorptionsfunktion verschiebt sich solange parallel nach "oben", bis der Bestandsanpassungsprozeß beendet ist ($GV^d(Y^V_2) = GV_n$) und die Absorption dem verfügbaren Einkommen gleich ist ($A_n = Y_{2,3,...,n}$).[52]

---

52) Bei der "*Einbeziehung der Bestandsanpassungshypothese in die flow-Betrachtung*" differenziert Knaebel nicht zwischen der einkommensabhängigen Komponente der Absorption (aY^V) und der autonomen (= einkommensunabhängigen) Komponente (A^{aut}), die von der tatsächlichen Geldvermögenshaltung bestimmt wird. Dadurch entsteht leicht der falsche Eindruck einer sich, in Abhängigkeit vom Bestandsanpassungsprozeß drehenden kurzfristigen Absorptionsfunktion.
Knaebel, Wilfried K.-H.: Der New Cambridge Approach ... S. 46 - 48.

Grafik 4: New Cambridge Approach als ein "mixtum compositum"

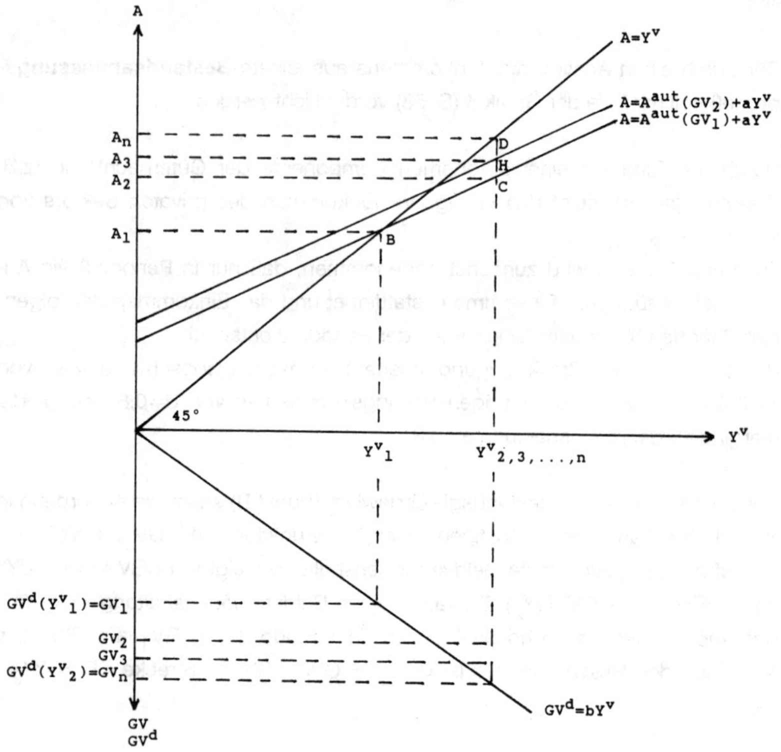

A = Absorption des privaten Sektors
Y^V = verfügbares Einkommen des privaten Sektors
GV = tatsächliche Geldvermögenshaltung des privaten Sektors
GV^d = vom privaten Sektor gewünschte Geldvermögenshaltung

$A = A^{aut}(GV) + a \cdot Y^V$ = kurzfristige Absorptionsfunktion

$GV^d = b \cdot Y^V$ = Geldvermögenshaltungsfunktion

Der Wertpapiernachfrage des privaten Sektors (= gewünschtes Geldvermögen) steht ein unendlich zinselastisches Wertpapierangebot des Staates und des Auslands gegenüber.[53] Damit sind Zinswirkungen der Wertpapiernachfrage "annahmegemäß" ausgeschlossen.
Der Einfluß exogener Zinsänderungen auf die Höhe der Wertpapiernachfrage kann über einen zinsabhängigen Geldvermögenshaltungskoeffizienten erfaßt werden:

$$b = b(i) \qquad \text{mit} \quad \frac{db}{di} > 0 \quad (i = \text{Realzins})$$

Solange Bestandsanpassungen stattfinden, gilt die kurzfristige Absorptionsfunktion. Wenn ein Bestandsgleichgewicht erreicht ist, dann wird die langfristige Absorptionsfunktion maßgeblich.

Die **langfristige Absorptionsfunktion** unterstellt, daß die Ersparnis des privaten Sektors immer gleich den (Netto-)Investitionen des privaten Sektors ist. Es existiert jedoch kein "*modellimmanenter Mechanismus, der auf den Ausgleich von Sparen und Investieren hinwirkt*"[54]. Dies ist auf dem Aggregationsniveau des New Cambridge Approach auch nicht notwendig. Ebenso wie die privaten Konsumausgaben und die Investitionen zur Absorption zusammengefaßt werden, sind Ersparnis und Investitionen zusammen, als Änderung des Geldvermögens, eine Variable des Modells. Als Folge dieser Aggregation sind keine Aussagen über die Entwicklung des Sachvermögens (= "Realkapitals") möglich. Mit dieser Vernachlässigung des Kapazitätseffekts der Investitionen steht der New Cambridge Approach in keynesianischer Tradition.[55]

Die Gleichgewichtsbedingung für den Gütermarkt reduziert sich aufgrund der langfristigen Absorptionsfunktion $A = Y^V$ zu:

$$(T - G) = (X - M)$$

53) Zum Vermögenssektor im New Cambridge Approach vgl.
Knaebel, Wilfried K.-H.: Der New Cambridge Approach ... S. 166 - 168.

54) Knaebel, Wilfried K.-H.: Der New Cambridge Approach ... S. 218.

55) Zu dieser Schwachstelle des New Cambridge Approach vgl. die Ausführungen von Blinder, Alan S.: What's "New" and what's "Keynesian" in the "New Cambridge Approach" Keynesianism?, in: Brunner / Meltzer (Hrsg.): Public Policies in Open Economies, Amsterdam / New York / Oxford 1978, S. 67 - 85, insbesondere S. 82.

Damit führt eine Änderung des staatlichen Budgetsaldos, nach Abschluß der Bestandsanpassungen im privaten Sektor, zu einer genau gleich großen Änderung des Leistungsbilanzsaldos.[56] Der Wirkungszusammenhang wird güterwirtschaftlich, dem keynesianischen Multiplikatormodell folgend, über einkommensabhängige Importe hergestellt.
Die Änderung des (gleichgewichtigen) Niveaus von Einkommen und Absorption, Steuereinnahmen und Staatsausgaben, Exporten und Importen als Folge einer Änderung des staatlichen Budgetsaldos, hängt von der Größe des Einkommensmultiplikators ab. Für die Erklärung von Verschuldung genügt jedoch die Betrachtung der Einnahmen-Ausgaben-Salden des privaten und des staatlichen Sektors, da die Salden unabhängig vom Niveau der Einnahmen und Ausgaben und damit auch von der Größe des Einkommensmultiplikators sind.

Welche **Erklärung für Verschuldung** gibt der New Cambridge Approach?

Im Bestandsgleichgewicht ist die Zunahme der Verschuldung (= Leistungsbilanzdefizit) gleich dem staatlichen Budgetdefizit. Während einer durch eine Einkommenssteigerung ausgelösten (Geldvermögens-)Bestandsanpassung im privaten Sektor ist das Leistungsbilanzdefizit nach Maßgabe der Bestandsanpassungsfunktion $dGV_{pr} = \Phi \cdot (GV^{d}_{pr}(Y^{V}) - GV_{pr})$ niedriger als das staatliche Budgetdefizit.
Somit wird Verschuldung im Ausland zur Nebenwirkung einer expansiven Fiskalpolitik des "deficit spending".
Diese Nebenwirkung tritt auf, da einerseits die Bereitschaft des privaten Sektors, Geldvermögen zu akkumulieren, in Abhängigkeit von der Höhe des schon erreichten Geldvermögensbestands sinkt und andererseits das Staatsdefizit in jeder Periode neu finanziert werden muß.

Bei einem **dauerhaften Wachstum des Einkommens** nimmt die Verschuldung den folgenden Verlauf:
Unter der restriktiven Annahme, daß die Bestandsanpassung innerhalb einer Periode (= eines Jahres) abgeschlossen ist,[57] was einer Anpassungsge-

---

56) "*This is ... the quintessentially "new Cambridge" result that changes in the ex post public sector deficit are, in the long run, fully reflected in the external surplus on current account.*" Fetherston, Martin J. / A. H. Godley: "New Cambridge" Macroeconomics ... S. 49.
57) "*The pivotal functional relationship ... is that financial assets held by the private sector at the end of each year are always in an equilibrium relationship with disposable private income.*" Fetherston, Martin J. / A. H. Godley: "New Cambridge" Macroeconomics ... S. 42.

schwindigkeit von $\Phi=1$ entspricht, bestimmt sich die Änderung des Geldvermögens des privaten Sektors wie folgt:

Die Bestandsanpassung erfolgt gemäß

$$dGV_{pr} = GV^{d}_{pr} - GV_{pr}.$$

Da die tatsächliche Geldvermögenshaltung aufgrund der Annahme $\Phi=1$ der gewünschten Geldvermögenshaltung der Vorperiode entspricht, ist

$$GV^{d}_{pr} - GV_{pr} = dGV_{pr}.$$

Die Änderung der gewünschten Geldvermögenshaltung "dGV_{pr}" wird bestimmt durch

$$dGV_{pr} = b \cdot dY^{V}.$$

Bei ständigem Wachstum ist

$dY^{V} = w_{Y} \cdot Y^{V}$, mit w_{Y} = Wachstumsrate des verfügbaren Einkommens.

Eine vollständige Bestandsanpassung in der Periode der Einkommensänderung ($\Phi=1$) bedeutet, daß die "marginale Hortungsneigung" "(1 - a)" den gleichen Wert annimmt, wie der Geldvermögenshaltungskoeffizient "b". Eine Einkommensänderung ($dY^{V} = w_{Y} \cdot Y^{V}$) wird zunächst zur Anpassung des tatsächlichen an das gewünschte Geldvermögen verwendet ($dGV_{pr} = (1 - a) \cdot dY^{V}$) und der "Rest" (= $dY^{V} - dGV_{pr}$) erhöht die Absorption ($dA = a \cdot dY^{V}$).

Diesen Zusammenhang soll Grafik 5 (S. 62) illustrieren:

In Periode 2 steigt das Einkommen um $dY^{V}_{2} = Y^{V}_{2} - Y^{V}_{1} = w_{y} \cdot Y^{V}_{1}$.
Die Einkommenserhöhung bewirkt eine Zunahme des Geldvermögens um $GV^{d}(Y^{V}_{2}) - GV^{d}(Y^{V}_{1}) = b \cdot dY^{V}_{2}$ = Strecke CD.
Die Absorption steigt entsprechend der Absorptionsfunktion
$A = A^{aut}(GV_{1}) + a \cdot Y^{V}$ auf A_{2}.

Grafik 5: Wachstum und Bestandsanpassungsverhalten im New Cambridge Approach

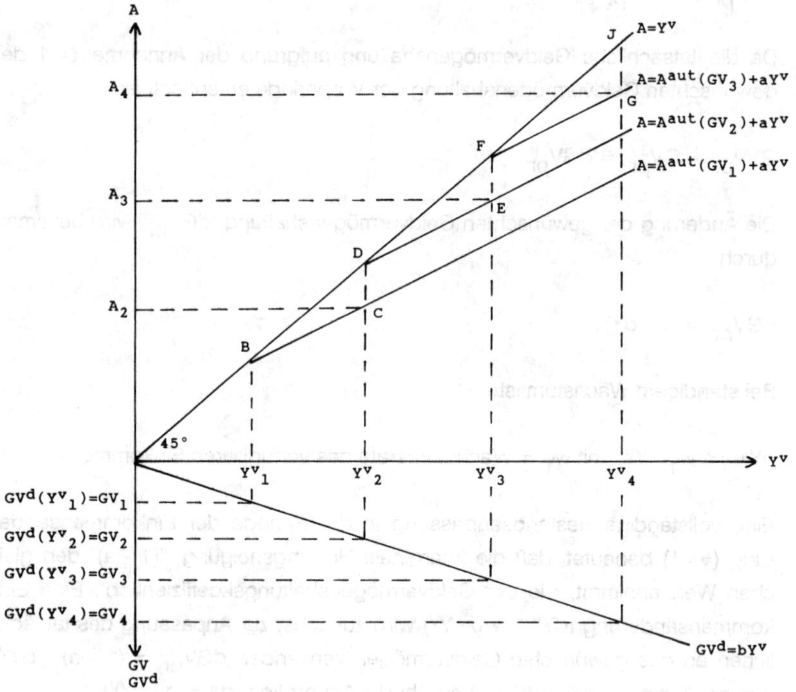

A = Absorption des privaten Sektors
Y^v = verfügbares Einkommen des privaten Sektors
GV = tatsächliche Geldvermögenshaltung des privaten Sektors
GV^d = vom privaten Sektor gewünschte Geldvermögenshaltung

$A = A^{aut}(GV) + a \cdot Y^v$ = kurzfristige Absorptionsfunktion

$A = Y^v$ = langfristige Absorptionsfunktion

$GV^d = b \cdot Y^v$ = Geldvermögenshaltungsfunktion

Bei einer Anpassungsgeschwindigkeit von $\Phi=1$ und einem (in der Grafik angenommenen) Geldvermögenshaltungskoeffizienten von b=0,4 ist die marginale Absorptionsneigung $a = 1 - \Phi \cdot b = 0{,}6$.

In Periode 3 steigt das Einkommen um $dY^V_3 = Y^V_3 - Y^V_2 = w_y \cdot Y^V_2$.
Die Einkommenserhöhung bewirkt eine Zunahme des Geldvermögens um $GV^d(Y^V_3) - GV^d(Y^V_2) = b \cdot dY^V_3$ = Strecke EF.
Die Absorption steigt entsprechend der Absorptionsfunktion
$A = A^{aut}(GV_2) + a \cdot Y^V$ auf A_3.

In Periode 4 steigt das Einkommen um $dY^V_4 = Y^V_4 - Y^V_3 = w_y \cdot Y^V_3$.
Die Einkommenserhöhung bewirkt eine Zunahme des Geldvermögens um $GV^d(Y^V_4) - GV^d(Y^V_3) = b \cdot dY^V_4$ = Strecke GJ.
Die Absorption steigt entsprechend der Absorptionsfunktion
$A = A^{aut}(GV_3) + a \cdot Y^V$ auf A_4.

Die Verschiebung der kurzfristigen Absorptionsfunktion wird durch die Abhängigkeit der autonomen (d.h. einkommensunabhängigen) Absorption von der Höhe des Geldvermögens verursacht. Die autonome Absorption steigt, gemäß $A^{aut} = \Phi \cdot GV$, unter der Annahme $\Phi=1$, um $dA^{aut} = dGV = dGV^d$.
Dies darf jedoch nicht darüber hinwegtäuschen, daß die Zunahme der Absorption der "Rest" ist, der übrig bleibt, nachdem die Änderung des Geldvermögens, entsprechend der Bestandsanpassungsfunktion, feststeht. Bildhaft gesprochen werden erst die Punkte C, E und G ermittelt und dann die "passenden" kurzfristigen Absorptionsfunktionen bestimmt.

Bei vollständiger Bestandsanpassung innerhalb einer Periode entsprechen die Wachstumsraten des Geldvermögensbestands, der Geldvermögensänderung und der Absorption der konstanten Wachstumsrate des Einkommens.

Wenn die Bestandsanpassung länger als eine Periode dauert ($\Phi<1$), dann wird die aktuelle Änderung des Geldvermögens bei wachsendem Einkommen, hervorgerufen durch

- den aufgestauten Anpassungsbedarf aufgrund unvollständiger Anpassungen in der Vergangenheit,
- den Anpassungsbedarf aufgrund der aktuellen Einkommenssteigerung.

Bei abnehmender Anpassungsgeschwindigkeit steigt die marginale Absorptionsneigung ($a = 1 - \Phi \cdot b$) und die autonome Absorption sinkt ($A^{aut} = \Phi \cdot GV$). In Grafik 5 (S. 62) werden die kurzfristigen Absorptionsfunktionen steiler und ihr Abstand voneinander verringert sich so, daß z.B. die Absorptionsfunktion für die Periode 2 die Strecke CD schneidet.[58)]

Bei einer unvollständigen Bestandsanpassung innerhalb einer Periode sind die Wachstumsraten des Geldvermögensbestands und der Absorption kleiner und die Wachstumsrate der Geldvermögensänderung größer als die konstante Wachstumsrate des Einkommens, nähern sich dieser jedoch mit zunehmendem zeitlichen Abstand vom letzten Bestandsgleichgewicht (Grafik 5, Punkt B) an.
Mit zunehmendem Abstand vom letzten Bestandsgleichgewicht und bei konstanten Wachstumsraten des Einkommens verschwinden die numerischen Unterschiede zwischen unvollständiger ($\Phi<1$) und vollständiger ($\Phi=1$) Anpassung.

Bei wachsendem Einkommen ist aufgrund der Einkommensabhängigkeit des gewünschten Geldvermögens die Absorption des privaten Sektors immer niedriger als das verfügbare Einkommen.
Für den Sonderfall "$\Phi=1$" und den Grenzfall "$\Phi<1$, aber unendlicher Abstand vom letzten Bestandsgleichgewicht" der Bestandsanpassung ist die Absorptionslücke (= Zunahme des Geldvermögens) relativ konstant (die Verbindung der Punkte C, E, G in Grafik 5 ist eine Gerade durch den Ursprung [59)]), wächst aber absolut gesehen mit der Wachstumsrate des Einkommens (die Steigung der Geraden durch die Punkte C, E, G ist kleiner als 1, d.h. sie ist flacher als die 45°-Linie).

Was folgt aus dem New Cambridge Approach für den **2-Länder-Fall**?

Es wird sich das Land verschulden, das im Vergleich zu anderen Ländern die expansivere Fiskalpolitik betreibt.

---

58) Bei einer Anpassungsgeschwindigkeit von $\Phi=0{,}5$ wird die Strecke CD von der Absorptionsfunktion gerade halbiert. Vgl. Grafik 4, Punkt H.

59) Dies ist aus Grafik 5 nicht direkt ersichtlich, da der Abstand zwischen Ursprung und Y^{V}_{1} stark verkürzt ist.

Eine "expansivere" Fiskalpolitik bedeutet ex-post, daß die (Neu-)Verschuldung des Staates größer ist als die zusätzliche Nachfrage des privaten Sektors nach Geldvermögen (= staatlichen Wertpapieren). In einer Situation güterwirtschaftlichen Nachfragemangels im Ausland wird das Land mit der expansiveren Fiskalpolitik zur Lokomotive der Weltwirtschaft. Die Transmission des fiskalischen Impulses erfolgt über die einkommensabhängigen Importe. Die Finanzierung des Leistungsbilanzdefizits ist kein Problem, denn das Ausland sieht darin einen willkommenen Import von Arbeitsplätzen.

In welchem **Verhältnis** steht der **New Cambridge Approach zum Finanzaktiva-Ansatz**?

Beide Ansätze gehen von der definitorischen Zerlegung des Leistungsbilanzsaldos in Geldvermögensänderung des privaten Sektors und des Staates aus. Die Geldvermögensänderung des privaten Sektors ist das Ergebnis der Anpassung des tatsächlichen an den gewünschten Geldvermögensbestand. Der New Cambridge Approach stellt die Abhängigkeit des gewünschten Geldvermögensbestands vom verfügbaren Einkommen in den Mittelpunkt der Analyse, der Finanzaktiva-Ansatz dagegen die Abhängigkeit vom Realzins. Darin darf jedoch kein Widerspruch in dem Sinne gesehen werden, daß nur eine Analyse "richtig" sein kann, sondern der Ausdruck unterschiedlicher Gewichtungen der Zusammenhänge auf der Leistungsseite einerseits und der Finanzierungsseite andererseits. Der New Cambridge Approach vernachlässigt die Finanzierungsseite (was in der Annahme eines unendlich zinselastischen Wertpapierangebots besonders deutlich zum Ausdruck kommt) und betont die Leistungsseite (Einkommensabhängigkeit von Absorption und Leistungsbilanzsaldo, Multiplikatoranalyse). Der Finanzaktiva-Ansatz konzentriert sich auf die Finanzierungsseite (Geldvermögensänderung als Ergebnis einer von Ertragsraten gesteuerten Portfoliowahl) und sieht die Wirkung der realen Faktoren auf der Leistungsseite lediglich in ihrem Einfluß auf Ertragsraten (so erhöht die Erwartung sinkender Reallöhne, als Folge höherer Inflationsraten, die Rendite des Sachvermögens).

1.2. Verschuldung in der Entwicklungstheorie: Der Verschuldungszyklus

Die Vorstellung von einem Verschuldungszyklus als Folge internationaler Kapitalbewegungen zwischen entwickelten und weniger entwickelten Ländern ist nicht sehr neu, erfreut sich aber noch immer eines großen Zuspruchs. So wird in der neueren Literatur sogar von den "*famous three phases of the debt cycle*" gesprochen.[60)] An Stelle des etwas "antiquierten" Begriffs des Verschuldungszyklus findet man auch den "modernen" Begriff des "growth-cum-debt process". Vom Inhalt meinen beide Begriffe letztlich dasselbe.

In einer neueren Untersuchung zur Schuldenkrise findet sich die folgende Vorstellung vom Ablauf eines Verschuldenzyklus:
"*In the first, domestic saving is less than investment, so that capital must be imported to expand the stock of physical assets and meet debt service commitments. The second phase begins as soon as domestic saving is sufficient to finance investment, so that from then onwards capital inflows are needed only to service the debt. Ignoring other factors, there will still be a balance of payments deficit on current account during this period, despite the trade surplus. The third and final phase is charakterised by debt redemption, that is to say domestic saving covers domestic investment, interest on foreign debts and repayments of principal to foreign creditors*."[61)]

Eine befriedigende Erklärung für den Übergang von einer Phase zu der nächsten wird teilweise ersetzt durch Annahmen wie "*it would be inadvisable on political grounds to perpetuate an international distinction between creditors and debtors*."[62)]

In der älteren Literatur wird versucht den Verschuldungszyklus als historische Notwendigkeit der Entwicklung eines Landes zu erklären.

---

60) Simonsen, Mario Henrique: The Developing-Country Debt Problem, in: Gordon W. Smith / John T. Cuddington (Hrsg.): International Debt and the Developing Coutries, Washington 1985 (Weltbank), S. 101 - 126, hier: S. 103.
61) Menckhoff, L. / F. L. Sell: Is a Second Debt Crises Looming?, in: Intereconomics, January / February 1986, S. 34 - 37, hier: S. 35.
62) Menckhoff, L. / F. L. Sell: Is a Second Debt Crises Looming? ... hier: S. 35

So sieht Ernst Wagemann "*4 Entwicklungsstadien der Zahlungsbilanz*", die er wie folgt umschreibt:[63)]

1) "*Rohstoffländer im Aufbau mit passiver Handelsbilanz und starker Kapitaleinfuhr*"

2) "*Rohstoffländer auf dem Weg der Kapitalautonomie mit aktiver Handelsbilanz und zurückgehender Kapitaleinfuhr*"

3) "*Industrieländer im Aufbau mit aktiver Handelsbilanz, die im Lauf der Zeit sogar Kapital exportieren können*"

4) "*Industrieländer in höchster Entwicklung mit passiver Handelsbilanz und mit Kapitaleinfuhr*"

Boggs unterscheidet ebenfalls 4 Entwicklungsstadien, weicht in der Beschreibung des vierten Stadiums jedoch von Wagemann ab. Statt einem Umschwung zur Kapitaleinfuhr sieht Boggs das Fortbestehen eines Leistungsbilanzüberschusses. Die von Boggs gewählten Bezeichnungen finden in der Literatur bis heute Verwendung:[64)]

1) "*immature borrowers*"
(Handels-und Leistungsbilanzdefizit)

2) "*mature borrowers*"
(Handelsbilanzüberschuß, Leistungsbilanzdefizit)

3) "*immature lending countries*"
(Handels- und Leistungsbilanzüberschuß)

4) "*mature lending countries*"
(Handelsbilanzdefizit, Leistungsbilanzüberschuß)

---

63) Wagemann, Ernst; Struktur und Rhythmus der Weltwirtschaft, Berlin 1931, S. 128.
64) Boggs, Th.: The International Trade Balance in Theory and Practice, New York 1922, S. 7 - 10.

Dabei soll "mature" für "*in the later stage*" und "immature" für "*in the earlier stage*" stehen, was die historische Einmaligkeit noch betont.

Die Übergänge von den "unreifen" in die "reifen" Stadien illustriert Boggs mit dem Beispiel des "*eccentric investor*": Ein Mann investiert jedes Jahr 100 $ seines Einkommens in ein Unternehmen. Nach einem durch die Höhe des Zinssatzes bestimmten Zeitraum werden die Zinseinnahmen den jährlichen Anlagebetrag überschreiten. Zu diesem Zeitpunkt wandelt sich der Investor vom "unreifen Gläubiger "zum "reifen Gläubiger" und das Unternehmen vom "unreifen Schuldner" zum "reifen Schuldner".

Das bemerkenswerte an diesem Beispiel ist, daß damit der für einen Verschuldungszyklus notwendige Übergang vom Schuldner zum Gläubiger gerade nicht plausibler wird.
Im Gegenteil, ein Vergleich zwischen der Verschuldung von Unternehmen und der von Ländern fordert die Frage heraus, ob es nicht auch Länder gibt, die typische "Investoren" sind und Länder, die in Analogie zu den privaten Haushalten typische "Sparer" sind. In diesem Fall endet der Schuldenzyklus im Stadium des "reifen Schuldners". Der Schuldner zahlt seine Schulden nie (d.h. nicht innerhalb des ökonomischen Zeithorizonts) zurück. Siebert bezeichnet diese Möglichkeit als einen "halben" Verschuldungszyklus" im Gegensatz zum "vollen" Verschuldungszyklus.[65)]

Wenn die Nichtrückzahlung bzw. ein stetiges Wachstum der Verschuldung für Schuldner und Gläubiger optimal (im Sinne einer effizienten weltwirtschaftlichen Allokation des Produktionsfaktors Kapital) ist, dann heißt das, daß auf Länderebene eine "Arbeitsteilung bei der Kapitalakkumulation" herrscht. Die Gläubigerländer sind die "Sparer" und die Schuldnerländer sind die "Investoren" in der Weltwirtschaft.
Heinemann stellt somit zu Recht fest, der Verschuldungszyklus ist weniger eine "entwicklungsbedingte Zwangsläufigkeit", sondern hängt vielmehr davon ab, "*wie sich im Zeitablauf die Kapitalproduktivität, die Spargewohnheiten und die Ansichten aller Wirtschaftssubjekte einschließlich der Regierung über die optimale Wachstumsrate ändern*".[66)]

---

65) Siebert, Horst: The Half and the Full Debt Cycle, in: Weltwirtschaftliches Archiv Bd. 125, Heft 2 / 1989, S. 217 - 229.

66) Heinemann, Hans-Joachim: Wirtschaftliches Wachstum und Entwicklungshilfe - dargestellt an einem Harrod-Domar-Modell, in: Zeitschrift für Nationalökonomie 23 / 1963, S. 286 - 329, hier: S. 322.

Ebenfalls kritisch äußert sich die Weltbank zur Möglichkeit mit Hilfe der Verschuldungszyklus-Hypothese Verschuldung erklären zu können: "*Mit dem Schuldenzyklus-Modell lassen sich keine verläßlichen Voraussagen ableiten, wie lange ein Land in einem bestimmten Stadium des Schuldenzyklus bleiben dürfte.*"[67)]

Die Verschuldungszyklus-Hypothese ist nicht als ein eigenständiger Ansatz zur Erklärung von Verschuldung zu sehen, sondern stellt einen definitorischen Rahmen bereit, innerhalb dessen die Auswirkung "verschuldungsrelevanter" Faktoren auf die Zahlungsbilanz und die zeitliche Entwicklung der Verschuldung von Ländern diskutiert werden kann.[68)]

Beispielsweise nennt Siebert als günstige Faktoren für das Auftreten eines vollständigen Verschuldungszyklus, daß

- die erwartete Kapitalproduktivität der auslandskreditfinanzierten Investitionen realisiert wird,
- die Gegenwartspräferenz in den Schuldnerländern mit zunehmender Entwicklung sinkt und damit das Sparen zunimmt,
- das Steuersystem im Schuldnerland das Sparen fördert.

Die von Siebert für den Verlauf eines Schuldenzyklus als bestimmend herausgestellten Faktoren "Kapitalproduktivität" und "Zeitpräferenzrate" sind die beiden zentralen Steuergrößen für die Kapitalakkumulation in der neoklassischen Kapitaltheorie. Diese ist Gegenstand des nächsten Kapitels.

---

67) Weltbank: Weltentwicklungsbericht 1985, Washington D.C. 1985, S. 55.

68) Der definitorische Rahmen des Verschuldungszyklus wird in Kapitel 2 aus der "Mechanik der Verschuldung" abgeleitet und zur "Klassifizierung von Ländern unter dem Aspekt der Verschuldung" herangezogen.

1.3. Verschuldung in der neoklassischen Kapitaltheorie: Arbeitsteilung bei der Kapitalakkumulation

Die neoklassische Kapitaltheorie stellt "*eine Erweiterung der wirtschaftlichen Analyse in den Bereich der Zeit und folglich der Ungewißheit dar*".[69)] Untersucht wird die Wahlentscheidung zwischen datierten Konsumströmen. Als Ziel des Wirtschaftens wird die Maximierung des Konsumnutzens angenommen. Zur Vereinfachung wird das Maximierungsproblem auf zwei nutzenstiftende Güter reduziert. In dem im folgenden untersuchten diskreten Modell mit ständiger Wiederholung[70)] sind das das Gut "gegenwärtiger Konsumstrom" und das Gut "ewige Rente". Die ewige Rente ermöglicht "in Zukunft immer wiederkehrende Konsumströme".

Die optimale intertemporale Konsumentscheidung wird bestimmt durch
- die Erstausstattung mit Ressourcen,
- die Produktionsmöglichkeiten,
- die Tauschmöglichkeiten.

Die Erstausstattung mit Ressourcen ist ein Vektor datierter Konsumansprüche. Durch Diskontierung der datierten Konsumansprüche läßt sich der Erstausstattungsvektor zum Vermögen zusammenfassen.

Unter Produktion wird die physische Umformung von datierten Konsumansprüchen verstanden. Die physische Umformung erfordert die Bildung von Realkapital.
Eine Vorstellung vom Wesen des Realkapitals soll die Metapher vom Crusoe-Gewächs vermitteln. Das Crusoe-Gewächs ist eine aus einer homogenen Masse bestehende Pflanze, die mit einer bestimmten Rate wächst. Wenn der periodische Zuwachs gerade konsumiert wird, dann bleibt die Pflanze in gleicher Größe erhalten und liefert konstante, immer wiederkehrende Einkommens- bzw. Konsumströme (= "ewige Rente"). Durch Konsumverzicht in einer Periode (= Sparen) kann das Wachstum über das zur Reproduktion der Pflanze not-

---

69) Grundlage der folgenden Analyse ist das Lehrbuch von Hirshleifer.
Hirshleifer, J.: Kapitaltheorie, Köln 1974, (Titel der amerikanischen Originalausgabe von 1970: Investment, Interest and Capital), Zitat: S. IX.

70) Nach Hirshleifer stellt dieses Modell und der damit verbundene "*Preisbegriff des Zinses den geeigneten Rahmen für die Untersuchung der Rolle des Kapitals in der Produktion dar*".
Hirshleifer, J.: Kapitaltheorie ... S. 110 / 111.

wendige Maß hinaus gesteigert werden. Die Wachstumsrate nimmt jedoch mit zunehmender Größe der Pflanze ab. Das bedeutet, daß eine weitere Steigerung des Einkommens um eine Einheit eine immer größere Ersparnis erfordert.
Das Crusoe-Gewächs verkörpert eine partielle Produktionsfunktion mit Kapital als variablem Faktor und Konstanz der übrigen Faktoren. Die physische Grenzproduktivität nimmt mit zunehmendem Realkapitalbestand ab. Eine Produktionssteigerung erfordert Investitionen in das Realkapital. Investition und Sparen sind als Gegenstand einer Wahlhandlung untrennbar miteinander verbunden. Es wird gespart (auf gegenwärtigen Konsum verzichtet), um zu investieren (die in Zukunft immer wiederkehrenden Konsumströme zu verbreitern).

Erst eine institutionelle Trennung von Produktions- und Konsumentscheidung rechtfertigt die Unterscheidung zwischen Sparen und Investition. Die Koordination der Produktionsentscheidung der Unternehmen und der Konsumentscheidung der Haushalte erfolgt auf dem Kapitalmarkt. Das Sparen wird zum Kapitalangebot, die Investition zur Kapitalnachfrage und der Zins, als Preis für Kapital, zum Koordinator. Der von den Investoren gebotene Zins entspricht der Grenzproduktivität des Kapitals. Der von den Sparern geforderte Zins ist gleich den Opportunitätskosten des Konsumverzichts, die von der Zeitpräferenz bestimmt werden. Je größer die Gegenwartspräferenz, desto größer sind die Kosten des Konsumverzichts.

Die Annahme eines vollkommenen Kapitalmarkts (Soll- und Habenzins sind gleich; zum herrschenden Kapitalmarktzins können beliebige Beträge aufgenommen oder angelegt werden) ermöglicht eine analytische Trennung von Produktions- und Konsumentscheidung (Separationstheorem von Fisher).

Für eine geschlossene Volkswirtschaft ("Robinson Crusoe" oder eine Gesamtheit von Wirtschaftssubjekten) gibt es nur Produktionsmöglichkeiten zur Änderung der Erstausstattung an Ressourcen.

Für eine offene Volkswirtschaft kommen Tauschmöglichkeiten hinzu. Zukünftige Konsumansprüche können durch Geldvermögensbildung erworben werden, ohne in Realkapital investieren zu müssen bzw. es kann mit Hilfe einer Kreditaufnahme investiert werden, ohne gegenwärtige Konsumansprüche aufzugeben.

Die Vorgehensweise bei der intertemporalen Optimierung soll anhand des **diskreten Modells mit ständiger Wiederholung** untersucht werden.[71)]

Bei diesem Modell werden für einen unendlichen Zeithorizont und folglich unendlich vielen Möglichkeiten, Konsumansprüche zu datieren, durch einen "Trick" lediglich zwei Wahlobjekte zur Entscheidung gestellt. Der Trick besteht in der Annahme, daß für alle zukünftigen Perioden gleiche Konsumströme gewünscht werden. In diesem Fall wird in Zukunft nicht gespart und der Konsum entspricht dem Einkommen. Der zukünftige Konsum läßt sich als "ewige Rente" oder "permanentes Einkommen" darstellen. Die Wahl besteht dann lediglich zwischen gegenwärtigem Konsum und permanentem Einkommen. Der Verzicht auf eine Einheit gegenwärtigen Konsum erhöht das permanente Einkommen um die Zinszahlung auf die Ersparnis. Die Ersparnis selbst bleibt "ewig" als Kapital gebunden.

Die Entscheidung zwischen gegenwärtigem Konsum und permanentem Einkommen wird für eine geschlossene Volkswirtschaft in Grafik 6 dargestellt.

Grafik 6: Produktionsoptimum in einer geschlossenen Volkswirtschaft

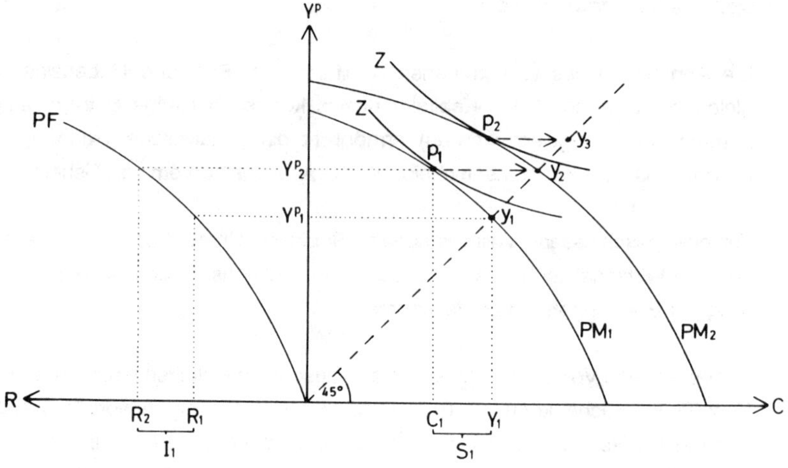

71) Zur Darstellung der Kapitalakkumulation im diskreten Modell mit ständiger Wiederholung ohne Tauschmöglichkeiten vgl.
Hirshleifer, J.: Kapitaltheorie ... S. 69 - 71 und S. 171 - 180.

Der linke Teil der Grafik 6 gibt den Zusammenhang zwischen der Höhe des Realkapitalbestandes "R" und dem permanenten Einkommen "Y^p" nach Maßgabe der partiellen Produktionsfunktion "PF" wieder.
Der rechte Teil der Grafik 6 zeigt die Produktionsmöglichkeiten "PM" bei gegebenem Realkapitalbestand (PM_1 bei R_1 und PM_2 bei R_2) und Indifferenzkurven "Z" für den Austausch zwischen permanentem Einkommen "Y^p" und Konsum" C". Die 45°-Linie ist Spiegelachse für das permanente Einkommen, geometrischer Ort der Erstausstattungspunkte "y" und geometrischer Ort der Gleichheit von permanentem Einkommen und Konsum, also des "steady-state"-Gleichgewichts.

Der Realkapitalbestand R_1 ermöglicht ein permanentes Einkommen in Höhe von $Y^p{}_1$. Das permanente Einkommen wird an der 45°-Linie gespiegelt und auf der Abszisse als tatsächliches Einkommen Y_1 der Periode 1 abgetragen. Der Erstausstattungspunkt y_1 dient zur Bestimmung der Produktionsmöglichkeiten der Periode 1. Die Produktionsfunktion des linken Diagramms wird solange nach rechts verschoben, bis sie durch den Erstausstattungspunkt verläuft. Ausgehend vom Erstausstattungspunkt können zukünftiges permanentes Einkommen und heutiger Konsum entlang der Kurve der Produktionsmöglichkeiten PM_1 durch Sparen (bzw. Entsparen) gegeneinander substituiert werden. Das Produktionsoptimum ist erreicht, wenn die Grenzproduktivität des Realkapitals (Steigung der Produktionsfunktion und damit Steigung der Kurve der Produktionsmöglichkeiten) der Grenzrate der Substitution (Steigung der Indifferenzkurven) gleich ist. Dies ist im Produktionspunkt p_1 der Fall. Das Einkommen Y_1 wird für Konsum C_1 und Sparen S_1 verwendet. Die Ersparnis ist gleich der Investition I_1, die den Realkapitalbestand von R_1 auf R_2 erhöht. Mit dem Kapitalbestand R_2 kann das permanente Einkommen auf $Y^p{}_2$ gesteigert werden. Heutige Konsummöglichkeiten werden im Umfang der Ersparnis S_1 zur Produktion zusätzlichen permanenten Einkommens in Höhe der Differenz zwischen $Y^p{}_2$ und $Y^p{}_1$ eingesetzt.

Da die Grenzkosten des Sparens steigen (zum Ursprung konvexe Indifferenzkurven), ist es vorteilhaft den Aufbau des Realkapitalbestandes über mehrere Perioden zu verteilen.
Die Wahl zwischen gegenwärtigem Konsum und permanentem Einkommen wird zwar als endgültig angesehen, jedoch tatsächlich in jeder Periode aufs neue entschieden. Die Annahme, daß bei der Wahlentscheidung für alle zukünftigen Perioden gleiche Konsumströme gewünscht werden, wird solange ver-

letzt, wie auch in Zukunft gespart wird. Dadurch entsteht eine gewisse Verzerrung zugunsten der Ersparnis, denn bei jeder Wahlentscheidung wird so getan, als ob nur in der gegenwärtigen Periode gespart wird und das permanente Einkommen der Zukunft vollständig für Konsum verwendet wird.[72)]

Der Produktionspunkt p_1 führt, infolge der Kapitalakkumulation, in der folgenden Periode zu einer größeren Erstausstattung y_2. Auf Grundlage dieser größeren Erstausstattung wird eine neue Entscheidung zwischen Konsum und permanentem Einkommen getroffen und der Produktionspunkt p_2 realisiert. Die Erstausstattung y_3 der nächsten Periode steigt, eine neue Wahlentscheidung ist erforderlich.

Bei gegebener Produktionsfunktion bilden die sukzessive für jede Periode ermittelten Produktionsoptima einen Akkumulationspfad zum steady-state (vgl. Grafik 7, S. 75).

Es wird solange gespart, wie die Grenzproduktivität des Kapitals größer ist als die Zeitpräferenzrate. Die Zeitpräferenzrate ist die Mindestprämie für den Konsumverzicht. In der grafischen Darstellung entspricht dies der Steigung der Indifferenzkurven im Schnittpunkt mit der 45°-Linie.
Im steady-state ist die Grenzproduktivität auf das Niveau der Zeitpräferenzrate gesunken, der endgültige Realkapitalbestand ist erreicht, Sparen und Investition sind null, das Einkommen wächst nicht mehr und wird vollständig für Konsum ausgegeben.

Der Akkumulationspfad und damit die Höhe des Konsums im steady-state werden durch die Grenzproduktivität des Kapitals und die Zeitpräferenz bestimmt. Je größer die Grenzproduktivität des Kapitals und je geringer die Gegenwartspräferenz, desto "steiler" ist der Akkumulationspfad und desto größer ist der Konsum im steady-state.

---

72) Zu dieser Verzerrung der Wahlentscheidung vgl. Hirshleifer, J.: Kapitaltheorie ... S. 172 (Fußnote 14) und S. 180.

Grafik 7: Akkumulationspfad und steady-state in einer geschlossenen Volkswirtschaft

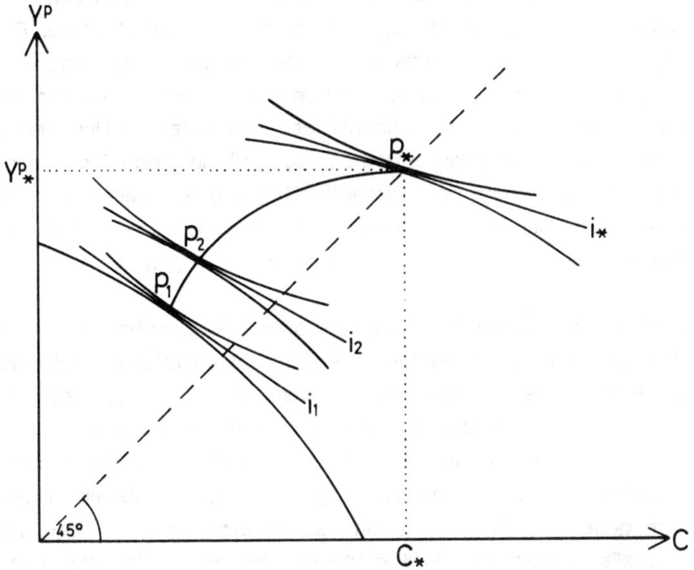

Im Basismodell (Metapher vom Crusoe-Gewächs) sinkt der Kapitalmarktzins entlang des Akkumulationspfades ständig (in Grafik 7 ist $i_1 > i_2 > i_*$). Ein konstanter Kapitalmarktzins läßt die Investitionen null werden. Wenn, modelltheoretisch gesprochen, auch bei konstantem Kapitalmarktzins Investitionen stattfinden sollen, dann müssen entweder (1) "Anpassungskosten" berücksichtigt werden oder (2) die Annahme, daß alle Produktionsfaktoren außer dem Realkapital konstant sind, muß fallen gelassen werden.

(1) Anpassungskosten entstehen dann, wenn die Kosten der Beschaffung und Installierung von Kapitalgütern überproportional mit der Höhe des Investitionsvolumens einer Periode zunehmen oder, anders formuliert, wenn die Kosten der Anpassung des tatsächlichen an den gewünschten Kapitalstock (in Grafik 6 ist R_1 der tatsächliche und R_2 der gewünschte Kapitalstock der Periode 1) mit der Geschwindigkeit der Anpassung steigen. Mit der Einführung von Anpassungskosten wird die vom Crusoe-Ge-

wächs vermittelte Gleichsetzung von Konsumverzicht und Kapitalakkumulation aufgehoben. Die Investition wird zu einem eigenständigen Prozeß. Kapitalgüter müssen produziert und in den Produktionsprozeß integriert werden. Unterstellt man, daß die Kapazitäten bei der Produktion von Kapitalgütern zumindest kurzfristig beschränkt sind, dann steigt der Preis für Kapitalgüter mit dem Umfang der Investitionen einer Periode. Preissteigerungen bei Kapitalgütern werden als externe Anpassungskosten interpretiert. Darüber hinaus können dem investierenden Unternehmen interne Anpassungskosten entstehen, wenn die laufende Produktion während der Installierung der zusätzlichen Kapitalgüter beeinträchtigt wird.[73] Das Konzept der Anpassungskosten ist, wie später zu sehen sein wird, ein wichtiger Baustein kapitaltheoretischer Verschuldungsmodelle.

(2) Die Annahme, daß alle Produktionsfaktoren außer dem Realkapital konstant sind, soll durch die Annahme konstanter Faktorintensität ersetzt werden. Die Faktorintensität bleibt konstant, wenn sich das Knappheitsverhältnis zwischen den Produktionsfaktoren und damit das Verhältnis der Faktorpreise nicht ändert. Konstante Faktorintensität heißt, der Einsatz aller Produktionsfaktoren nimmt mit der gleichen Rate zu. Damit ist bei einer homogenen Produktionsfunktion die Grenzproduktivität des Kapitals ebenfalls konstant. Die Produktionsmöglichkeiten werden jetzt durch eine lineare Funktion beschrieben, die den Zinsgeraden in der Grafik 8 (S. 77) entspricht. Der Verlauf des Akkumulationspfades hängt von den Eigenschaften des Zeitpräferenzsystems ab. Bei einem homothetischen Präferenzsystem[74] wird der Akkumulationspfad zu einer Geraden aus dem Ursprung.[75] Da die Investitionen annahmegemäß allein der Erhaltung der bestehenden Faktorintensität dienen, d.h. die Kapitalausstattung pro Arbeitskraft gleich bleibt, ändert sich das Pro-Kopf-Einkommen und der Pro-Kopf-Konsum trotz Ersparnis(!) nicht.

---

73) Zur Bedeutung von Anpassungskosten für die Ableitung einer Investitionsfunktion aus dem kapitaltheoretischen Ansatz vgl.

Ebel, Jörg: Problems of a Keynesian Investment Function, in: Zeitschrift für die gesamte Staatswissenschaft 134 / 2, 1978, S. 261 - 285.

74) "Homothetisch" heißt in der grafischen Darstellung, daß die Steigungen der Indifferenzkurven im Schnittpunkt mit einem Strahl aus dem Ursprung gleich sind.

75) Zu diesem Ergebnis kommt Hirshleifer, ohne die Annahme "*keine abnehmenden Erträge des Realkapitals als Produktionsfaktor*" näher zu durchleuchten.

Hirshleifer, J.: Kapitaltheorie ... S. 175.

Grafik 8: Intertemporale Konsumentscheidung und Konsumfunktion

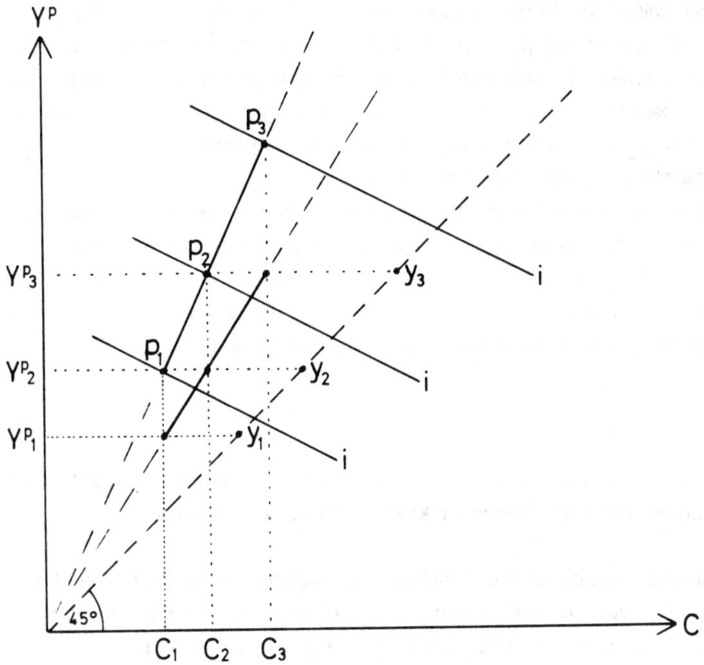

Die Annahme eines homothetischen Präferenzsystems führt unmittelbar zu dem Ergebnis, daß die Aufteilung des Einkommens zwischen Konsum und Ersparnis, bei gegebenem Zinssatz, konstant ist.[76)]

In Grafik 8 wird der exogen gegebene Zinssatz[77)] durch die Steigung der parallel verlaufenden Zinsgeraden "i" wiedergegeben. Bei einer Erstausstattung y_1

---

76) Die folgende Darstellung des Zusammenhangs zwischen intertemporaler Konsumentscheidung und Konsumfunktion findet sich in ähnlicher Form in:
Claassen, Emil-Maria: Grundlagen der makroökonomischen Theorie, München 1980, S. 41 - 43.

77) Der Zinssatz ist insofern exogen gegeben, als die produktionstechnischen Bedingungen, die zu einem konstanten Zinssatz führen nicht untersucht werden. Erstausstattungspunkte, die - wie in Grafik 8 - unterhalb der Zinsgeraden liegen, bedeuten, daß die Produktionsmöglichkeiten einer Periode nicht linear sind.

können, entlang der (nicht eingezeichneten) Kurve der Produktionsmöglichkeiten, heutige Konsumansprüche zu permanentem Einkommen umgewandelt werden. Im Tangentialpunkt der Zinsgeraden mit der (nicht eingezeichneten) höchst gelegenen Indifferenzkurve wird das Produktionsoptimum p_1 erreicht. Im Produktionspunkt p_1 wird bei einem Einkommen $Y^p{}_1$ der Konsum C_1 und das permanente Einkommen $Y^p{}_2$ gewählt. Das permanente Einkommen $Y^p{}_2$ wird in der nächsten Periode zur Erstausstattung y_2, die gemäß dem Produktionspunkt p_2 zum Konsum C_2 und zum permanenten Einkommen $Y^p{}_3$ führt. Das gleiche gilt für alle folgenden Perioden.
Die Schnittpunkte der Lote aus den Produktionspunkten auf die Abszisse mit den Loten aus den jeweiligen Erstausstattungspunkten auf die Ordinate liegen auf einer Geraden aus dem Ursprung, die als Konsumfunktion interpretiert werden kann. Die Steigung der Konsumfunktion und damit Konsum- und Sparquote sind abhängig vom Zinssatz und der Zeitpräferenz.

Das Modell der geschlossenen Volkswirtschaft soll nun um Tauschmöglichkeiten zum **Modell der offenen Volkswirtschaft** erweitert werden.

Die Analyse soll durch die Annahme des "kleinen Landes" vereinfacht werden. Zum herrschenden Weltkapitalmarktzins können heutiger Konsum und permanentes Einkommen in "unbegrenzter" Höhe getauscht werden.

Die Ermittlung des Produktions- und des Tauschoptimums wird in Grafik 9 (S. 79) dargestellt. Bei einer Erstausstattung y_1 ist das Produktionsoptimum p_1' erreicht, wenn die Grenzproduktivität des Kapitals dem Weltkapitalmarktzins (repräsentiert durch die Zinsgerade i) entspricht. Das Tauschoptimum c_1' liegt vor, wenn die Grenzrate der Substitution zwischen heutigem Konsum und permanentem Einkommen dem Weltkapitalmarktzins gleich ist. Das Einkommen (Strecke 0E) wird für den Konsum (0D) und die Ersparnis (DE) verwendet. Der Absorptionsüberschuß (AD) wird durch Kreditaufnahme im Ausland "finanziert". Der Investition (AE) steht die Ersparnis (DE) und die Kreditaufnahme (AD) gegenüber. Der tatsächliche Kapitalstock (EF) wird durch die Investition (AE) dem gewünschten Kapitalstock (AF) angepaßt. (Die Kurve der Produktionsmöglichkeiten entspricht der Produktionsfunktion. Vgl. Grafik 6, S. 72.)

In der nächsten Periode sind Zinszahlungen (HJ) auf das "Fremdkapital" (AD) fällig. Die Zahlung von Zinsen an das Ausland erfordert die Unterscheidung von Produktion (= Inlandsprodukt) und Einkommen (= Sozialprodukt). Von der mit dem Kapitalstock (AF) möglichen Produktion (0J) verbleibt, nach Abzug der Zinszahlungen (HJ), das Einkommen (OH) zur Verwendung im Inland. Ausgangspunkt zur Wiederholung der Wahlentscheidung ist die neue Erstausstattung y_2.

Grafik 9: Produktions- und Tauschoptimum in einer offenen Volkswirtschaft

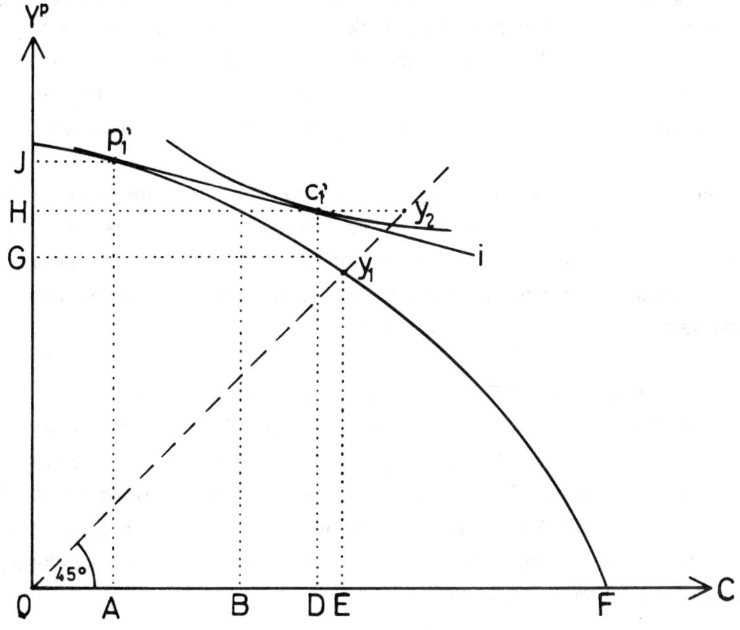

Wann werden die Tauschmöglichkeiten auf dem Weltkapitalmarkt wahrgenommen?

Es entstehen nur dann keine Kreditbeziehungen, wenn für alle Länder die Produktionsfunktion, das Zeitpräferenzsystem und das Einkommen (die Erstausstattung) gleich sind.

Ein Land wird zum Schuldner, wenn ceteris paribus die Grenzproduktivität des Kapitals oder die Gegenwartspräferenz größer oder das Einkommen niedriger als im Ausland ist. In diesen drei Fällen ist der Weltkapitalmarktzins niedriger, als es der Inlandszins bei Autarkie wäre.

Welchen Vorteil bringt die Verschuldung?

Durch Verschuldung können zukünftige Konsummöglichkeiten zeitlich vorgezogen werden, so daß der Gegenwartswert der datierten Konsumströme (des "Konsumpfades" in der Zeit) steigt.[78)]

In Grafik 9 zeigt sich der Vorteil der Verschuldung darin, daß ein Konsumpunkt (c_1) gewählt werden kann, der außerhalb der Produktionsmöglichkeiten (PM) liegt. Unterstellt man, der heutige Konsum (0D) wäre ohne Verschuldung genauso groß wie mit Verschuldung, dann besteht der Vorteil der Verschuldung in einer Steigerung des permanenten Einkommens (GH). Wenn man ein gleich hohes permanentes Einkommen unterstellt, dann ist der Vorteil der Verschuldung als Zunahme des heutigen Konsums (BD) zu sehen. Das Ergebnis der tatsächlichen Wahlentscheidung liegt zwischen diesen beiden Extremen.

Die Vorwegnahme zukünftiger Konsummöglichkeiten durch Verschuldung führt zu einem Konsumpfad in der Zeit, der im Vergleich zu dem Konsumpfad ohne Verschuldung, zunächst auf einem höheren und dann auf einem niedrigeren Niveau verläuft. Damit wird offensichtlich der Konsum im steady-state umso niedriger sein, je höher die Verschuldung ist.

Die Konsumpfade in der Zeit zum steady-state werden in Grafik 10 (S. 81) aufgezeigt. Die Abszisse gibt einen Zeitstrahl wieder. Auf der Ordinate wird der Konsum "C" abgetragen. In Periode 1 beginnt der Konsumpfad ohne Verschuldung mit dem Konsum C_1 und der Konsumpfad mit Verschuldung mit dem höheren Konsum C_1'. Der Konsumpfad ohne Verschuldung konvergiert gegen den höherern steady-state-Wert C* und der Konsumpfad mit Verschuldung gegen den niedrigen steady-state-Wert C*'.

---

78) In diesem Sinne argumentiert Siebert: "*Compared with capital accumulation from postponing consumption, foreign borrowing will allow a higher consumption profile in the initial periods and hence a higher present value of consumption; capital accumulation via borrowing clearly is better than the postponement of consumption.*"
Siebert, Horst: Foreign Debt and Capital Accumulation, in: Weltwirtschaftliches Archiv Bd. CXIII, S. 618 - 630, hier: S. 618.

Grafik 10: Konsumpfad in der Zeit

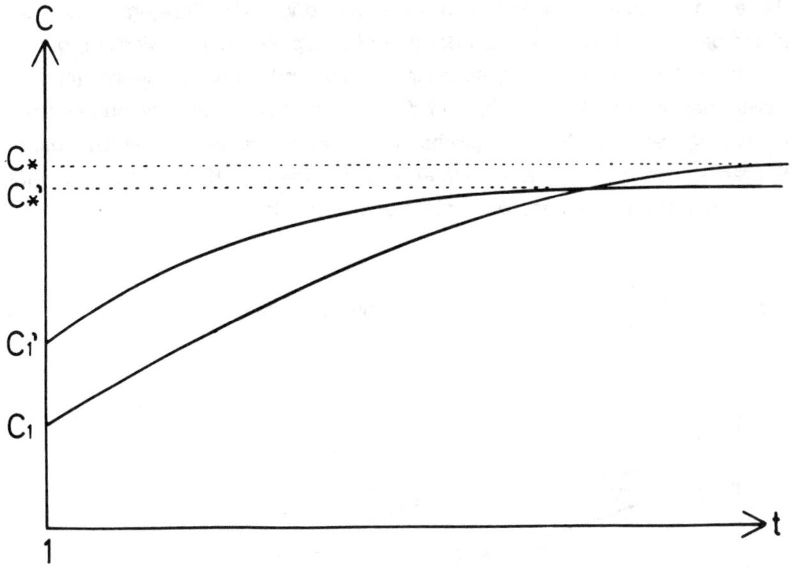

Dieses nicht unmittelbar zu erwartende Ergebnis wird zunächst für einen Extremfall analysiert.

In diesem Extremfall soll der Weltkapitalmarktzins nicht nur unabhängig von der Höhe der Kreditnachfrage sein (Annahme des kleinen Landes), sondern darüberhinaus im Zeitverlauf konstant sein.[79)] Diese zusätzliche Annahme ist dann zu rechtfertigen, wenn sich die "anderen" Länder schon im steady-state befinden.[80)] Da im steady-state der Kapitalmarktzins der Zeitpräferenz gleich ist, wird das Schuldnerland sofort mit dem Eintritt in den Weltkapitalmarkt "sein steady-state mit Verschuldung" erreichen. Dieses läßt sich anhand der Grafik 11 (S. 82) nachvollziehen.

---

79) So z.B. Sachs: "*It is typical to assume that the economy can engage in one-period international loans at given world interest rates. ... I will simplify substantially and assume that r* (= Zinssatz, A.d.V.) *is fixed through time.*"
Sachs, Jeffry: Theoretical issues in international borrowing, Princeton studies in international finance No. 54, Princeton 1984, S. 6.

80) Diese Ansicht wird von Bazdarich vertreten: "*The implicit justification of this assumption is that the economy is an atomistic competitor in a world where essentially all other countries have achieved the long-run steady-state, ...*"
Bazdarich, Michael J.: Optimal Growth and Stages in the Balance of Payments, in: Journal of International Economics 8 / 1978, S. 425 - 443, hier: S. 427 (Fußnote 5).

Das Schuldnerland tritt mit der Erstausstattung y_1 in den Weltkapitalmarkt ein. Bei einem Weltkapitalmarktzins (repräsentiert durch die Zinsgerade i_*), der gleich der Zeitpräferenz ist, wird der Produktionspunkt (p_*) verwirklicht, der zu einem Kapitalstock auf steady-state-Niveau führt und ein Konsumpunkt (c_*') realisiert, der "auf der 45°-Linie liegt" und damit das steady-state-Niveau des Konsums (C_*') festlegt. Zum Vergleich: Wenn der Produktionspunkt (p_*) durch Sparen erreicht worden wäre, dann entspräche dies dem Konsumpunkt (c_*) für das steady-state einer geschlossenen Volkswirtschaft.

Grafik 11: Steady-state in einer offenen Volkswirtschaft

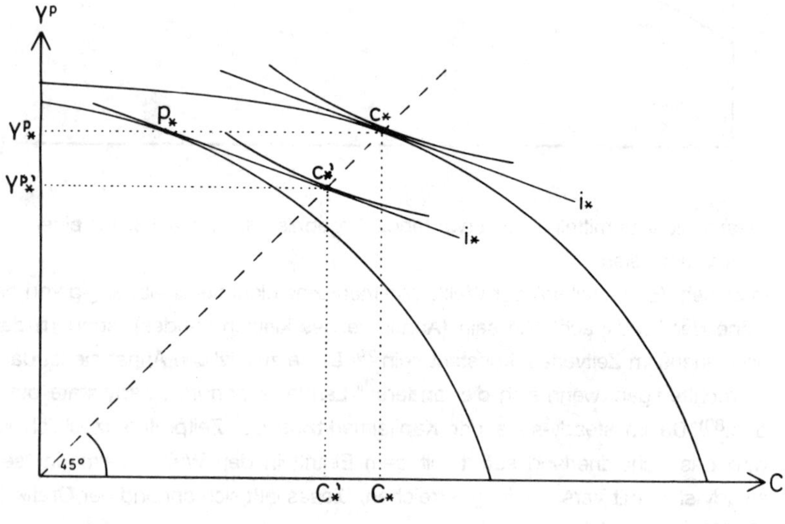

Der Konsum (C_*') und das Einkommen (YP_*') eines Schuldnerlandes ist, unter gleichen Bedingungen, im steady-state niedriger als der Konsum (C_*) und das Einkommen (YP_*) einer geschlossenen Volkswirtschaft. Die Produktion (YP_*) hat aufgrund der identischen Produktionsfunktion die gleiche Höhe.

Die Annahme, daß im Extremfall alle Länder außer dem betrachteten Schuldnerland schon ein steady-state erreicht haben und deshalb der Weltkapitalmarktzins konstant ist, soll nun wieder fallen gelassen werden.

Bei einem mit zunehmendem Kapitalstock sinkenden Weltkapitalmarktzins nähert sich das Schuldnerland auf einem Akkumulations- und einem Konsumpfad dem steady-state (vgl. Grafik 12).81)

Nach Eintritt in den Weltkapitalmarkt werden ein Produktionsoptimum (p_1') und ein Tauschoptimum (c_1') verwirklicht, die zu einem größeren Kapitalstock und einem höheren Konsum führen, aber noch nicht zu deren steady-state-Niveau. Die Erstausstattung in der nächsten Periode steigt und damit wird eine neue Wahlentscheidung erforderlich. Dieser Prozeß endet, wenn der Weltkapitalmarktzins von seinem ursprünglichen Niveau (Zinsgerade i_1) auf steady-state-Niveau (Zinsgerade i_*) gesunken ist, d.h. der Zeitpräferenzrate entspricht. Die auf dem Weg zum steady-state realisierten Produktionspunkte bilden den Akkumulationspfad (von p_1' nach p_*') und die Konsumpunkte den Konsumpfad82) (von c_1' nach c_*').

Die Höhe der Verschuldung läßt sich als horizontaler Abstand zwischen einem Konsumpunkt und dem Lot aus dem dazugehörigen Produktionspunkt auf die Abszisse ermitteln.

Grafik 12: Akkumulations- und Konsumpfad in einer offenen Volkswirtschaft

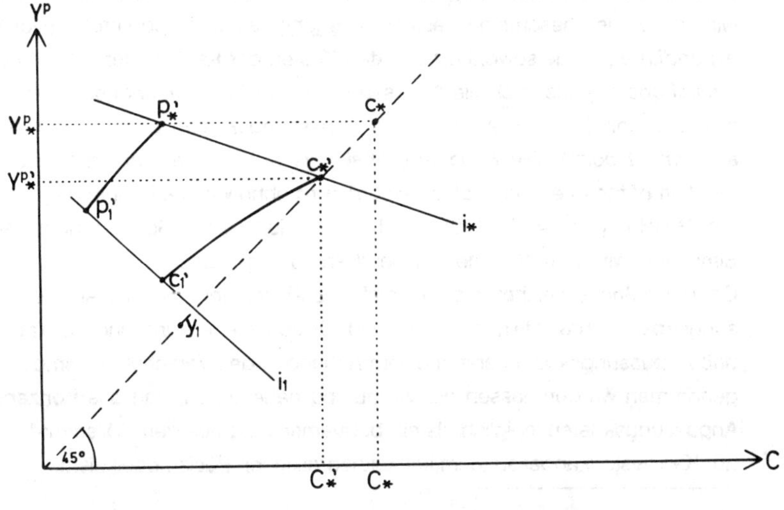

---

81) Grafik 12 kann als das Ergebnis einer "Zusammenfassung" von Grafik 9 und Grafik 11 angesehen werden.

82) Dieser Konsumpfad gibt optimale Kombinationen von permanentem Einkommen und Konsum an. Davon zu unterscheiden ist der "Konsumpfad in der Zeit", wie in Grafik 10 dargestellt.

Wie kann das kapitaltheoretische Basismodell zur **Erklärung von Länderverschuldung** weiter ausgebaut werden?

In einer Literaturübersicht nennt Glick - implizit von dem oben behandelten Extremfall ausgehend(!) - zwei Möglichkeiten:
"*It should also be pointed out that without restrictions on the rates of debt and capital accumulation, the economy is free to choose initial borrowing and investment levels that immediately bring it to the optimal steady-state position. In the presence of restrictions or of adjustment costs associated with capital and debt accumulation the steady state is attained by gradual borrowing and investment over time.*" [83)]

Die eine Möglichkeit, **Berücksichtigung von Anpassungskosten**, wurde schon für das Modell einer geschlossenen Volkswirtschaft angesprochen. Wie schwierig es ist, Anpassungskosten zu spezifizieren und welcher Spielraum dabei für "willkürliche Annahmen" gegeben ist, soll anhand der Vorgehensweise von Cooper / Sachs bei der Aufstellung eines Simulationsmodells exemplarisch gezeigt werden.[84)]
Ausgangspunkt ist die Unterscheidung zwischen den Bruttoinvestitionen ("*gross capital formation*"; J), die eine (Brutto-)Zunahme des Kapitalstocks bewirken und den gesamten Investitions<u>ausgaben</u> einer Periode ("*total investment expenditure*"; I), die sowohl die direkten Kosten der Kapitalgüter ("*direkt cost of capital goods*"), als auch die Anpassungskosten ("*adjustment costs*") enthalten sollen. Es gilt $I = J + \Theta \cdot J$ mit Θ als Anpassungskosten pro Einheit ("*per-unit adjustment cost*"). Die Annahme, "*that Θ is not constant but rather a linear function of the rate of capital formation*", wird ohne weitere Erläuterungen durch die Gleichung $\Theta = (\Phi \ / \ 2) \cdot (J \ / \ K)$ operationalisiert. Bei der numerischen Simulation wird dem Parameter Φ der Wert 10 gegeben.
Cooper / Sachs machen nicht einmal eine Andeutung, welcher Art die Anpassungskosten "ihrer Meinung nach" sind. Diese Unterlassung und die Tatsache, daß Anpassungskosten erst in einem Anhang in das Verschuldungsmodell aufgenommen werden, lassen die Vermutung nahe liegen, daß das Konzept der Anpassungskosten lediglich als ein bequemer Weg aus dem "Dilemma" sofortiger Kapitalstockanpassung im kapitaltheoretischen Basismodell dient.

---

83) Glick, Reuven: Economic Perspectives on Foreign Borrowing: An Analytic Literature Review, Monograph Series in Finance and Economics 1986 - 4, New York University, S. 25.
84) Cooper, Richard N. / Jeffrey D. Sachs: Borrowing Abroad - The Debtor's Perspective, in: Gordon W. Smith / John T. Cuddington (Hrsg.): International Debt and the Developing Countries, Washington D.C. 1985 (Weltbank), S. 21 - 59, hier: S. 51.

Die zweite von Glick genannte Möglichkeit besteht in der **Berücksichtigung von Kapitalmarktrestriktionen**.
Die Ungewißheit über die Höhe der in Zukunft tatsächlich vom Schuldner geleisteten Zins- und Tigungszahlungen wird den Gläubiger veranlassen, je nach Einschätzung dieses Ausfallrisikos zusätzlich zum "reinen" Zinssatz eine Risikoprämie zu verlangen. Es liegt nahe zu vermuten, daß das Ausfallrisiko und damit die Risikoprämie mit zunehmender "Fremdfinanzierung" des Kapitalstocks steigen.[85] Wenn dies zutrifft, dann ist die Annahme des kleinen Landes nicht länger zur Begründung eines konstanten Zinssatzes geeignet. Im Gegenteil, je kleiner das Land ist, desto schneller steigt mit zunehmender Kreditnachfrage das Verhältnis von Fremdkapital zu Eigenkapital, was die Risikoprämie und folglich den Zinssatz ebenfalls steigen läßt.

Neben den Investitionen und dem Kreditangebot bietet sich die **Ersparnis als dritter Ansatzpunkt** für Variationen des kapitaltheoretischen Basismodells an.
Die Ersparnis wird von der Zeitpräferenzrate, dem Zinssatz und der Höhe des Einkommens bestimmt. Es wurde gezeigt, daß bei konstantem Zinssatz und konstanter Zeitpräferenzrate die Ersparnis in einem festen Verhältnis zum Einkommen steht, die Sparquote ist konstant. Eine abnehmende Gegenwartspräferenz läßt die Sparquote steigen, während eine zunehmende Gegenwartspräferenz zu einer sinkenden Sparquote führt.

Die Frage, wovon die Zeitpräferenzrate abhängt und welche Vorstellungen mit einer nicht konstanten Zeitpräferenzrate verbunden sein können, soll im folgenden erörtert werden.
Nach Böhm-Bawerk spiegelt die Zeitpräferenzrate die "*Verschiedenheit des Verhältnisses von Bedarf und Deckung in den verschiedenen Zeiträumen*" [86] wider. Wenn im Zeitverlauf die Knappheit abnimmt (das Verhätnis von Bedarf und Deckung kleiner wird), dann ist die Zeitpräferenzrate positiv und es herrscht Gegenwartspräferenz. Im Modell mit ständiger Wiederholung ist "konstruktionsbedingt" nur eine positive Zeitpräferenzrate vorstellbar, denn eine negative Zeitpräferenzrate würde bedeuten, daß jemand Konsumverzicht leistet

---

85) So schlägt z.B. Hanson vor, als Maßgröße für das Ausfallrisiko "*the ratio of foreign to nationally owned capital*" zu verwenden.
Hanson, James A.: Optimal International Borrowing and Lending, in: American Economic Review Vol. 64 No. 5, S. 616 - 630, hier: S. 616.
86) Böhm-Bawerk, Eugen von: Positive Theorie des Kapitals, Erster Band, 4. Auflage, Jena 1921, S. 328.

und dafür in Zukunft sogar noch eine Einkommensminderung durch Zahlung einer ewigen Rente (negativer Zinssatz!) in Kauf nimmt.

Ein weiterer "*Grund für die Anwendung einer Zeitpräferenzrate ist darin zu suchen, daß die Zukunft ungewiß ist, ...*".87)

Zwei Arten der Ungewißheit sollen einander gegenübergestellt werden:

(1) Der Konsument kann vollständig die Fähigkeit verlieren, aus Konsum Nutzen zu ziehen, weil sein individuelles Leben oder die Existenz der Welt endet.

(2) Die Fähigkeit des Konsumenten, aus einer gegebenen Konsumsumme Nutzen zu ziehen, kann beeinträchtigt werden, weil die individuellen Lebensumstände, z.B. die Gesundheit, oder die kollektiven Lebensumstände, z.B. die natürliche Umwelt, sich verschlechtern.

Die **erste Art der Ungewißheit** wird zur Begründung einer Gegenwartspräferenz angeführt. So heißt es im obigen Zitat weiter: "..., *daß unsicher deshalb die Dauer des individuellen Lebens wie auch die Lebensdauer dieser Welt ist. Es ist daher verständlich, daß in der Zukunft liegende Ereignisse nicht mit dem gleichen Gewicht in den Entscheidungskalkül der Menschen eingehen wie unmittelbar bevorstehende.*"

Die **zweite Art der Ungewißheit** wird dagegen eine Gegenwartspräferenz abschwächen und kann sogar eine Zukunftspräferenz begründen. Wenn ein Konsument eine Verschlechterung seiner Lebensumstände (ausgenommen die Versorgung mit produzierten Konsumgütern!) für möglich hält, dann wird er bereit sein, einen Teil seines Einkommens zur "Vorsorge" für die ungewisse Zukunft zu verwenden. Eine tatsächliche Verschlechterung der Lebensumstände soll durch zusätzliche Konsummöglichkeiten kompensiert werden, so daß der verminderten nicht-ökonomischen Wohlfahrt eine gestiegene ökonomische Wohlfahrt gegenübersteht. Je höher der Nutzen der Vorsorge eingeschätzt wird, desto niedriger erscheint die Gegenwartspräferenz und desto größer ist die Ersparnis.

Die Vorstellung, daß das Bedürfnis nach **(Risiko-)Vorsorge durch Sparen** mit steigendem Einkommens- und Konsumniveau zunimmt, läßt sich in das kapitaltheoretische Modell durch die Annahme einer abnehmenden Gegen-

87) Neumann, M.: Theoretische Volkswirtschaftslehre III - Wachstum, Wettbewerb und Verteilung, München 1982, S. 18.

wartspräferenz aufnehmen. Dagegen spiegelt die Annahme einer zunehmenden Gegenwartspräferenz die Vorstellung wider, "*daß mit steigendem Wohlstand die Bereitschaft schwindet, durch zusätzlichen Konsumverzicht den Kapitalstock und damit die Konsummöglichkeiten in allen folgenden Perioden noch weiter zu erhöhen*".[88)]

Ein **weiterer Ansatzpunkt**, das kapitaltheoretische Basismodell zu erweitern, ist **die Nutzenfunktion**.
Wenn "ökonomische Unabhängigkeit" ein eigenständiges Ziel ist und in Verschuldung eine Einschränkung der ökonomischen Unabhängigkeit gesehen wird, dann geht die Verschuldung mit negativem Vorzeichen als Argument in die Nutzenfunktion ein. So nimmt Bardhan "*social disutility of having foreign capital in one's country*" in die Nutzenfunktion auf und geht davon aus, daß "*marginal disutility from the existence of foreign capital increases as the per capita amount of foreign capital increases*", was er als Annahme eines "extremen Nationalismus" bezeichnet.[89)]
Es sei an dieser Stelle vorweggenommen, daß sich die Ablehnung von Debt-Nature swaps im wesentlichen auf das genannte Argument der nationalen Unabhängigkeit stützt.

Während Verschuldung einen "negativen direkten Nutzen" bewirkt, ist mit der Haltung von Geldvermögen ein positiver direkter Nutzen verbunden, der in der Befriedigung des Bedürfnisses nach Vorsorge für eine ungewisse Zukunft besteht. Der Geldvermögensbestand ist nicht nur Quelle von Zinseinkommen, sondern auch Quelle eines direkten Nutzens und damit ein Argument der Nutzenfunktion.

Für die Analyse von Debt-Nature swaps liegt es nahe, bestimmte Leistungen der Natur als Konsumgut zu verstehen. In diesem Fall ist "Naturvermögen" ebenfalls Quelle von direkten Nutzen und als "konsumtives Naturvermögen" ein Argument der Nutzenfunktion. Diese Überlegung wird in Kapitel 8.2.2. "Umweltschutz als Luxusgut" wieder aufgegriffen werden.

---

88) Klump, Rainer: Gesellschaftliche Zeitpräferenzrate, in: WiSt Heft 6 / 1986, S. 303 - 306, hier: S. 305.
89) Bardhan, Pranab K.: Optimum Foreign Borrowing, in: Karl Shell (Hrsg.): Essays on the Theory of Optimal Economic Growth, MIT Press 1967, S. 117 - 127, hier: S. 119 und S. 120.

Zum Abschluß dieses Kapitels sollen für den **2-Länder-Fall**, unter stark vereinfachenden Annahmen, die Konsequenzen einer "Arbeitsteilung bei der Kapitalakkumulation" für das steady-state noch einmal verdeutlicht werden.

Folgende vereinfachende Annahmen werden getroffen:

- identische Produktionsfunktionen in beiden Ländern,
- identische Präferenzsysteme in beiden Ländern,
- das eine Land "Ü" hatte bei der Aufnahme der Kreditbeziehungen gegenüber dem anderen Land "D" einen Entwicklungsvorsprung (gemessen an der Höhe des Einkommens).

Unter diesen Annahmen wird Land "D" zum Schuldner und erreicht auf dem Akkumulations- und Konsumpfad ein steady-state mit Verschuldung (vgl. Grafik 12, S. 83). Land "Ü" wird zum Gläubiger und entwickelt sich hin zu einem steady-state mit Auslandsvermögen. Der Kapitalstock und damit auch die Produktion haben in beiden Ländern, aufgrund der Annahme identischer Produktionsfunktionen, nach Aufnahme der (vollkommen freien) Kreditbeziehungen zu jedem Zeitpunkt das gleiche Niveau. Da das Schuldnerland einen Teil der Erträge seines Kapitalstocks als Zinszahlungen an das Gläubigerland leisten muß, wird das Einkommen im Schuldnerland immer hinter dem Einkommen im Gläubigerland zurückbleiben.[90)]

In Grafik 13 (S. 89) wird das steady-state für den 2-Länder-Fall dargestellt. Die Konstruktion der Grafik 13 erfolgt in Anlehnung an die Edgeworth-Box.
Ausgangspunkt ist Grafik 11 (S. 82), die das steady-state mit Verschuldung für Land "D" wiedergibt. Entsprechend läßt sich für Land "Ü" das steady-state mit Auslandsvermögen in einer Grafik festhalten. Diese zweite Grafik wird um 180° gedreht und von "oben" so an die Grafik 11 herangeschoben, daß die Produktionspunkte (p_*) und die Konsumpunkte (c_*') der beiden Länder aufeinander zu liegen kommen. Die Kantenlänge der so entstandenen "Box" entspricht der Weltproduktion, die gleich dem Welteinkommen und dem Weltkonsum ist. Der

---

90) Zu diesem Ergebnis kommt auch Bazdarich: "*Rather, a developing economy will always be a net debtor and net borrower, with its net debt position monotonocally approaching some long-term steady-state level. Though it eventually approaches world levels of per capita output and physical capital, increasing amounts of this capital are owned abroad - or, equivalently, increasing amounts of output are needed to service a growing foreign debt. Thus, per capita income and consumption levels are always below those in "developed" economies.*"
Bazdarich, Michael J.: Optimal Growth and Stages in the Balance of Payments ... S. 426.

Kapitalstock und die Produktion (Y^{p}_{*}) haben in beiden Ländern das gleiche Niveau. Dagegen ist das Einkommen ($Y^{p*'}$) und der Konsum (C_{*}') in dem Schuldnerland "D" um die Zinszahlungen niedriger als die Produktion und das Einkommen (Y^{p}_{*}'') und der Konsum (C_{*}'') im Gläubigerland "Ü" um das Zinseinkommen höher als die Produktion.

Grafik 13: Steady-state für den 2-Länder-Fall

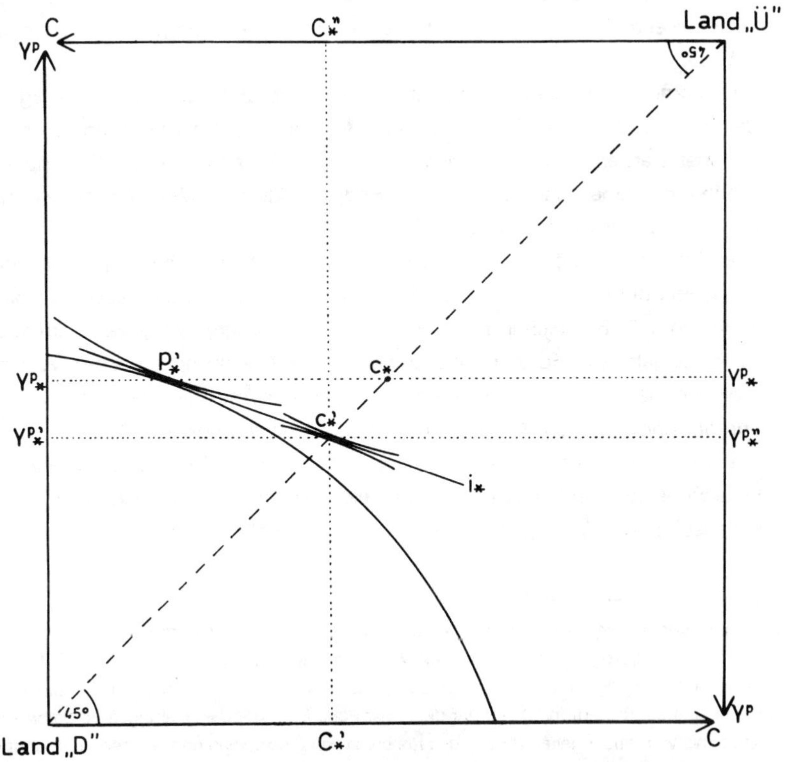

Dem gegenwärtigen Vorteil der Verschuldung, Konsum zeitlich vorziehen bzw. den Kapitalstock schneller aufbauen zu können, steht der zukünftige Nachteil unter bestimmten Umständen ewiger Zinszahlungen gegenüber.

1.4. Eine Systematisierung der Ansätze zur Erklärung von Verschuldung

Die beiden **Kriterien der Systematisierung** sind:

(1) Unterscheidung von Leistungsseite und Finanzierungsseite und

(2) Unterscheidung von Salden inländischer Sektoren und Salden des Auslandssektors.

Anmerkungen zu (1):
Auf der Leistungsseite wird der güterwirtschaftliche Aspekt und auf der Finanzierungsseite der finanzwirtschaftliche Aspekt von Leistungstransaktionen abgebildet.
Der Verkauf eines Gutes führt zu einer Einnahme, der Kauf zu einer Ausgabe. Die Differenz zwischen Einnahmen und Ausgaben soll als Leistungssaldo bezeichnet werden. Der Leistungssaldo kann "verkürzt" auch als Differenz zwischen Einkommen und Ausgaben für Endprodukte oder als Differenz zwischen Ersparnis und Investition dargestellt werden.[91)]
Eine Einnahme erhöht den Forderungsbestand des Verkäufers (z.B. in Form von Geld oder in Form eines Handelskredits) oder vermindert dessen Verbindlichkeiten (z.B. Begleichung von Schulden in Naturalien). Umgekehrt nimmt bei einer Ausgabe der Forderungsbestand des Käufers ab oder dessen Verbindlichkeiten nehmen zu. Die Differenz zwischen der Änderung der Forderungen und der Änderung der Verbindlichkeiten soll Finanzierungssaldo heißen.
Die Unterscheidung zwischen Leistungssaldo und Finanzierungssaldo ist hilfreich bei der Beschreibung von Ungleichgewichten in den Planungen. Buchhalterisch sind Leistungssaldo und Finanzierungssaldo identisch.[92)]

---

91) Die "Verkürzung" besteht darin, daß von den gesamten Leistungstransaktionen einer Periode solche abgezogen werden, die Güter zum Gegenstand haben, die in anderen Gütern untergehen (Abzug der Vorleistungen von Einnahmen und Ausgaben ergibt das Einkommen und die Ausgaben für Endprodukte) oder die in der Periode, in der die Leistungstransaktion stattfindet, als verbraucht gelten (Abzug des Konsums von Einkommen und Ausgaben für Endprodukte ergibt die Ersparnis und die Investitionen).

92) Als Beispiel für eine ungenügende analytische Trennung von Leistungssaldo und Finanzierungssaldo bzw. ex-post und ex-ante Betrachtung soll folgendes Zitat dienen: "*Zwar entziehen die Netto-Kapitalimporte der USA für sich genommen der übrigen Welt Finanzierungsmittel. Doch über das Leistungsbilanzdefizit fließen auch wieder Finanzierungsmittel aus den Vereinigten Staaten in die übrige Welt. Beides gleicht sich aus.*"
Pohl, Rüdiger: Internationale Finanzmärkte und US-Leistungsbilanzdefizit, in: Wirtschaftsdienst IV / 1985, S. 202 - 205, hier: S. 202.

<u>Übersicht 3:</u> Systematisierung der Ansätze zur Erklärung von Verschuldung

(1) $(Y - A) = (X - M)$

Aufspaltung in Leistungssaldo des privaten und staatlichen Sektors

(2) $(S_{pr} - I^{n}_{pr}) + (T - G) = (X - M)$

Leistungssaldo entspricht Finanzierungssaldo

(3) $(dF_{pr} - dK_{pr}) + (dF_{st} - dK_{st}) = (dF_{I,A} - dK_{I,A})$

Zusammenfassung der Finanzierungssalden des privaten und staatlichen Sektors

(4) $(dF_{I} - dK_{I}) = (dF_{I,A} - dK_{I,A})$

Y	= Einkommen des Inlands
A	= Absorption des Inlands
X	= Leistungsexporte (einschl. Zinseinnahmen) des Inlands
M	= Leistungsimporte (einschl. Zinszahlungen) des Inlands
S_{pr}	= Sparen des privaten Sektors
I^{n}_{pr}	= Nettoinvestitionen des privaten Sektors
G	= Ausgaben des staatlichen Sektors
T	= Einnahmen des staatlichen Sektors
dF_{pr}	= Änderung der Forderungen des privaten Sektors
dK_{pr}	= Änderung der Verbindlichkeiten des privaten Sektors
dF_{st}	= Änderung der Forderungen des staatlichen Sektors
dK_{st}	= Änderung der Verbindlichkeiten des staatlichen Sektors
$dF_{I,A}$	= Änderung der Forderungen des Inlands an das Ausland
$dK_{I,A}$	= Änderung der Verbindlichkeiten des Inlands an das Ausland
dF_{I}	= Änderung der Forderungen der Inländer
dK_{I}	= Änderung der Verbindlichkeiten der Inländer

Anmerkungen zu (2):

Das Ausland wird als ein Sektor angesehen. Der Leistungssaldo des Auslandssektors entspricht dem Leistungsbilanzsaldo der Zahlungsbilanz. Der Finanzierungssaldo des Auslandssektors ist mit dem Kapitalbilanzsaldo im weiteren Sinne (= Kapitalbilanzsaldo im engeren Sinne plus Devisenbilanzsaldo) identisch.
Das Inland wird in den privaten Sektor und den staatlichen Sektor unterteilt. Eine weitergehende Disaggregation bis zu den einzelnen Entscheidungsträgern, wie in Stützels Mikro-Absorptionsansatz, kann jederzeit erfolgen, wenn es die konkrete Fragestellung erfordert.

Es soll nun eine **Einordnung der unterschiedlichen Ansätze zur Erklärung von Verschuldung** in das Schema der Übersicht 3 vorgenommen werden:

In den Gleichungen (1) und (2) der Übersicht 3 finden sich Ansätze, die den güterwirtschaftlichen Aspekt von Verschuldung in den Vordergrund stellen und in den Gleichungen (3) und (4) Ansätze, die den finanzwirtschaftlichen Aspekt betonen.

Ansatzpunkt des Elastizitätsansatzes ist der Leistungsverkehr mit dem Ausland. Exporte und Importe und damit der Leistungs(bilanz)saldo (X - M) werden durch (partielle) Preiselastizitäten erklärt. Da der Elastizitätsansatz auf den Güterhandel beschränkt ist, müssen Faktoreinkommen und Übertragungen zusätzlich erfaßt werden, um den Leistungs(bilanz)saldo zu vervollständigen.
Der Leistungs(bilanz)saldo des Auslandssektors bestimmt die Höhe des Absorptionssaldos (Y - A), "befiehlt" der Kapitalbilanz ($dF_{I,A}$ - $dK_{I,A}$) und legt damit gleichzeitig den Umfang des gesamtwirtschaftlichen Finanzierungssaldos (dF_I - dK_I) fest.

Ansatzpunkt des Absorptionsansatzes ist das Verhältnis von Einkommen zu Absorption im Inland. Der Absorptionssaldo (Y - A) wird, bei gegebenem Einkommen, durch die Absorptionsfunktion erklärt.

Der Absorptionssaldo des Inlands ist Ursache des Leistungs(bilanz)saldos (X - M) und dieser wiederum "befiehlt" der Kapitalbilanz ($dF_{I,A}$ - $dK_{I,A}$). Der gesamtwirtschaftliche Finanzierungssaldo (F_I - dK_I) wird direkt vom Absorptionssaldo und indirekt über den Kapitalbilanzsaldo beeinflußt.

Ansatzpunkt des New Cambridge Approach ist der Leistungssaldo des staatlichen Sektors (T - G), der als Instrument der Fiskalpolitik "exogen" bestimmt wird. Langfristig (d.h. nach Erreichen eines (Geldvermögens-)Bestandsgleichgewichts im privaten Sektor) legt der Budgetsaldo des Staates die Höhe des Leistungs(bilanz)saldos (X - M) fest. Kurzfristig (d.h. während des (Geldvermögens-)Anpassungsprozesses im privaten Sektor) wird die Wirkung des staatlichen Budgetsaldos durch den Leistungssaldo des privaten Sektors (S_{pr} - $I^n{}_{pr}$) abgeschwächt.
Im New Cambridge Approach steht die Kausalität der Leistungssalden für die Finanzierungssalden zwar im Vordergrund, allerdings wird auch die gegenseitige Abhängigkeit von Leistungs- und Finanzierungssalden gesehen.

Ansatzpunkt der Monetären Ansätze ist der Finanzierungssaldo des privaten Sektors (dF_{pr} - dK_{pr}). Während im ursprünglichen Monetären Ansatz Bestandsungleichgewichte der Geldhaltung den Kapitalbilanzsaldo ($dF_{I,A}$ - $dK_{I,A}$) verursachen, sind im Finanzaktiva-Ansatz Bestandsungleichgewichte der Geldvermögens- bzw. Wertpapierhaltung für den Kapitalbilanzsaldo verantwortlich.
Der exogen bestimmte Finanzierungssaldo des staatlichen Sektors (dF_{st} - dK_{st}) beeinflußt den Kapitalbilanzsaldo und den Finanzierungssaldo des privaten Sektors.
Für die Zahlungsbilanz gilt, daß die Kapitalbilanz der Leistungsbilanz befiehlt.

Ansatzpunkt des entwicklungstheoretischen und des kapitaltheoretischen Ansatzes ist die Differenz zwischen Ersparnis und Investition. Bei der Einordnung dieser beiden Ansätze in das der Übersicht 3 zugrundeliegende Schema ist jedoch Vorsicht geboten. Die Ersparnis und die Investition dürfen nicht im keynesianischen Sinn als "Nicht-Ausgabe von Einkommen" bzw. als eine Komponente der gesamtwirtschaftlichen Güternachfrage (Einkommenseffekt der Investition) verstanden werden, sondern müssen im neoklassischen Sinn als Kapitalangebot (Konsumverzicht) bzw. als Kapitalnachfrage (Kapazitätseffekt

der Investition) interpretiert werden. Kapitalangebot und -nachfrage sind reale Größen, d.h. eine Finanzierung durch Geldschöpfung oder durch den Aufbau von "Schuldentürmen" ist im Modell ausgeschlossen.[93] Damit verliert die Unterscheidung zwischen Leistungssaldo und Finanzierungssaldo ihren Sinn. In der "Real"wirtschaft[94] gilt vereinfachend: *"Die Salden in den Kapitalbilanzen - und damit in den Leistungsbilanzen - sind somit Ergebnis sämtlicher Entscheidungen über Investition, Sparen und Konsum in der Weltwirtschaft."*[95]
Die Erklärung von Leistungsbilanzsalden über die Differenz zwischen gesamtwirtschaftlicher Ersparnis als (Real-)Kapitalangebot und gesamtwirtschaftlicher Investition als (Real-)Kapitalnachfrage kann treffend als "intertemporale Zahlungsbilanztheorie" bezeichnet werden.[96]

Die reine Außenwirtschaftstheorie interpretiert den Leistungs(bilanz)saldo (X - M) als den Teil des heutigen Einkommens, der gegen zukünftiges Einkommen getauscht wird. Der Gegenwartswert des zukünftigen Einkommens entspricht dem Kapitalbilanzsaldo ($dF_{I,A} - dK_{I,A}$). Der Kapitalbilanzsaldo ist real, d.h. in Gütern und nicht in Geld bestimmt, zu verstehen.

Das Schema der Übersicht 3 wird in Kapitel 8.2. bei der Diskussion der "These vom strukturellen Überschußland" wieder aufgegriffen.

---

93) Vgl. hierzu auch Kapitel 2.6. Exkurs: Solvenzrestriktion und Ponzi-Spiel, S. 127.

94) In der "Real"wirtschaft gibt es zwar Geld, aber es hat, im Gegensatz zur Geldwirtschaft, keine Wirkung.

95) Issing, Otmar / Klaus Masuch: Zur Frage der normativen Interpretation von Leistungsbilanzsalden, in: Kredit und Kapital 1 / 1989, S. 1 - 17, hier: S. 3.

96) Diese Bezeichnung wählt Rübel für seinen Beitrag zu diesem Thema.
Rübel, Gerhard: Intertemporale Zahlungsbilanztheorie, in: Jahrbuch für Sozialwissenschaft 39 / 1988 (Festschrift für Klaus Rose), S. 102 - 110, hier: S. 102.

2. Mechanik der Verschuldung - ein stromökonomisches Modell

Das Verschuldungsmodell soll die Frage beantworten, wie entwickelt sich die Verschuldung im Zeitablauf.

Die **Struktur des Verschuldungsmodells** läßt sich durch einen Vergleich mit einem einfachen Wachstumsmodell vom Harrod-Domar-Typ für offene Volkswirtschaften verdeutlichen:

Das Wachstumsmodell besteht aus einer Sparfunktion, einer Investitionsfunktion und einer Funktion für den Saldo aus "Kapitalexporten und Kapitalimporten".[1] Alle drei Größen sind abhängig von der Produktion. Der Zusammenhang zwischen Ersparnis und Produktion wird durch die Sparneigung (s) ausgedrückt, die Abhängigkeit der Investitionen von der Änderung der Produktion durch den Kapitalkoeffizienten (a) und die Beziehung zwischen Kapitalexport/-import-Saldo und Produktion durch die "Neigung zur äußeren Expansion" (x)[2]. Die (System-)Wachstumsrate (w) wird nun nach der Formel $w = (s - x) / a$ ermittelt. Nur bei dieser "warrented rate of growth" ist der Gütermarkt im Gleichgewicht. Die Summe der gewünschten Ersparnis und der gewünschten "Nettokapitalimporte" ist den gewünschten Investitionen gleich.
Damit gibt das Wachstumsmodell eine Antwort auf die Frage, mit welcher Rate <u>muß</u> die Wirtschaft wachsen, damit bei <u>vorgegebener</u> Kapitalangebotsneigung (Sparneigung und <u>Neigung zur äußeren Expansion</u>) die Kapitalnachfrager (Investoren) bereit sind, das Kapitalangebot (Ersparnis und Nettokapitalimporte) zu nutzen.

---

1) Der Saldo aus "Kapitalexporten und Kapitalimporten" entspricht inhaltlich nicht dem Kapitalbilanzsaldo der Zahlungsbilanz! Kapitalexport meint "*die Verfügung über inländische Güter und Dienste zum Zwecke der Investition im Ausland*" und Kapitalimport "*die Verfügung über ausländische Güter und Dienste zum Zwecke der Investition im Inland*"(Abb). Dieser so definierte "*Kapitalbilanzsaldo*" ist vom Inhalt eher mit dem Handels- und Dienstleistungsbilanzsaldo der Zahlungsbilanzrechnung gleichzusetzen.
Abb, Fritz: Die Aussenwirtschaft in der Modellanalyse des ökonomischen Wachstums, in: Zeitschrift für die gesamte Staatswissenschaft, 114. Band / 3. Heft 1958, S. 468 - 490, hier: S. 476.

2) Die Neigung zur äußeren Expansion entspricht bei Abb der Differenz zwischen der Neigung zum Kapitalexport und der Neigung zum Kapitalimport.
Abb, Fritz: Die Aussenwirtschaft in der Modellanalyse des ökonomischen Wachstums ... hier: S. 476 - 477.

Dagegen bestimmt das Verschuldungsmodell bei vorgegebener gewünschter Wachstumsrate und vorgegebener Sparneigung die Höhe der Nettokapitalimporte, die erforderlich sind, um die (zur Verwirklichung der vorgegebenen Wachstumsrate) notwendigen Investitionen durchführen zu können.
Das Verschuldungsmodell unterscheidet sich in seiner Struktur bis dahin formal noch nicht von dem Wachstumsmodell. Der Unterschied besteht lediglich darin, daß das Wachstumsmodell die Neigung zur äußeren Expansion vorgibt und nach der erforderlichen Wachstumsrate fragt, während in das Verschuldungsmodell die gewünschte Wachstumsrate[3] als feste Größe eingeht und die Höhe der (Netto-)Kapitalimporte zu ermitteln ist.

Im nächsten Schritt müssen die Zinsausgaben für die Verschuldung berücksichtigt werden. Zinsausgaben lassen Produktion und Einkommen auseinanderfallen. Die Aussage "*der Teil der mit Hilfe des vorhandenen Kapitalstocks erzeugten Produktion, der der Höhe der Zinsverpflichtung entspricht, wird nicht in dieser Wirtschaft, sondern in der anderen verwendet*"[4] ist irreführend. Zinsverpflichtungen können durch Kapitalexport (im Sinne von Güterexport) "real" erfüllt werden. Sie können aber auch durch die Aufnahme eines Kredits (Kapitalexport im Sinne der Zahlungsbilanz) "nominal" eingelöst werden.[5] In diesem zweiten Fall wird die Absorption des Schuldners durch die Zinsverpflichtung in dieser Periode nicht eingeschränkt. Ob und wann die Zinsverpflichtung in Zukunft real erfüllt wird, hängt davon ab, wie sich die Strukturparameter im Zeitablauf ändern.

---

3) Der Zusatz "gewünscht" hat im Verschuldungsmodell eine tiefer gehende Bedeutung als im Wachstumsmodell, wo die gewünschte Wachstumsrate "*alle Beteiligten veranlaßt, so zu disponieren, daß dieselbe Wachstumsrate erhalten bleibt*" (Harrod). Die gewünschte Wachstumsrate hat im Verschuldungsmodell darüberhinaus die Bedeutung von "aus entwicklungspolitischer Sicht wünschenswert".
Harrod, R.F.: Ein Essay zur dynamischen Theorie, in: Heinz König (Hrsg.): Wachstum und Entwicklung der Wirtschaft, Köln / Berlin 1968, S. 35 - 54, hier: S. 37, (englisches Original: An Essay in Dynamic Theory, in: The Economic Journal 49, 1939).

4) Abb, Fritz: Die Aussenwirtschaft in der Modellanalyse des ökonomischen Wachstums ... S. 480.

5) Wie wichtig eine strikte Trennung zwischen "real" und "nominal" ist belegt das folgende Zitat: "*Um ihre Auslandsschulden bedienen zu können, müssen die größten Schuldnerländer in den nächsten Jahren hohe Handelsbilanzüberschüsse erzielen.*"
Diese Aussage ist nur richtig, wenn eine reale Bedienung der Schulden gemeint ist. Damit wird implizit unterstellt, daß die Schuldnerländer keine neuen Kreditverpflichtungen eingehen wollen oder die Gläubiger nicht bereit sind weiterhin Kredite zu vergeben.
Weltbank: Weltentwicklungsbericht 1985, Washington D.C., S. 6 - 7.

Die Vorgehensweise von Abb - die Zinsverpflichtung durch ihren Anteil an der Produktion darzustellen - ist im Rahmen eines Wachstumsmodells eine sinnvolle Vereinfachung. Der Anteil der Zinsverpflichtungen an der Produktion ist allerdings im Zeitablauf nur zufällig konstant. (Z.B. dann, wenn der Kapitalexport/-import-Saldo null ist und die Wachstumsrate der Produktion gleich dem Zinssatz ist.) In einem Modell, das die Entwicklung der Verschuldung im Zeitablauf darstellen soll, müssen die Zinsverpflichtungen in jeder Periode neu bestimmt werden. Die Zinsverpflichtungen sind abhängig von dem Schuldenstand der Vorperiode, dem Zinssatz und dem (Netto-)Kapitalimport (im Sinne von (Netto-) Güterimport).
In das Modell eingegeben wird der aktuelle Schuldenstand und der Zinssatz. Die (Netto-)Kapitalimporte werden weiterhin endogen als "Restgröße"[6] bestimmt.

Die **Entwicklung der Verschuldung** hängt im Modell von zwei grundsätzlich unterschiedlichen Arten von Wachstumsraten ab.
Die (System-)Wachstumsrate des Wachstumsmodells wird in das Verschuldungsmodell als "realwirtschaftliche Wachstumsrate" übernommen. Hinzu kommt der Zinssatz als "nominalwirtschaftliche Wachstumsrate". Um beide vergleichbar zu machen, wird der nominale Zinssatz zu einem "Realzins" deflationiert.[7] Dieser Realzins behält jedoch den Charakter einer nominalwirtschaftlichen Wachstumsrate, denn der Zinssatz (ob nominal oder real) steigt im gleichen Augenblick, in dem die Schuldner den Gläubigern einen höheren Zinssatz versprechen. Ob und in welchem Umfang ein Versprechen real erfüllt wird, das zeigt erst die Zukunft. (Zur Verdeutlichung: Bei einem Konsol[8] kann die Einhaltung des Versprechens erst am "Ende der Welt" oder nach einem vorzeitigen Rückkauf durch den Emittenten überprüft werden.)
Eine realwirtschaftliche Wachstumsrate liegt nur dann vor, wenn mehr Güter und Dienste produziert werden bzw. zur Verfügung stehen.[9]

---

6) D.h., die (Netto-)Kapitalimporte sind ex-ante gleich der Differenz von Produktion und Absorption.

7) Dies geschieht implizit durch die Annahme eines konstanten Preisniveaus.

8) Ein Konsol ist ein Wertpapier mit "ewiger" Laufzeit.

9) Die hier vorgenommene Unterscheidung zwischen "realwirtschaftlich" und "nominalwirtschaftlich" wird inhaltlich auch von Famulla / Spremann verwendet, um zu zeigen, wie eine Ponzi-GmbH durch Arbitrage zwischen "realwirtschaftlichem und geldwirtschaftlichem Bereich" (der Begriff "geldwirtschaftlich" wird von Famula / Spremann synonym zu "nominalwirtschaftlich" gebraucht) Ausschüttungen ermöglicht. (Zur Ponzi GmbH vgl. die Ausführungen in Kapitel

Ebenso wie der (nominale und reale) Zinssatz ist die Verschuldung eine originär nominalwirtschaftliche Größe. Schulden sind wie der Zinssatz "nur" ein Versprechen und daher unbegrenzt "produzierbar".10)
Die absolute Verschuldung wird im Modell wiederum durch Deflationierung mit den realwirtschaftlichen Größen vergleichbar gemacht.

In einem weiteren Schritt wird die "reale" absolute Verschuldung relativiert, indem sie in Beziehung gesetzt wird zu einer realwirtschaftlichen Größe. Die beiden gebräuchlichsten Relationen sind die "debt-export-ratio" und die "debt-output-ratio". Letztere soll als "die" relative Verschuldung im Modell untersucht werden.

Die relative Verschuldung steigt bzw. sinkt fortwährend, wenn die nominalwirtschaftliche Wachstumsrate (im Modell: ein modifizierter Zinssatz) größer ist als die realwirtschaftliche Wachstumsrate (im Modell: die Wachstumsrate der Produktion). Wenn sich die beiden Wachstumsraten umgekehrt zueinander verhalten, dann konvergiert die relative Verschuldung gegen einen positiven bzw. negativen steady-state Wert.

Durch Variation der Strukturparameter des Modells ergeben sich **12 Stadien der Verschuldung**. Die einzelnen Stadien werden kurz charakterisiert und erläutert.
Das theoretisch besonders aufschlußreiche Stadium explosiver Verschuldung bei Handelsbilanzdefiziten (= Nettokapitalimport) des Schuldners wird unter den beiden Aspekten "Solvenzrestriktion" und "Ponzi-Spiel" in einem Exkurs intensiver analysiert.

2.6., S. 127 - 133)
Famulla, Rainer / Klaus Spremann: Generationenverträge und Rentenversicherung als Ponzi-GmbH, in: Zeitschrift für öffentliche und gemeinwirtschaftliche Unternehmen, Band 3, Heft 4 / 1980, S. 379 - 403.

10) Die Auffassung, daß Kredite nur auf Versprechen beruhen und daher per se nicht knapp sind, wird z.B. von Engels vertreten.
"*Kredit ist das Versprechen, laufende Zahlungen (sog. Zinsen) und eine Schlußzahlung (sog. Tilgung) zu leisten. Versprechen sind, im Gegensatz zu Waren, nicht knapp .... Begrenzt ist nur die Möglichkeit, Versprechen auch halten zu können.*"
Engels, Wolfram: Die Leistungsfähigkeit von Kreditkonventionen am Beispiel des Transferrisikos, in: Engels / Gutowski / Wallich (Hrsg.): International capital movements, debt and monetary System, Mainz 1984, S. 67 - 83, hier: S. 80.

2.1. Definitionsgleichungen

Produktion	**(1)**	$Q_t = C_t + I_t + (X\text{-}M)_t$
Einkommen	**(2)**	$Y_t = Q_t - i \cdot D_{t-1}$
Absorption	**(3)**	$A_t = C_t + I_t$
(3) in (1)	(4)	$Q_t = A_t + (X\text{-}M)_t$
(4) umformen	(5)	$A_t = Q_t - (X\text{-}M)_t$
(4) in (2)	(6)	$Y_t = A_t + (X\text{-}M)_t - i \cdot D_{t-1}$
(6) umformen	(7)	$A_t = Y_t - (X\text{-}M)_t + i \cdot D_{t-1}$
Sparen aus Einkommen	**(8a)**	$S_{Yt} = Y_t - C_t$
(2) in (8a)	(9)	$S_t = Q_t - i \cdot D_{t-1} - C_t$
(1) in (9)	**(10a)**	$S_{Yt} = I_t + \underbrace{(X\text{-}M)_t - i \cdot D_{t-1}}_{dGV_t}$
(10a) entspricht		$dV_t = dSV_t + dGV_t$
Sparen aus Produktion	**(8b)**	$S_{Qt} = Q_t - C_t$
(1) in (8b)	**(10b)**	$S_{Qt} = I_t + (X\text{-}M)_t$
Leistungsbilanzsaldo	**(11)**	$LB_t = (X\text{-}M)_t - i \cdot D_{t-1}$

Kapitalbilanzsaldo	**(12)**	$\mathbf{KB_t = (K_t - K_{t-1}) - (F_t - F_{t-1})}$
(12) umformen	(13)	$KB_t = \underbrace{(K_t - F_t)} - \underbrace{(K_{t-1} - F_{t-1})}$
(13) entspricht	**(14)**	$\mathbf{KB_t = D_t - D_{t-1}}$
Ressourcensaldo		
(10a) umformen	**(15a)**	$\mathbf{(X\text{-}M)_t = S_{Yt} + i \cdot D_{t-1} - I_t}$
(10b) umformen	**(15b)**	$\mathbf{(X\text{-}M)_t = S_{Qt} - I_t}$
Zahlungsbilanzausgleich	**(16)**	$\underbrace{\mathbf{(X\text{-}M)_t - i \cdot D_{t-1}}}_{LB_t} \mathbf{=} \underbrace{\mathbf{-(D_t - D_{t-1})}}_{-KB_t}$
(16) umformen	(17)	$D_t = D_{t-1} - (X\text{-}M)_t + i \cdot D_{t-1}$
(17) umformen		
Verschuldung	**(18)**	$\mathbf{D_t = (1 + i) \cdot D_{t-1} + (M\text{-}X)_t}$
(15a) in (18)	(19)	$D_t = (1 + i) \cdot D_{t-1} + I_t - S_{Yt} - i \cdot D_{t-1}$
(19) kürzen	(20)	$D_t = D_{t-1} + I_t - S_{Yt}$
(20) umformen		
Nettokreditaufnahme	**(21)**	$\mathbf{dD_t = I_t - S_{Yt}}$
(21) entspricht		$-dGV_t = dSV_t - dV_t$
aus (10) und (21) folgt	**(22)**	$\mathbf{-dGV_t = dD_t = (M\text{-}X)_t + i \cdot D_{t-1}}$

Übersicht der in Kapitel 2 verwendeten Abkürzungen:

A_t = Absorption

C_t = Konsum (=konsumtive Einkommensverwendung durch private und öffentliche Haushalte)

D_t = Verschuldung (=Nettoauslandsverbindlichkeiten)

F_t = Bruttoauslandsforderungsbestand

GV_t = Nettogeldvermögensbestand = (Nettoauslandsposition)

I_t = Bruttoinvestitionen (=investive Einkommensverwendung durch Unternehmen und Staat)

K_t = Bruttoauslandsverbindlichkeiten (= -kreditbestand)

KB_t = Kapitalbilanzsaldo (plus = Nettokapitalimport / minus = Nettokapitalexport)

LB_t = Leistungsbilanzsaldo (= Nettogeldvermögensbildung)

Q_t = Produktion (= Bruttoinlandsprodukt)

S_{Qt} = Sparen aus Produktion

S_{Yt} = Sparen aus Einkommen

SV_t = Sachvermögensbestand (= Realkapitalbestand)

$(X\text{-}M)_t$ = Ressourcensaldo = "*Saldo zwischen den Exporten von Gütern und Dienstleistungen (ohne Faktoreinkommen) und den Importen von Gütern und Dienstleistungen (ohne Faktoreinkommen)*"[11)]

Y_t = Einkommen (= Bruttosozialprodukt)

Vt = Nettovermögensbestand

Der Index "t" steht bei Stromgrößen für einen Zeitraum und bei Bestandsgrößen für einen Zeitpunkt.

Ein "d" vor einer Größe bedeutet, daß die Änderung der Größe betrachtet wird.

---

11) Weltbank: Weltentwicklungsbericht 1985, Washington D.C., S. X.

2.2. Funktionale Beziehungen

Die Produktionsfunktion

Ausgangspunkt ist eine limitationale Produktionsfunktion mit den beiden Produktionsfaktoren "Kapital" und "Arbeit".

(1) **Produktionsfunktion** $$Q_t = \min\left[\frac{K_t}{a}, \frac{L_t}{b}\right]$$

mit K_t = Kapitalstock
L_t = Arbeitsmenge
a = Kapitalkoeffizient
b = Arbeitskoeffizient

Durch die Annahme, der Kapitalstock ist voll ausgelastet bei Unterbeschäftigung der Arbeit, wird "Kapital" zum die Produktion begrenzenden Faktor. Damit besteht bei konstantem Kapitalkoeffizienten ein linearer Zusammenhang zwischen der Produktion (Q_t) und dem Kapitalstock (K_t).

(2a) $$Q_t = \frac{K_t}{a}$$

(2b) $$Q_t = \left[\frac{1}{a}\right] \cdot K_t \qquad \text{mit } \left[\frac{1}{a}\right] = \text{Kapitalproduktivität}$$

(2c) $$K_t = a \cdot Q_t$$

Die Annahme, Kapital ist der limitierende Faktor, entspricht der Vorstellung, daß in den Schuldnerländern ein "relativer" Kapitalmangel herrscht.[12] Damit kann die Reduktion der Produktionsfunktion auf den Produktionsfaktor Kapital, als eine für den Untersuchungsgegenstand "Verschuldung" angemessene Vorgehensweise angesehen werden.

---

12) Der Zusatz "relativ" soll andeuten, daß eine Diskrepanz zwischen der Sparfähigkeit und dem -wie auch immer ermittelten- Kapitalbedarf einer Volkswirtschaft besteht. Wenn zwei Länder(-gruppen) betrachtet werden, dann kann "relativ" auch im Sinne des Faktorproportionentheorems interpretiert werden. Kapital ist in den Schuldnerländern im Vergleich zu den Gläubigerländern relativ knapp.

Die Gleichung (2b) kann auch als Alternative zur Darstellung der Produktion mit Hilfe einer Produktionsfunktion verstanden werden.[13] Bei dieser Alternative wird die Einsatzmenge eines "beliebigen" Produktionsfaktors[14] in Beziehung zur Produktion gesetzt. Die Faktorproduktivität (= Quotient aus Produktion und Einsatzmenge des Faktors) multipliziert mit der Einsatzmenge des Faktors ist gleich der Produktion. Diese "tautologische"[15] Zerlegung der Produktion in Produktivität und Einsatzmenge eines Faktors verzichtet bewußt auf den Versuch, die Produktion den einzelnen Faktoren quantitativ zuzurechnen (was z.B. das Ziel der auf einer substitutionalen Produktionsfunktion aufbauenden Grenzproduktivitätstheorie der Verteilung ist).

In der Höhe der Kapitalproduktivität spiegelt sich der Einfluß aller "Faktoren", außer des Produktionsfaktors Kapital, auf die Produktion wider. So wird die Zunahme der im Produktionsprozeß eingesetzten Arbeitsmenge als eine Steigerung der Kapitalproduktivität abgebildet. Aus dem Produktionsfaktor Arbeit wird der "(Kapital-)Produktivitätsfaktor" Arbeit. Entsprechendes gilt für alle anderen Faktoren.

Bei einer Darstellung der Produktion mit Hilfe der Kapitalproduktivität (Gleichung (2b)) kann die zunächst als Ausgangspunkt gewählte Annahme limitationaler Produktionsverhältnisse und die zusätzliche Annahme der Unterbeschäftigung des Produktionsfaktors Arbeit im Grunde fallengelassen werden. In diesem Fall ist es jedoch problematisch, weiterhin von einem nicht nur sehr kurzfristig konstanten Kapitalkoeffizienten auszugehen. Die Entwicklung des Kapitalkoeffizienten im Zeitablauf muß erklärt werden.

---

13) Zu dieser Auffassung vgl. z.B. die Lehrbücher von Cezanne / Franke und Grass / Stützel.
Cezanne, Wolfgang / Jürgen Franke: Volkswirtschaftslehre - eine Einführung, 2. Auflage, München / Wien 1984.
Grass, Rolf-Dieter / Wolfgang Stützel: Volkswirtschaftslehre, München 1983, insbesondere S. 91 - 107.

14) Der Zusatz "beliebig" soll andeuten, daß eine Beschränkung auf die "traditionellen" Produktionsfaktoren nicht erforderlich ist. Jeder interessierende Input kann problemlos zum "Produktionsfaktor" werden. So z.B. der Einsatz von Düngemitteln in der Landwirtschaft oder der Energieeinsatz im Transportwesen.

15) Die Zerlegung ist tautologisch, weil die Produktivität nicht direkt meßbar ist. Bei der indirekten Messung als Quotient aus Produktion und Einsatzmenge des Faktors muß das Ergebnis, das durch die Multiplikation von Produktivität und Einsatzmenge erst ermittelt werden soll, nämlich die Produktion, schon bekannt sein.

Eine "mechanische" endogene Erklärung der Entwicklung des Kapitalkoeffizienten im Zeitablauf führt zu einer unnötigen Überlastung eines Modells, das lediglich den Rahmen für weitergehende Überlegungen abstecken soll. Deshalb wird, wenn erforderlich, der Kapitalkoeffizient exogen variiert.
Ein konstanter Kapitalkoeffizient stellt sich auch bei einer substitutionalen Produktionsfunktion ein, wenn gleichzeitig (1) das Verhältnis der Faktorpreise konstant bleibt und (2) die Produktionsfunktion linear-homogen ist.

Die Investitionsfunktion

Eine geplante Zunahme der Produktion ($dQ_t = Q_{t+1} - Q_t$) erfordert eine "a"-fache Zunahme des Kapitalstocks.

$$(3) \qquad dK_t = K_{t+1} - K_t = a \cdot (Q_{t+1} - Q_t)$$

Die geplante Zunahme der Produktion entspricht den Absatzerwartungen. Damit wird für die Nettoinvestition (= Änderung des Kapitalstocks = $dK_t = K_{t+1} - K_t$) eine einfache Akzeleratorbeziehung unterstellt.[16)]

Die Bruttoinvestition setzt sich zusammen aus der Nettoinvestition ($K_{t+1} - K_t$) und der Abschreibung auf den bestehenden Kapitalstock ($\delta \cdot K_t$), die sich nach

---

16) Die Akzeleratorhypothese geht von einem konstanten Kapitalkoeffizienten aus. Wie oben schon erwähnt, ist ein konstanter Kapitalkoeffizient dann mit einer substitutionalen Produktionsfunktion und Entlohnung der Produktionsfaktoren nach der Grenzproduktivität vereinbar, wenn ein konstantes Knappheitsverhältnis zwischen Kapital und Arbeit besteht. Das Knappheitsverhältnis ist konstant, wenn angenommen wird, daß die Absatzerwartungen bzw. die geplante Zunahme der Produktion der Wachstumsrate des Arbeitseinsatzes entspricht. Auf diesem "gleichgewichtigen Wachstumspfad" sichern die Netto-Investitionen lediglich die erreichte Pro-Kopf-Produktion. Die Produktionsfunktion ist in beide Richtungen zu lesen. Diese Vorgehensweise findet man z.B. bei Claassen und Cezanne. Claasen schreibt: "*Betrachten wir die Wachstumsrate der aktiven Bevölkerung als ein exogenes Datum und soll eine bestimmte Relation zwischen dem Input Arbeit und dem Input Kapital aufrechterhalten bleiben, dann ist eine stetige Zunahme des Kapitalbestandes erforderlich, um das Realeinkommen zu erhöhen. In diesem letzteren Sinn ist der gewünschte Kapitalbestand eine zunehmende Funktion des Einkommens.*"
Claassen, Emil-Maria: Grundlagen der makroökonomischen Theorie ... S. 64.
Cezanne, Wolfgang: Grundzüge der Makroökonomik, 2. Auflage, München / Wien 1985, S. 48 - 55.
Vgl. auch die Ausführungen zur Annahme konstanter Faktorintensität in Kapitel 1.3. Verschuldung in der neoklassischen Kapitaltheorie ... S. 76, Punkt (2).

Maßgabe der Abschreibungsrate "δ" als Bruchteil des bestehenden Kapitalstocks "K_t" ergibt.

(4) $$I_t = K_{t+1} - K_t + \delta \cdot K_t \qquad \text{mit } \delta = \text{Abschreibungsrate}$$

(3) in (4) einsetzen:

(5) $$I_t = a \cdot (Q_{t+1} - Q_t) + \delta \cdot K_t$$

(5) dividiert durch Q_t:

(6) $$\frac{I_t}{Q_t} = a \cdot \left[\frac{Q_{t+1} - Q_t}{Q_t} \right] + \delta \cdot \frac{K_t}{Q_t}$$

Definition der Wachstumsrate der Produktion:

(7) $$w_Q = \frac{Q_{t+1} - Q_t}{Q_t}$$

(7) in (6) einsetzen:

(8) **Investitionsquote** $$\frac{I_t}{Q_t} = a \cdot (w_Q + \delta)$$

(8) multipliziert mit Q_t:

(9) **Investitionsfunktion** $$I_t = a \cdot (w_Q + \delta) \cdot Q_t$$

Die Konsumfunktion

Der Konsum ist abhängig von der Produktion (Q_t) und den Zinsausgaben an das Ausland ($i \cdot D_{t-1}$).17)

---

17) Eine solche Konsumfunktion verwendet Glick. Allerdings schränkt er den Wertebereich für den Parameter c_i ein auf $0<c_i<1$. Diese Einschränkung ist nicht plausibel, wie die weiteren Ausführungen zur Konsumfunktion zeigen werden.
Glick, Reuven: Economic Perspectives on Foreign Borrowing and Debt Repudiation ... S. 13.

(10) **Konsumfunktion** $C_t = c_q \cdot Q_t - c_i \cdot (i \cdot D_{t-1})$

mit $0 < c_q < 1$
und $0 \leq c_i$

In dieser Konsumfunktion sind zwei "Spezialfälle" enthalten:

Spezialfall "Q" tritt ein, wenn $c_i = 0$ ist.
Die Höhe der Zinsausgaben an das Ausland hat keinen Einfluß auf den Konsum. Dieser wird allein durch die Höhe der Produktion bestimmt.

Spezialfall "Y" tritt ein, wenn $c_i = c_q$ ist.
Eine Senkung (Erhöhung) der Zinsausgaben an das Ausland hat die gleiche Wirkung auf den Konsum wie eine Zunahme (Abnahme) der Produktion um den entsprechenden Betrag. Damit kann der Konsum als Funktion des Einkommens ($Y_t = Q_t - i \cdot D_{t-1}$) dargestellt werden.

Beide "Spezialfälle" sind Vereinfachungen der obigen Konsumfunktion, die darüber hinaus die Abbildung einer "abgeschwächten" ($c_i < c_q$) und einer "verstärkten" ($c_i > c_q$) Abhängigkeit des Konsums von den Zinsausgaben zuläßt.
Im Falle einer abgeschwächten Abhängigkeit reagiert der Konsum auf eine Zunahme der Zinszahlungen um einen bestimmten Betrag weniger stark als auf eine Abnahme der Produktion um den gleichen Betrag. Das Umgekehrte gilt für die verstärkte Abhängigkeit.

Zu der hier verwendeten allgemeinen Konsumfunktion lassen sich zwei durchschnittliche Konsumquoten berechnen. Zum einen kann das Einkommen als Bezugsbasis verwendet werden, zum anderen die Produktion:

(10) dividiert durch Y_t:

(11) **Konsumquote I** $$\frac{C_t}{Y_t} = c_q \cdot \frac{Q_t}{Y_t} - c_i \cdot \frac{i \cdot D_{t-1}}{Y_t}$$

(10) dividiert durch Q_t:

(12) $$\frac{C_t}{Q_t} = c_q - c_i \cdot \frac{i \cdot D_{t-1}}{Q_t}$$

Es ist:

(13) $$Q_t = (1 + w_Q) \cdot Q_{t-1}$$

(13) in die rechte Seite von (12) einsetzen:

(14) $$\frac{C_t}{Q_t} = c_q - c_i \cdot \frac{i \cdot D_{t-1}}{(1 + w_Q) \cdot Q_{t-1}}$$

Zur Vereinfachung der Schreibweise sei:

(15) $$\frac{D_{t-1}}{Q_{t-1}} = \mu_{t-1}$$ (μ = relative Verschuldung)

(15) in (14) einsetzen:

(16) **Konsumquote II** $$\frac{C_t}{Q_t} = c_q - c_i \cdot \frac{i \cdot \mu_{t-1}}{(1 + w_Q)}$$

Die Sparfunktion

Bei der Ermittlung der Ersparnis müssen zwei Konzepte streng voneinander unterschieden werden.[18)]

Das "national savings"-Konzept bezeichnet als Ersparnis die Differenz zwischen Einkommen und Konsum.

$$S_{Yt} = Y_t - C_t$$

---

18) Die zwei Konzepte des Sparens werden ausführlich erörtert von King. In der Literatur wird oftmals nicht deutlich, welchem Konzept die Argumentation folgt. Eine klare Trennung beider Konzepte ist jedoch unbedingt erforderlich, denn: "*To assume that savings according to one concept are constant is to assume that savings according to the other are not; and vice versa.*" King, Benjamin B.: Notes on the Mechanics of Growth and Debt, Baltimore (Maryland) 1968, Zitat: S. 3.

Dagegen sieht das "domestic-savings"-Konzept die Differenz zwischen Produktion und Konsum als Ersparnis an.

$$S_{Qt} = Q_t - C_t$$

Nach dem "national-savings" Konzept ist die Ersparnis als Vermögensänderung der Inländer zu interpretieren und nach dem "domestic-savings" Konzept als Nicht-Konsum von Produktion durch Inländer.

Die Ersparnis soll nach beiden Konzepten ermittelt werden:

Das "national savings"-Konzept

(17a) $S_{Yt} = Y_t - C_t$

Es ist:

(18) $Y_t = Q_t - i \cdot D_{t-1}$

(18) und (10) in (17a) einsetzen:

(19a) **Sparfunktion** $\mathbf{S_{Yt}} = Q_t - i \cdot D_{t-1} - c_q \cdot Q_t + c_i \cdot i \cdot D_{t-1}$

$$\mathbf{= (1-c_q) \cdot Q_t - (1-c_i) \cdot i \cdot D_{t-1}}$$ [19)]

Die Ersparnis ist über die Zinsausgaben ($i \cdot D_{t-1}$) indirekt abhängig vom Zinssatz. Ein zusätzlicher direkter Einfluß des Zinssatzes auf die Ersparnis läßt sich durch einen funktionalen Zusammenhang zwischen Zinssatz und "marginaler Sparneigung aus Produktion" ($1-c_q$) darstellen. Diesen Weg wählt z.B. Onitsuka:

---

19) Eine ähnliche Sparfunktion verwendet Heinemann. Als zusätzliches Argument führt er den Geldvermögensbestand an. (Die Verschuldung eines Landes ist dessen negativer Geldvermögensbestand.) Damit soll in die Sparfunktion der "Vermögenseffekt" eingebaut werden: "mit wachsendem Geldvermögensbestand nimmt die Ersparnis ab". Ein Vermögenseffekt wird jedoch schon indirekt dann berücksichtigt, wenn die Zinseinnahmen bzw. Zinsausgaben als Argument in der Sparfunktion erscheinen. Denn die Höhe der Zinseinnahmen bzw. Zinsausgaben wird (neben dem Zinssatz) von dem Geldvermögensbestand bestimmt. Der Einfluß des Vermögenseffektes steigt, wenn der Parameterwert c_i größer wird.
Heinemann, Hans-Joachim: Wirtschaftliches Wachstum und Entwicklungshilfe - dargestellt an einem Harrod-Domar-Modell ... S. 319.

"savings depend upon the level of income Y and the saving ratio s which is assumed to be a function of the rate of interest".[20]

Entsprechend der Vorgehensweise bei der Konsumfunktion lassen sich auch zwei durchschnittliche Sparquoten ermitteln, mit der Bezugsbasis Einkommen bzw. Produktion:

(19a) dividiert durch Y_t:

(20a) **Sparquote I** $$\frac{S_{Yt}}{Y_t} = (1 - c_q) \cdot \frac{Q_t}{Y_t} - (1 - c_i) \cdot \frac{i \cdot D_{t-1}}{Y_t}$$

(19a) dividiert durch Q_t:

(21a) $$\frac{S_{Yt}}{Q_t} = (1 - c_q) - \frac{(1 - c_i) \cdot i \cdot D_{t-1}}{Q_t}$$

(13) in die rechte Seite von (21a) einsetzen:

(22a) $$\frac{S_{Yt}}{Q_t} = (1 - c_q) - \frac{(1 - c_i) \cdot i \cdot D_{t-1}}{(1 + w_Q) \cdot Q_{t-1}}$$

(15) in (22a) einsetzen:

(23a) **Sparquote II** $$\frac{S_{Yt}}{Q_t} = (1 - c_q) - \frac{(1 - c_i) \cdot i \cdot \mu_{t-1}}{(1 + w_Q)}$$

Das "domestic savings"-Konzept

(17b) $S_{Qt} = Q_t - C_t$

20) Onitsuka, Yusuke: International Capital Movements and the Patterns of Economic Growth, in: American Economic Review 64 / 1974, S. 24 - 36, hier: S. 26.

(10) in (17b) einsetzen:

(19b) **Sparfunktion**

$$S_{Qt} = Q_t - c_q \cdot Q_t + c_i \cdot i \cdot D_{t-1}$$
$$= (1 - c_q) \cdot Q_t + c_i \cdot i \cdot D_{t-1}$$

Es lassen sich wieder zwei durchschnittliche Sparquoten berechnen:

(19b) dividiert durch Y_t:

(20b) **Sparquote I**

$$\frac{S_{Qt}}{Y_t} = (1 - c_q) \cdot \frac{Q_t}{Y_t} + c_i \cdot \frac{i \cdot D_{t-1}}{Y_t}$$

(19b) dividiert durch Q_t :

(21b)

$$\frac{S_{Qt}}{Q_t} = (1 - c_q) + \frac{c_i \cdot i \cdot D_{t-1}}{Q_t}$$

(13) in die rechte Seite von (21b) einsetzen:

(22b)

$$\frac{S_{Qt}}{Q_t} = (1 - c_q) + \frac{c_i \cdot i \cdot D_{t-1}}{(1 + w_Q) \cdot Q_{t-1}}$$

(15) in (22b) einsetzen:

(23b) **Sparquote II**

$$\frac{S_{Qt}}{Q_t} = (1 - c_q) + \frac{c_i \cdot i \cdot \mu_{t-1}}{(1 + w_Q)}$$

Die Konsumfunktion und die dazugehörigen Sparfunktionen nach den beiden genannten Konzepten sollen für die drei "Fälle" in einer Übersicht festgehalten werden:

Übersicht 4: Konsum und Sparen im Verschuldungsmodell

	allgemeiner Fall $0 < c_i;\ c_i \neq c_q$	Spezialfall "Q" $c_i = 0$	Spezialfall "Y" $c_i = c_q = c_y$
$C_t =$	$c_q \cdot Q_t - c_i \cdot i \cdot D_{t-1}$	$c_q \cdot Q_t$	$c_y \cdot Y_t$
$S_{Qt} =$	$(1-c_q) \cdot Q_t + c_i \cdot i \cdot D_{t-1}$	$(1-c_q) \cdot Q_t$	$(1-c_y) \cdot Y_t + i \cdot D_{t-1}$
$S_{Yt} =$	$(1-c_q) \cdot Q_t - (1-c_i) \cdot i \cdot D_{t-1}$	$(1-c_q) \cdot Q_t - i \cdot D_{t-1}$	$(1-c_y) \cdot Y_t$

Die **Beziehung zwischen Einkommen und Produktion** stellt sich im Rahmen des Modells wie folgt dar:

Durch Addition der Konsumquote II und der Sparquote II des national-savings-Konzepts und Einsetzen der umgeformten Definitionsgleichung (8a) läßt sich folgende Beziehung zwischen Einkommen und Produktion ableiten:

(16) plus (23a):

$$(24a) \qquad \frac{S_{Yt}}{Q_t} + \frac{C_t}{Q_t} = 1 - \frac{i \cdot \mu_{t-1}}{(1 + w_Q)}$$

$$(8a) \qquad Y_t \equiv S_{Yt} + C_t$$

(8a) in (24a):

$$(25) \qquad \frac{Y_t}{Q_t} = 1 - \frac{i \cdot \mu_{t-1}}{(1 + w_Q)}$$

Das Verhältnis von Einkommen zu Produktion verschlechtert sich in einem Schuldnerland (für ein Schuldnerland ist μ_{t-1} positiv), wenn ceteris paribus die Verschuldung (D_t) oder der Zinssatz (i) steigt (und damit der Ausdruck "$i \cdot \mu_{t-1}$" größer wird) oder wenn die Wachstumsrate der Produktion (w_q) sinkt.

Damit sind die funktionalen Beziehungen des Modells spezifiziert und die Konsequenzen spezieller Annahmen bei der Aufstellung der Verhaltensfunktionen, soweit zum Verständnis erforderlich, erläutert.
Auf der Grundlage dieses Modells stehen die Ausführungen, Einteilungen und Klassifizierungen der folgenden drei Kapitel.

2.3. Die Entwicklung der Verschuldung im Zeitablauf

Es soll die absolute Höhe der Verschuldung (D_t) und die relative, auf die Höhe der Produktion bezogene Verschuldung ($\mu_t = D_t/Q_t$) untersucht werden.

Als Ergebnis können drei Bedingungen festgehalten werden:

(1) Die Bedingung für eine konstante absolute Verschuldung

Die absolute Verschuldung ist konstant, wenn die Zinsausgaben einer Periode ($i \cdot D_{t-1}$) dem Exportüberschuß dieser Periode ($(X-M)_t$) gleich sind.

Dieses Ergebnis läßt sich aus Definitionsgleichung 18 wie folgt ableiten:

(Def.18) $D_t = (M-X)_t + (1 + i) \cdot D_{t-1}$

Konstante Verschuldung heißt, daß $D_t = D_{t-1}$ ist. Somit kann D_t durch D_{t-1} ersetzt werden:

(26) $D_{t-1} = (M-X)_t + (1 + i) \cdot D_{t-1}$

(26) kürzen und umformen:

(27) $\mathbf{(X-M)_t \overset{!}{=} i \cdot D_{t-1}}$ **Bedingung für eine konstante absolute Verschuldung**

(2) Die Bedingung für eine konstante relative Verschuldung

Die relative Verschuldung ist konstant, wenn der Handelsbilanzsaldo ($(M-X)_t$) dem Produkt aus Schuldenstand (D_{t-1}) und Differenz zwischen (realwirtschaftlicher) Wachstumsrate der Produktion (w_Q) und dem Zinssatz (i) (als nominalwirtschaftlicher Wachstumsrate) gleich ist:

$$(M-X)_t \overset{!}{=} D_{t-1} \cdot (w_Q - i)$$

Die Ableitung dieser wichtigen Bedingung soll ausführlich dargestellt werden. Ausgangspunkt ist wieder Definitionsgleichung 18:

$$\text{(Def.18)} \quad D_t = (M-X)_t + (1 + i)\cdot D_{t-1}$$

Dividiert durch Q_t:

$$(28) \qquad \mu_t = \frac{(M-X)_t}{Q_t} + \frac{(1 + i)\cdot D_{t-1}}{Q_t}$$

Da $Q_t = (1 + w_Q)\cdot Q_{t-1}$ ist, kann man umformen zu:

$$(29) \qquad \mu_t = \frac{(M-X)_t}{Q_t} + \frac{1 + i}{1 + w_Q}\cdot \mu_{t-1}$$

Konstante relative Verschuldung heißt, daß $\mu_t = \mu_{t-1}$ ist.
μ_{t-1} kann ersetzt werden durch μ_t.
Nach Ausklammern von μ_t ergibt sich:

$$(30) \qquad \left[1 - \frac{1 + i}{1 + w_Q}\right]\cdot \mu_t = \frac{(M-X)_t}{Q_t}$$

Multipliziert mit Q_t:

$$(31) \qquad \left[1 - \frac{1 + i}{1 + w_Q}\right]\cdot D_t = (M-X)_t$$

D_t ersetzen durch $(1 + i)\cdot D_{t-1} + (M-X)_t$:

$$(32) \qquad \left[1 - \frac{1 + i}{1 + w_Q}\right]\cdot ((1 + i)\cdot D_{t-1} + (M-X)_t) = (M-X)_t$$

$$(33) \qquad \left[1 - \frac{1+i}{1+w_Q}\right]\cdot (1+i)\cdot D_{t-1} + \left[1 - \frac{1+i}{1+w_Q}\right]\cdot (M-X)_t = (M-X)_t$$

(34) $$\left[1 - \frac{1 + i}{1 + w_Q}\right] \cdot (1 + i) \cdot D_{t-1} = \frac{1 + i}{1 + w_Q} \cdot (M-X)_t$$

(35) $$\frac{(1 + i) \cdot D_{t-1}}{\frac{1 + i}{1 + w_Q}} - \frac{(1 + i) \cdot D_{t-1} \cdot \frac{1 + i}{1 + w_Q}}{\frac{1 + i}{1 + w_Q}} = (M-X)_t$$

(36) $$D_{t-1} \cdot (1 + w_Q) - D_{t-1} \cdot (1 + i) = (M-X)_t$$

(37) $$\mathbf{(M-X)_t^* \overset{!}{=} D_{t-1} \cdot (w_Q - i)}$$

$(M\text{-}X)_t^*$ kann als "kritischer Wert" für den Ressourcensaldo einer Periode interpretiert werden.

Im Falle des Schuldnerlandes (D_{t-1} ist positiv) ist der kritische Wert positiv (= Ressourcendefizit), wenn $w_Q > i$ ist und negativ (= Ressourcenüberschuß), wenn $w_Q < i$ ist.

Nur wenn der tatsächliche Ressourcensaldo einer Periode mit dem kritischen Wert übereinstimmt, dann ist die relative Verschuldung (μ_t) im Zeitablauf konstant ($\mu_t = \mu_{t-1}$).

$$\mathbf{(M-X)_t^* = (M-X)_t} \quad \text{--->} \quad \mu_t \text{ konstant}$$

Bedingung für konstante relative Verschuldung

Wenn der tatsächliche Ressourcensaldo größer (kleiner) ist als der kritische Wert, dann steigt (sinkt) die relative Verschuldung:

$$(M-X)_t^* < (M-X)_t \quad \text{--->} \quad \mu_t \text{ steigt}$$

$$(M-X)_t^* > (M-X)_t \quad \text{--->} \quad \mu_t \text{ sinkt}$$

Wenn $(M\text{-}X)_t^* < (M\text{-}X)_t$ ist, stellt sich die Frage, ob das Wachstum der relativen Verschuldung begrenzt ist (μ_t einen Grenzwert anstrebt) oder ewig andauert (μ_t "explodiert"). Eine Antwort gibt die folgende (dritte) Bedingung.

(3) Bedingung für ein begrenztes Wachstum der relativen Verschuldung

Die relative Verschuldung strebt im Spezialfall "Q" gegen einen Grenzwert, wenn die (realwirtschaftliche) Wachstumsrate der Produktion (w_Q) größer ist als der Zinssatz (i) (als nominalwirtschaftlicher Wachstumsrate).

$$w_Q > i$$

Im "allgemeinen" Fall muß der Zinssatz aufgrund der Abhängigkeit der Ersparnis von der Höhe der Zinszahlungen mit dem Faktor $(1 - c_i)$ "korrigiert" werden.

$$w_Q > i \cdot (1 - c_i)$$

Diese Bedingung läßt sich wieder aus Definitionsgleichung 18 ermitteln:

$$\text{(Def.18)} \quad D_t = (M-X)_t + (1 + i) \cdot D_{t-1}$$

Für $(M-X)_t$ wird eingesetzt: $(M-X)_t = I_t - S_{Qt}$

$$\text{(38)} \quad D_t = I_t - S_{Qt} + (1 + i) \cdot D_{t-1}$$

Dividiert durch Q_t:

$$\text{(39)} \quad \mu_t = \frac{I_t}{Q_t} - \frac{S_{Qt}}{Q_t} + (1 + i) \cdot \frac{D_{t-1}}{Q_t}$$

Da $Q_t = (1 + w_Q) \cdot Q_{t-1}$ ist, kann man umformen zu:

$$\text{(40)} \quad \mu_t = \frac{I_t}{Q_t} - \frac{S_{Qt}}{Q_t} + \frac{1 + i}{1 + w_Q} \cdot \mu_{t-1}$$

Einsetzen der Investitionsquote (8) und der Sparquote (23b):

$$\text{(41)} \quad \mu_t = a \cdot (w_Q + \delta) - (1 - c_q) - \frac{c_i \cdot i \cdot \mu_{t-1}}{1 + w_Q} + \frac{1 + i}{1 + w_Q} \cdot \mu_{t-1}$$

Zusammenfassen der Brüche:

$$(42)\qquad \mu_t = a\cdot(w_Q + \delta) - (1 - c_q) + \frac{1 + i - c_i\cdot i}{1 + w_Q}\cdot\mu_{t-1}$$

Ausklammern von i:

$$(43)\qquad \mu_t = a\cdot(w_Q + \delta) - (1 - c_q) + \frac{1 + i\cdot(1 - c_i)}{1 + w_Q}\cdot\mu_{t-1}$$

(1) (2) (3)

Term (1) ist die Investitionsquote.

Term (2) ist die marginale Sparneigung aus Produktion.[21)]

Term (3) gibt den Grenzwert der Wachstumsrate der relativen Verschuldung an, unter der Voraussetzung, daß $i\cdot(1 - c_i) > w_Q$ ist.
Wenn $i\cdot(1 - c_i) < w_Q$ ist, dann nähert sich die relative Verschuldung einem Grenzwert (μ_*) an, d.h. die Wachstumsrate der relativen Verschuldung wird null.[22)]

Daß $i\cdot(1 - c_i) < w_Q$ die gesuchte Bedingung für ein begrenztes Wachstum der relativen Verschuldung ist, läßt sich mit Hilfe einer grafischen Darstellung der Gleichung (43) veranschaulichen.

---

21) Nur für den Spezialfall "Q", wenn $c_i = 0$ ist, stellt Term (2) die durchschnittliche Sparquote (S_{Qt} / I_t) dar.

22) Nur in dem speziellen Fall, daß die Differenz zwischen Term (1) und Term (2) gerade Null ist (d.h. daß die Investitionsquote gerade so groß ist wie die marginale Sparneigung aus Produktion), darf Term (3) als *"relation between current and past debt levels"*, also als Wachstumsrate der relativen Verschuldung (μ_t / μ_{t-1}) gesehen werden. Dies wird nach Division der Gleichung (43) durch μ_{t-1} deutlich.

$$\frac{\mu_t}{\mu_{t-1}} = \frac{a\cdot(w_Q + \delta) - (1 - c_q)}{\mu_{t-1}} + \frac{1 + i\cdot(1 - c_i)}{1 + w_Q}$$

Die im Zitat genannte - nur für einen speziellen Fall gültige! - Interpretation von Term (3) wird von Glick gegeben.
Glick, Reuven: Economic Perspectives on Foreign Borrowing and Debt Repudiation ... S. 14.

In Grafik 14 (S. 119) wird der Ordinatenabschnitt durch die Differenz zwischen Term (1) und Term (2) bestimmt. Wenn die Investitionsquote größer ist als die marginale Sparneigung aus Produktion, dann ist der Ordinatenabschnitt positiv (vgl. das Koordinatensystem "μ_t; μ_{t-1}"). Der Ordinatenabschnitt ist negativ (vgl. Koordinatensystem "$\mu_{t'}$; μ_{t-1}'"), wenn die Investitionsquote kleiner ist als die marginale Sparneigung aus Produktion. Je größer das Ressourcendefizit, desto größer ist der (positive) Ordinatenabschnitt.

Die Steigung der Funktion ist kleiner als 1, wenn $i \cdot (1 - c_i) < w_Q$ ist. Bei einem positiven Ordinatenabschnitt nähert sich die relative Verschuldung einem positiven Grenzwert (μ_*) an, bei einem negativen Ordinatenabschnitt wird ein negativer Grenzwert ($\mu_{*'}$) angestrebt, d.h. die Verschuldung wird zunächst vollständig abgebaut und anschließend ein Forderungsbestand aufgebaut. In der Grafik wird aus der relativen Verschuldung μ_3 ein Forderungsbestand, der sich einem Grenzwert (μ_*') nähert. Bei einem positiven Ordinatenabschnitt kann die relative Verschuldung kleiner als der Grenzwert sein ($\mu_1 < \mu_*$) und wird dann verlangsamt steigen, oder die relative Verschuldung ist größer als der Grenzwert ($\mu_2 > \mu_*$) und wird verlangsamt sinken.

Im allgemeinen Fall gilt für die Entwicklung der relativen Verschuldung:[23)]

$w_Q > i \cdot (1-c_i)$ ---> μ strebt gegen einen positiven Grenzwert, wenn
$(M\text{-}X)_t > (M\text{-}X)_t^*$ (---> dauerhafte Verschuldung)
μ strebt gegen einen negativen Grenzwert, wenn
$(M\text{-}X)_t < (M\text{-}X)_t^*$ (---> dauerhafter Forderungsbestand)
μ ist konstant, wenn $(M\text{-}X)_t = (M\text{-}X)_t^*$
= Bedingung für ein steady-state
(begrenztes Wachstum der Verschuldung bzw. des späteren Forderungsbestandes)

$w_Q < i \cdot (1-c_i)$ ---> μ steigt beschleunigt, wenn $(M\text{-}X)_t > (M\text{-}X)_t^*$
(---> dauerhafte Verschuldung)
μ sinkt beschleunigt, wenn $(M\text{-}X)_t < (M\text{-}X)_t^*$
(---> dauerhafter Forderungsbestand)
μ ist konstant, wenn $(M\text{-}X)_t = (M\text{-}X)_t^*$ ist)
= Bedingung für ein explosives Verhalten
(dauerhaftes Wachstum der Verschuldung bzw. des späteren Forderungsbestandes)

---

23) Vgl. hierzu auch Übersicht 5 "Stadien der Verschuldung", S.120.

Grafik 14: Bedingung für ein begrenztes Wachstum der relativen Verschuldung

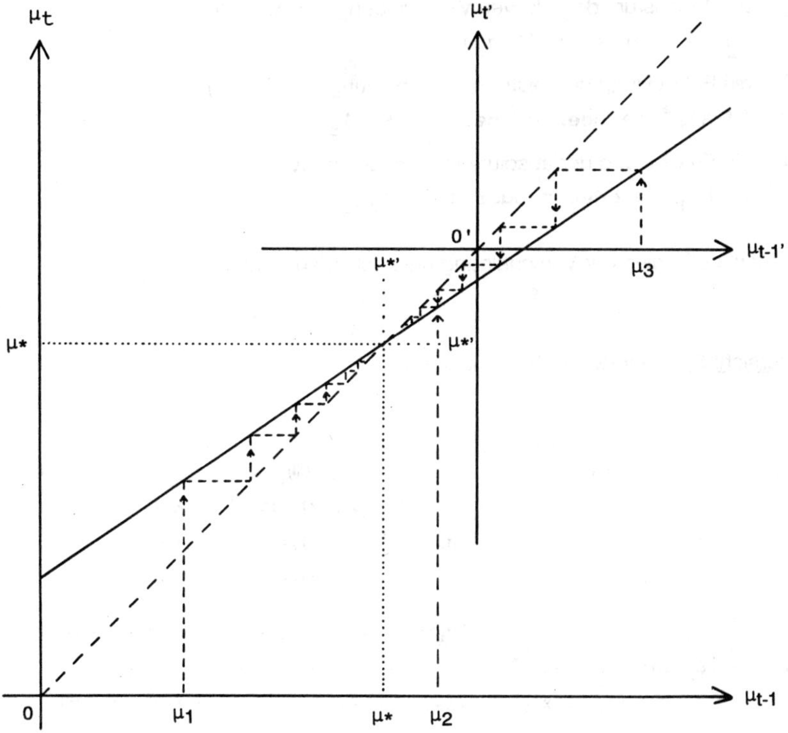

2.4. Die Stadien der Verschuldung

Durch Kombination der Bedingungen für

(I) das Wachstum der relativen Verschuldung (vgl. S. 116)
w_Q > oder < $i \cdot (1-c_i)$

(II) die Entwicklung der relativen Verschuldung (vgl. S. 113)
$(M-X)_t^*$ > oder = oder < $(M-X)_t$

(III) die Entwicklung der absoluten Verschuldung (vgl. S. 113)
$(X-M)_t$ > oder = oder < $i \cdot D_{t-1}$

können 12 Stadien der Verschuldung unterschieden werden:

Übersicht 5: Stadien der Verschuldung

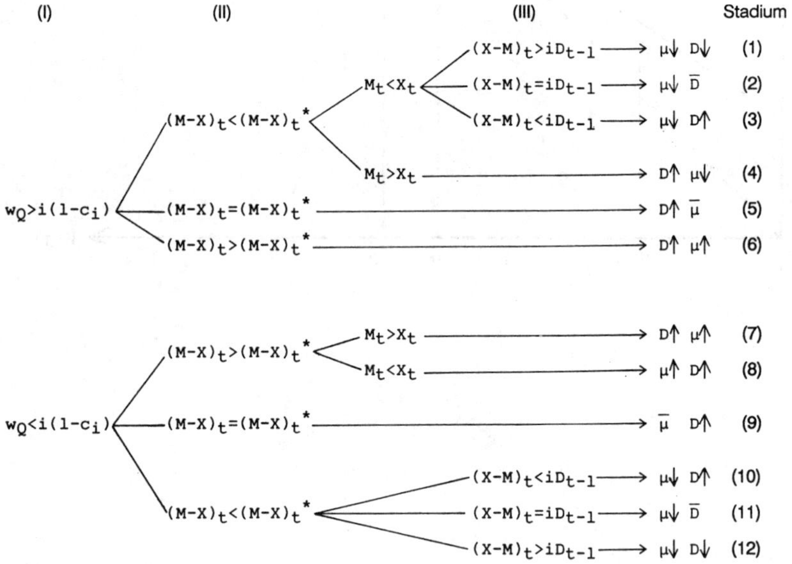

Die 12 Stadien lassen sich wie folgt kurz charakterisieren:

(1) - (3)	= Durchgangsstadien zu einem steady-state mit Nettoforderungsbestand
(5)	= Stadium des steady-state mit Verschuldung
(4) und (6)	= Annäherung an ein steady-state mit Verschuldung
(7) und (8)	= explosive Zunahme der Verschuldung
(9)	= theoretischer Grenzfall mit Verschuldung "auf des Messers Schneide"
(10) - (12)	= Durchgangsstadien zu einem explosiven Aufbau eines Nettoforderungsbestandes

Die einzelnen Stadien sollen nun näher erläutert werden:

(1) - (6): Die Bedingung für ein steady-state ist erfüllt

In den Stadien (1) - (3) konvergiert die relative Verschuldung gegen einen negativen Grenzwert, d.h. aus dem Schuldner wird ein Gläubiger. Stadium (3) geht "automatisch" (= ohne Änderung von Parameterwerten) über den Grenzfall konstanter absoluter Verschuldung (2) in das Stadium (1) über. Dieses wird wiederum automatisch verlassen, wenn die Verschuldung abgebaut ist. Der Schuldner wird zum "unreifen" Gläubiger mit abgebremst steigendem relativen Nettoforderungsbestand ($-\mu_t$).

Das Stadium (4) ist nur denkbar, wenn $w_Q > i$ ist und damit $(M\text{-}X)_t^*$ ein Importüberschuß ist. Die relative Verschuldung sinkt gegen einen positiven Grenzwert. Stadium (4) nähert sich automatisch dem Stadium (5).

Im Stadium (5) liegt ein "steady-state" vor. Alle Variablen wachsen mit einer konstanten Rate. Dadurch ist auch die relative Verschuldung konstant.

Die Stadien (6) - (8) finden in der theoretischen Analyse der Verschuldung besonderes Interesse und sollen aus diesem Grund ausführlicher diskutiert werden.

Im Stadium (6) steigt die relative Verschuldung mit fallenden Raten und zwar unabhängig von der ursprünglichen Höhe des Importüberschusses.

Um dieses Ergebnis zu erzielen, ist es nicht notwendig, daß die durchschnittliche Sparquote aus Produktion (Sparquote II des domestic-savings-Konzept, Gleichung (23b)) steigt. Dies zeigt der Spezialfall "Q" mit $c_i=0$. In diesem Fall sind die Anteile der Ersparnis aus Produktion, des Konsums und des Importüberschusses an der Produktion konstant. Die Wachstumsraten der produktionsabhängigen Variablen sind ebenfalls konstant und entsprechen der Wachstumsrate der Produktion. Die Wachstumsrate des Einkommens und der einkommensabhängigen Ersparnis (Gleichung (19a)) sind niedriger als die Wachstumsrate der Produktion, konvergieren im Zeitablauf jedoch gegen diese.

Im allgemeinen Fall, einer von der relativen Verschuldung abhängigen durchschnittlichen Konsumquote (Gleichung (15); $c_i>0$), wird die relative Verschuldung entsprechend dem Parameterwert c_i im Zeitablauf stärker abgebremst. Der Anteil der produktionsabhängigen Ersparnis an der Produktion steigt, der Anteil des Importüberschusses sinkt gegen den steady-state-Wert. Die Wachstumsraten des Importüberschusses, des Einkommens und der einkommensabhängigen Ersparnis sind niedriger als die Wachstumsrate der Produktion. Die Wachstumsrate der produktionsabhängigen Ersparnis ist größer als die Wachstumsrate der Produktion. Alle Wachstumsraten konvergieren gegen die Wachstumsrate der Produktion.

Für den Spezialfall "Y" gilt das gleiche wie für den allgemeinen Fall.

Es gilt in "jedem Fall": Solange die Wachstumsrate des Importüberschusses nicht dauerhaft größer ist als die Wachstumsrate der Produktion, konvergiert die relative Verschuldung gegen einen Grenzwert!

(7) - (12): Die Bedingung für explosives Verhalten ist erfüllt

Im Stadium (7) steigt die Verschuldung beschleunigt und zwar unabhängig von der Höhe des ursprünglichen Importüberschusses und dessen Wachstumsrate. Nur ein Exportüberschuß kann die explosiv wachsende Verschuldung aufhalten.

In der Literatur wird dieses Stadium der Verschuldung unter dem Aspekt seiner maximalen Dauer diskutiert. Was diese Diskussion besonders interessant macht, ist das Aufeinandertreffen zweier grundsätzlich verschiedener Sichtweisen des ökonomischen Geschehens. Im Rahmen "realer" Analysen wird argumentiert, eine Zunahme der Verschuldung könne maximal solange andauern, wie die Solvenzrestriktion des Schuldners nicht verletzt ist. Bei einer Argumentation mit "nominalen" Größen besteht unter bestimmten Voraussetzungen die Möglichkeit, die Verschuldung über die Solvenzgrenze hinaus durch Anwendung des "Ponzi-scheme" auf unbestimmte Zeit auszudehnen. Nach dem Ponzi-scheme gilt: "*The debtor cannot repay its debt but never has to!*"[24]
Ein Land in Stadium (7) wird von Weizsäcker als "*strukturelles Defizitland*" bezeichnet.[25]

Stadium (8) ist ebenso wie Stadium (7) durch eine beschleunigt steigende Verschuldung gekennzeichnet. Allerdings findet hier die "Schuldenexplosion" bei einem Exportüberschuß statt.
Der Schuldner ist aufgrund seiner Verschuldung in der Vergangenheit dazu verdammt, bis in alle Ewigkeit einen bestimmten Teil seiner Produktion den Gläubigern abzuliefern. Darüber hinaus wird die Hürde, die genommen werden muß, um dieser "Zinsknechtschaft" zu entrinnen, von Periode zu Periode höher. Nur wenn es dem Schuldner gelingt, diese Hürde in Form des "kritischen Wertes für den Exportüberschuß" zu überspringen, dann kann er den beschleunigten Anstieg der Verschuldung in eine beschleunigte Abnahme derselben umwandeln.
Mit zunehmender Dauer des Stadium (8) wird die Bereitschaft des Gläubigers sinken, den Schuldendienst weiterhin (vollständig) zu leisten. Diese "Gefahr" der Einstellung oder Verminderung des Schuldendienstes wird in der Literatur unter den Stichworten "default risk" und "repudiation" abgehandelt. Dieses Thema soll hier nicht vertieft werden.

---

24) Cooper, Richard N. / Jeffrey D. Sachs: Borrowing Abroad: The Debtor's Perspective ... S. 23. (Vgl. auch die Ausführungen des Kapitel 2.6. "Exkurs: Solvenzrestriktion und Ponzi-Spiel", S. 127 f.)

25) Das strukturelle Defizitland "*ist der Fall eines Landes mit einem andauernden Leistungsbilanzdefizit, selbst bei einem Zins, der über der relevanten Wachstumsrate liegt. ... Als strukturelles Defizitland soll deshalb etwas vage ein Land bezeichnet werden, das die Tendenz hat, die intertemporale Budgetbeschränkung nicht einzuhalten.*"
Das Gegenstück zum strukturellen Defizitland ist das strukturelle Überschußland. Vgl. hierzu die Ausführungen des Kapitels 8.2.1. "Die These vom strukturellen Überschußland", S. 327 f.
Weizsäcker, Carl-Christian von: Das eherne Zinsgesetz, in: Kyklos, 1979, S. 270 - 282, hier: S. 274.

Das Stadium (9) ist ein theoretischer Grenzfall zwischen dem Absturz in die Zinsknechtschaft (8) und dem Aufstieg zum Gläubiger.
Die Stadien (10) - (12) werden automatisch durchschritten, wenn der tatsächliche Exportüberschuß den kritischen Wert übersteigt.
Im Gegensatz zu den Stadien (1) - (3) sinkt die Verschuldung jedoch beschleunigt und die anschließende Gläubigerposition ist gekennzeichnet durch einen beschleunigten Anstieg des Nettoforderungsbestandes.

2.5. Eine Klassifizierung von Ländern unter dem Aspekt der Verschuldung

Es soll anhand der drei Kriterien Nettoauslandsposition, Leistungsbilanzsaldo und Ressourcensaldo eine Systematik zur Charakterisierung der außenwirtschaftlichen Situation von Ländern erstellt werden. (Vgl. Übersicht 6 auf der nächsten Seite.)
Die Pfeile zeigen, welche Situationen einer Ausgangssituation logisch folgen können. Der "klassische" Verschuldungszyklus beginnt mit der Situation (1) und führt über Situation (2) und (3) zu seinem Ende in Situation (5) (Boggs), (6) (Wagemann) oder (4) (Menckhoff/Sell).[26)]
Eine internationale Arbeitsteilung bei der Kapitalakkumulation erfordert, daß sich der "Investor" in Situation (1) befindet und der "Sparer" in Situation (4).
Die Situationen (2) und (5) sind bezüglich der Ersparnis ambivalent. Nach dem domestic-savings Konzept ist der Schuldner der "Sparer" in Form von Ressourcenbilanzüberschüssen. Dagegen ist nach dem national-savings Konzept der Gläubiger der "Sparer" in Form von Leistungsbilanzüberschüssen. In keinem Fall kann von einer Arbeitsteilung bei der Kapitalakkumulation gesprochen werden. Ein Schuldner in der Situation (2) bereitet entweder den "Übergang zum Gläubiger" vor (von Stadium (3) der Verschuldung zu Stadium (1) bzw. von Stadium (10) zu Stadium (12)), was eine Phase des Verschuldungszyklus ist, oder befindet sich in dem Stadium der "Zinsknechtschaft" (8).

Notwendige Bedingung für einen Verschuldungszyklus ist, daß der Schuldner einen Ressourcenbilanzüberschuß erwirtschaftet ("Gesetz vom Handelsbilanzumschwung"):[27)]

$$(M\text{-}X)_t < 0$$

Diese Bedingung ist jedoch nicht hinreichend, wie die Möglichkeit zur "Zinsknechtschaft" (Stadium (8) der Verschuldung) zeigt. Als zusätzliche Bedingung muß der kritische Wert für den Ressourcensaldo (Vgl. S. 115) unterschritten werden:

$$(M\text{-}X)_t < (M\text{-}X)_t^*$$

---

26) Vgl. Kapitel 1.2. Verschuldung in der Entwicklungstheorie: Der Verschuldungszyklus.

27) Diese Begriffsbildung findet sich z.B. bei
Körner, Heiko: Zur Verschuldungsproblematik der Entwicklungsländer, in: Jahrbuch für Sozialwissenschaft 35 / 1984, S. 235 - 248, hier: S. 235.
Zum Verschuldungszyklus vgl. Kapitel 1.2. (S. 66 f.).

Übersicht 6: Klassifizierung von Ländern unter dem Aspekt der Verschuldung

		Leistungsbilanzüberschuß ≡ **Nettokapitalexport** $Y > A$	**Leistungsbilanzdefizit** ≡ **Nettokapitalimport** $Y < A$
Nettogläubiger $Z > 0$ $Y > Q$	**Ressourcenbilanzüberschuß** $Q > A$	**4** $NKX > Z \gtreqless (X-M)$ **Aufbau einer Nettogläubigerposition um mehr als die Zinseinnahmen auf die bestehenden Forderungen** **Überschußland 1. Ordnung**	
	Ressourcenbilanzdefizit $Q < A$	**5** $NKX < Z > \lvert(X-M)\rvert$ **Aufbau einer Nettogläubigerposition um weniger als die Zinseinnahmen auf die bestehenden Forderungen** **Überschußland 2. Ordnung**	**6** $Z < \lvert(X-M)\rvert$ **Abbau einer Nettogläubigerposition** **Übergang zum Schuldner**
Nettoschuldner $Z < 0$ $Y < Q$	**Ressourcenbilanzüberschuß** $Q > A$	**3** $\lvert Z\rvert < (X-M)$ **Abbau einer Nettoschuldnerposition durch Tilgung und Zinszahlungen** **Übergang zum Gläubiger**	**2** $\lvert Z\rvert > (X-M)$ **Aufbau einer Nettoschuldnerposition um weniger als die Zinsausgaben auf die bestehenden Schulden** **Defizitland 2. Ordnung**
	Ressourcenbilanzdefizit $Q < A$		**1** $NKM > \lvert Z\rvert \gtreqless \lvert(X-M)\rvert$ **Aufbau einer Nettoschuldnerposition um mehr als die Zinsausgaben auf die bestehenden Schulden** **Defizitland 1. Ordnung**

A = Absorption **(X-M) = Ressourcenbilanzsaldo**
Q = Produktion **NKX bzw. NKM = Nettokapitalexport bzw. -import**
Y = Einkommen **Z = Zinseinnahmen bzw. Zinsausgaben**

2.6. Exkurs: Solvenzrestriktion und Ponzi-Spiel

"Es gibt die "objektive" Obergrenze, daß die Verschuldung endlich bleiben muß."[28)]

Diese intertemporale Budgetbeschränkung läßt sich formal durch die Bedingung

$$\lim_{t \to \infty} (1 + i)^{-t} \cdot D_t \leq 0 \quad \text{bzw.} \quad \lim_{t \to \infty} e^{-i \cdot t} \cdot D_t \leq 0$$

erfassen.

Aus dieser allgemeinen Bedingung können folgende, üblicherweise als Solvenzrestriktion bezeichnete Aussagen abgeleitet werden:[29)]

---

28) Engels, Wolfram: Die Leistungsfähigkeit von Kreditkonventionen am Beispiel des Transferrisikos ... S. 67 / 68.

29) Eine formale Ableitung sieht z.B. bei Sachs / Cohen wie folgt aus: Die Verschuldung (D_t) zum Zeitpunkt "t" ist eine Funktion der Anfangsverschuldung (D_0) zum Zeitpunkt "0" und dem Niveau des Konsums (C_τ), der Investition (I_τ) und der Produktion (Q_τ) in den Perioden $\tau = 1$ bis t.

$$D_t = (1+i)^t \cdot D_0 + (1+i)^t \cdot \sum_{\tau=1}^{t} (1+i)^{-\tau} \cdot (C_\tau + I_\tau - Q_\tau)$$

Beide Seiten werden mit $(1+i)^{-t}$ multipliziert.

$$(1+i)^{-t} \cdot D_t = D_0 + \sum_{\tau=1}^{t} (1+i)^{-\tau} \cdot (C_\tau + I_\tau - Q_\tau)$$

Wenn sich "t" unendlich nähert, dann geht $(1+i)^{-t}$ gegen null.

$$0 = D_0 + \sum_{\tau=1}^{\infty} (1+i)^{-\tau} \cdot (C_\tau + I_\tau - Q_\tau)$$

$$D_0 = \sum_{\tau=1}^{\infty} (1+i)^{-\tau} \cdot (Q_\tau - I_\tau) - \sum_{\tau=1}^{\infty} (1+i)^{-\tau} \cdot C_\tau$$

Wenn man zunächst den Konsum (C_τ) gleich null setzt, dann wird die Ableitung von Sachs / Cohen zu einer Kombination der (im Text folgenden) Aussagen (1) und (2).

Sachs, Jeffrey / Daniel Cohen: LDC Borrowing with Default Risk, in: Hans-Jacob Krümmel (Hrsg.): Internationales Bankgeschäft (Beihefte zu Kredit und Kapital H.8), Berlin 1985, S. 211 - 235, hier: S. 213 - 215.

(1) Die zukünftige Schuldendienstverpflichtung darf nicht größer werden als die zukünftige Nettoproduktion.

(2) Die Schulden dürfen nicht größer werden als das Vermögen.

In der ersten Aussage wird die Solvenzrestriktion mit Stromgrößen formuliert und in der zweiten Aussage mit Bestandsgrößen. Beide Aussagen sind gleichwertig. Der Buch- oder Nominalwert der Schulden (D_0) entspricht der Summe der diskontierten Schuldendienstverpflichtungen.[30] Das Vermögen (V_0) läßt sich als Summe der diskontierten Nettoproduktionen[31] ermitteln.[32]

$$(1)\quad \underbrace{\sum_{\tau=1}^{\infty} (1+i)^{-\tau} \cdot ((1+i)\cdot D_{\tau-1} - D_{\tau})}_{D_0} \leq \underbrace{\sum_{\tau=1}^{\infty} (1+i)^{-\tau} \cdot (Q_{\tau} - I_{\tau})}_{V_0}$$

$$(2)\quad D_0 \leq V_0$$

Für eine Solvenzrestriktion charakteristisch ist, daß die Schuldendienstzahlungen lediglich "irgendwann" in der Zukunft zu erfolgen haben, d.h. daß der Zeithorizont unendlich ist.

Dagegen folgt eine Liquiditätsrestriktion gerade aus der Tatsache, daß Schuldendienstzahlungen zu einem fest vereinbarten Termin zu leisten sind und nicht "irgendwann".

Die Solvenzrestriktion stellt für die Verschuldung eine schwächere Beschränkung dar als die Liquiditätsrestriktion.

---

30) Die Schuldendienstverpflichtung besteht aus Zinsverpflichtung ($i\cdot D_{\tau-1}$) und Tilgungsverpflichtung ($D_{\tau-1} - D_{\tau}$).

$(i\cdot D_{\tau-1}) + (D_{\tau-1} - D_{\tau}) = (1+i)\cdot D_{\tau-1} - D_{\tau}$

31) Als Nettoproduktion wird die Bruttoproduktion (Q_{τ}) abzüglich der Bruttoinvestitionen (I_{τ}) und nicht nur abzüglich der Abschreibungen bezeichnet. Nur der Teil der Produktion des Schuldners ist "frei" verwendbar für Konsum oder reale Schuldendienstzahlungen, der nicht dem Erhalt oder dem Aufbau des Kapitalstocks dient. Die Verwendung von Produktion zur Schuldendienstzahlung statt zur Nettoinvestition verlangsamt den Aufbau des Kapitalstocks und beeinträchtigt damit die zukünftige Schuldendienstfähigkeit gemessen an der zukünftigen Produktion.

32) Das so ermittelte Vermögen ist als Fortführungsvermögen zu verstehen. Eine Alternative, die bei der Betrachtung von Ländern allerdings nicht sinnvoll erscheint, ist die Berechnung des Zerschlagungsvermögens.

In der Literatur zur Länderverschuldung findet die Bezeichnung "productive wealth" für das Fortführungsvermögen Verwendung.

Jedoch läßt sich die Solvenzrestriktion durch die Berücksichtigung eines "Mindest-Konsums" (C_τ^{min}) verschärfen. Der Mindest-Konsum ist von der Nettoproduktion abzuziehen.

$$D_0 \leq \sum_{\tau=1}^{\infty} (1+i)^{-\tau} \cdot (Q_\tau - I_\tau) - \sum_{\tau=1}^{\infty} (1+i)^{-\tau} \cdot C_\tau^{min}$$

Der Mindest-Konsum kann interpretiert werden als

(1) physisches Existenzminimum,

(2) durch das soziale Umfeld bestimmter Mindest-Lebensstandard,

(3) politisch bestimmter Mindest-Lebensstandard.

Statt der Nettoproduktion abzüglich des Mindest-Konsums kann der "maximale Ressourcenüberschuß" in die Solvenzrestriktion eingesetzt werden.

$$(Q_\tau - I_\tau) - C_\tau^{min} = (X - M)_\tau^{max}$$

$$D_0 \leq \sum_{\tau=1}^{\infty} (1+i)^{-\tau} \cdot (X - M)_\tau^{max}$$

Die Konstruktion eines maximalen Ressourcenüberschusses findet insbesondere in der "Kosten-Nutzen-Analyse" einer Zahlungseinstellung durch den Schuldner Verwendung. Mit wachsendem (von den Gläubigern gefordertem) Ressourcenüberschuß steigt der Nutzen einer Zahlungseinstellung für den Schuldner. Wenn der Nutzen die Kosten (z.B. durch Konfiszierung des Auslandsvermögens und Erschwernisse beim Außenhandel) übersteigt, dann wird ein rational handelnder Schuldner die Schuldendienstzahlungen einstellen.

In Grafik 15 (S. 130) wird die Solvenzrestriktion (SS) als Obergrenze der Verschuldung in Abhängigkeit vom Zinssatz dargestellt.
Je niedriger der Zinssatz, desto größer ist die Verschuldung (D), die zurückgezahlt werden kann. Die Kurve (SS) nähert sich asymptotisch einer, durch die Wachstumsrate der Produktion festgelegten Parallelen zur Abszisse an, d.h. bei einem Zinssatz kleiner als die Wachstumsrate der Produktion kann die Verschuldung unendlich werden, ohne die Solvenzrestriktion zu verletzen. Die Lage der Solvenzrestriktion wird durch die Nettoproduktion abzüglich des Konsums bestimmt. Je größer die Nettoproduktion und je niedriger der Konsum, desto

größer ist die Schuldendienstfähigkeit und desto weiter entfernt sich die Kurve (SS) von der Ordinate.

Grafik 15: Solvenzrestriktion als Obergrenze der Verschuldung

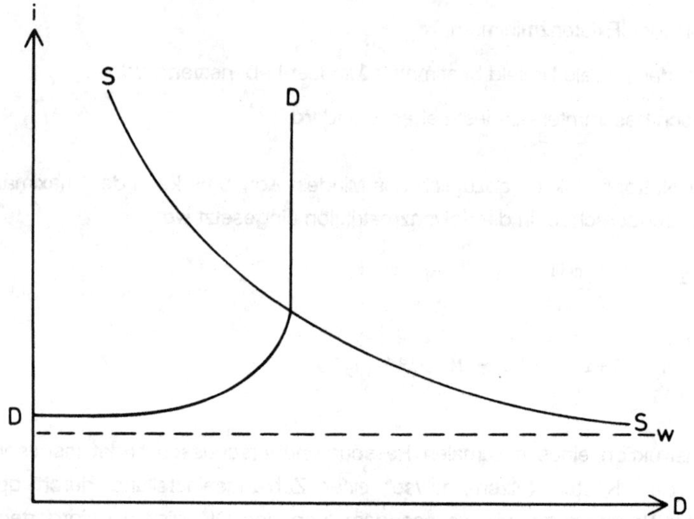

Die Kredit-(bestands!)angebotskurve (DD) umfaßt außer dem "Zinssatz bei Sicherheit" eine Risikoprämie, die mit steigender Verschuldung größer wird. Bei Erreichen der Solvenzrestriktion wird die Kreditangebotskurve zur Parallele der Ordinate. Auch eine höhere Risikoprämie vermag nicht das Kreditangebot zu erhöhen.

Für den Fall, daß die Solvenzrestriktion verletzt wird, können die Schuldendienstverpflichtungen nur teilweise erfüllt werden. Dadurch sinkt der Marktwert der Schulden unter den Nominalwert. Die rechte Seite der Solvenzrestriktion kann (zunächst) als "objektiver" Marktwert der Schulden interpretiert werden.

Die Bedingung, daß die Schulden "in der Unendlichkeit" zurückgezahlt sein müssen, kann nur dann erfüllt werden, wenn die relative Verschuldung (D_t / Q_t) gegen einen Grenzwert strebt. Ein Grenzwert liegt, wie gezeigt wurde, immer dann vor, wenn die Wachstumsrate der Produktion des Schuldners größer ist als der (modifizierte) Zinssatz. Unter diesen Umständen wird das Vermögen des Schuldners (die rechte Seite der Solvenzrestriktion) unendlich. Damit kann auch die Verschuldung (die linke Seite der Solvenzrestriktion) "beliebig"[33] groß werden. Die Solvenzrestriktion ist immer erfüllt.
Dagegen führt eine explosive Verschuldung (notwendige Bedingung: die Wachstumsrate der Produktion des Schuldners ist kleiner als der (modifizierte) Zinssatz) früher oder später zur Verletzung der Solvenzrestriktion (Stadium (7) und (8) der Verschuldung).

Ein insolventer Schuldner, der Kredite aufnimmt, um seinen Zinsverpflichtungen nachkommen zu können, betreibt ein Ponzi-Spiel.[34]
Bei einem betrügerischen Ponzi-Spiel war dem Schuldner von Anfang seiner Verschuldung an klar, daß die Zinszahlungen für immer und ewig neue Kredite erfordern würden. Allerdings kann auch ein lange Zeit solventer Schuldner durch unvorhergesehene Verschlechterungen der Rahmenbedingungen zu einem "Ponzi" werden.

Was sind die Bedingungen, unter denen, über die Solvenzrestriktion hinaus, eine "unendliche" Verschuldung - also das Ponzi-Spiel - möglich ist?

Während die Solvenzrestriktion aus der Analyse der Schuldnerseite hervorgeht, sind die Bedingungen für die Möglichkeit zum Ponzi-Spiel ausschließlich auf der Gläubigerseite zu finden.[35]

---

33) Die Verschuldung wird implizit begrenzt, durch die Annahme, daß der (modifizierte) Zinssatz kleiner ist als die Wachstumsrate der Produktion.

34) Das Ponzi-Spiel oder Ponzi-scheme verdankt seinen Namen dem italienischen Einwanderer Charles Ponzi, der im Jahre 1920 in den USA einen außergewöhnlich hohen Zinssatz für Geldanlagen versprach und diesen aufgrund seiner Taktik *"to borrow from Peter to pay Paul"* zunächst auch tatsächlich zahlen konnte. Innerhalb von 6 Monaten konnte Ponzi 10 Mio. $ ansammeln, was ihn wohl als geeigneten Namensgeber für diese Art der Finanzierung erscheinen ließ.
o.V.: The fast-buck artist is alive and well and selling dubious investments, in: Business Week vom 30. Dezember 1985, S. 94 - 95.

35) *"First, the feasibility of a rational Ponzi game depends on some key characteristics of the economy whose agents are going to hold the debt. For the case of external debt, this means*

Ein Ponzi-Spiel ist nur dann möglich, wenn die Wachstumsrate der Produktion im Gläubigerland größer als der Zinssatz ist. Dies ist die Voraussetzung dafür, daß die Forderungen gegen den Ponzi-Schuldner nicht unendlich werden, sondern ein konstanter oder sogar abnehmender Teil des Vermögens sein können.[36)] Der relative Forderungsbestand des Gläubigers strebt dann gegen einen Grenzwert.[37)]

Solange die Kreditwürdigkeit des Schuldners an der Pünktlichkeit, mit der Schuldendienstzahlungen in der Vergangenheit erfolgten, beurteilt wird, funktioniert das Ponzi-Spiel unabhängig von der Zahl der Gläubiger.

Wenn dagegen die Insolvenz des Schuldners bekannt ist, dann erfordert ein rationales Ponzi-Spiel die Teilnahme von unendlich vielen Gläubigern in der Zeit.[38)] Diese Bedingung stellt für jeden einzelnen Gläubiger sicher, daß die Forderungen gegen den Ponzi-Schuldner von einem anderen Gläubiger zum

---

that the characteristics of the borrower's economy are irrelevant to the feasibility of perpetual debt rollover."

O'Connell, Stephen A. / Stephen P. Zeldes: Rational Ponzi Games, in: International Economic Review, Vol. 29 / 1988, S. 431 - 450, hier: S. 431.

36) *"A curious fact is that even if the borrowing country is not growing at a rate n greater than r, there may be no solvency constraint as long as lender countries are growing at n greater than r. This situation can arise if creditors are always willing to make new loans to debtors so that the debtors can service their debts. In such a Ponzi scheme, the borrower's debt grows at the rate of interest (and becomes infinite), but since the lender's economies are growing even faster, the debt remains a small (and even decreasing) fraction of the creditors'wealth. If the creditors'economies are always growing at n > r, such a Ponzi scheme is viable forever."*

Cooper, Richard N. / Jeffrey D. Sachs: Borrowing Abroad ... S. 23.

37) Wenn der relative Forderungsbestand nicht als Verhältnis von Forderungen zu Produktion, sondern als Verhältnis von Forderungen (F_t) zu Einkommen (Y_t) verstanden würde, dann strebte der relative Forderungsbestand, auch bei einer Wachstumsrate der Produktion(w_Q), die kleiner ist als der Zinssatz (i), gegen einen Grenzwert, nämlich gegen (1 / i). Der Grund dafür ist, daß das Einkommen die Zinseinnahmen enthält ($Y_t = Q_t + i \cdot F_{t-1}$) und diese in einem, durch den Zinssatz bestimmten, festen Verhältnis zum Forderungsbestand stehen:

$$\frac{F_t}{Y_t} = \frac{(1+i) \cdot F_{t-1}}{(1 + w_Q) \cdot Q_t + i \cdot F_{t-1}}$$

Das Wachstum des Einkommens wird, mit relativ zur Produktion steigendem Forderungsbestand (Annahme: $i > w_Q$) und damit steigenden Zinseinnahmen, zunehmend durch die nominalwirtschaftliche Wachstumsrate "Zinssatz" bestimmt. Wenn die Absorption von der Höhe der Produktion abhängt, dann wird der Gläubiger "nominal" immer reicher, ohne die Zinseinnahmen jemals "realisieren" zu können und zu wollen.

38) "... *basic result that Ponzi games can only exist in economies with an infinite number of agents over time.*"

O'Connell, Stephen A. / Zeldes, Stephen P.: Rational Ponzi Games ... S. 433.

Nominalwert übernommen werden. Als Beispiel für ein rationales Ponzi-Spiel läßt sich die Rentenversicherung in Form eines Generationenvertrags anführen. Ein Generationenvertrag funktioniert nur solange, wie die heutigen Beitragszahler damit rechnen können, daß sie ihre Einzahlungen (zur Finanzierung der Rentenzahlungen an die "alte" Generation) zuzüglich Zinsen von der zukünftigen Generation als Rente wieder ausgezahlt bekommen.[39)]

Mit der Gegenüberstellung von Solvenzrestriktion und Ponzi-Spiel sollte auch noch einmal die Notwendigkeit der Analyse von Schuldner- und Gläubigerseite belegt werden. Darüberhinaus wurde der Unterschied zwischen "realwirtschaftlicher" und "nominalwirtschaftlicher" Betrachtung formalisiert.

---

39) Die Analogie zwischen Ponzi-Spiel und Generationenvertrag wird von Famulla / Spremann ausführlich dargestellt und analysiert.
Famulla, Rainer / Klaus Spremann: Generationenverträge und Rentenversicherung als Ponzi GmbH ...

3. Ursachen der Schuldenkrise

Zu einer Schuldenkrise "im engeren Sinn" kommt es dann, wenn der Schuldner die vereinbarten Zins- und Tilgungszahlungen nicht leisten kann (Zahlungsunfähigkeit) oder nicht leisten will (Zahlungsunwilligkeit). Wenn die Zahlungsunfähigkeit des Schuldners als vorübergehend angesehen wird, dann liegt eine Liquiditätskrise vor. Bei einer dauerhafter Zahlungsunfähigkeit des Schuldners handelt es sich um eine Solvenzkrise. Wenn der Schuldner zahlungsunwillig ist, dann kommt es zu einer vom Schuldner verursachten Vertrauenskrise. Den drei genannten Formen einer Schuldenkrise "im engeren Sinne" ist gemeinsam, daß die Ursachen für die Krise auf der Schuldnerseite gesucht werden. Ebenso wie bei der Suche nach Erklärungen für Verschuldung wird bei der Suche nach den Ursachen einer Schuldenkrise (konsequenterweise) die Gläubigerseite in den Hintergrund geschoben.
Von einer Vertrauenskrise kann jedoch auch dann gesprochen werden, wenn ein Gläubiger glaubt, daß der Schuldner in Zukunft nicht zahlen will oder nicht zahlen kann und deshalb eine vom Schuldner erwartete Vergabe neuer Kredite einschränkt. Die Kreditnachfrage des Schuldners wird mengenmäßig "rationiert".[1] In diesem Fall wird das Vertrauen des Schuldners in die Verfügbarkeit von Krediten für alle, die bereit sind, den Preis (= den herrschenden Marktzins für Kredite) dafür zu zahlen, enttäuscht. Es entsteht eine vom Gläubiger verursachte Vertrauenskrise. Der Schuldner wird versuchen seine Verschuldung soweit zu reduzieren und/oder die Konditionen der Kreditaufnahme so zu gestalten, daß in Zukunft eine unerwartete Kreditrationierung ohne großen Schaden für ihn bleibt. Im ungünstigsten Fall führt eine unerwartete Kreditrationierung zu einer vorübergehenden Zahlungsunfähigkeit des Schuldners, d.h. zu einer Liquiditätskrise.
In Übersicht 7 (S. 135) wird auf Grundlage der drei zentralen Begriffe Zahlungsunwilligkeit, Zahlungsunfähigkeit und Kreditrationierung eine Systematik der Ursachen der Schuldenkrise gegeben. Die weiteren Ausführungen des gesamten dritten Kapitels orientieren sich an dieser Systematik.

Im konkreten Fall wird es sehr schwierig sein zu entscheiden, inwieweit eine Liquiditätskrise durch Versäumnisse auf der Schuldnerseite (unzureichende

---

1) Allgemein wird von einer mengenmäßigen "Rationierung" der Nachfrage dann gesprochen, wenn die Zuteilung knapper Ressourcen oder Güter nicht ausschließlich über den Preis erfolgt.

Liquiditätsplanung) oder durch eine für den Schuldner nicht vorhersehbare Kreditrationierung auf der Gläubigerseite ausgelöst wurde. Wenn eine vom Schuldner verursachte vorübergehende Zahlungsunfähigkeit von den Gläubigern fälschlicherweise als dauerhaft eingeschätzt wird und zu einer Kreditrationierung führt, dann liegen die Ursachen für eine Liquiditätskrise sowohl auf der Schuldnerseite als auch auf der Gläubigerseite. Dagegen besteht bei einer vorübergehenden Zahlungsunfähigkeit, die von den Gläubigern auch tatsächlich als vorübergehend erkannt wird, kein Grund, die zur Überbrückung der Liquiditätskrise benötigten zusätzlichen Kredite nicht zu gewähren.

Übersicht 7: Systematik der Ursachen einer Schuldenkrise

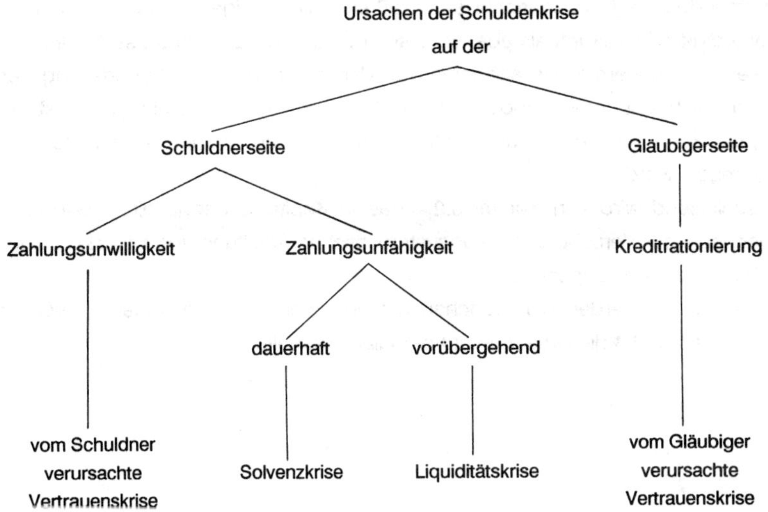

Wenn die Zahlungsunfähigkeit des Schuldners tatsächlich dauerhaft ist, jedoch von den Gläubigern fälschlicherweise als vorübergehend eingestuft wird und die vermeintliche Liquiditätskrise mit zusätzlichen Krediten überwunden werden soll, dann wird die nicht erkannte Solvenzkrise durch die fortgesetzte Kreditgewährung noch verschärft. Auch in diesem Fall liegen die Ursachen der Schuldenkrise sowohl auf der Schuldnerseite als auch auf der Gläubigerseite.

Die richtige Einschätzung der Ursachen einer Schuldenkrise ist die entscheidende Voraussetzung dafür, daß die Krise nicht noch durch falsche Reaktionen der Gläubiger ausgeweitet wird, sondern durch ein aufeinander abgestimmtes Verhalten von Schuldnern und Gläubigern rasch überwunden werden kann. Umgekehrt besteht die Gefahr, daß eine fehlerhafte Beurteilung der Kreditwürdigkeit eines Schuldners selbst zu einer Ursache der Schuldenkrise wird. Die Bereitschaft, neue Kredite zu vergeben, hängt von der Beurteilung der Kreditwürdigkeit ab. Der Ausbruch einer Schuldenkrise läßt sich dahingehend deuten, daß die Kreditwürdigkeit des Schuldners von den Gläubigern in der Vergangenheit "falsch" beurteilt wurde und heute richtig eingeschätzt wird. Der ehemals kreditwürdige Schuldner stellt sich sozusagen "rückwirkend" als kreditunwürdig heraus. Die Verschuldung bzw. ihre Wachstumsrate wird für die Vergangenheit als zu hoch angesehen.

Es ist jedoch nicht ausgeschlossen, daß sich die heutige Beurteilung der Kreditwürdigkeit in Zukunft als ebenso falsch herausstellt. Die Diagnose "Schuldenkrise" ist in hohem Maße abhängig von den Kriterien, die zur Beurteilung der Kreditwürdigkeit herangezogen werden. Aus diesem Grund sollen zunächst - in Kapitel 3.1 - Kennziffern und Kriterien zur Beurteilung der Kreditwürdigkeit untersucht werden.

Anschließend wird - in Kapitel 3.2 - das in Kapitel 2 entwickelte Modell der "Mechanik der Verschuldung" zur systematischen Ableitung von Ursachen einer Schuldenkrise herangezogen.

In Kapitel 3.3 werden die Ursachen auf der Schuldnerseite weiter untersucht und in Kapitel 3.4 die Ursachen auf der Gläubigerseite.

3.1. Beurteilung der Kreditwürdigkeit

Die Beurteilung der Kreditwürdigkeit erfolgt gewöhnlich anhand eines Bündels verschiedener Kennziffern. Eine Schuldenkrise tritt dann offen zutage, wenn ein Schuldner von den Gläubigern als kreditunwürdig eingestuft wird. Eine solche Einstufung kann den tatsächlichen Verhältnissen gerecht werden und damit ihren Zweck erfüllen. Allerdings kann eine solche Einstufung auch fehlerhaft sein und - wie oben beschrieben - selbst zu einer Ursache der Schuldenkrise werden. Deshalb ist der Auswahl von Kennziffern und Kriterien zur Beurteilung der Kreditwürdigkeit besondere Aufmerksamkeit zu schenken.

Bei der Beurteilung der Kreditwürdigkeit anhand von Kennziffern müssen generell zwei Fragen beantwortet werden:
- Wo ist die Obergrenze anzusetzen?
- Mit welcher Geschwindigkeit darf sich der Schuldner dieser Obergrenze nähern?

Beispielsweise bleiben die "*Leitlinien der Kreditaufnahme*" der Weltbank , die fordern, "*daß weder der Zinssatz noch die Zuwachsrate der Schulden die Wachstumsrate der Exporte oder des Einkommens nachhaltig übersteigt*", solange Leerformeln, wie nicht geklärt ist, was unter "nachhaltig" zu verstehen ist.[2] Dazu bedarf es gerade Antworten auf die beiden genannten Fragen.

Im folgenden wird - unter Berücksichtigung der genannten Aspekte - eine Übersicht über Kennziffern und Kriterien zur Beurteilung der Kreditwürdigkeit gegeben.

(1) Anteil der Zinszahlungen an der Produktion

Diese Kennziffer gibt an, welcher Teil der Produktion durch die laufenden Zinszahlungen an das Ausland der Verwendung im Inland entzogen wird. Ein 100 %iger Anteil der Zinszahlungen an der Produktion bedeutet, daß der Schuldner seine gesamte Produktion exportieren muß, um die Zinszahlungen real leisten zu können. In diesem theoretischen Extremfall verblieben dem Schuldner, von der Entstehungsseite der Güter betrachtet, keine Mittel zur Entlohnung der eigenen Produktionsfaktoren und von der Verwendungsseite gesehen, keine Güter zur Investition und zum Konsum. Eine Tilgung der Schulden ist ebenfalls nicht möglich. Ausgehend von diesem Extremfall stellt sich die Frage nach der "Mindestentlohnung" der vom

---

2) Weltbank: Weltentwicklungsbericht 1985 ... S. 62.

Schuldner eingesetzten Produktionsfaktoren bzw. der "Mindestabsorption" des Schuldners. Nur wenn auf diese Frage eine quantifizierbare Antwort gefunden werden könnte, dann ließe sich für jeden einzelnen Schuldner eine individuelle Obergrenze des Anteils der Zinszahlungen an der Produktion als Fixpunkt zur Beurteilung der Kreditwürdigkeit bestimmen. Solange dies nicht möglich ist, können lediglich aus einem internationalen und einem intertemporalen Vergleich Erkenntnisse gewonnen werden, die über die Tendenzaussage, je höher der Anteil der Zinszahlungen an der Produktion, desto niedriger ist die Kreditwürdigkeit eines Landes einzuschätzen, hinausgehen. Beispielsweise ist ein Land, das im Vergleich zu Ländern mit ähnlichen wirtschaftlichen Voraussetzungen einen unterdurchschnittlichen Wert für die Kennziffer "Anteil der Zinszahlungen an der Produktion" aufweist, aufgrund dieser Tatsache als "relativ kreditwürdig" einzustufen.

Die große Gefahr aller vergleichenden Beurteilungen liegt jedoch darin, daß der Durchschnitt zur Norm erhoben wird und die Frage nach der individuell angemessenen Entwicklung allzu sehr in den Hintergrund gedrängt wird. Dies gilt nicht nur für diese Kennziffer, sondern auch für alle folgenden Kennziffern.

(2) Anteil der Zinszahlungen am Sozialprodukt

Wenn die Zinszahlungen auf das Sozialprodukt statt auf die Produktion bezogen werden, dann verringert sich die Bezugsbasis um die Zinszahlungen.[3] Bei einem 100 %igen Anteil der Zinszahlungen am Sozialprodukt muß gerade die Hälfte der Produktion exportiert werden, um die Zinszahlungen real zu leisten, während die andere Hälfte der Produktion im Schuldnerland verbleiben kann.

Was für die Kennziffer "Anteil der Zinszahlungen an der Produktion" gesagt wurde, das gilt auch für den "Anteil der Zinszahlungen am Sozialprodukt". Der Informationsgehalt beider Kennziffern ist gleich. Da jedoch nur der "Anteil der Zinszahlungen an der Produktion" eine echte Anteilszahl ist, sollte ihr der Vorzug gegeben werden.[4]

---

3) Das Sozialprodukt entspricht - abgesehen vom Einkommen der Grenzgänger - der Produktion abzüglich der (Netto-)Zinszahlungen an das Ausland.

4) Da im unteren Wertebereich die numerischen Abweichungen zwischen den beiden Kennziffern nicht allzu groß sind und das Sozialprodukt im Vergleich zur Produktion (oder Inlandsprodukt) die "gängigere" Größe ist, wird in empirischen Untersuchungen jedoch der "Anteil der Zinszahlungen am Sozialprodukt" bevorzugt, so auch in den World Debt Tables der Weltbank.

(3) Anteil der Zinszahlungen an den Exporten
Die Verwendung der Kennziffer "Anteil der Zinszahlungen an den Exporten" zur Beurteilung der Kreditwürdigkeit folgt der Überlegung, daß für die reale Zahlungsfähigkeit eines Landes nicht die gesamte Güterproduktion, sondern nur die Exportgüterproduktion maßgeblich ist. Ein 100 %iger Anteil der Zinszahlungen an den Exporten heißt, daß überhaupt keine Importe getätigt werden dürfen, um die Zinsen real zahlen zu können. Je größer der Umfang der als "lebensnotwendig" angesehenen Importe ist, desto geringer muß der Maximalwert für den Anteil der Zinszahlungen an den Exporten angesetzt werden.

(4) Anteil des Schuldendienstes an den Exporten
Wenn an Stelle der Zinszahlungen der gesamte Schuldendienst - also Zins- plus Tilgungszahlungen - in Relation zu den Exporten gesetzt wird, dann wird angenommen, daß dem Schuldner keine "neuen" Kredite gegeben werden. Bei einem Anteil des Schuldendienstes an den Exporten von 100 % reichen die gesamten Exporte gerade noch zur realen Zahlung des Schuldendienstes aus. Ansonsten gilt für diese Kennziffer das gleiche wie für die vorherige Kennziffer.

(5) Anteil der Schulden am Vermögen
Diese Kennziffer ist das bestandstheoretische Pendant zur stromökonomischen Kennziffer "Anteil der Zinszahlungen an der Produktion". Die Schulden, multipliziert mit dem (durchschnittlichen) Zinssatz, ergeben die Zinszahlungen und das Vermögen - im Sinne von "Realkapital" -, multipliziert mit der (durchschnittlichen) Kapitalproduktivität, ist gleich der Produktion. Allerdings läßt sich "Vermögen" auch in einem umfassenderen Sinn verstehen. So hat Fuchs versucht, beispielsweise den Wert des nicht genutzten Bodens und der abbaufähigen mineralischen Rohstoffe für einige der größeren Schuldnerländer zu schätzen.[5] Der Grundgedanke hierbei ist, in Analogie zur Vermögensbilanz eines Unternehmens den Schulden die vorhandenen Vermögensgegenstände als "Deckungsmasse" gegenüberzustellen. Wenn das gesamte Vermögen als Deckungsmasse betrachtet wird, dann wird damit unterstellt, daß der Schuldner in jedem Fall zah-

---

5) Fuchs, Nikolaus: Ursachen- und Krisenanalyse der Verschuldung von Entwicklungsländern unter besonderer Berücksichtigung betriebswirtschaftlicher Kriterien, Berlin 1986, insbesondere S. 167 - 174.
Vgl. auch die Ausführungen des Kapitels 4.4.1. "Die Vermögensbilanz als Hilfsmittel zur Analyse von Debt Swaps", S. 185 f.

lungswillig ist.

(6) Anteil der Schulden am "pfändbaren" Vermögen
Die Möglichkeit der Zahlungsunwilligkeit des Schuldners läßt sich dadurch erfassen, daß an Stelle des gesamten Vermögens nur das "pfändbare" Vermögen berücksichtigt wird. Ein Vermögensgegenstand ist dann als "pfändbar" anzusehen, wenn der Gläubiger fähig ist, auch ohne die Zustimmung des Schuldners die Verfügungsgewalt über den Vermögensgegenstand zu erlangen.

(7) Anteil der Schulden an der Produktion (bzw. dem Sozialprodukt)
Diese Kennziffer gibt zunächst nur eine Antwort auf die Frage, wieviel Prozent der Produktion (bzw. des Sozialproduktes) zur vollständigen realen Tilgung der Schulden aufgewendet werden müßten. Eine weitergehende Interpretation erfordert zusätzliche Informationen über die wirtschaftlichen Rahmendaten.
Wie Kapitel 2 gezeigt hat, hängt eine Bewertung der Relation "Schulden zu Produktion" maßgeblich vom Verhältnis der realwirtschaftlichen Wachstumsrate und dem Zinssatz ab. Wenn die realwirtschaftliche Wachstumsrate dauerhaft größer als der Zinssatz ist, dann kann der Anteil der Schulden an der Produktion ständig sinken, ohne daß der Schuldner gezwungen ist, Tilgungszahlungen real leisten zu müssen. Unter diesen Voraussetzungen läßt sich kein logisch zwingender Maximalwert für den Anteil der Schulden an der Produktion ableiten. Anders sieht es aus, wenn die realwirtschaftliche Wachstumsrate dauerhaft kleiner als der Zinssatz ist. In diesem Fall nimmt der Anteil der Schulden an der Produktion solange ständig zu, wie der Schuldner nicht bereit ist, zumindest einen Teil der Tilgungen real zu leisten. Für einen uneingeschränkt zahlungswilligen Schuldner ist die Obergrenze dann erreicht, wenn die Zinszahlungen so groß wie die Produktion abzüglich einer Mindestabsorption werden (vgl. Kennziffer 1) und für einen potentiell zahlungsunwilligen Schuldner unter Umständen schon dann, wenn das pfändbare Vermögen nicht mehr die Schulden deckt (vgl. Kennziffer 6).

(8) Anteil der Schulden an den Exporten
Diese Kennziffer gibt an, wieviel Prozent der Exporte zur vollständigen realen Tilgung der Schulden aufgewendet werden müßten.
Wie bei Kennziffer (3) wird nicht die gesamte Güterproduktion, sondern

nur die Exportgüterproduktion als maßgeblich für die reale Zahlungsfähigkeit eines Landes angesehen. Ein Maximalwert für die Relation "Schulden zu Exporten" läßt sich entsprechend der Vorgehensweise bei der vorherigen Kennziffer (7) bestimmen.

(9) Anteil der internationalen Reserven an den Schulden
Das Verhältnis der internationalen Reserven zu den Schulden findet als Maß für die kurzfristige Liquidität eines Landes - beispielsweise in den World Debt Tables der Weltbank - Verwendung. Eine direkte Interpretation dieser Kennziffer ist nicht möglich. Durch einen internationalen oder einen intertemporalen Vergleich lassen sich jedoch Aussagen treffen wie: "Die Liquidität ist im Vergleich zu ...(anderen Ländern oder Vorjahren)... besser/schlechter geworden".

Zusammenfassend läßt sich sagen, daß alle Kennziffern zur Verschuldung zunächst einmal einen beschreibenden Charakter haben. Um mit Hilfe von Kennziffern Aussagen über die Kreditwürdigkeit eines Schuldnerlandes machen zu können, müssen Vorstellungen über kritische oder maximale Werte für die einzelnen Kennziffern existieren. Diese Vorstellungen werden von den Erwartungen über die zukünftige wirtschaftliche, aber auch politische und soziale Entwicklung in den Schuldnerländern geprägt. Die dortige Entwicklung ist jedoch nicht unabhängig vom Zufluß an Auslandskrediten. In diesem Sinne wird die Kreditvergabe "*selbst zur entscheidenden Bestimmungsgröße der Kreditwürdigkeit*", wenn diese "*wegen der ungeheuren Schwierigkeit, Länderrisiken zu beurteilen, vornehmlich auf der Regelmäßigkeit und Pünktlichkeit des Schuldendienstes in der Vergangenheit fußt*".[6] Die Problematik des Zusammenhangs zwischen der Kreditwürdigkeit eines Schuldners und der Pünktlichkeit des Schuldendienstes wird durch das Ponzi-Spiel deutlich.[7]

---

6) Baer, Gunter D.: Die längerfristige Bewältigung der Verschuldungsprobleme: planmäßige Lösungswege als Alternative zu pragmatischem Handeln?, in: Hans-Jacob Krümmel (Hrsg.): Internationales Bankgeschäft (Beihefte zu Kredit und Kapital Heft 8), Berlin 1985, S. 29 - 49, hier: S. 35.

7) Vgl. Kapitel 2.6. "Exkurs: Solvenzrestriktion und Ponzi-Spiel", S. 127 f.

3.2. Ableitung von Ursachen aus der "Mechanik der Verschuldung"

Trotz der Einfachheit des Modells zur Mechanik der Verschuldung lassen sich - wie später zu sehen sein wird - die wichtigsten potentiellen Ursachen einer Schuldenkrise daraus ableiten.

Ausgangspunkt der folgenden Ableitung ist die "Bedingung für ein begrenztes Wachstum der relativen Verschuldung" (Kapitel 2.3. / S. 116):

$w_Q > i \cdot (1 - c_i)$

Die Wachstumsrate der Produktion (w_Q) soll größer sein als der mit dem Faktor "$(1 - c_i)$" korrigierte Zinssatz "i".

Wenn diese Bedingung erfüllt ist, dann nähert sich die relative Verschuldung (gemessen am Verhältnis Verschuldung zum Wert der Produktion) einem positiven Grenzwert (= dauerhafte Verschuldung), oder aus dem Schuldner wird sogar ein Gläubiger.

Der Parameter "c_i" mißt den Einfluß der zu leistenden Zinszahlungen auf das Konsumverhalten. Je stärker dieser Einfluß ist, desto niedriger wird der Konsum sein. Zwischen dem Parameter "c_i" und dem Zinssatz "i" besteht folgende Beziehung: Je größer "c_i" ist, desto größer kann der Zinssatz "i" sein, ohne daß die Bedingung für ein begrenztes Wachstum der relativen Verschuldung verletzt wird.

Notwendige Bedingung für eine explosive Zunahme der Verschuldung (= ständiger Anstieg der relativen Verschuldung, gemessen durch das Verhältnis Verschuldung zum Wert der Produktion) ist:

$w_Q < i \cdot (1 - c_i)$

Die Verschuldung wächst jedoch nur dann "über alle Grenzen", wenn es dem Schuldner nicht gelingt, einen bestimmten Teil der Zinszahlungen real zu leisten. In dem Modell zur Mechanik der Verschuldung wird diese zusätzliche Voraussetzung aus der "Bedingung für eine konstante relative Verschuldung" abgeleitet (Kapitel 2.3. / S. 113). Wenn der Ressourcensaldo "$(M\text{-}X)_t$" einen kritischen Wert "$(M\text{-}X)_t^*$" übersteigt, dann nimmt die relative Verschuldung zu.

Die Bedingung $w_Q > i \cdot (1 - c_i)$ soll nun so umgeformt werden, daß die potentiellen Ursachen einer Schuldenkrise sichtbar werden.

Zunächst wird die Wachstumsrate der Produktion (w_Q) durch ihre Bestimmungsfaktoren ersetzt. Dazu eignet sich die Investitionsquote (Gleichung (8), S. 105).

$$\frac{I_t}{Q_t} = a\cdot(w_Q + \delta).$$

Auflösen nach w_Q ergibt

$$w_Q = \left[\frac{1}{a}\right]\cdot\left[\frac{I_t}{Q_t}\right] - \delta.$$

Da im Gleichgewicht $I_t = S_{Qt} + (M\text{-}X)_t$ gilt, kann I_t durch $S_{Qt} + (M\text{-}X)_t$ ersetzt werden. Dann ist

$$w_Q = \left[\frac{1}{a}\right]\cdot\left[\frac{S_{Qt}}{Q_t} + \frac{(M-X)_t}{Q_t}\right] - \delta.$$

Die "Bedingung für ein begrenztes Wachstum der relativen Verschuldung" läßt sich somit erweitern zu

$$\left[\frac{1}{a}\right]\cdot\left[\frac{S_{Qt}}{Q_t} + \frac{(M-X)_t}{Q}\right] - \delta > i\cdot(1 - c_i).$$

Alle Änderungen von Parameterwerten, die dazu führen, daß diese Bedingung verletzt wird, können als potentielle Ursachen einer Schuldenkrise angesehen werden.
Damit lassen sich aus dem Modell zur Mechanik der Verschuldung folgende potentielle Ursachen einer Schuldenkrise ableiten:

(1) eine sinkende Kapitalproduktivität (1/a),

(2) eine sinkende Sparquote (S_{Qt}/Q_t),

(3) eine sinkende Bereitschaft des Auslands zum Realkapitalexport ($(M\text{-}X)_t/Q_t$),

(4) eine Zunahme der gesamtwirtschaftlichen Abschreibungen (δ),

(5) ein steigender Weltkapitalmarktzins (i),

(6) eine sinkende Reagibilität des Konsums auf die Höhe der Zinsausgaben (c_i).

Es dürfen jedoch nicht die <u>ex-post beobachtbaren</u> "ungünstigen" Veränderungen der genannten Größen als tatsächliche Ursachen einer Schuldenkrise ge-

sehen werden, sondern lediglich die unerwarteten, in den Planungen der Schuldner und den Kreditwürdigkeitsprüfungen der Gläubiger nicht (richtig) antizipierten Veränderungen können als Ursachen einer Schuldenkrise gelten.
Eine Antwort auf die Frage "was sind die Ursachen der Schuldenkrise" muß immer folgende Struktur haben: "Falsche Erwartungen bezüglich der Entwicklung von ... bzw. des Verhaltens von ... führten zu einer - ex-ante betrachtet! - zu hohen Verschuldung".
Wenn die Schuldner zum Zeitpunkt der Kreditaufnahme (richtig) vorausgesehen hätten, daß die Kapitalproduktivität sinkt, daß die Bereitschaft des Auslands zum (Real-)Kapitalexport sinkt, daß der Weltkapitalmarktzins steigt, dann wäre die Kreditnachfrage entsprechend niedriger gewesen. Das gleiche gilt für die Gläubigerseite. Wenn die Gläubiger zum Zeitpunkt der Kreditvergabe (richtig) vorausgesehen hätten, daß im Schuldnerland die Sparquote sinkt, daß die Abschreibungen zunehmen, daß die Reagibilität des Konsums auf die Höhe der zu leistenden Zinszahlungen sinkt, dann wäre das Kreditangebot rechtzeitig eingeschränkt worden.

Die genannten Ursachen (1) - (6) können zum Ausgangspunkt tiefer gehender Analysen genommen werden. Dies soll für die Ursachen im einzelnen gezeigt werden.

Zu (1) sinkende Kapitalproduktivität:

In der Kapitalproduktivität spiegeln sich die (produktions-)technischen und ökonomischen Bedingungen des Kapitaleinsatzes wider.[8)]

(Produktions-)technische Bedingungen sind:

- Umfang und Qualität der eingesetzten Arbeitskraft,
- Effizienz der verwendeten Technologie,
- Effizienz der Organisation des Produktionsprozesses,
- Verfügbarkeit natürlicher Ressourcen.

Eine Verschlechterung der (produktions-)technischen Bedingungen vermindert die Kapitalproduktivität.

---

8) Vgl. die Ausführungen zur Produktionsfunktion S. 102 f.

Die ökonomischen Bedingungen werden durch das Verhältnis der Preise des Produktionsinputs zu den Preisen des Outputs gesetzt.
Die wertmäßige (!) Kapitalproduktivität sinkt, wenn der für die produzierten Güter erzielte Preis sinkt oder wenn der Preis der eingesetzten Inputmengen steigt.

Da Importe als ein Teil des gesamtwirtschaftlichen Inputs und Exporte als ein Teil des gesamtwirtschaftlichen Outputs gesehen werden können[9]), führt eine Verschlechterung der Terms of Trade zu einer Abnahme der Kapitalproduktivität.
Die Terms of Trade werden vom (nominalen) Wechselkurs beeinflußt. Eine Abwertung verschlechtert, eine Aufwertung verbessert die Terms of Trade. Eine Überbewertung der Währung läßt für die Zukunft eine Abwertung und damit eine sinkende Kapitalproduktivität erwarten.

Zu (2) sinkende Sparquote:

Die gesamtwirtschaftliche Sparquote läßt sich in eine private und eine staatliche Komponente zerlegen.

Die Sparquote des privaten Sektors wird bestimmt durch:

- die Höhe des Zinssatzes,
- die Zeitpräferenzrate (und damit den Wertvorstellungen einer Gesellschaft),
- den Grad der Sättigung mit Sozialprodukts-Gütern,
- den Einfluß der staatlichen Wirtschaftspolitik.

Die private Sparquote sinkt, wenn der Zinssatz sinkt, die Gegenwartspräferenz steigt, der Mangel an Sozialprodukts-Gütern zunimmt, das Sparen durch wirtschaftspolitische Maßnahmen gegenüber dem Konsum benachteiligt wird.

Bezogen auf die im Verschuldungsmodell spezifizierte Sparquote

$$\frac{S_{Qt}}{Q_t} = (1 - c_q) + c_i \cdot \frac{i \cdot D_{t-1}}{Q_t}$$

wirken die genannten Faktoren über den Parameter "c_q" auf die Sparquote.

9) Eine Sicht, die z.B. im gesamtwirtschaftlichen Produktionskonto enthalten ist.

Eine sinkende Reagibilität des Konsums auf Zinsausgaben (c_i), d.h. eine stärkere Orientierung des Konsums an der Produktion (statt am Einkommen), läßt die Sparquote ebenfalls sinken. Die Bedeutung der Reagibilität des Konsums auf die Zinsausgaben wird unter (6) analysiert.

Die staatliche Sparquote wird auf der Ausgabenseite durch das Verhältnis staatlicher (Infrastruktur-)Investitionen zum Staatskonsum bestimmt und auf der Einnahmenseite durch die Möglichkeiten zur Finanzierung durch Steuererhebung.
Die "Verdrängung" investiver durch konsumtive Ausgaben und die Einschränkung der Finanzierung durch Steuern führt zu einer sinkenden staatlichen Sparquote.

Zu (3) sinkende Bereitschaft des Auslands zum Realkapitalexport:

Die Bereitschaft des Auslands zum Realkapitalexport sinkt, wenn

- das Risiko der (zusätzlichen) Kreditvergabe höher eingeschätzt wird,
- die Kapitalnachfrage im Ausland steigt,
- das Kapitalangebot im Ausland sinkt.

Zu (4) Zunahme der gesamtwirtschaftlichen Abschreibungen:

Die Abschreibungen nehmen "technisch" bedingt zu, wenn Wartungs- und Reparaturarbeiten nicht im notwendigen Umfang durchgeführt werden können, weil die Ausbildung der Arbeitskräfte unzureichend ist oder weil Ersatzteile fehlen.
Eine "ökonomisch" bedingte Zunahme der Abschreibungen wird durch "Fehlinvestitionen" verursacht.

Zu (5) steigender Weltkapitalmarktzins:

Zusätzlich zu den unter (3) schon genannten Faktoren, Kapitalangebot und -nachfrage, ist der Einfluß einer restriktiven Geldpolitik anzuführen.

Zu (6) sinkende Reagibilität des Konsums auf Zinsausgaben:

Hohe Zinsverpflichtungen können einerseits ein Anreiz sein, durch verstärktes Sparen die Zinsausgaben in der Zukunft zu reduzieren, andererseits können hohe Zinsverpflichtungen die Verschuldungsbereitschaft erhöhen bzw. die Zahlungswilligkeit des Schuldners mindern. Sowohl eine steigende Bereitschaft, Zinsen durch die Aufnahme neuer Kredite zu zahlen, als auch eine abnehmende Zahlungswilligkeit des Schuldners, können die Ursachen einer sinkenden Reagibilität des Konsums auf Zinsausgaben sein.

3.3. Ursachen auf der Schuldnerseite

In diesem und dem nächsten Kapitel soll die "Systematik der Ursachen der Schuldenkrise" (vgl. Übersicht 7, S. 135) - unter Berücksichtigung der Ergebnisse des vorherigen Kapitels - weiter verfeinert und die einzelnen Unterpunkte auf ihre Bedeutung für das Entstehen und den Ablauf der Schuldenkrise untersucht werden.

Auf der Schuldnerseite kann allgemein zwischen "Zahlungsunwilligkeit" und "Zahlungsunfähigkeit" unterschieden werden.
Der Möglichkeit, daß es für einen rational handelnden Schuldner ökonomisch vorteilhaft sein könnte, seinen Schuldendienstverpflichtungen nicht nachzukommen, obwohl er dazu fähig ist, wird bei der Suche nach Ursachen für das Entstehen der Schuldenkrise zumeist wenig Beachtung geschenkt. Die Nachteile einer Einstellung der Schuldendienstzahlungen für den Schuldner werden im allgemeinen als so schwerwiegend angesehen, daß sie durch die eingesparten Schuldendienstzahlungen keinesfalls überkompensiert werden könnten. Dieser Ansicht begegnet Gersovitz (einer der eher wenigen Anhänger der These von der Zahlungsunwilligkeit vieler Schuldnerländer) mit der Behauptung: "*... long before a developing country is unable to service its debts, it will choose not to do so*."[10] Eine Überprüfung dieser Aussage an konkreten Fällen setzt voraus, daß eindeutig anhand objektiver Kriterien bestimmt werden kann, wann ein Schuldnerland dauerhaft unfähig ist, den Schuldendienst zu leisten. Wenn dies nicht möglich ist, dann kann durch eine Gegenüberstellung von Kosten und Nutzen der Zahlungseinstellung lediglich ermittelt werden, ob die Zahlungseinstellung für den Schuldner ökonomisch vorteilhaft ist. Aus der Vorteilhaftigkeit einer Zahlungseinstellung darf jedoch nicht zwangsläufig gefolgert werden, daß der Schuldner tatsächlich zahlungsunwillig ist. Die Zahlungswilligkeit eines Schuldners läßt sich nicht nur an der ökonomischen Vorteilhaftigkeit festmachen, sondern hängt auch von Faktoren ab, die allgemein als die "Schuldnermoral" bezeichnet werden können. Eine zweifelsfreie Einstufung als "zahlungsunwillig" kann somit nur nach Feststellung der (dauerhaften) Zahlungsfähigkeit erfolgen. Die Solvenzanalyse von Ländern enthält durch die Notwendigkeit zur Festlegung eines "Mindest-Konsumniveaus" jedoch ein normati-

---

10) Gersovitz, Mark: Banks'International Lending Decisions: What we Know and Implications for Future Research, in: Gordon W. Smith / John T. Cuddington (Hrsg.): International Debt and the Developing Countries, Washington D.C. 1985 (Weltbank), S. 61 - 78, hier: S. 62.

ves Element, das eine eindeutige Feststellung der (dauerhaften) Zahlungsfähigkeit von Ländern verhindert.[11] Damit verliert die theoretisch scharfe Trennung zwischen "Zahlungsunwilligkeit" und "Zahlungsunfähigkeit" an Eindeutigkeit. Trotz dieses Problems ist die Unterscheidung zwischen "Zahlungsunwilligkeit" und "Zahlungsunfähigkeit" für das Verhaltens der Gläubiger nach der Zahlungseinstellung eines Schuldners von zentraler Bedeutung. Bei einem zahlungsunwilligen Schuldner ist die Verweigerung weiterer Kredite die angemessene Reaktion der Gläubiger, während bei einem zahlungsunfähigen - aber zahlungswilligen - Schuldner die Gläubiger gefordert sind, "ihren" Beitrag zur Bewältigung der Krise zu leisten.[12]

Für eine weitergehende Analyse der Ursachen auf der Schuldnerseite ist es jedoch unerheblich, ob beispielsweise ein Anstieg des internationalen Zinsniveaus den Schuldner zahlungsunfähig oder zahlungsunwillig gemacht hat. Der entscheidende Punkt ist, daß ein Anstieg des internationalen Zinsniveaus die Schuldendienstbelastung des Schuldners erhöht und damit zu einer (potentiellen) Ursache der Schuldenkrise wird. Danach kann immer noch geprüft werden, ob durch die Zunahme der Schuldendienstbelastung der Nutzen einer Zahlungseinstellung so stark gestiegen ist, daß der Schuldner den höheren Schuldendienst nicht zahlen will oder ob der höhere Schuldendienst vom Schuldner "objektiv" nicht geleistet werden kann.

Zur weiteren Systematisierung der Ursachen hat sich in der Diskussion der Schuldenkrise die **Unterscheidung von "internen" und "externen" Faktoren** (oder Einflüssen oder Ursachen) durchgesetzt. Dabei bleibt die inhaltliche Bestimmung der beiden Begriffe meist vage.
So bezeichnet beispielsweise Abs "*Faktoren, die von den Betroffenen nicht beeinflußbar sind, sondern vom Ausland kommen*", als "extern".[13] Bei einer solchen Definition ist (zumindest) nicht unmittelbar zu entscheiden, ob mit den "Betroffenen" sowohl die Schuldner als auch die Gläubiger gemeint sind und das "Ausland" nur solche Länder umfaßt, die weder (notleidende) Kredite aufgenommen noch vergeben haben, oder ob nur die Schuldner "Betroffene" sind und die Gläubiger sowie die restlichen Länder das "Ausland" bilden.

---

11) Zur Solvenzanalyse von Ländern und der Bedeutung des "Mindest-Konsumniveaus" vgl. Kapitel 2.6. "Exkurs: Solvenzrestriktion und Ponzi-Spiel", S. 127 f.

12) Worin der Beitrag der Gläubiger zur Bewältigung der Schuldenkrise bestehen kann, wird im vierten Kapitel "Wege zur Lösung der Schuldenkrise" erörtert.

13) Abs, Ludger: Die Verschuldungskrise Lateinamerikas, Wiebaden 1987, S. 29.

Tatsächlich ist die Einteilung in "interne" und "externe" Faktoren eine eher pragmatische Vorgehensweise und erfolgt nicht so sehr unter theoretischen Gesichtpunkten. Auf der einen Seite sollen die Faktoren stehen, für die die Schuldner ("intern") verantwortlich sind und auf der anderen Seite die Faktoren, die maßgeblich vom "Ausland" oder der "Weltwirtschaft" ("extern") beeinflußt werden.

Die **externen Faktoren** lassen sich weitgehend in drei Kategorien einordnen:

(1) Verschlechterung der terms of trade
Eine Verschlechterung der terms of trade bedeutet, daß ein Land im Tausch für eine bestimmte Menge von Exportgütern weniger Importgüter erhält. Wenn es dem Land nicht gelingt, seine Exporteinnahmen durch zusätzlich exportierte Güter zu steigern und/oder seine Importausgaben durch eine Einschränkung bei den Importen zu senken, so daß der negative Preiseffekt der Verschlechterung der terms of trade auf die Leistungsbilanz durch einen positiven Mengeneffekt ausgeglichen wird, dann führt die Verschlechterung der terms of trade der Schuldnerländer zu einer zusätzlichen Kreditaufnahme. Der zukünftige Schuldendienst steigt bei unveränderten realen Produktionsmöglichkeiten des Schuldnerlandes.
Die Entwicklung der terms of trade der Schuldnerländer zeigt sowohl im Vergleich zwischen den einzelnen Schuldnerländern als auch in der zeitlichen Betrachtung keinen einheitlichen Verlauf. Es ist zumindest eine Unterscheidung zwischen erdölexportierenden und erdölimportierenden Schuldnerländern erforderlich, um allgemeine Aussagen machen zu können.
Während in den 70er Jahren als Folge der beiden Ölpreisschocks die Ausgaben der ölimportierenden Ländern für den Import von Erdöl- und Erdölprodukten drastisch gestiegen sind, mußten umgekehrt nach 1985 die ölexportierenden Länder als Folge des Verfalls der Erdölpreise erhebliche Einbußen bei den Exporterlösen hinnehmen.[14)] Beispielsweise sieht das DIW in dem "*Sockel an Altschulden zu Beginn der achtziger Jahre, die nach dem ersten Ölpreisschock und der erneuten Erhöhung der Energiepreise 1979/80 aufgenommen worden waren*", eine Hauptursache für die

---

14) Zur Entwicklung der terms of trade der Schuldnerländer und deren Einfluß auf die Verschuldung vgl. z.B. die Ausführungen von Abs.
Abs, Ludger: Die Verschuldungskrise Lateinamerikas ... S. 30 - 46.

Schuldenkrise.[15] Durch das sogenannte "recycling der Petro-Dollars" (d.h. die Finanzierung der preissteigerungsbedingten zusätzlichen Ausgaben für Erdöl durch Kredite der Erdölexporteure) sollte Zeit für eine Anpassung der Volkswirtschaften an den drastisch gestiegenen Preis des Erdöls als wichtigstem Energieträger gewonnen werden. Wenn man die so motivierte Kreditaufnahme als eine Ursache für die Schuldenkrise hinstellt, dann wird zwangsläufig unterstellt, daß der Zeitgewinn "per saldo" (d.h. im Vergleich der Kreditkosten zu den eingesparten Anpassungskosten) nicht zu einer Senkung der volkswirtschaftlichen Kosten des "Ölpreisschocks" in den erdölimportierenden Ländern geführt hat. Eine empirische Überprüfung dieser Annahme ist nur schwer möglich. Dazu müßte der Einfluß der zusätzlichen (durch den Ölpreisanstieg bedingten) Kreditaufnahme auf die Anpassungsmaßnahmen im "Energiesektor" der einzelnen Länder gemessen werden.

Was für die ölimportierenden Schuldnerländer gilt, das gilt mit umgekehrten Vorzeichen auch für die ölexportierenden Schuldnerländer. Bei einem Rückgang der Erdölpreise kann die Anpassung an die unerwartete Preisentwicklung durch eine zusätzliche Kreditaufnahme erleichtert werden.

(2) Anstieg des internationalen Zinsniveaus

Ein Anstieg des internationalen Zinsniveaus belastet die Wirtschaft eines Schuldnerland von zwei Seiten. Zum einen steigt der Schuldendienst für "Altschulden" mit variabler Verzinsung und für neu aufgenommene Kredite und zum anderen steigt der Anreiz zur "Kapitalflucht", wenn nicht die Zinsen im Schuldnerland an das internationale Niveau angepaßt werden.
Die historisch hohen Realzinssätze Anfang der 80er Jahre werden weitgehend der Wirtschaftspolitik der wichtigsten Industrieländer, insbesondere der USA, angelastet. Während einerseits mit einer restriktiven Geldpolitik der Inflation die monetäre Grundlage genommen werden sollte, wurde andererseits versucht, der Rezession durch finanzpolitische Maßnahmen zu begegnen. Als Folge davon nahmen in allen größeren Industrieländern - ausgenommen die Bundesrepublik Deutschland und Japan - die Haushaltsdefizite des Staatssektors zu. Die Finanzierung der wachsenden Haushaltsdefizite durch eine Ausweitung der staatlichen Kreditaufnahme führt tendenziell zu einem Anstieg des Zinsniveaus. Inwieweit die staatliche

15) DIW: Schuldenkrise der Dritten Welt - Lage weiter alarmierend, auch Industrieländer gefordert, Wochenbericht 36 / 1988, S. 469 - 477, hier: S. 471.

Kreditaufnahme tatsächlich einen Zinsanstieg verursacht, hängt jedoch von der Entwicklung der Ersparnisse im gleichen Zeitraum ab.[16)]

(3) Weltweite Rezession
Die weltweite Rezession Ende der 70er und Anfang der 80er Jahre ließ die Nachfrage der Industrieländer nach den Exportgütern der Entwicklungsländer sinken. Der konjunkturelle Rückgang der Nachfrage nach Exportgütern wurde durch den wachsenden Protektionismus in den Industrieländern noch verstärkt.[17)]

Als **interne Faktoren** der Schuldenkrise werden beispielsweise vom DIW aufgeführt:[18)]
- ineffizienter Einsatz der Kreditmittel aus dem Ausland (konsumtive Verwendung, prestigeträchtige Investitionsobjekte);
- zu schwache Anpassung der Wirtschafts- und Finanzpolitik an Veränderungen im weltwirtschaftlichen Umfeld, insbesondere an veränderte Preisrelationen;
- zum Teil erheblich überbewertete Währungen und ein zu niedriges inländisches Zinsniveau, die zu einer erheblichen Kapitalflucht führen;
- unzulängliches Schuldenmanagement (schlecht ausgebildetes Personal, inkompetente Verwaltung).

Weiterhin werden genannt:
- Verschlechterung der nicht-ökonomischen Produktionsbedingungen in den Entwicklungsländern;[19)]

---

16) Zur Analyse des Zusammenhangs zwischen Staatsdefiziten und der Zinsentwicklung vgl.: Weltbank: Weltentwicklungsbericht 1985, Washington D.C., S. 42 / 43 und die Ausführungen zur Rolle des staatlichen Budgetsaldo im Rahmen des Finanzaktiva-Ansatzes (S. 45) sowie die Ausführungen zum New Cambridge Approach (S. 47 f.) in der vorliegenden Arbeit.

17) Zur Bedeutung des Protektionismus für die Exporte der Entwicklungsländer vgl. Weltbank: Weltentwicklungsbericht 1985 ... S. 44 - 50.

18) DIW: Schuldenkrise der Dritten Welt ... hier: S. 471.

19) "*Shocks to the productive capacity of developing countries from weather, social unrest, and other noneconomic factors.*"
Mc Fadden, Daniel / et. al.: Is there Life after Debt? - An Econometric Analysis of the Creditworthiness of Developing Countries, in: Gordon W. Smith / John T. Cuddington (Hrsg.): International Debt and the Developing Countries, Washington D.C. 1985 (Weltbank), S. 179 - 209, hier: S. 186.

- unrealistische Wachstums- und Entwicklungsziele der Entwicklungsländer;[20]
- hohe Haushaltsdefizite des staatlichen Sektors, die durch die Notenpresse finanziert werden und damit die Inflation beschleunigen;[21]
- *"Neben der Überbetonung von Staatsbetrieben sind ein Hang zum Gigantismus, eine Fehlleitung in unproduktive Vorhaben und eine Vernachlässigung der Landwirtschaft die vier wesentlichsten Gründe einer Entwicklung, die sich heute zu einer Verschuldungskrise ausgewachsen hat."*[22]

Die internen Faktoren lassen sich zwei Bereichen zuordnen. Der erste Bereich umfaßt die makroökonomischen Rahmendaten, die von der Wirtschaftspolitik des Schuldnerlandes gesetzt werden. Der zweite Bereich betrifft die mikroökonomische Ebene der Ausgaben- und Finanzierungsentscheidungen.

In der Rückschau läßt sich die Wirtschaftspolitik in den meisten Schuldnerländern zusammenfassend als "hoffnungslos wachstumsorientiert" charakterisieren. Dabei kann die Bezeichnung "hoffnungslos" auf sehr differenzierte Weisen interpretiert werden.
Die einfachste Interpretation besagt, daß die angestrebten Wachstumsraten des Sozialprodukts unrealistisch hoch angesetzt wurden. Nicht die tatsächlichen Gegebenheiten, sondern reines Wunschdenken bestimmten das Wachstumsziel. Der wirtschaftliche Vorsprung der Industrieländer sollte (zumindest relativ) verkleinert werden. Dies erfordert Wachstumsraten des Sozialprodukts, die - bei Berücksichtigung der unterschiedlichen Bevölkerungsentwicklung - erheblich (im Durchschnitt mindestens um das Doppelte) über denen in den Industrieländern liegen müssen. Hohe Wachstumsraten sind jedoch untrennbar mit einem beschleunigten Strukturwandel verbunden. Die Richtung des Strukturwandels wurde weitgehend am Vorbild der Industrieländer orientiert. Während Anfang der 70-er Jahre in den Industrieländern unter dem Eindruck der fortschreitenden Umweltzerstörung und einer in Gestalt der Energiekrise auftretenden Rohstoffverknappung der Glaube an ein "ständiges Wirtschaftswachstum" durch die "Grenzen des Wachstums" aufs heftigste erschüttert wurde, unternahmen die Entwicklungsländer den Versuch, das industrielle Wachstumsmodell auf ihre

---

20) "*Unsustainable growth targets and development plans.*"
Mc Fadden, Daniel / et. al.: Is there Life after Debt? ... hier: S. 186.
21) Lusser, Markus: Internationale Verschuldung - Wege aus der Krise?, in: Die Bank 8 / 1987, S. 408 - 413, hier: S. 409.
22) Kohlhoff, Hartmut: Die Banken und die internationale Verschuldungskrise, in: Zeitschrift für das gesamte Kreditwesen, 1. Heft 1984, S. 15 - 17, hier: S. 15.

Volkswirtschaften zu übertragen.[23] Ein besonderes Kennzeichen dieses Versuchs ist die Bevorzugung infrastruktureller und industrieller Großprojekte, die aus heutiger Sicht als "Hang zum Gigantismus" erscheint, tatsächlich jedoch eine Strategie war, die von der Weltbank und der Entwicklungspolitik der Industrieländer aktiv unterstützt wurde.
Die "Hoffnungslosigkeit" eines auslandskreditfinanzierten Wachstums läßt sich im theoretischen Rahmen der neoklassischen Kapitaltheorie dahingehend interpretieren, daß ein Land sein Sozialprodukt bzw. sein Konsumniveau nur vorübergehend durch Auslandskredite steigern kann. Auf lange Sicht ("im steady-state") stellt sich bei Auslandsverschuldung ein Sozialprodukt bzw. ein Konsumniveau ein, das im Vergleich zur Entwicklung ohne Auslandsverschuldung niedriger ist.[24]

Vor dem Hintergrund der einseitigen Ausrichtung der Wirtschaftspolitik am Wachstumsziel lassen sich nicht nur die (ex-post diagnostizierten!) strukturellen Fehlentwicklungen in den Schuldnerländern verstehen, sondern finden auch die permanenten Haushaltsdefizite des Staatssektors, die damit verbundene "expansive" Geldpolitik und die Überbewertung der heimischen Währung eine schlüssige Erklärung. Die Finanzierung staatlicher Ausgaben durch "Kredite" der Notenbank wirkt im Sinne der keynesianischen Nachfragetheorie expansiv auf den Wirtschaftskreislauf (mit der Nebenwirkung einer sich verschärfenden Inflation, die jedoch in Kauf genommen wird) und ermöglicht eine rasche Ausdehnung der Staatsausgaben, ohne ein effizientes Steuersystem schaffen zu müssen. Die systematische Überbewertung der heimischen Währung soll den Import, insbesondere von Investitionsgütern, für den "mikroökonomischen" Entscheidungsträger verbilligen.

---

23) "Die Grenzen des Wachstums" ist der Titel des ersten Berichts des Club of Rome - einem informellen Zusammenschluß von Wissenschaftlern aller Fachrichtungen, die das gemeinsame Interesse an der Zukunft der Menschheit verbindet - zur Lage der Menschheit.
Meadows, Dennis / et. al.: Die Grenzen des Wachstums - Bericht des Club of Rome zur Lage der Menschheit, Reinbeck bei Hamburg 1973, (Originalausgabe: The Limits to Growth, 1972).
24) Vgl. hierzu Kapitel 1.3. "Verschuldung in der neoklassischen Kapitaltheorie: Arbeitsteilung bei der Kapitalakkumulation", insbesondere die Grafiken 10 und 13 und die Erläuterungen dazu.

3.4. Ursachen auf der Gläubigerseite

Die Kreditvergabe der privaten Geschäftsbanken an Entwicklungsländer in den 70er Jahren wird allgemein als zu "leichtfertig" angesehen. So wird etwa die Auffassung vertreten, die Banken hätten "*allzu sehr darauf vertraut, daß ein Land nicht insolvent werden kann*" und nicht beachtet, "*daß eine Gläubigerbank gegenüber einem Land, das sich als säumiger Schuldner erweist, über keine Druckmittel verfügt.*"[25] Je größer der Forderungsbestand einer Geschäftsbank gegenüber einem bestimmten Land im Vergleich zu ihrem Eigenkapital ist, desto größer ist ihre Erpreßbarkeit. Um nicht selbst Liquiditätsprobleme zu bekommen und/oder Verluste ausweisen zu müssen, werden dem Schuldnerland auch dann "neue" Kredite eingeräumt, wenn diese offensichtlich der Zahlung des Schuldendienstes dienen und zu erwarten ist, daß der zukünftige Schuldendienst ebenfalls nur durch eine weitere Verschuldung geleistet werden kann. Diese Strategie der Geschäftsbanken gewinnt dann zusätzlich an Attraktivität, wenn damit zu rechnen ist, daß die Zentralbanken in den Industrieländern bereit sind, sowohl die Geschäftsbanken als auch ihre in Zahlungsschwierigkeiten geratene Schuldner finanziell zu unterstützen, um nicht die Gefahr eines Zusammenbruchs des gesamten Finanzsystems zu groß werden zu lassen. Unter diesen Umständen hält es Lusser für denkbar, "*daß die Banken gegenüber den Entwicklungs- und Schwellenländern ohne die Existenz der Notenbanken - ohne deren Sicherheitsnetz - eine weniger risikofreudige Kreditpolitik betrieben hätten.*"[26]
Diese Ansicht über das Verhalten der Banken gegenüber Schuldnerländern steht im Gegensatz zu den traditionellen Grundsätzen einer vorsichtigen Geschäftsführung der Banken.

Als Voraussetzung für eine Kreditvergabe der Banken, die "*mit den Grundsätzen vorsichtiger Geschäftsführung vereinbar ist*", wird beispielsweise von Baer gesehen, "*daß Auslandsersparnis zur Finanzierung inländischer Investitionsvorhaben verwendet wird, deren Ertrag die Rückzahlung und Verzinsung der bereitgestellten Mittel sicherstellt. Dieses Erfordernis ist nicht nur dann erfüllt, wenn Auslandskredite direkt für die Einfuhr von Kapitalgütern eingesetzt werden, sondern auch, wenn diese Mittel dazu benutzt werden, heimische Ressourcen aus der Produktion von Konsumgütern in die Produktion von Investi-*

---

25) Lusser, Markus: Internationale Verschuldung - Wege aus der Krise? ... hier: S. 410.

26) Lusser, Markus: Internationale Verschuldung - Wege aus der Krise? ... hier: S. 410.

tionsgütern umzuleiten und Konsum- anstelle von Investitionsgütern zu importieren."[27)]

Diese Voraussetzung entspricht der makroökonomisch formulierten Forderung, daß das volkswirtschaftliche Investitionsvolumen in einem Schuldnerland (mindestens) entsprechend dem Umfang der Auslandskreditaufnahme steigen soll. Als Referenzgröße dient (strenggenommen) das Investitionsvolumen, das sich eingestellt hätte, wenn im Ausland keine Kredite aufgenommen worden wären. Das heißt, es wird unterstellt, daß die Auslandskredite keine (oder - realistisch betrachtet - nicht in nennenswertem Umfang) inländischen Ersparnisse verdrängen. Eine solche Situation, als Voraussetzung zur Kreditvergabe einer Geschäftsbank machen zu wollen, läßt sich tatsächlich nur unter dem Gesichtspunkt "vorsichtiger Geschäftsführung" der Banken rechtfertigen. Je weniger das Sparen im Schuldnerland zurückgedrängt wird, desto schneller wächst der volkswirtschaftliche Kapitalstock und das Produktionspotential des Schuldnerlandes und desto sicherer wird damit der Schuldendienst für die (nicht projektgebundenen) Auslandskredite. Aus volkswirtschaftlicher Sicht wird es jedoch in der Regel für ein Schuldnerland vorteilhaft sein, daß ein Teil der Auslandskredite inländische Ersparnis ersetzt.[28)]

Während Lusser nicht ausschließt, daß sich die Geschäftsbanken bei der Kreditvergabe an Entwicklungsländer wie "Hasardeure" verhalten haben und Baer auf die einem solchen Verhalten entgegenstehenden Grundsätze vorsichtiger Geschäftsführung verweist, unterstellt Gleske, daß die Banken erst nach dem Auftreten von Zahlungsproblemen einiger Schuldner eine Überprüfung der Kreditwürdigkeit aller Schuldner vorgenommen haben. "*Viele Länder sind erst dadurch in Zahlungskrisen geraten, daß die Gläubigerbanken nach dem Auftreten von Zahlungsproblemen in einem Land auch ihre Engagements bei den Nachbarländern einer kritischen Prüfung unterzogen.*"[29)]

---

27) Baer, Gunter D.: Die längerfristige Bewältigung der Verschuldungsprobleme - planmäßige Lösungswege als Alternative zu pragmatischem Handeln? ... S. 34.

28) Vgl. hierzu die Ausführungen des Kapitels 1.3. zur Verschuldung in der neoklassischen Kapitaltheorie, S. 70 f.

29) Gleske, Leonhard: Erfolgreiches Krisenmanagement, in: Zeitschrift für das gesamte Kreditwesen, 1. Heft 1984, S. 13 - 14, hier: S. 13.

Im gleichen Sinn argumentiert Simonsen:

"*A crisis emerged as a result of the abrupt escalation of the debt/export rations and a series of events including the loan defaults of Poland, the Falklands war, and, as a coup de grace, the Mexican moratorium in late 1982. The latter spilled over to a general breakdown of confidence*

Nach dieser Vorstellung versteckt sich hinter der Liquiditätskrise vieler Schuldnerländer tatsächlich eine Vertrauenskrise auf der Gläubigerseite.

in developing country debts and led to a hurried retreat of commercial banks from new lending to such nations."
Simonsen, Mario Henrique: The Developing Country Debt Problem ... S. 101.

4. Wege zur Lösung der Schuldenkrise

Es gibt **prinzipiell vier Wege** zur Lösung der Schuldenkrise:[1]

(1) Umschuldung zur Verlängerung des Zeithorizonts

(2) Zahlung des Schuldendienstes aus Exporterlösen

(3) Abwertung der Schulden

(4) Tausch von Schulden gegen andere Passiva (Debt swap)

Alle Vorschläge und Aktivitäten zur Lösung der Schuldenkrise gehen einen oder auch gleichzeitig mehrere dieser vier Wege.
So umfaßt ein Anfang 1988 von Mexiko in Zusammenarbeit mit der Morgan Guaranty Trust Company ausgearbeitetes "*neues Modell mit Pfiff*"[2] die Elemente
- Tausch von Schulden (bestehende Forderungen werden gegen eine neu aufzulegende Namensschuldverschreibung getauscht),
- Schuldenerlaß (der Tauschwert der Altforderungen wird niedriger als der Nennwert angesetzt) und
- Umschuldung (die Laufzeit wird auf 20 Jahre verlängert).[3]

---

1) Vgl. Schäfer / Schultz, die abgesehen "*von unerwartet zunehmender Exportleistungsfähigkeit und extremer Beschneidung des inländischen Konsums*" (dies entspricht meinem Lösungsweg (2) Tilgung der Schulden aus Exporterlösen) "*im Prinzip nur drei Lösungswege, nämlich zusätzliche Auslandshilfe, Schuldenerlaß oder Umschuldungsmaßnahmen*" sehen. Schuldenerlaß ist eine Möglichkeit zur Abwertung von Schulden (Lösungsweg (3)). Was verstehen Schäfer / Schultz unter "*zusätzlicher Auslandshilfe*"? Zusätzliche Auslandshilfe in Form weiterer unfreiwilliger Kredite sind Bestandteil der Umschuldungen (Lösungsweg 1). Zusätzliche Auslandshilfe in Form von Geschenken hat die Wirkung eines Schuldenerlasses (Lösungsweg 3). Zusätzliche Auslandshilfe in Form weiterer freiwilliger Kredite bedeutet, daß es keine Verschuldungskrise gibt. Damit kann in zusätzlicher Auslandhilfe kein eigenständiger Lösungsweg gesehen werden. Der vierte Lösungsweg, die Möglichkeit des Tauschs von Schulden, wird von Schäfer / Schultz 1980 noch nicht erkannt.
Schäfer, Hans-Bernd / Siegfried Schultz: Der Zusammenbruch internationaler Zahlungsfähigkeit - Ursachen und Wirkungen, in: Hans-Bernd Schäfer (Hrsg.): Gefährdete Weltfinanzen, Bonn 1980, S. 131 - 141, hier S. 131.
2) o.V.: Ein neues Modell mit Pfiff, in: iwd Nr. 4 / 1988, S. 7.
3) Eine Darstellung und Analyse des Mexico-Modells wird vorgenommen von:
Ebenroth, Carsten-Thomas / Matthias Cremer: Mexikos Umschuldungsangebot ein Ansatz zur Lösung der Schuldenkrise?, in: Die Bank 9 / 88, S. 488 - 494.

Wenn man die Schuldenkrise nicht als das Ergebnis eines mehr oder minder zufälligen Zusammentreffens mehrerer ungünstiger Faktoren begreift, sondern eher als Folge oder Teil einer tiefgreifenden Entwicklungskrise der Weltwirtschaft, dann sollten Vorschläge zur Lösung der Schuldenkrise die Konsequenzen für die zukünftige Entwicklung berücksichtigen oder sogar eine entwicklungspolitische Perspektive aufzeigen. Neben den Vorschlägen, eine Art Marshall-Plan für die Dritte Welt ins Leben zu rufen, könnten Debt-Nature swaps - dies sei an dieser Stelle vorweggenommen - in besonderem Maße der Forderung nach einer entwicklungspolitischen Perspektive für die Weltwirtschaft gerecht werden.

Im folgenden sollen die vier prinzipiellen Lösungswege dargestellt und ihre Wirkung auf Schuldenstand und Kreditwürdigkeit analysiert werden.

4.1. Umschuldung zur Verlängerung des Zeithorizonts

Definition:

Durch Umschuldungen werden fällige Tilgungs- und Zinszahlungen in die Zukunft verschoben, d.h. der Zeithorizont für den Schuldendienst wird verlängert.

Der Gegenwartswert von Forderungen bleibt bei (reinen) Umschuldungen unverändert. Die sogenannten Umschuldungsabkommen (Debt Restructuring Agreements) bestehen in der Regel aus einem "Paket von Vereinbarungen", das die reine Umschuldung lediglich als ein Element enthält. Als "Umschuldungsabkommen" wird jede Neuordnung bestehender Schuldverhältnisse bezeichnet, die im beiderseitigen Einvernehmen von Gläubiger und Schuldner erfolgt.

Der **Hauptzweck von Umschuldungen** wird meist darin gesehen, *"einen Kollaps der Wirtschaft des Schuldnerlandes zu vermeiden und Zeit für die Durchführung von strukturpolitischen, an den eigentlichen Krisenursachen ansetzenden Maßnahmen zu gewinnen"*[4].

---

4) Westphalen, Jürgen: Das internationale Schuldenmanagement vor neuen Aufgaben, in: Europa Archiv Folge 24 / 1987, S. 701 - 708, hier: 703.

Umschuldungen umfassen in der Regel über die Verlängerung von bestehenden Krediten hinaus die Vergabe neuer Kredite.[5] Die Kreditvergabe erfolgt jedoch unfreiwillig. Sie wird erzwungen durch die Zahlungsunfähigkeit der Schuldner. Die Gläubiger stehen vor der Wahl, ihre Forderungen sofort abschreiben zu müssen, oder das Risiko einzugehen, "schlechtem Geld gutes hinterherzuwerfen".

Für Geschäftsbanken haben Umschuldungen nicht zuletzt den Zweck, Zeit für die Bildung von Rückstellungen zu gewinnen, um nicht selbst in die Gefahr der Überschuldung zu geraten.

Im Zeitraum zwischen 1983 und 1987 schuldeten Bankenkomitees in 82 Einzelfällen zusammen mehr als 310 Mrd US-$ Kredite um.[6] (Vgl. Übersicht 8 auf S. 161)

Das bislang umfangreichste Umschuldungsabkommen wurde im September 1988 von Brasilien unterzeichnet. Das Umschuldungspaket in Höhe von 82 Mrd. US-$ besteht aus umgeschuldeten Krediten in Höhe von 62 Mrd. US-$, Neukrediten in Höhe von 5,2 Mrd. US-$ und kurzfristigen Handelskrediten in Höhe von 15 Mrd. US-$.[7]

Die Umschuldung öffentlicher und staatlich garantierter Kredite wird seit 1956 durch den sogenannten Pariser Club vorgenommen. Der Pariser Club läßt sich als ein internationales Forum ohne feste Mitgliederzahl und ohne festgefügte institutionelle Struktur charakterisieren. Der Pariser Club vertritt eine "Sammlung" von Regeln und Handlungsweisen, die im Laufe der Zeit seit seinem Bestehen entwickelt wurden. Die Treffen werden traditionell von einem Angehörigen des französischen Finanzministeriums geleitet. An den Treffen teilnehmen können

---

5) *"Im allgemeinen dienen solche Neukredite zu etwa einem Drittel der Begleichung von Zinsrückständen, der Rest der Finanzierung notwendiger Importe und zur Stärkung der Währungsreserven."*
Dresdner Bank AG: Die internationale Verschuldung - Ursachen und Lösungsansätze (Vortragsmanuskript), September 1986, S. 11.

6) Weltbank: World Debt Tables, External Debt of Developing Coutries, Vol.I Analysis and Summary Tables, Washington D.C. 1988, S. XXXIV.
Deutsches Institut für Wirtschaftsforschung: Wochenbericht 36 / 88, Schuldenkrise der Dritten Welt - Lage weiter alarmierend, auch Industrieländer gefordert, S. 469 - 477, hier: S. 470.

7) o.V.: Brasiliens Umschuldung perfekt, in: Frankfurter Allgemeine Zeitung vom 24.9.1988.

alle Gläubigerstaaten, die die Regeln und Handlungsweisen des Pariser Clubs akzeptieren.[8)]

Übersicht 8: Umschuldungsabkommen privater Banken 1983 - 1987

Jahr	1983	1984	1985	1986	1987
Zahl der Fälle	24	23	13	10	12
Umgeschuldeter Betrag (Mrd. US-$)	43,8	87,0	22,9	72,4	84,1
Konsolidierungs-zeitraum in Jahren[1)]	1,5	2,75	2,75	2,75	4
Laufzeit in Jahren	6	9	11	10	15
Freijahre	3	3	4	4	5
LIBOR-Aufschlag in %Punkten	2,0	1,8	1,5	1,3	1,0

1) Durchschnittlicher Zeitraum, in dem die Kredite, die in die Umschuldungsaktion aufgenommen wurden, ursprünglich fällig waren.

Eine spezielle Form der Umschuldung ist die Kapitalisierung von Zinsen. Insbesondere aus steuerlichen und bilanztechnischen Gründen werden fällige Zinsen bis zu einem bestimmten Ausmaß den bestehenden Schulden zugeschlagen.

Daß Umschuldungen überhaupt einen **Beitrag zur Lösung der Schuldenkrise** leisten, wird in einem mit der Dauer einer Schuldenkrise zunehmenden Maße

8) Vgl. die Ausführungen zum Pariser Club in:
IMF: Paris Club Creditors Respond To Diverse Debtor Circumstances, in: IMF Survey, September 30 / 1986, S. 297 - 299 und
Weltbank: Weltentwicklungsbericht 1985 ... S. 31 und 33.

bezweifelt. Es wird sogar die Ansicht vertreten, daß sich die Verschuldung der Entwicklungsländer in der Vergangenheit nicht trotz, sondern wegen ständiger Umschuldungen erhöhte.[9] Diese Ansicht scheint insbesondere dann begründet, wenn mit Umschuldungen ein Anstieg des Zinssatzes oder Gebühren verbunden sind, die den zukünftigen Schuldendienst zusätzlich wachsen lassen. Der kontinuierliche Rückgang des LIBOR-Aufschlags in den Jahren seit 1983 von zwei Prozentpunkten auf einen Prozentpunkt steht im Widerspruch zur Ansicht, daß sich die Verschuldung wegen ständiger Umschuldungen erhöhte. Dagegen wird diese Ansicht gestützt durch die Tatsache, daß eine Umschuldung in der Regel eine Gebühr von 1¼ bis 1½ Prozent des umgeschuldeten Kreditvolumens kostet.[10]
In keinem Fall läßt sich bestreiten, daß reine Umschuldungen den zukünftigen Schuldendienst um in der Gegenwart nicht geleistete Tilgungs- und Zinszahlungen erhöhen, denn dies ist gerade das Wesen von Umschuldungen.

Die Bewertung von Umschuldungen erfordert offensichtlich die Unterscheidung von Solvenzkrise und Liquiditätskrise.[11]
In einer Solvenzkrise, d.h. bei dauerhafter Zahlungsunfähigkeit, ist der Beitrag von Umschuldungen zur Lösung der Krise tatsächlich auf den "Zeitgewinn" zum Vorbereiten von dauerhaften Lösungen beschränkt. Je länger die Realisierung von dauerhaften Lösungen auf sich warten läßt, desto größer wird das Schuldenproblem.
Dagegen ist in einer Liquiditätskrise, d.h. bei vorübergehender Zahlungsunfähigkeit, die Umschuldung ein geeigneter Weg, die zeitliche Verteilung der Schuldendienstzahlungen den erwarteten Zahlungseingängen anzupassen und damit die Zahlungsfähigkeit wiederherzustellen.
Folgen mehrere Umschuldungen hintereinander, kann das ein Zeichen dafür sein, daß der Zeitgewinn nicht ausreichend war, um andere Maßnahmen ergreifen zu können und wirken zu lassen (bei einer Solvenzkrise) oder daß die erwarteten (Netto-)Zahlungseingänge für den Zeitraum der Umschuldung überschätzt wurden (bei einerLiquiditätskrise).

---

9) So z.B.
Handschuch, Konrad: Blühendes Geschäft, in: Wirtschaftswoche Nr. 41 / 1988, S. 54 - 71, hier: S. 58 und
Chahoud, Tatjana: Funktionswandel des Internationalen Währungsfonds und der Weltbank, in: Altvater / Hübner / Lorentzen / Rojas (Hrsg.): Die Armut der Nationen, 2. Auflage, Berlin 1988, S. 44 - 54, hier: S. 48.
10) Weltbank: Weltentwicklungsbericht 1985 ... S. 33.
11) Vgl. Kapitel 3. "Ursachen der Schuldenkrise", S. 134 f.

Das Ifo-Institut bewertet die Umschuldungen der letzten Jahre unter Berücksichtigung der Unterscheidung zwischen Solvenzkrise und Liquiditätskrise wie folgt:[12)]
"Die bisher im Zuge des internationalen Schuldenmanagements praktizierten Maßnahmen sind mit einigen Ausnahmen von ihrer Konzeption her überwiegend dem Liquiditätskrisen-Szenario zuzurechnen. Die kooperative Strategie des IWF, aber auch mehrjährige Umschuldungsvereinbarungen, Kofinanzierungen multilateraler Finanzinstitutionen und Banken sowie der Baker Plan stellen keine tragfähige Lösung für Länder mit tiefgreifenden Solvenzproblemen dar, obwohl ihre positiven Effekte nicht bestritten werden können."

4.2. Zahlung des Schuldendienstes aus Exporterlösen

Definition:
Eine Zahlung des Schuldendienstes aus Exporterlösen wird auch als "realer" Schuldendienst bezeichnet.[13)] Der Umfang des realen Schuldendiensts ist gleich dem (Export-)Überschuß in der Ressourcenbilanz.

Alle Vorschläge zur Lösung der Schuldenkrise, die eine Verbesserung (Aktivierung) der Ressourcenbilanz bewirken sollen, laufen damit auf eine Zahlung des Schuldendienstes aus Exporterlösen hinaus.

Die schon bei der Systematisierung der unterschiedlichen Ansätze zur Erklärung von Verschuldung (Kapitel 1.4.) verwendete Identität von Leistungs(bilanz)saldo und Absorptionssaldo ($X - M \equiv Y - A$)[14)] dient nach Aufspaltung der inländischen Absorption "A" in die beiden Komponenten konsumtive Ausgaben "C" und investive Ausgaben "I" und nach Abzug der Zinszahlungen auf

---

12) ifo-Institut: Ausländische Direktinvestitionen zur Milderung des Schuldendrucks in der Dritten Welt - ein tragfähiger Ansatz?, ifo-Schnelldienst 13 - 14 / 88, S. 15 - 29, hier: S. 26.

13) Entsprechend kann Zahlung des Schuldendienstes mit neuen Krediten (die freiwillig oder unfreiwillig im Rahmen von Umschuldungen vergeben werden) als "nominaler" Schuldendienst bezeichnet werden.

14) Um eine Überfrachtung mit Symbolen zu vermeiden wird im ersten und in diesem Kapitel der Leistungs(bilanz)saldo kurz mit (X - M) bezeichnet. Im zweiten Kapitel ist eine Unterscheidung zwischen Leistungs(bilanz)saldo (hier dann: $(X - M)_t - i \cdot D_{t-1}$) und Ressourcensaldo (hier dann: $(X - M)_t$) notwendig.

beiden Seiten der Gleichung[15] als "saldenmechanisches Gerüst" der folgenden Analyse.

Definitorisch gilt, daß der Ressourcensaldo "(X - M)" mit der Differenz zwischen der Produktion "Q" einerseits und der inländischen Verwendung für Konsum und Investition "C + I" andererseits identisch ist. Damit ist auch die Wachstumsrate des Ressourcensaldos "w(X-M)" gleich der Wachstumsrate der Differenz zwichen Produktion und inländischer Verwendung "w(Q - (C + I)":

$$w(X - M) \equiv w(Q - (C + I))$$

Eine "relative Verbesserung" der Ressourcenbilanz erfordert bei negativer Ressourcenbilanz als notwendige Bedingung, daß

$$wX > wM \quad \text{und damit} \quad wQ > w(C+I)$$

ist.[16]

Je größer die Differenz zwischen der Wachstumsrate der Exporte und der Wachstumsrate der Importe ist, desto schneller wird eine absolute Verbesserung und letztlich eine Aktivierung der Ressourcenbilanz zur Tilgung von Schulden aus Exporterlösen erreicht.

Aus der genannten definitorischen Bedingung lassen sich unter der "ceteris paribus" Annahme, daß sich auf der einen Seite nur wX oder nur wM ändert (und die jeweils andere Größe konstant bleibt) und sich auf der anderen Seite nur wQ oder WC oder wI ändert (und die beiden anderen Größen konstant bleiben), folgende 6 "Extrem"-Fälle konstruieren:

---

15) Zieht man vom Einkommen "Y" die erhaltenen (Netto-) Zinszahlungen ab, so erhält man die Produktion "Q". Aus dem Leistungsbilanzsaldo wird nach Abzug der erhaltenen Zinszahlungen der Ressourcensaldo. Vgl. Kapitel 2.1. Definitionsgleichungen.

16) Unter der "relativen Verbesserung" einer negativen Ressourcenbilanz (X < M) ist das Kleinerwerden der Relation Ressourcensaldo "(X - M)" zur Bezugsbasis Exporte "X" oder Importe "M" zu verstehen.
Zur Verdeutlichung ein Zahlenbeispiel:
Gegeben sei X = 800; M = 1000; wX = 11 %; wM = 10 %.
Damit wird in der folgenden Periode X = 888 und M = 1100.
Der Ressourcensaldo verschlechtert sich zwar absolut gesehen von -200 auf -212. Es stellt sich jedoch eine relative Verbesserung von -0,25 (= -200/800) auf -0,239 (= -212/888) ein. D.h. der Anteil des Importüberschusses an den Exporten sinkt.

	wQ steigt	wC sinkt	wI sinkt
wX steigt	(1)	(2)	(3)
wM sinkt	(4)	(5)	(6)

Welches sind die Voraussetzungen für die einzelnen Fälle?
Also z.B. für den Fall (1): Unter welchen Voraussetzungen wird eine Verbesserung der Ressourcenbilanz durch eine zusätzliche Produktionssteigerung (wQ steigt, wC und wI konstant) von Exportgütern (wX steigt, wM konstant) stattfinden?
Die Voraussetzungen auf makroökonomischer Ebene sind:

wX steigt, wenn
- eine Ausdehnung der Produktion von Exportgütern kurzfristig (d.h. ohne Änderung des volkswirtschaftlichen Kapitalstocks) möglich ist (durch freie Kapazitäten in der Produktion von Exportgütern oder durch den Abzug von Produktionsfaktoren aus anderen Bereichen) und
- die Nachfrage des Auslands nach Exportgütern elastisch ist.

wM sinkt, wenn
- eine Ausdehnung der Produktion von Importersatzgütern kurzfristig möglich ist (durch freie Kapazitäten in der Produktion von Konsum- und Investitionsgütern) oder
- die Importnachfrage durch Zölle und nicht-tarifäre Einfuhrhemmnisse gedrosselt werden kann.

wQ steigt, wenn
- das "Produktionspotential im weitesten Sinne" nicht ausgelastet ist, d.h. Unterbeschäftigung herrscht oder eine Steigerung der volkswirtschaftlichen Effizienz möglich ist oder
- das Produktionspotential ausgeweitet werden kann.

wC sinkt, wenn
- die Möglichkeiten und der Anreiz zum Sparen für die privaten Haushalte verbessert wird oder
- ein "erwünschter"[17)] Anstieg der volkswirtschaftlichen Sparquote durch eine kontraktive Fiskalpolitik herbeigeführt werden soll.

---

17) "Erwünscht" zur Lösung der Schuldenkrise durch Aktivierung der Handelsbilanz.

wI sinkt, wenn
- die Renditeerwartungen potentieller Investoren sich verschlechtern (z.B. aufgrund steigender Gewinnsteuern oder sinkender Subventionen) oder
- die Finanzierung von Investitionen teurer wird (durch eine Zinssteigerung als Folge einer restriktiven Geldpolitik) bzw. das Kreditangebot mengenmäßig rationiert wird.

Die Zahlung des Schuldendienstes aus Exporterlösen steht im Mittelpunkt der Bemühungen von **IWF und Weltbank** zur Lösung der Schuldenkrise.
Welche der 6 Fälle werden in den Konzeptionen der beiden genannten Institutionen als Ziel verfolgt und wie sieht die tatsächliche Entwicklung aus?

Die traditionelle Aufgabe des IWF besteht in der kurzfristigen Überbrückung von ungleichgewichtigen Zahlungsbilanzdefiziten durch Liquiditätshilfen. Dagegen wird die traditionelle Aufgabe der Weltbank in der Gewährung von langfristigen Krediten zur Finanzierung von Entwicklung gesehen.
Entsprechend dieser Zweiteilung der Aufgaben der beiden Bretton Woods Institutionen in die Gewährung kurzfristiger Liquiditätshilfe und die langfristige Finanzierung von Entwicklung erfolgte die Rollenverteilung bei der Bewältigung der Schuldenkrise. Der IWF übernahm zum einen das Management der Schuldenkrise (Global Debt-Crisis Management) in der Rolle des Koordinators der Aktivitäten der Gläubigerländer und gewährte zum anderen kurzfristig Kredite zur Finanzierung von Zahlungsbilanzdefiziten. Die Weltbank verfolgt eine langfristige Strategie der Anpassung mit Wirtschaftswachstum (Adjustment with Growth).[18)]
Nach Auffassung der Weltbank "*müssen die Schuldner rascher wachsen und mehr exportieren*".[19)] Dies entspricht dem Fall (1). Dabei sieht die Weltbank den "*Schlüssel für rascheres Wachstum und bessere Exportleistungen ... in der effizienteren Nutzung der inländischen Ressourcen im öffentlichen wie im privaten Sektor*" liegen.[19)] Durch strukturelle Anpassungsprogramme soll die "*Angebotsreagibilität der Volkswirtschaft*"[19)] verbessert werden. Zu diesem Zweck vergibt die Weltbank seit 1980 sogenannte "Structural Adjustment

---

18) Zu den Aufgaben der beiden Bretton Woods Institutionen bei der Bewältigung der Schuldenkrise vgl. die Ausführungen von Petersmann.
Petersmann, Hans G.: Financial Assistence to Developing Countries - The Changing Role of the World Bank and International Monetary Fund, Bonn 1988, insbesondere S. 38 - 47.
19) Weltbank: Weltentwicklungsbericht 1988, Washington D.C. 1988, S. 37.

Loans".[20] Im Gegensatz zur traditionellen Kreditvergabe, die an konkrete Projekte gebunden ist, sollen die Structural Adjustment Loans den Entwicklungsländern helfen, ihre Wirtschaftspolitik "wachstumsfreundlich" umzugestalten. Die Grundlage der Kreditvereinbarung ist ein "letter of development policy", in dem der Antragsteller sein geplantes Reformprogramm darstellt.

Inwieweit wurde das Ziel einer "exportorientierten Wachstumssteigerung" erreicht?
Betrachtet man die Entwicklung des Exportvolumens der Entwicklungsländer, so läßt sich zwar ein geringer Anstieg der Wachstumsrate um 0,7 Prozentpunkte in den 80er Jahren beobachten, allerdings ist der wesentliche Beitrag zur Zahlung des Schuldendienstes aus Exporterlösen von der drastisch gesunkenen Wachstumsrate des Importvolumens geleistet worden. Für die Gruppe der Ölexporteure, der hochverschuldeten Länder und der Länder südlich der Sahara sind die Importe sogar jährlich um über 6 % gesunken. (Vgl. die Übersichten 9 und 10, S. 168.)

Die Reduktion der Importe konnte nicht durch Ausdehnung der heimischen Produktion ausgeglichen werden (entsprechend Fall (4)), sondern ging mit einer Einschränkung der Absorption einher. In den hochverschuldeten Ländern erfolgte die Einschränkung der Absorption hauptsächlich zu Lasten der Investitionen, während die realen Konsumausgaben ungefähr konstant blieben.[21] Zur Erklärung dieser, für die weitere wirtschaftliche Entwicklung katastrophalen Situation, führt die Weltbank neben dem Rückgang der Rohstoffpreise die Instabilität der Finanzpolitik, der realen Wechselkurse und der realen Zinssätze an. "*Eine derartige Unsicherheit läßt die Investoren zögern, selbst wenn - zeitweise - günstige Investitionsanreize gegeben sind.*"[22] Darüber hinaus werden Einfuhrbeschränkungen und Steuererhöhungen mit verzerrender Wirkung für den Rückgang des Wachstums verantwortlich gemacht.

---

20) Zur Darstellung und Analyse der "Structural Adjustment Loans" vgl.: Petersmann, Hans G.: Financial Assistence ... insbesondere S. 47 - 52.
21) Weltbank: Weltentwicklungsbericht 1988 ... insbesondere S. 80 - 81.
22) Weltbank: Weltentwicklungsbericht 1988 ... S. 81.

Übersicht 9: Exportvolumen der Schuldnerländer[1)]

Ländergruppe	durchschnittliche jährliche Veränderung des Exportvolumens in %		1987 - 95	
	1973 - 80	1980 - 87	Status quo	Günstiger Fall
Entwicklungsländer insgesamt	4,7	5,4	4,0	5,6
Länder mit niedrigem Einkommen	4,7	6,8	5,2	6,7
Länder mit mittlerem Einkommen	4,8	5,2	3,9	5,5
Ölexporteure	-0,9	1,6	2,2	3,2
Exporteure von Industrieprodukten	9,8	9,3	5,1	7,1
Hochverschuldete Länder	1,1	1,4	3,2	4,3
Afrika südlich der Sahara	0,1	1,6	2,7	3,4

1) Weltbank: Weltentwicklungsbericht 1988 ... S. 232.

Übersicht 10: Importvolumen der Schuldnerländer[1)]

Ländergruppe	durchschnittliche jährliche Veränderung des Importvolumens in %		1987-95	
	1973-80	1980-87	Status quo	Günstiger Fall
Entwicklungsländer insgesamt	5,9	1,1	4,6	6,3
Länder mit niedrigem Einkommen	5,6	6,4	5,0	6,6
Länder mit mittlerem Einkommen	6,0	0,1	4,5	6,3
Ölexporteure	10,3	-6,0	1,9	3,1
Exporteure von Industrieprodukten	5,6	5,8	5,8	7,9
Hochverschuldete Länder	5,5	-6,3	3,3	4,9
Afrika südlich der Sahara	7,5	-6,9	2,6	3,0

1) Weltbank: Weltentwicklungsbericht 1988 ... S. 232.

Als Länder mit erfolgreicher Anpassung werden von der Weltbank lediglich die Republik Korea, Thailand und die Türkei genannt. Diese drei Länder konnten ein kräftiges Produktionswachstum erzielen und damit den kontinuierlichen Anstieg der Absorption sichern bei gleichzeitiger Verbesserung der Handelsbilanz.

Während die langfristige wachstumsorientierte Politik der Weltbank auf eine Verbesserung der Angebotsbedingungen zielt, setzt die kurzfristige Stabilisierungspolitik des IWF an der Nachfrageseite an.[23] Die Kreditvergabe des IWF ist an Maßnahmen zur Reduktion der zu hohen Absorption in Ländern mit defizitärer Leistungsbilanz gebunden ("financing and adjustment"). Dabei geht der IWF davon aus, daß "*a key function of economic management is to keep the level and the rate of growth of aggregate demand in a sound relationship with the level and growth prospects of the economy's productive capacity*".[24] Dies soll vor allem durch eine Verringerung des öffentlichen Haushaltsdefizits und eine Senkung der Reallöhne erreicht werden. Zusätzlich ist eine Einschränkung der Kreditexpansion durch eine restriktive Geldpolitik und eine Abwertung der heimischen Währung vorgesehen.
Damit entspricht die kurzfristige Zielsetzung des IWF dem Fall (2) bzw. (4). Langfristig wird jedoch kein Widerspruch zwischen einer Anpassung der inländischen Absorption und einer Steigerung der Wachstumsrate der Produktion gesehen.[25]
Wie immer man die Maßnahmen der Weltbank und des IWF als Beitrag zur Lösung der Schuldenkrise durch "Zahlung des Schuldendienstes aus Exporterlösen" im einzelnen bewerten mag, fest steht, daß der Ausbruch der Schuldenkrise zu einem realen Schuldendienst - insbesondere der hochverschuldeten Entwicklungsländer - geführt hat. (Vgl. Übersicht 11 auf S. 170.)

Die Leistung eines realen Schuldendienstes verbesserte jedoch nicht die Kreditwürdigkeit der Schuldnerländer, da gleichzeitig die Wachstumsrate der Produktion drastisch zurückging. Die Einschränkung der Investitionen und der Importe behinderte offensichtlich das weitere Wachstum der Produktion. Eine Analyse der Zusammenhänge ist im Rahmen des hier gewählten hochaggre-

---

23) Petersmann, Hans G.: Financial Assistence ... S. 50.

24) Guitián, Manuel: Adjustment and Economic Growth - Their Fundamental Complementarity, in: Corbo / Goldstein / Khan (Hrsg.): Growth-Oriented Adjustment Programs, Washington D.C. 1987, S. 63 - 94, hier: S. 74.

25) Der Zusammenhang zwischen Anpassung auf der Nachfrageseite und Wachstum der Produktion wird ausführlich erörtert von:
Guitián, Manuel: Adjustment and Economic Growth ...

gierten makroökonomischen Modells nicht möglich und für den Fortgang der Untersuchung auch nicht notwendig.

Übersicht 11: Realer Schuldendienst der Schuldnerländer[1)]

Ländergruppe	Exportüberschuß in Mrd. US-$					
	1980	1983	1984	1985	1986	1987
Entwicklungsländer insgesamt	-46	-17	14	6	6	24
Länder mit niedrigem Einkommen	-23	-13	-14	-31	-24	-15
Länder mit mittlerem Einkommen	-23	-4	28	37	30	39
Ölexporteure	16	11	21	16	-2	4
Exporteure von Industrieprodukten	-32	0	11	1	15	26
Hochverschuldete Länder	-8	20	36	35	19	32
Afrika südlich der Sahara	-2	-7	0	2	-5	-3

1) Weltbank: Weltentwicklungsbericht 1988, Washington D.C.S. 224.

Als **Ergebnis** kann festgehalten werden: Eine wachstumsorientierte Umgestaltung der Wirtschaftsstruktur in den Schuldnerländern hat bisher noch zu keinen großen Erfolgen geführt.[26)] Im Gegenteil, die Zahlung des Schuldendienstes aus Exporterlösen wurde nicht nur mit einer Einschränkung der inländischen Absorption erkauft, sondern zusätzlich mit Produktionsverlusten. "*It is now clear that a significant expansion of the relief effort is required, not to provide relief per se, but as the means to ensure that debt burdens are put on a sustainable basis, compatible with the willingness and efforts of countries to address their deep-seated problems.*"[27)]

26) "Policy reform in the debtor countries has been extensive but has not to date resulted in sustained progress toward adjustment."
Weltbank: World Debt Tables, Vol.I / 1988 ... S. X.

27) Weltbank: World Debt Tables, Vol.I / 1988 ... S. IX.

4.3. Abwertung der Schulden

Definition:
Unter einer Abwertung von Schulden soll die Verringerung des realen Schuldendienstes auf die bestehende Verschuldung verstanden werden.

Eine Abwertung der Schulden kann sowohl von der Gläubigerseite als auch von Schuldnerseite erfolgen.

Schulden werden dadurch abgewertet, daß

- der Gläubiger die Schulden (teilweise oder vollständig) erläßt[28],
- der Gläubiger den vereinbarten Zinssatz senkt (oder bei variablen Zinsen: der "Marktzins" sinkt),
- der Schuldner die Schuldendienstzahlungen plafondiert,
- der Schuldner die Schuldendienstzahlungen durch eine inflationäre Geldmengenausweitung finanziert·

Es sollen zunächst die **Möglichkeiten des Gläubigers** zur Abwertung - Schulden (teilweise oder vollständig) zu erlassen oder den Zinssatz auf die bestehenden Schulden zu senken - untersucht werden.
Beide Maßnahmen bewirken eine dem Prozentsatz des Schuldenerlasses bzw. der Zinssatzsenkung entsprechende Entlastung des Schuldners bei den Zinszahlungen.
Beim Schuldenerlaß werden auch die Tilgungszahlungen um den Prozentsatz des Schuldenerlasses vermindert. Dagegen bleiben die Tilgungszahlungen bei der Zinssatzsenkung unverändert, d.h. aus der Sicht des Gläubigers bleibt das eingesetzte Kapital nominal erhalten.

---

28) Die Auffassung, daß der Schuldenerlaß im Sinne eines Forderungsverzichts nur eine Möglichkeit neben anderen im Rahmen eines umfassenderen Lösungsweges, nämlich der Abwertung von Schulden ist, wird von Sachs / Kneer unterstützt.
"*The terms debt relief or debt reduction are inadequate to describe the true nature of the easing of the debt servicing burden. It is not just a question of reducing contractual redemptions, but of restructuring external debt in such a way that the expected discounted current value of all contractual debt service obligations is reduced.*"
Sachs, Jeffrey / Josef Kneer: Debt Reduction - the Basis and Shape of a New Strategy, in: Intereconomics Jan. / Feb. 1990, S. 3 - 5, hier: S. 3.

Das Ausmaß der Abwertung hängt bei der Zinssatzsenkung von der (Rest-) Laufzeit der Schulden ab. Im Extremfall einer unendlichen Laufzeit ("Konsol") entspricht die Abwertungsrate der prozentualen Zinssatzsenkung. Nur in diesem Fall ist die Abwertungsrate einer Zinssatzsenkung genauso groß wie die Abwertungsrate eines entsprechenden Schuldenerlasses. Ansonsten gilt: Je kürzer die Restlaufzeit ist, desto kleiner ist die Abwertungsrate einer Zinssatzsenkung.
Ein Zahlenbeispiel soll die Wirkung von Schuldenerlaß und Zinssatzsenkung auf den (Markt-)Wert von Schulden verdeutlichen:

Ausgangslage vor der Abwertung		
Nominalwert der Schulden	:	1000 DM
Marktzins	:	10 %
vereinbarter Zinssatz	:	10 %
Marktwert	:	1000 DM
Zinszahlungen	:	100 DM

Abwertungsmaßnahme	:	(1) Schuldenerlaß von 20 %	(2) Zinssenkung von 20 %
Nominalwert der Schulden	:	800 DM	1000 DM
Zinssatz nach Abwertung	:	10 %	8 %
Zinszahlungen	:	80 DM	80 DM
Marktwert eines Konsols[1)]	:	800 DM	800 DM
Abwertungsrate bei unendl. Laufzeit[2)]	:	20 %	20 %
Marktwert bei Restlaufzeit von 2 Jahren[3)]	:	800 DM	≈ 965 DM
Abwertungsrate bei Restlaufzeit von 2 Jahren[2)]	:	20 %	3,5 %

1) Berechnung des Marktwerts als Gegenwartswert einer unendlichen Zahlungsreihe:

Zinszahlungen	/	Marktzins	=	Gegenwartswert
80	/	0,1	=	800

2) Berechnung der Abwertungsrate:
1 - (Marktwert nach der Abwertung / Marktwert vor der Abwertung)

3) Berechnung des Marktwerts als Gegenwartswert einer endlichen (zweiperiodigen) Zahlungsreihe:

$$\text{Zinszahlung}/(1 + \text{Marktzins}) + (\text{Zinszahlung} + \text{Tilgung})/(1 + \text{Marktzins})^2 = \text{Gegenwartswert}$$

$$80 \;/\; 1{,}1 \;+\; 1080 \;/\; 1{,}1^2 \;\approx\; 965$$

In Grafik 16 wird die Abhängigkeit der Abwertungsrate von der Restlaufzeit der Schulden auf Grundlage der Zahlen des obigen Beispiels dargestellt.

Grafik 16: Abwertungsrate in Abhängigkeit von der Restlaufzeit bei einer 20 %-igen Zinssatzsenkung

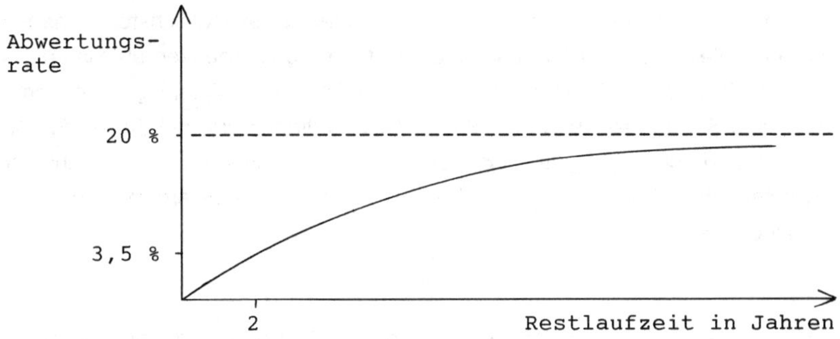

Der Effekt einer Zinssatzsenkung wird im allgemeinen nicht, wie in dem obigen Zahlenbeispiel, auf den Kapital- oder Marktwert der Forderungen bezogen und durch Berechnung der Abwertungsrate einem Schuldenerlaß vergleichbar gemacht, sondern mit den jährlich aus der Sicht des Schuldners eingesparten Zinszahlungen quantifiziert. Dadurch wird die positive Wirkung einer Zinssatzsenkung auf die aktuelle Zahlungsbilanzsituation des Schuldners in den Vordergrund gerückt.

Allerdings ist dann umso genauer zwischen einer Zinssatzsenkung als Folge eines allgemein gesunkenen Marktzinsniveaus und einer Zinssatzsenkung als Folge eines freiwilligen Verzichts der Gläubiger auf einen Teil der Zinszahlungen zu unterscheiden. Nur letztere stellt eine Abwertung von Schulden dar. So ist z.B. die Verminderung des LIBOR-Aufschlags im Rahmen von Umschuldungsabkommen (vgl. S. 162) bei unveränderten Risikoerwartungen als eine Abwertung von Schulden zu interpretieren, während eine Zinssatzsenkung als Folge eines niedrigeren LIBOR den Kapital- oder Marktwert der Forderungen nicht vermindert.

Eine besondere Vorgehensweise bei der Durchführung einer Zinssatzsenkung wird durch die Einrichtung eines sogenannten Zinsausgleichsfonds (Interest

Compensation Fund) möglich. Über einen festgelegten Zinsplafonds hinausgehende Zinszahlungen sind nicht von dem Schuldner zu leisten, sondern werden aus einem Zinsausgleichsfonds gezahlt. Die Finanzierung des Fonds erfolgt durch die Gläubiger "*on the basis of their respective exposure to the debtor*".[29)] Damit wird ein Teil der Zinszahlungen von den Gläubigern an sich selbst "gezahlt". Eine Inanspruchnahme des Zinsausgleichsfonds bedeutet de facto eine Senkung des tatsächlichen Zinssatzes.[30)]

Während die Zinssatzsenkung im Rahmen eines Zinsausgleichsfonds neben IWF und Weltbank vor allem auch die privaten Gläubigerbanken als Finanziers vorsieht, fordert das "Institute of International Finance" in Washington in einem Brief vom September 1988 den IWF und die Weltbank auf, die Zinsen für die Schuldner durch Zinssubventionen zu senken. Dadurch würden die Schuldner entlastet, ohne den Anreiz für private Banken zur Kreditvergabe weiter zu vermindern.[31)]

Ein (teilweiser) Schuldenerlaß kann durch die Einbeziehung des Sekundärmarkts für Schulden "länderspezifisch und marktkonform"[32)] gestaltet werden.

---

29) Weltbank: World Debt Tables, Vol. I / 1988 ... S. XVIII.

30) Eine weitergehende Analyse des Vorschlags zur Einrichtung eines Zinsausgleichfonds wird vorgenommen von:
Abs, Ludger: Die Verschuldungskrise Lateinamerikas ... S. 216 - 218.

31) o.V.: Banks "unable" to meet loan demands from Third World, in: Financial Times vom 14. 9. 1988 und
Kaps, Carola: Die Weltbank soll Zinsen subventionieren, in: Frankfurter Allgemeine Zeitung vom 14. 9. 1988, S. 15.

32) Die Adjektive "länderspezifisch und marktkonform" sowie "partiell" ermöglichten den Bankmanagern Röller, Seipp und Herrhausen im Anschluß an die IWF/Weltbank-Tagung in Berlin im September 1988, eine gemeinsame Position zur Schuldenkrise zu finden. Die im Vorfeld der Tagung von Herrhausen geäußerte positive Einschätzung eines Schuldenerlasses wurde von Röller und Seipp vehement abgelehnt. In der gemeinsamen Erklärung hieß es daraufhin sinngemäß: "Man verfolge das Ziel, den Schuldendienst zu verringern. Das aber könne nicht im Wege eines generellen Forderungsverzichts geschehen; es gehe vielmehr um partielle, länderspezifische und marktkonforme Lösungen." (Frankfurter Allgemeine Zeitung)
Allerdings spricht nichts dagegen, einen Schuldenerlaß (oder Forderungsverzicht) unter bestimmten Voraussetzungen als länderspezifische und marktkonforme Lösung zu bezeichnen, wie die folgenden Ausführungen zeigen werden.
In diesem Sinne etwa auch Holthus: "*Die verbale Kontroverse zwischen der Deutschen Bank und den anderen deutschen Großbanken am Rande der Berliner Tagung hat dem aufmerksamen Beobachter jedoch gezeigt, daß Marktorientierung und Freiwilligkeit nicht ausschließen, daß Schulden unter Umständen zumindest teilweise auch erlassen werden.*" (Holthus)

Bei einem Schuldenrückkauf (Debt buy-back) wird die Abwertung von Schulden, wie sie durch die Handelspreise von Forderungen auf dem Sekundärmarkt vorgegeben wird, von Schuldner und Gläubiger realisiert.
In den ursprünglichen Kreditverträgen war ein Rückkauf von Schulden verboten, um die Zahlungsmoral nicht von vornherein zu schwächen. Dagegen wird in neueren Kreditverträgen, die im Rahmen von Umschuldungsverhandlungen seit 1987 entstanden, ein Rückkauf von Schulden unter bestimmten Bedingungen zumeist nicht mehr ausgeschlossen.

Als erstes Land handelte Bolivien im Februar 1987 mit 131 Geschäftsbanken eine Änderung seiner Kreditverträge aus, so daß ein offizieller Rückkauf der Schulden möglich wurde.[33)] Die Bedingungen, unter denen Bolivien seine Schulden zurückkaufte, waren für alle Banken gleich. Von der gesamten Auslandsverschuldung bei Geschäftsbanken in Höhe von 650 Mio. US-$ kaufte Bolivien Schuldtitel im Nennwert von 350 Mio. US-$ zurück, wofür knapp 40 Mio. US-$ zu zahlen waren.
Eine Stellungnahme des IWF zum Modell des Schuldenrückkaufs, wie von Bolivien praktiziert, stellt richtigerweise fest: "*Allerdings könnte diese Vorgehensweise niemals eine breitere Anwendung finden, ohne die Preise auf dem Sekundärmarkt zu erhöhen und damit die Anwendbarkeit des Ansatzes zu untergraben.*"[34)] Wenn das Ziel aller Bemühungen zur Lösung der Schuldenkrise die Wiederherstellung der Kreditwürdigkeit der Schuldner ist, dann muß ein Anstieg der Preise auf dem Sekundärmarkt als ein Indiz für eine verbesserte Einschätzung der Kreditwürdigkeit durch "den Markt" positiv gesehen werden. Ein Ansatz zur Lösung der Schuldenkrise ist gerade dann erfolgreich zu nennen, wenn er seine Anwendbarkeit untergräbt, indem er zur Lösung der Schuldenkrise beiträgt.

Im September 1988 hat Chile als zweites Land nach Abschluß eines entsprechenden Rahmenvertrages angeboten, Schulden zurückzukaufen. Für den Rückkauf stehen 200 Mio. US-$ bereit. Im Gegensatz zur bolivianischen Rück-

---

o.V.: Partielle länderspezifische und marktkonforme Lösungen, in: Frankfurter Allgemeine Zeitung vom 29.9.1988.
Holthus, Manfred: Bewegung an der Schuldenfront, in: Wirtschaftsdienst X / 1988, S. 492.
33) Weltbank: World Debt Tables, Vol.I ... S. XVII.
34) Diese Stellungnahme wurde von Hellmut Hartmann, Chief Information Officer des IWF gegeben.
Hartmann, Hellmut: IWF - Weitere Crashs sind nicht auszuschließen, in: epd - Entwicklungspolitik, 16 / 17 / 1988, S. 20 - 25, hier: S. 23.

kaufaktion werden die Gläubiger bevorzugt berücksichtigt, die den höchsten Abschlag auf ihre Forderungen gewähren.[35)]

Um einen geordneten Schuldenerlaß sicherzustellen, wird sogar schon die Gründung eines "Institute of International Debt and Development" als joint venture der Weltbank und des IWF gefordert.[36)]

Die **Bewertung von Schuldenerlaß und Zinssatzsenkung** als Mittel zur Abwertung von Schulden fällt recht unterschiedlich aus.

Eine Abwertung von Schulden durch eine Zinssatzsenkung ist sicherlich weniger spektakulär als durch einen Schuldenerlaß. Aus diesem Grund werden Geschäftsbanken die "geräuschlose" Zinssatzsenkung einem "die Moral der Schuldner schwächenden" Schuldenerlaß vorziehen.

Der wohl wichtigste Unterschied der beiden Alternativen besteht für Geschäftsbanken jedoch darin, daß vor einem Schuldenerlaß der entsprechende Abschreibungsbetrag intern aufgebracht werden muß, während bei einer Zinssatzsenkung der Nominalwert der Schulden erhalten bleibt und der Kapitalwertverlust erst durch verminderte Zinseinnahmen während der Restlaufzeit der Forderungen realisiert wird.
Je höher die internen Abschreibungen einer Geschäftsbank sind, desto wohlwollender kann sie einem teilweisen Schuldenerlaß gegenüberstehen.[37)] Der Vorzug eines Schuldenerlasses besteht in der endgültigen Bereinigung der Bankbilanz von "Problemkrediten". Der vor allem gegen einen Schuldenerlaß vorgebrachte Einwand ist die These, daß ein Schuldenerlaß die Kreditwürdigkeit weiter verschlechtert und damit der notwendige Zugang zu den internationalen Kapitalmärkten in der Zukunft noch schwieriger wird. Diese These wird jedoch zunehmend in Zweifel gezogen und sogar in ihr Gegenteil verkehrt.
So schreibt das DIW: "*Eine Schuldenstreichung wird die betreffenden Länder zwar für einige Zeit von den internationalen Kapitalmärkten abschneiden. Damit*

---

35) o.V.: Chile will Banken deren Forderungen mit Abschlag abkaufen, in: Frankfurter Allgemeine Zeitung vom 29.9.1988.

36) Petersmann, Hans G.: Financial Assistence ... S. 78.

37) So ermöglichte die Spitzenposition der Deutschen Bank bei der internen Abschreibung von Problemkrediten mit über 70 % ihrem Vorstandssprecher Herrhausen anläßlich der Jahrestagung von IWF und Weltbank im September 1987 einen teilweisen Schuldenerlaß in Erwägung zu ziehen.

wird gegenüber dem derzeitigen Zustand jedoch nichts verschlechtert; mit der Reduzierung des Schuldenüberhangs wird eine der Voraussetzungen für einen Neubeginn geschaffen."[38)]

Diese Bewertung wird von einer Kommission führender amerikanischer Banken nach einem "*bahnbrechenden Sinneswandel*" geteilt.[39)] Die Kommission vertritt die Ansicht, "*that co-operatively negotiated debt reduction would return developing countries to credit worthiness sooner rather than later*".[40)]

Die Unctad sieht die positive Wirkung eines Schuldenerlasses darin, "*that a debt reduction would reduce the credit risk on the remaining debt and raise prices on secondary markets*".[41)]

Im Gegensatz zu Geschäftsbanken dürften die Regierungen der Industrieländer gegen eine spektakuläre Abwertung ihrer Forderungen gegenüber den Entwicklungsländern nichts einzuwenden haben.

So wurde über den Erlaß der gegenüber den ärmsten Entwicklungsländern noch bestehenden Forderungen in einer Höhe von 3,3 Mrd. DM durch die Bundesregierung im Juli 1988 von der Frankfurter Allgemeinen Zeitung in ihrem Leitartikel berichtet. Die tatsächlichen Kosten des Schuldenerlasses wurden vom ehemaligen Entwicklungsminister Klein mit 40 Mio. DM in Form von jährlichen Einnahmeausfällen für den Bundeshaushalt beziffert.[42)]

Im Unterschied zu Geschäftsbanken stehen Regierungen nicht unter dem Zwang einer ökonomischen Gewinn- und Verlustrechnung und sind auch nicht der Gefahr des wirtschaftlichen Konkurses ausgesetzt. Der Schuldenerlaß führt nicht zu einer Gewinneinbuße, die möglichst durch Wertberichtigungen über mehrere Jahre verteilt werden muß, sondern macht sich lediglich als Einnahmenausfall bemerkbar, der innerhalb des Staatsbudgets auszugleichen ist. Die Entscheidung von Regierungen orientieren sich eher an einer "politischen Gewinn- und Verlustrechnung".[43)]

---

38) Deutsches Institut für Wirtschaftsforschung: Schuldenkrise der Dritten Welt, in: Wochenbericht 36 / 88, S. 476.

39) o.V.: Amerikanische Banken für Schuldenerlaß, in: Frankfurter Allgemeine Zeitung vom 9.9.1988.

40) o.V.: Bankers propose debt forgiveness for Third World, in: Financial Times vom 8.9.1988.

41) o.V.: Unctad urges Third World debt write-off, in: Financial Times vom 2.9.1988.

42) Broichhausen, Klaus: Bonn erläßt dreizehn Entwicklungsländern mehr als drei Milliarden Mark Schulden, in: Frankfurter Allgemeine Zeitung vom 21.7.1988.

43) "*For government creditors the most important criterion for undertaking debt restructuring is their perception of political gain or loss. Official creditors can lose financially through defaults and other problems, but such losses are judged in political terms.*"

Eine ökonomische Notwendigkeit zu einer, wie auch immer bewerkstelligten, Abwertung von Forderungen besteht für den Gläubiger grundsätzlich dann, wenn der Schuldner als überschuldet (insolvent) angesehen wird. In diesem Fall ist der Schuldner dauerhaft nicht in der Lage, den Schuldendienst "real" zu leisten. Die nominalen (Schuldendienst-)Forderungen des Gläubigers müssen den realen Möglichkeiten des Schuldners angepaßt werden, wenn nicht ein "Ponzi-Spiel" in Gang gesetzt werden soll.[44)]

Die **Möglichkeiten eines Schuldnerlandes** zur Abwertung seiner Auslandsschulden hängen maßgeblich davon ab, ob die Schulden in der eigenen (heimischen) Währung oder in einer fremden Währung nominiert sind.

Schulden in eigener Währung verlieren entsprechend der Inflationsrate im Schuldnerland real an Wert, d.h. der Gläubiger kann mit den Einnahmen aus dem Schuldendienst weniger Sozialproduktsgüter im Schuldnerland kaufen. Der Gläubiger versucht diesen Wertverlust durch einen Zuschlag auf den "Realzins"[45)] in Höhe der von ihm erwarteten Inflationsrate auszugleichen. Wenn man den "Realzins" als Norm nimmt, dann bedeutet eine unerwartet niedrige Inflationsrate eine Aufwertung der Schulden und umgekehrt führt eine unerwartet hohe Inflationsrate zur Abwertung der Schulden. Damit besteht die Möglichkeit durch einen plötzlichen und damit unerwarteten Inflationsschub Schulden real abzuwerten. Der Nachteil eines solchen "Schocks" besteht darin, daß die Gläubiger gezwungen werden, die Abwertung ihrer Schulden zu realisieren. Das äußere Zeichen der Realisierung einer solchen Abwertung ist die (offensichtliche) Diskrepanz zwischen Inflationsrate und Nominalzins, die den Realzins negativ werden läßt. Die Gläubiger werden aufgrund ihrer Fehleinschätzung in der Vergangenheit bei der Vergabe neuer Kredite zurückhaltender sein bzw. für die Unsicherheit bei der Erwartungsbildung einen Risikozuschlag verlangen.
Eine Abwertung durch Inflation kann jedoch auch ohne den "Schock" unerwartet hoher Inflationsraten vollzogen werden. Dazu ist notwendig, daß der Schuldner die Schuldendienstzahlungen mit "neuem Geld aus der Notenpresse" (nominal!) leistet. Solange die Gläubiger die Schuldendienstzahlungen wieder

---

Bramble, Barbara J.: The Debt Crisis - The Opportunities, in: The Ecologist No. 4 / 5, 1987, S. 192 - 199, hier: S. 192.

44) Vgl. die Ausführungen in Kapitel 2.6. "Exkurs: Solvenzrestriktion und Ponzi-Spiel", S. 127 f.

45) Zur Bestimmung des "Realzinses" vgl. die Ausführungen in Kapitel 1.3. "Verschuldung in der neoklassischen Kapitaltheorie: Arbeitsteilung bei der Kapitalakkumulation", S. 70 f.

zur Kreditvergabe an den Schuldner verwenden, wird ein "Inflationspotential" aufgebaut. Das "neue Geld" existiert - wie beim Ponzi-Spiel - nur in den Büchern von Gläubigern und Schuldner in Form von höheren Forderungen bzw. Schulden. Erst wenn die Gläubiger die Einnahmen aus dem Schuldendienst für den Kauf von Sozialproduktsgütern aus der Produktion des Schuldners verwenden, dann wird das Inflationspotential aktiviert. Der zusätzlichen Güternachfrage aus dem Ausland steht im Schuldnerland keine (reale) Produktion gegenüber. Der Ausgleich zwischen monetärer Güternachfrage und realem Güterangebot erfolgt über eine Preisniveausteigerung. Die Schulden werden entsprechend des Preisniveauanstiegs abgewertet. Der entscheidende Unterschied zum Ponzi-Spiel besteht darin, daß der Schuldner (nominal!) nicht zahlungsunfähig werden kann, denn das Zahlungsmittel für den Schuldendienst wird von ihm selbst "produziert".

Für die Schuldnerländer der "Dritten Welt" scheidet Inflation als Mittel zur Abwertung von Schulden aus, da deren Schulden vor allem in der fremden Währung "US-$" nominiert sind. Allerdings besteht ein indirekter Zusammenhang zwischen der Möglichkeit des "Weltgeldproduzenten" USA, seine Auslandsschulden zu "inflationieren" und der Verschuldung der "Dritten Welt".[46] Durch eine expansive Geldpolitik in den USA wird - dem Wirkungsmechanismus des Monetären Ansatzes folgend - die Leistungsbilanz der USA passiviert und die Dollarbestände außerhalb der USA aufgestockt. Über die zusätzlichen Dollarbestände verfügen die Länder, die durch zusätzliche Exporte in die USA zu der dortigen Passivierung der Leistungsbilanz beigetragen haben. Wenn die Exporteure Schuldnerländer sind, dann können die zusätzlichen Dollareinnahmen für den Schuldendienst verwendet werden. Wenn die Exporteure Gläubigerländer sind, dann stehen die zusätzlichen Dollareinnahmen zum Import von Gütern aus den Schuldnerländern oder als zusätzliches Kreditangebot zur Verfügung. In jedem dieser Fälle stellt sich die Bereitschaft der USA, Leistungsbilanzdefizite hinzunehmen, als ein Beitrag zur Lösung der Schuldenkrise dar.[47] Ein Blick auf

46) Die Sonderstellung des "Weltgeldproduzenten" oder allgemein eines "Reservewährungslandes" bezüglich der Verschuldung im Ausland wird im Rahmen des Monetären Ansatzes diskutiert. (Vgl. Kapitel 1.1.2.2., S. 36 f.)

47) Auf die Problematik der Interpretation von Leistungs(bilanz)salden als "Ursache" oder als "Wirkung" wird ausführlich in Kapitel 8.2.1. bei der Diskussion der "These vom strukturellen Überschußland" (S. 327 f.) eingegangen.

Eine positive Beurteilung der Rolle der Leistungsbilanzdefizite der USA in der Schuldenkrise gibt z.B. die Weltbank. "*Während die Schwankungen der Zinssätze und des Dollarkurses zu Anfang der achtziger Jahre vielen Volkswirtschaften erhebliche Anpassungskosten aufbürdeten, gab es auch Faktoren, die diese Zwänge abmilderten; der wichtigste dieser Faktoren war das große Handelsdefizit der Vereinigten Staaten. Vor allem im Jahr 1984 stieg dadurch das* die Leistungsbilanzsalden der USA zeigt, daß diese seit Beginn der Schuldenkrise ständig defizitär sind.[48] Das bisherige Maximum wird 1987 mit 162,3 Mrd. US-$ erreicht. Die für den Zeitraum 1983 - 1991 kumulierten Leistungsbilanzdefizite der USA betragen 943 Mrd. US-$. Die Bereitschaft der Weltwirtschaft, hohe Leistungsbilanzdefizite der USA hinzunehmen, läßt sich - gemäß dem Monetären Ansatz - mit der "monetären Führungsrolle" der USA als "Reservewährungsland" erklären. Für die USA sind Leistungsbilanzdefizite - wieder gemäß dem Monetären Ansatz - mit "Geldemissionsgewinnen" verbunden. Tatsächlich haben die USA die Möglichkeit, ihre Auslandsschulden durch Inflation abzuwerten und auf diese Art einen "Geldemissionsgewinn" zu realisieren.

Die an dieser Stelle gegebene Einschätzung der Rolle der Leistungsbilanzdefizite der USA in der Schuldenkrise steht im Widerspruch zur These, daß die Leistungsbilanzdefizite der USA in der ersten Hälfte der 80er Jahre einen Anstieg des weltweiten Zinsniveaus bewirkt haben und damit letztlich eine Ursache der Schuldenkrise sind. Eine empirische Auflösung dieses "Widerspruchs" müßte für jedes einzelne Schuldnerland der Frage nachgehen, was in der speziellen wirtschaftlichen Situation eines Landes hilfreicher ist, ein niedrigeres Zinsniveau oder bessere Exportmöglichkeiten. Solche Einzelfallstudien entsprechen jedoch nicht dem Ziel dieses Kapitels, "grundsätzliche Wege zur Lösung der Schuldenkrise" aufzuzeigen. Auf der theoretischen Ebene läßt sich der genannte "Widerspruch" durch die Unterscheidung von "Finanzierungsseite" und "Leistungsseite" wirtschaftlicher Transaktionen erfassen und auflösen.[49] Steigende Leistungsbilanzdefizite der USA bedeuten auf der Finanzierungsseite eine steigende Nettonachfrage der USA nach Krediten, was <u>ceteris paribus</u> das Weltzinsniveau erhöht, und auf der Leistungsseite steigende Nettoausgaben der USA für Importe, was die Nettoexporterlöse des Auslands gleichzeitig erhöht. Im Extremfall werden die zusätzlichen Exporterlöse vom Ausland vollständig als zusätzliches Nettokreditangebot bereitgestellt mit der Folge, daß das Weltzinsniveau durch die Leistungsbilanzdefizite der USA nicht beeinflußt wird. Unabhängig davon, ob bzw. in welchem Ausmaß die Finanzierung der Leistungsabilanzdefizite der USA das Weltzinsniveau steigen läßt, die Leistungs-

---

Wachstum des Welthandels, was die am Weltmarkt orientierten Entwicklungsländer beträchtlich stützte."

Weltbank: Weltentwicklungsbericht 1986, Washington D.C., S. 2.

48) Zu den Leistungsbilanzsalden der USA vgl. Grafik 25 auf S. 328.

49) Zur Auflösung dieses Widerspruchs auf der theoretischen Ebene kann auf Kapitel 1.1.2. "Monetäre Theorie: Wer befiehlt, Leistungsbilanz oder Kapitalbilanz?" (S. 30 f.) verwiesen werden.

bilanzdefizite der USA stellen nicht nur das zahlungsbilanztechnisch notwendige Gegenstück zu einer Steigerung der Nettoexporterlöse der Schuldnerländer in der "Dritten Welt" dar, sondern machen darüberhinaus die Abwertung eines zunehmenden Teils der weltweiten Auslandsschulden durch Preisniveausteigerungen möglich.

Während eine (reale) Abwertung von Schulden in eigener Währung durch den Schuldner in Form der Inflation ohne Verletzung von Kreditvereinbarungen erfolgen kann, ist eine Abwertung von Schulden in fremder Währung zwangsläufig mit dem Nichteinhalten von Kreditverträgen verbunden.
Der Schuldner kann vereinbarte Schuldendienstzahlungen "auf unbestimmte Zeit" aussetzen oder in ihrer Höhe begrenzen. Auf die vielfältigen Möglichkeiten, durch eine "Indexierung" die tatsächlichen Schuldendienstzahlungen von dem vertraglich vereinbarten Schuldendienst abzukoppeln, muß nicht näher eingegangen werden.[50)] In keinem Fall trägt eine einseitige Verletzung von Kreditvereinbarungen durch den Schuldner zur Lösung der Schuldenkrise bei. Die Schuldenkrise nimmt lediglich die Form einer vom Schuldner verursachten Vertrauenskrise an. Der Schuldner büßt zusätzlich an Kreditwürdigkeit ein.

---

50) Zu den verschiedenen Formen der Schuldendienstplafondierung vgl. Abs, Ludger: Die Verschuldungskrise Lateinamerikas ... S. 218 - 220.

4.4. Tausch von Schulden gegen andere Passiva (Debt swap)[51)]

Der erste Debt swap nach Ausbruch der Schuldenkrise im Jahre 1982 wurde 1983 von Martin W. Schubert organisiert. "*Für 80 Prozent des Nennwerts kaufte er einen Fünf-Millionen-Dollar-Kredit, den das costaricanische Industrieunternehmen UCCSA bei Banken in den USA aufgenommen hatte. Diese Schuldentitel verkaufte Schubert anschließend an eine Gruppe von Investoren in Costa Rica. Anstelle von Schulden hatte das Unternehmen plötzlich neue Teilhaber - und neues Kapital.*"[52)]
Schon dieser erste Debt(-equity) swap kann als "*ein gelungener Test einer kapitalmarktorientierten Schuldenumtauschaktion mit freiwilliger Inkaufnahme von Forderungsabschlägen durch die Banken bezeichnet werden.*"[53)]

Ebenfalls im Jahre 1983 ermöglichte Brasilien als Teil eines größeren Umschuldungsabkommens erste Debt swaps. In Höhe ihrer Devisen-Forderungen wurde ausländischen Gläubigern ein Anspruch auf ein Guthaben in brasilianischer Währung (Cruzeiro) bei Fälligkeit der Forderungen gewährt. Einige Gläubiger verkauften ihre Forderungen und damit den Anspruch auf ein Cruzeiro-Guthaben "*to a multinational corporation or similar institution that was planning to invest in Brazil*".[54)]

---

51) Das DIW spricht von "verschiedenen Formen des Tausches von Forderungen gegen andere Aktiva" und nennt explizit debt-equity-swaps, debt for debt, debt for bonds und debt for nature. Die Begriffsbildung "Tausch von Forderungen gegen andere Aktiva" bezieht sich auf die Gläubigerseite, während die Bezeichnung "Tausch von Schulden gegen andere Passiva" auf der Schuldnerseite ansetzt. Beide Bezeichnungen meinen das gleiche "Tauschgeschäft" und sind (zumindest) inhaltlich gleichwertig. Auf die Begriffsbildung wird im folgenden Kapitel 4.4.1. weiter eingegangen.
DIW: Schuldenkrise der Dritten Welt, in: Wochenbericht 36 / 88, S. 474.

52) Handschuch, Konrad: Blühendes Geschäft ... S. 58.

53) Diese zutreffende Charakterisierung erfolgt durch den Präsidenten des Bundesverbandes Deutscher Banken - Wolfgang Röller - allerdings für eine andere Transaktion dieser Art im Jahre 1988(!).
Röller, Wolfgang: Weltbank und Währungsfonds müssen stärker führen, in: Neue Osnabrücker Zeitung vom 21.9.1988.

54) IMF: Developing Countries Develop Debt-Equity swap Programs to Manage External Debt, in: IMF Survey, July 11 / 1988, S. 226 - 228.

Der ursprüngliche Gläubiger einer Forderung kann selbst Tauschpartner des Schuldners sein. So tauschte im März 1987 eine amerikanische Bank Forderungen gegenüber Mexiko in Höhe von 100 Mio. US-$ gegen eine Beteiligung an einem Luxushotelprojekt.[55)]
Diese Form des Debt(-Equity) swap ist die Ausnahme. Das Zustandekommen von Debt swaps wird durch die Möglichkeit, Schulden auf einem Sekundärmarkt zu handeln, erheblich gefördert.[56)]
Der Sekundärmarkt für Schulden dürfte in Zukunft, begünstigt durch zunehmende Wertberichtigungen für "Problemkredite" bei den Banken, weiter kräftig expandieren. Der Umsatz wird für 1986 auf 7 Mrd. US-$ geschätzt[57)] und der Nennwert der umgesetzten Schuldtitel Ende der 80er Jahre auf 50 Mrd. US-$ pro Jahr[58)]. Die Zahl der Makler soll (1988) über 30 betragen.[57)]

Neuere Entwicklungen im Schuldenhandel sind der Abschluß von Kauf- und Verkaufsoptionen und das Verleihen von Schulden gegen Gebühr.[59)]
Durch den gleichzeitigen Abschluß einer Kauf- und einer Verkaufsoption sollen die anderen Marktteilnehmer im unklaren gelassen werden, welche Transaktion tatsächlich geplant ist. Damit wird eine Preisreaktion des noch immer engen Marktes auf eine alleinige Kauf- oder Verkaufsofferte verhindert.
Das Verleihen von Schulden ermöglicht die Spekulation auf ein Sinken des Marktpreises. Wenn jemand glaubt, der Marktpreis sinkt, dann leiht er sich Schulden und verkauft diese sofort. Innerhalb der Leihfrist werden andere Schulden des gleichen Schuldners gekauft und dem Verleiher zurückgegeben. Die Differenz zwischen Verkaufpreis und Kaufpreis einschließlich der Leihgebühr ist der Gewinn des Spekulanten.

Außer den schon genannten Debt-Equity swap (Tausch von Schulden gegen Beteiligungskapital an Unternehmen) und Debt-Nature swap (Tausch von Schulden gegen Umwelt) existieren noch zwei weitere Formen des Debt swap, die allerdings bei der folgenden Analyse in den Hintergrund treten werden.

---

55) o.V.: Schuldendiskussion bleibt aktuell, in: Commerzbank Außenhandelsblätter 5 / 87, S. 3 - 7, hier: S. 5.

56) Vgl. Kapitel 4.4.3. "Die Bedeutung des Sekundärmarkts für Schulden", S. 196 f.

57) Böhmer, Gerhard: Innovative Finanzierungsinstrumente der Weltbank, in: Die Bank 10 / 87, S. 528 - 534, hier: S. 534.

58) Handschuch, Konrad: Blühendes Geschäft ... S. 54.

59) Handschuch, Konrad: Blühendes Geschäft ... S. 59 - 60.

Bei einem Debt-Debt swap werden Schulden unter ausländischen Gläubigern getauscht. Bei einem Debt-Peso swap findet ein Tausch von Devisenschulden in heimische Währung statt. Dabei steht "Peso" stellvertretend für die Währung des Schuldnerlandes. Nach einem Debt-Peso swap hat der Schuldner die Möglichkeit, seine Schulden durch Inflation abzuwerten.[60)]

Übersicht 12 zeigt das wertmäßige Volumen des Schuldentauschs in Form von Debt-Equity und Debt-Debt swaps für die Jahre 1984 bis 1989.

Übersicht 12: Volumen des Schuldentauschs in den Jahren 1984 - 1989 [1)]

	Schuldentausch in Mio. US-$					
	1984	1985	1986	1987	1988	1989
Alle Schuldnerländer	773	2088	2236	8188	22358	13780
darunter:						
Argentinien	31	469	-	35	1330	500
Brasilien	731	537	176	1800	9175	4000
Bolivien	-	-	-	1	349	20
Chile	11	313	987	1983	2905	2000
Costa Rica	-	-	7	146	17	10
Ecuador	-	-	-	125	258	-
Mexico	-	769	1023	3804	6670	6000
Philippinen	-	-	43	287	806	300

1) Die Angaben sind zusammengestellt aus:
World Bank: World Debt Tables, Washington D.C. 1989, S. 15.

60) Vgl. Kapitel 4.3. "Abwertung der Schulden", S. 171 f.

4.4.1. Die Vermögensbilanz als Hilfsmittel zur Analyse von Debt swaps

Vermögensbilanzen sind (noch) nicht Gegenstand der internationalen Systeme Volkswirtschaftlicher Gesamtrechnungen. Im Mittelpunkt der Volkswirtschaftlichen Gesamtrechnung stehen bisher Stromrechnungen mit dem gesamtwirtschaftlichen Erfolgsindikator "Sozialprodukt" als zentraler Größe. Eine Erweiterung der Volkswirtschaftlichen Gesamtrechnung durch eine Bestandsrechnung in Form von Vermögensbilanzen (entsprechend dem betriebswirtschaftlichen Rechnungswesen!) wird zwar angestrebt, ist aber über die Formulierung einiger Grundprinzipien und Richtlinien noch nicht viel weiter hinausgekommen.[61)]

So läßt sich etwa für die Bundesrepublik nur eine bruchstückhafte Berechnung des Volksvermögens als zentraler Größe einer Bestandsrechnung vornehmen.

Es liegen lediglich Daten vor über

- die Forderungen und Verbindlichkeiten gegenüber dem Ausland (Finanzierungsrechnung der Deutschen Bundesbank, Zahlungsbilanzstatistik),
- das reproduzierbare Anlagevermögen (Statistisches Bundesamt) und
- das Gebrauchsvermögen der privaten Haushalte (Statistisches Bundesamt).

Es fehlen vor allem Angaben über

- das Humanvermögen (einschließlich dem immateriellen nicht-finanziellen Vermögen wie z.B. Patente) und
- das Naturvermögen.

Die im folgenden vorgestellte Vermögensbilanz ist als Hilfsmittel zur theoretischen Analyse von Debt swaps zu verstehen. Vor allem unter diesem Aspekt erfolgt die Auswahl, Benennung und Gliederung der einzelnen Bilanzpositionen. Die Möglichkeit zur Quantifizierung einer Position tritt aufgrund des eher heuristischen Charakters dieser Bilanz als Aufnahmekriterium in den Hintergrund.

---

61) Zum Stand der Bemühungen zur Erstellung von Vermögensbilanzen für Länder als Bestandteil der Volkswirtschaftlichen Gesamtrechnungen vgl. die Ausführungen von Schmidt. Schmidt, Liane: Integration der Vermögensbilanzen in die internationale Systeme Volkswirtschaftlicher Gesamtrechnungen, in: Statistisches Bundesamt (Hrsg.), Internationale Systeme Volkswirtschaftlicher Gesamtrechnungen - Revision und Erweiterungen, Band 4 der Schriftenreihe Forum der Bundesstatistik, Wiesbaden 1986, S. 111 - 132.

Übersicht 13: Vermögensbilanz für ein Land

Aktiva	Passiva
1. Sachvermögen	5. Auslandsverbindlichkeiten
2. Humanvermögen	5a. Schulden 5b. Direktinvestitionen 5c. sonstige Ansprüche
3. Naturvermögen	
4. Auslandsforderungen 4a. Devisen 4b. "Kredite" 4c. Direktinvestitionen 4d. sonstige Ansprüche	6. Volksvermögen

Die **Vermögensbilanz für ein Land** läßt sich ableiten aus (1) der Zahlungsbilanz eines Landes und (2) den Inputfaktoren der gesamtwirtschaftlichen Produktionsfunktion.

(1) Die Zahlungsbilanz gibt in ihrer Eigenschaft als Auslandsvermögensänderungsrechnung (Kapitalbilanz i.w.S.) die Änderung der Auslandsforderungen und -verbindlichkeiten für den Zeitraum eines Jahres an, soweit die Änderung Folge von Transaktionen ist.[62] Die Summe der transaktionsbedingten Bestandsänderungen, korrigiert um etwaige Umbewertungen von Beständen, entspricht den Positionen "4. Auslandsforderungen" und "5. Auslandsverbindlichkeiten" der Vermögensbilanz.

(2) Ausgehend von dem Grundsatz, daß jedes Einkommen bzw. jeder Nutzen aus Vermögen fließt, müssen alle Vermögensgegenstände außer den Auslandsforderungen mit den Inputfaktoren einer gesamtwirtschaftlichen Produktionsfunktion korrespondieren.
Die gesamtwirtschaftliche Produktionsfunktion bildet die Entstehung des Produktionseinkommens als Kombination der Inputfaktoren ab. Die Menge der Inputfaktoren spiegelt den Einsatz von Vermögen im Produktionsprozeß wider.

---

62) *"Nicht in der Zahlungsbilanz erfaßt werden ... Änderungen am Bestand von Auslandsforderungen und -verbindlichkeiten durch Neubewertung, geänderte Wechselkurse, unfreiwilligen Verlust (Beschlagnahme, Konkurs), Abschreibung u.a."*
Deutsche Bundesbank: Die Zahlungsbilanzstatistik der Bundesrepublik Deutschland, Sonderdrucke der Deutschen Bundesbank Nr. 8, 1987, S. 26.

Definition:

Die **Aktivseite** erfaßt das Vermögen als Einkommens- bzw. Nutzenquelle einer Volkswirtschaft.

Erläuterungen zu den Positionen der Aktivseite:

Die Vermögenskategorien 1.-3. finden ihre Entsprechung in den drei klassischen Produktionsfaktoren "Kapital", "Arbeit" und "Natur"[63]. Diese drei Vermögenspositionen zusammen ergeben das Inlandsvermögen.

Die vierte Vermögenskategorie "Auslandsforderungen" steht für den Anspruch der Inländer an das Vermögen anderer Länder (des Auslands).[64] Der Bestand an Auslandsforderungen entspricht dem Brutto-Auslandsvermögen.

---

63) Eine Darstellung der Möglichkeit, den Produktionsfaktor Natur explizit im Rahmen des Heckscher-Ohlin Theorems zur Analyse internationaler Handelsströme einzubeziehen, findet man bei Borchert. "*Einige Güter werden nun aber neben Arbeit und Kapital mit verhältnismäßig vielen Einheiten des Faktors Natur hergestellt. ... Ein reichlich mit qualitativ hochwertiger Natur ausgestattetes Land benötigt daher zur Produktion bestimmter Güter weit weniger Kapital und Arbeit als ein weniger gut mit diesem Faktor ausgestattetes Land. Dieses Land könnte jenen Mangel nur mit einem relativ hohen Aufwand an Kapital ausgleichen.*"
Borchert, Manfred: Außenwirtschaftslehre - Theorie und Politik, 3., verbesserte u. erw. Aufl., Wiesbaden 1987, S. 67.
64) Vgl. die Terminologie der Dt. Bundesbank.
(a) Deutsche Bundesbank: Die Zahlungsbilanzstatistik ... :
Die Begriffspaare Auslandsaktiva/-passiva (S. 14) und Auslandsforderungen/-verbindlichkeiten (S. 26) werden offensichtlich als synonym betrachtet. Das Begriffspaar Forderungen/Verbindlichkeiten wird gewählt, um zu betonen, daß insbesondere das Auslandsvermögen den Charakter von Rechten bzw. Ansprüchen hat. In diesem Sinne betrachtet die Bundesbank Auslandsvermögen als "*finanzielle Ansprüche an das Ausland*" (S. 12).
(b) Deutsche Bundesbank: Zahlenübersichten und methodische Erläuterungen zur gesamtwirtschaftlichen Finanzierungsrechnung der Deutschen Bundesbank, Sonderdrucke der Deutschen Bundesbank Nr. 4, 1988:
"*Die Begriffe Forderungen und Verpflichtungen sind ... sehr weit gefaßt. Außer Gläubiger-Schuldner-Verhältnissen rechnen hierzu auch Finanzbeziehungen in Form von Aktien und sonstigen Beteiligungen, ferner Ansprüche gegen Versicherungen sowie die als Forderungen an das Ausland ausgewiesenen Bestände an finanziellem Gold.*" (S. 9). "*Im Konto des Sektors Ausland werden die Forderungen und Verpflichtungen der Gebietsansässigen gegenüber Gebietsfremden gegengebucht. Dabei schließen die finanziellen Aktiva und Passiva gegenüber dem Ausland auch das von inländischen Wirtschaftseinheiten im Ausland bzw. von Gebietsfremden im Inland erworbene Sachvermögen (Immobilien und Betriebsstätten) mit ein.*" (S. 7)

Devisen sind Forderungen in fremder Währung, über die kurzfristig verfügt werden kann. Aus der Sicht eines Landes erfüllen Devisen die Funktion eines internationalen Zahlungsmittels. Darin unterscheiden sie sich von den übrigen Forderungen.

"Kredite" sind Forderungen, die keine Devisen sind und über das Recht auf Verzinsung und Tilgung hinaus keine weiteren Rechte beinhalten.[65)]

Devisen und "Kredite" zusammen ergeben die Gesamtheit der Kredite an das Ausland. In der Vermögensbilanz des Auslands finden die Kredite (des Inlands an das Ausland) ihr wertmäßiges Gegenstück in den Schulden.

Die Kredite umfassen die Zahlungsbilanzpositionen "Gewährung von Krediten und Darlehen" und "Portfolioinvestitionen".

Direktinvestitionen beinhalten im Gegensatz zu den Krediten Mitsprache- und Entscheidungsrechte. Dafür ist die Verzinsung der Direktinvestitionen vom wirtschaftlichen Erfolg des finanzierten Projekts abhängig. Direktinvestitionen können als Besitz von Realkapital im Ausland verstanden werden.[66)]
Die Bestandsgröße Direktinvestitionen in der Vermögensbilanz entspricht von der begrifflichen Abgrenzung der Stromgröße Direktinvestitionen in der Zahlungsbilanz.

Sonstige Ansprüche sind alle restlichen Forderungen. In der offiziellen Zahlungsbilanzstatistik findet sich bisher lediglich die Position "Erwerb von privatem Grundbesitz", die zu den sonstigen Ansprüchen gezählt werden kann.

Ein Land hat die Möglichkeit seine laufenden Ersparnisse

- intern in Sach-, Human- und Naturvermögen zu investieren (um das zukünftige Produktionseinkommen bzw. den direkten Nutzen aus Vermögen zu steigern) oder

- extern in Forderungen gegenüber dem Ausland anzulegen (um das zukünf-

---

65) Da Devisen ebenfalls Kredite sind, sollen die Anführungszeichen andeuten, daß mit "Kredite" nur Kredite gemeint sind, die keine Devisen sind.

66) So etwa das DIW, das Beteiligungskapital, Direktinvestitionen und Realkapital gleichsetzt. DIW: Schuldenkrise der Dritten Welt, Wochenbericht 36 / 88, S. 474.

tige Zinseinkommen bzw. den direkten Nutzen aus Forderungen zu steigern).[67]

Definition:
Auf der **Passivseite** sind die Ansprüche an das Vermögen festgehalten.

Erläuterungen zu den Positionen der Passivseite:

Die Bilanzposition "5. Auslandsverbindlichkeiten" gibt den Anspruch des Auslands auf das Vermögen des betrachteten Landes wieder.

Bei den Schulden ist eine Aufspaltung in Devisen und "Kredite" aus analytischer Sicht im Rahmen dieser Untersuchung nicht erforderlich. Schulden sind Verbindlichkeiten, die über die Pflicht zur Verzinsung und Tilgung hinaus keine weiteren Pflichten umfassen.

Die Direktinvestitionen und sonstigen Ansprüche sind analog zur Aktivseite zu sehen.

Die Bilanzposition "6. Volksvermögen" errechnet sich als Saldo des Bruttovermögens und der Auslandsverbindlichkeiten und ist gleich der Summe aller Ersparnisse in der Vergangenheit einschließlich einer "Erstausstattung" an Human- und insbesondere Naturvermögen[68], korrigiert um etwaige Umbewertungen.

---

67) Zur theoretischen Analyse dieser Portfolioentscheidung vgl. insbesondere Kapitel 1.3. "Verschuldung in der neoklassischen Kapitaltheorie: Arbeitsteilung bei der Kapitalakkumulation", S. 70 f.

68) Mit der "Erstausstattung" an Naturvermögen als einzigem Produktionsfaktor wurde schon im 18.Jh. von den Physiokraten das "produit net" als ein Geschenk der Natur erklärt.
Borchert sieht das Spezifikum des Produktionsfaktors Natur darin, daß sich "*internationale Divergenzen*" bei den Einsatzmengen des Produktionsfaktors Natur "*vor allem aufgrund von vom Menschen unbeeinflußbarer Umstände*" ergeben. "*Der Produktionsfaktor Natur weist international natürliche Unterschiede in der Beschaffenheit und Verwertbarkeit auf.*"
Die natürlichen Unterschiede des Produktionsfaktors Natur können als Unterschiede in der (natürlichen) Erstausstattung mit Naturvermögen aufgefaßt werden. Es zeichnet sich in vielen Bereichen der Ökologie ab, daß für heute als scheinbar vom Menschen unbeeinflußbar gehaltene natürliche Umstände schon morgen der Einfluß ökonomischer Tätigkeit wirksam wird und übermorgen irreversible Veränderungen eintreten. Die Erstausstattung mit Naturvermögen hat sich dann aufgrund ökonomischer Tätigkeit verändert.
Borchert, Manfred: Außenwirtschaftslehre ... S. 67.

Die Differenz zwischen Auslandsforderungen und -verbindlichkeiten ist das Netto-Auslandsvermögen. Das Netto-Auslandsvermögen einer Volkswirtschaft entspricht der Summe der Leistungsbilanzsalden der Vergangenheit, korrigiert um etwaige Umbewertungen.
Eine Gleichsetzung von Netto-Auslandsvermögen mit Netto-Geldvermögen bzw. eine Gleichsetzung von Leistungsbilanzsaldo mit Änderung des Netto-Geldvermögens (wie sie im Rahmen des Kapitels 1 und 2 erfolgte) erscheint an dieser Stelle nicht zweckmäßig, da bei der Analyse des Tauschs Schulden gegen Umwelt (im zweiten Hauptteil dieser Arbeit) gerade die unterschiedlichen Inhalte der beiden Vermögensgegenstände "Netto-Geldvermögen" und "Naturvermögen bzw. Ansprüche an das Naturvermögen" eine wesentliche Rolle spielen. Letztlich handelt es sich jedoch nur um ein definitorisches Problem, ob eine Gleichsetzung der beiden Begriffspaare erfolgen soll oder nicht.

Zur weiteren Verdeutlichung des Grundgedankens der hier vorgestellten Vermögensbilanz soll zum Vergleich kurz auf den Versuch von Fuchs[69] eingegangen werden, eine *"Bilanz der Volkswirtschaft als Einzelwirtschaft"* aufzustellen.

Übersicht 14: Vermögensbilanz für ein Land nach Fuchs

Aktiva	Passiva
Boden	Eigenkapital
Min. Rohstoffe	
Anlagevermögen	Fremdkapital
Gold	

Fuchs verfolgt mit dieser Bilanz das Ziel, eine *"Ursachen- und Krisenanalyse der Verschuldung von Entwicklungsländern unter besonderer Berücksichtigung betriebswirtschaftlicher Kriterien"* vornehmen zu können.

69) Fuchs, Nikolaus: Ursachen- und Krisenanalyse der Verschuldung von Entwicklungsländern unter besonderer Berücksichtigung betriebswirtschaftlicher Kriterien ... S. 166 - 206.

Die Unterschiede zwischen der Bilanz von Fuchs und der hier vorgestellten Bilanz resultieren aus den unterschiedlichen Zielsetzungen und den damit verbundenen methodischen Unterschieden bei der Erstellung der Bilanz.

Fuchs geht von einer betriebswirtschaftlichen Bilanz aus und formt diese für volkswirtschaftliche Fragestellungen um. Dagegen steht die von mir vorgestellte Vermögensbilanz - wie gezeigt wurde - in einem engen Zusammenhang mit der Zahlungsbilanz und der Vorstellung von einer gesamtwirtschaftlichen Produktionsfunktion.
Die Positionen "Boden" und "Mineralische Rohstoffe" bei Fuchs sind ein Teil des Naturvermögens. Das "Anlagevermögen" und auch die Position "Gold" (= handelbarer Bestand an Gold) ist im Sachvermögen enthalten. Das "Eigenkapital" entspricht dem Volksvermögen. Das "Fremdkapital" (bei Fuchs eine Nettoposition!) ist gleich der Differenz von Auslandsverbindlichkeiten und Auslandsforderungen.

Allgemein lassen sich **zwei essentielle Unterschiede zwischen der Vermögensbilanz für ein Land und der Vermögensbilanz für ein Unternehmen** feststellen:

(1) Das Volksvermögen wird nicht irgendwann eingezahlt (wie das Eigenkapital bei Gründung eines Unternehmens), sondern ist "Erstausstattung" an Natur- und Humanvermögen oder wird im Laufe der Zeit aus dem Einkommen gespart .

(2) Das Vermögen von Ländern darf nur teilweise als Deckungsmasse von Verbindlichkeiten angesehen werden. Volkswirtschaften können nicht in Konkurs gehen, denn die Bevölkerung muß zumindest mit den lebensnotwendigsten Gütern versorgt werden (und kann nicht - analog zu einem Unternehmen - aus der Volkswirtschaft "entlassen" werden). Von dem gesamten Vermögen ist der Teil des Vermögens abzuziehen, der zur Aufrechterhaltung eines Mindestlebensstandards der Bevölkerung erforderlich ist.
Ein Land sollte schon dann als überschuldet angesehen werden, wenn das "restliche", als nicht unbedingt (überlebens-)notwendig angesehene Vermögen nicht ausreicht, die Verbindlichkeiten zu decken.

In diesem Sinne stellen Cooper / Sachs[70)] in ihrer Solvenzrestriktion für ein Land den Verbindlichkeiten das "*productive wealth*" abzüglich der "*discounted sum of minimum consumption expenditure*" gegenüber. Glick[71)] berücksichtigt ebenfalls "*minimum levels of consumption ... over the entire growth path*", spricht dann allerdings nicht von einer Solvenzrestriktion, sondern von einer "*Consumption Constraint*". Die Consumption Constraint wird bei Glick zur Solvenzrestriktion, wenn die Konsumausgaben der privaten Haushalte und des Staates mit Null angesetzt werden.[72)] Eine solche Solvenzrestriktion ist inhaltsleer, da sie nicht den Zwang zum Konsumieren in einer Volkswirtschaft berücksichtigt.[73)]

Die in diesem Kapitel vorgestellte "heuristische" Vermögensbilanz bildet den Rahmen für die weitere Analyse von Debt swaps.

4.4.2. Der Debt swap als eine abstrakte Form des Naturaltauschs

Ausgangspunkt der weiteren Überlegungen ist die gängige Einteilung von wirtschaftlichen Transaktionen in

- Leistungstransaktion (Transaktion, die das Geldvermögen der Akteure ändert = Einnahme und Ausgabe),
- Finanztransaktion (Transaktion, die das Geldvermögen der Akteure nicht ändert = Umschichtung von Geldvermögensbeständen) und
- Naturaltausch (ein Gut wird direkt, d.h. ohne Zwischenschaltung von Geld, gegen ein anderes Gut getauscht).

---

70) Cooper, Richard N. / Jeffrey D. Sachs: Borrowing Abroad - The Debtor's Perspective ... S. 22 - 23.

71) Glick, Reuven: Economic Perspectives ... S. 34.

72) Die Solvenzrestriktion "... implies that consumption and government spending are zero ...". Glick, Reuven: Economic Perspectives ... S. 34.

73) Vgl. die Ausführungen in Kapitel 2.6. "Exkurs: Solvenzrestriktion und Ponzi-Spiel", S. 127 f.

Der Versuch, den Debt swap einer dieser Kategorien zuzuordnen, stößt auf folgende Schwierigkeiten:

- Ein Debt swap hat, wie schon der Name sagt, das Ziel Schulden zu tauschen. Bei einem Debt-Debt swap soll die Struktur der Schulden bei zwei Gläubigern als Tauschpartner geändert werden. Damit handelt es sich eindeutig um eine Finanztransaktion zur Umschichtung von Risiko- und Ertragserwartungen zwischen den Portfolios der Gläubiger. (Im Grunde könnte auch die monetäre Rückzahlung eines Kredits als Debt-Debt swap bezeichnet werden. Unverzinsliche Devisen werden gegen verzinsliche Forderungen ("Kredite") getauscht.) Bei allen anderen Formen des Debt swap soll das Niveau der Schulden bzw. Kredite bei Schuldner und Gläubiger als Tauschpartner geändert werden. Von der Abgrenzung des Geldvermögens hängt es ab, ob eine Leistungs- oder eine Finanztransaktion vorliegt. Wenn unter Geldvermögen nur die Gläubiger-Schuldner-Verhältnisse im engeren Sinne, also Kredite bzw. Schulden, verstanden werden, dann handelt es sich immer um eine Leistungstransaktion. Wenn Geldvermögen alle Forderungen bzw. Verpflichtungen in der hier verwendeten weiten Definition umfassen soll, dann ist jeder Debt swap eine Finanztransaktion. Abgesehen von diesem definitorischen Problem, ergibt sich eine zweite Schwierigkeit bei der Klassifikation von Debt swaps.
- Die Nichtverwendung von Geld (Devisen) als Transaktionsmittel ist geradezu die Voraussetzung für die Durchführung von Debt swaps. Wenn der Schuldner das "Geld" hätte, um Zins- und Tilgungszahlungen zu leisten, dann wären Debt swaps als Instrument zur Entschärfung oder Lösung der Schuldenkrise unnötig. Die Nichtverwendung von Geld als Transaktionsmittel ist jedoch konstitutives Merkmal des Naturaltauschs.

Damit läßt sich der Debt swap keinem der drei genannten Kategorien wirtschaftlicher Transaktionen eindeutig zuordnen.

Wie die folgenden Ausführungen noch belegen werden, ist es zweckmäßig und damit gerechtfertigt, die Transaktion "Debt swap" als eine abstrakte Form des Naturaltauschs anzusehen. Getauscht werden unterschiedliche Ansprüche an (= Verfügungsrechte über) Vermögen. Der Anspruch "Schulden" wird getauscht gegen den Anspruch "Direktinvestition" (Debt-Equity swap) oder gegen einen "sonstigen Anspruch" (z.B. Debt-Nature swap).
Ansprüche an (= Verfügungsrechte über) Vermögen können als ein Gut i.w.S. (etwa analog zur Auffassung von der Geldhaltung als einem Gut) verstanden

werden. Die Formulierung "abstrakte Form" des Naturaltauschs soll an den weiten, abstrakte Ansprüche umfassenden Gutsbegriff erinnern.
Die Kennzeichnung als "Natural"tausch erfolgt aufgrund der fehlenden Zwischenschaltung von Geld (beim internationalen Tausch also von Devisen).[74)]

Der abstrakte Naturaltausch "Debt swap" stellt sich im Rahmen der Vermögensbilanz für das Schuldnerland als ein Passivtausch dar (vgl. Übersicht 15) und für das Gläubigerland als ein Aktivtausch (vgl. Übersicht 16, S. 195).

Übersicht 15: Debt swap in der Vermögensbilanz des Schuldnerlandes

Aktiva	Passiva
1. Sachvermögen	5. Auslandsverbindlichkeiten
2. Humanvermögen	↓ 5a. Schulden
	↑ 5b. Direktinvestitionen
3. Naturvermögen	5c. sonstige Ansprüche
4. Auslandsforderungen	
4a. Devisen	
4b. "Kredite"	6. Volksvermögen
4c. Direktinvestitionen	
4d. sonstige Ansprüche	

Durch die gedankliche Einführung von Geld als Transaktionsmittel kann ein Debt swap in zwei (Ver-)kaufgeschäfte zerlegt werden, die allerdings zunächst noch voneinander abhängig sind:

(1) Kauf einer Verbindlichkeit, die nicht zu den Schulden zählt, durch einen Gläubiger bei seinem Schuldner. (= Leistungstransaktion)[75)]

74) Der internationale Naturaltausch ("international barter") wird in der Literatur auch als Kompensationshandel mit vollständiger "*Demonetisierung*", d.h. "*es werden keine Devisen eingesetzt*", bezeichnet.
Sell, Friedrich L.: Der Kompensationshandel, in: WiSt 9 / 1988, S. 451 - 456, hier: S. 451.

75) Die Bezeichnung als Leistungstransaktion trifft für eine enge Definition des Geldvermögens zu. Bei einer weiten Definition handelt es sich um eine Finanztransaktion. Vgl. hierzu die Ausführungen auf der vorherigen Seite. Debt-Debt und Debt-Peso swaps sind von der folgenden Analyse ausgenommen.

Die Vermögensbilanz des Schuldners ändert sich wie folgt:
- Position 4a. Devisen nimmt zu
- Position 5b. Direktinvestitionen oder 5c. sonstige Ansprüche nimmt zu.

(2) (Rück-)kauf oder Rückzahlung von Schulden durch den Schuldner. (= Finanztransaktion)
Die Vermögensbilanz des Schuldners ändert sich wie folgt:
- Position 4a. Devisen nimmt ab
- Position 5a. Schulden nimmt ab.

<u>Übersicht 16:</u> Debt swap in der Vermögensbilanz des Gläubigerlandes

Aktiva	Passiva
1. Sachvermögen	5. Auslandsverbindlichkeiten
2. Humanvermögen	5a. Schulden 5b. Direktinvestitionen 5c. sonstige Ansprüche
3. Naturvermögen	
4. Auslandsforderungen	
↓ 4a. Devisen ↓ 4b. "Kredite" ↑ 4c. Direktinvestitionen ↑ 4d. sonstige Ansprüche	6. Volksvermögen

Der Naturaltausch "Debt swap" unterscheidet sich von der Abwicklung zweier normaler (Ver-)kaufgeschäfte dadurch, daß

- kein Geld als Tauschmittel erforderlich ist, was ein Vorteil ist, und daß
- doppelte Koinzidenz der Wünsche bei den Tauschpartnern herrschen muß, was ein Nachteil ist.

Ein Naturaltausch "Debt swap" kommt dann zustande, wenn der Vorteil, kein Geld als Transaktionsmittel zu benötigen, größer ist als der Nachteil, eine doppelte Koinzidenz der Wünsche herzustellen.
Diese Bedingung für das Zustandekommen eines Debt swaps soll im folgenden Abschnitt näher untersucht werden.

4.4.3. Die Bedeutung des Sekundärmarktes für Schulden

Dieses Kapitel beschränkt sich auf die Analyse der Bedeutung des Sekundärmarktes für das Zustandekommen von Debt swaps. Dabei wird davon ausgegangen, daß es Gläubiger gibt, die Schuldtitel mit einem Abschlag auf dem Sekundärmarkt anbieten. Es wird nicht untersucht, warum Gläubiger überhaupt Schuldtitel mit einem Abschlag anbieten und wie sich die Höhe des Abschlags bestimmt, da dieser Aspekt für die weiteren Überlegungen nicht von Bedeutung ist. Eine weitere Einschränkung dieses Kapitels besteht in der Vernachlässigung von Transaktionskosten. Die Berücksichtigung von Transaktionskosten würde an den grundsätzlichen Ergebnissen dieses Kapitels nichts ändern. Erst die Analyse des institutionellen Rahmens von Debt swaps erfordert eine Einbeziehung von Transaktionskosten.

Die Voraussetzung der doppelten Koinzidenz der Wünsche bei den (Natural-) Tauschpartnern wird leichter zu erfüllen sein, wenn es einen Sekundärmarkt für Schulden gibt. In diesem Fall genügt es, daß der potentielle Tauschpartner des Schuldners "Geld" hat, um sich den Tauschgegenstand "Schulden" kaufen zu können.

Der potentielle Tauschpartner sucht sich einen Schuldner, der bereit ist, Schulden gegen das gewünschte Verfügungsrecht über einen anderen Vermögensgegenstand zu tauschen. Wenn ein solcher Schuldner gefunden ist, dann kauft der potentielle Tauschpartner auf dem Sekundärmarkt dessen Schulden in einem, der geplanten Transaktion entsprechenden Umfang (= Transaktion (1) in Übersicht 17 auf S. 197). Der potentielle Tauschpartner übernimmt eine bestehende Gläubigerposition, weshalb er als "Sekundärgläubiger" bezeichnet werden soll. Bei dem Kauf von Schulden handelt es sich um eine Finanztransaktion (die Nettogeldvermögensposition von Käufer und Verkäufer bleibt unverändert). Nach diesem "vorbereitenden Kaufgeschäft" kann der eigentliche Schuldentausch stattfinden (= Transaktion (2) in Übersicht 17 auf S. 197).

Der ursprüngliche Gläubiger und der Nachfrager des vom Schuldner angebotenen Gutes "Verfügungsrecht" müssen bei Existenz eines Sekundärmarktes für Schulden nicht identisch sein.

Der **Nachteil der doppelten Koinzidenz** wird durch das, den eigentlichen Schuldentausch vorbereitende Kaufgeschäft auf dem Sekundärmarkt für Schulden (wo Geld als Transaktionsmittel dient!) wesentlich abgeschwächt.

Durch die Verwendung von Geld als Transaktionsmittel läßt sich der eigentliche Schuldentausch - wie im vorherigen Kapitel gezeigt wurde - in zwei (Ver-) kaufgeschäfte zerlegen, die sich wie folgt darstellen:

(2a) Der Schuldner verkauft ein Gut (hier ein Anspruch bzw. Verfügungsrecht) an den meistbietenden Nachfrager (= Leistungstransaktion).

(2b) Mit dem Verkaufserlös kauft oder zahlt der Schuldner seine Schulden zurück (= Finanztransaktion).

In Übersicht 17 wird die Aufspaltung des Debt swaps in "normale" Leistungs- und Finanztransaktionen noch einmal zusammenfassend dargestellt.

<u>Übersicht 17:</u> Aufspaltung des Debt swaps in Leistungs- und Finanztransaktionen

(1)	--->	(2)
Kauf von Schulden auf dem Sekundärmarkt		Tausch von Schulden gegen andere Verbindlichkeiten
|		|
Finanztransaktion		Naturaltausch

bzw. bei Zerlegung von (2) in:

(2a)	und	(2b)
Kauf einer Verbindlichkeit, die nicht zu den Schulden zählt durch den Gläubiger		(Rück-)kauf o. Rückzahlung von Schulden durch den Schuldner
|		|
Leistungstransaktion		Finanztransaktion

Der **Vorteil, kein Geld als Transaktionsmittel zu benötigen**, konkretisiert sich für den Debt swap in der Möglichkeit, einen "versteckten Schuldenerlaß" einzubauen.

Wenn der Schuldner die Möglichkeit hat, auf dem Sekundärmarkt seine Schulden zurückzukaufen, dann liegt es nahe, die Differenz zwischen Nominalwert und Marktpreis der Schulden (= Abschlag) als einen Schuldenerlaß zu interpretieren.[76)]
Bei einem Kauf der Schulden durch einen Sekundärgläubiger ändert ein solcher Abschlag nichts an der Verpflichtung des Schuldners, die Schulden zu tilgen und zu verzinsen. Der Nominalwert der Schulden bleibt erhalten.
Wie auch immer der "tatsächliche Wert" des vom Schuldner im Rahmen eines Debt swaps angebotenen Verfügungsrechtes eingeschätzt werden mag, die Schulden werden zum Nominalwert eingetauscht. Damit läßt sich der Schuldenerlaß nicht länger durch den, auf dem Sekundärmarkt bestimmten Abschlag quantifizieren.

Ein Debt swap muß jedoch einen, wenn auch offensichtlich "versteckten" Schuldenerlaß beinhalten, um dem Schuldner überhaupt einen Anreiz zu geben, auf das Geschäft einzugehen.

Allgemein kann der **Umfang des Schuldenerlasses bei einem Debt swap** in der Differenz zwischen dem Nominalwert der Schulden und dem Wert der Gegenleistung, die der Schuldner erbringt, gesehen werden.

Aus der <u>Sicht des Schuldners</u> entspricht der Wert der Gegenleistung den Kosten, die durch die Gegenleistung verursacht werden.

Aus der <u>Sicht des Gläubigers</u> ist der Wert der Gegenleistung bestimmt durch die (Opportunitäts-)Kosten, die dem Gläubiger entstünden, wenn er die Gegenleistung nicht erhielte.

Die Höhe des Schuldenerlasses bei einem Debt swap kann nie größer sein als der Abschlag auf die Schulden am Sekundärmarkt. Andernfalls wäre das

---

76) Von durch Marktzinsänderungen bedingte Kursschwankungen bei fester Verzinsung abgesehen.

Tauschgeschäft für den Tauschpartner des Schuldners im Vergleich zu einem Kauf des gewünschten Verfügungsrechts von Nachteil.
Der ursprüngliche Gläubiger "bezahlt" mit dem Abschlag den im Debt swap versteckten Schuldenerlaß und den Vorteil des Tauschgeschäfts für den Sekundärgläubiger.
Die Differenz zwischen dem Abschlag und dem tatsächlichen Schuldenerlaß ist der Preis, den der Schuldner für das "Verstecken" des Schuldenerlasses zahlt. Dieser Preis für das Verstecken des Schuldenerlasses entspricht dem Wert des Vorteils aus dem Tauschgeschäft gegenüber einem Kauf für den Tauschpartner des Schuldners.

Das folgende Zahlenbeispiel soll den Sachverhalt veranschaulichen:

Nominalwert der Schulden	:	1000
Marktpreis der Schulden	:	300
alternativer Kaufpreis des gewünschten Verfügungsrechts (= Wert der Gegenleistung beim Debt swap)	:	400

Abschlag
= Nominalwert der Schulden
minus
Marktpreis der Schulden = 700

versteckter Schuldenerlaß bei Debt swap
= Nominalwert der Schulden
minus
Wert der Gegenleistung = 600

Preis für das "Verstecken" des Schuldenerlasses
= Vorteil für den Tauschpartner des Schuldners
= Wert der Gegenleistung
minus
Marktpreis der Schulden = 100

Dieses Zahlenbeispiel mag insofern als eine theoretische Spielerei erscheinen, als der alternative (d.h. der beim Nichtzustandekommen des Debt swaps zu

zahlende) Kaufpreis des gewünschten Verfügungsrechts lediglich eine gedankliche Hilfskonstruktion ist.
Erst wenn ein Debt swap tatsächlich stattfindet, ist ein relativer Tauschwert für das Verfügungsrecht bestimmt. Das Verfügungsrecht hat aus der Sicht des Sekundärgläubigers den Preis "Verzicht auf Forderungen".
Der Marktpreis der Schulden muß unter dem Preis des Verfügungsrechts liegen, den der Tauschpartner des Schuldners bei einem Kaufgeschäft zu zahlen bereit gewesen wäre. Nur dann kann ein Debt swap zustandekommen.
Wenn der alternative Kaufpreis des Verfügungsrechts gleich dem Marktpreis der Schulden ist, dann ist der Nachfrager nach dem Verfügungsrecht indifferent zwischen dem direkten Kauf und dem indirekten Tausch des Verfügungsrechts.[77)]
Wenn der alternative Kaufpreis des Verfügungsrechts niedriger als der Marktpreis der Schulden ist, dann wird der Nachfrager das Verfügungsrecht ohne Umwege über den Sekundärmarkt für Schulden kaufen.

Die bisher nur vage als "Preis für das Verstecken des Schuldenerlasses" bezeichnete Größe soll genauer bestimmt werden.
Die Existenz dieser Größe (wie auch immer man sie nennen mag) folgt aus der generellen Annahme, daß die Verwendung von Geld im Vergleich zum Naturaltausch niedrigere Transaktionskosten verursacht. Das bedeutet, daß die Transaktionskosten des Naturaltauschs "Debt swap" zumindest nicht kleiner sein dürften als die Transaktionskosten, die zusammen für die beiden getrennten (Geld-)Geschäfte "Verkauf von Verfügungsrechten" und "Schuldenrückkauf" anfallen.
Bei der hier getroffenen Annahme gleicher Transaktionskosten von null ("Vernachlässigung von Transaktionskosten") muß es für den Schuldner über den Schuldenerlaß hinaus einen Nutzen geben. Dieser zusätzliche Nutzen kann in dem "Verstecken des Schuldenerlasses" gesehen werden, wenn man bedenkt, daß der Schuldner dadurch formal nicht auf fremde Hilfe zur Lösung "seines" Schuldenproblems angewiesen erscheint.
Eine ganz andere Erklärung ergibt sich, wenn man davon ausgeht, daß das vom Schuldner angebotene Verfügungsrecht ein "internationales Gemeinschaftsgut" betrifft, dessen Erhaltung auch für den Schuldner von Nutzen ist. In diesem Fall beinhaltet die als "Preis für das Verstecken des Schuldenerlasses"

---

77) Abgesehen von Transaktionskosten, die beim Kauf der Schulden auf dem Sekundärmarkt entstehen.

bezeichnete Größe zusätzlich den Preis, den der Schuldner bereit ist, für die (Mit-)Nutzung des Gemeinschaftsgutes zu zahlen. Diese Überlegung wird im Kapitel 7.4. bei der Analyse der Umwelt als globales Gemeinschaftsgut vertieft.

4.4.4. Die Kritik am Debt swap als Instrument zur Lösung der Schuldenkrise

Erster Kritikpunkt: **Die wirtschaftliche Autonomie der Schuldnerländer wird eingeschränkt.**

Diese von vielen Schuldnerländern befürchtete Wirkung von Debt-swaps kann nicht geleugnet werden. Das Ziel von Debt-Equity und Debt-Nature swaps ist gerade, Einfluß auf das wirtschaftliche Geschehen in den Schuldnerländern zu nehmen. Es geht nicht darum, ob die wirtschaftliche Autonomie eingeschränkt wird, sondern welche Auswirkungen diese Einschränkungen auf das Schuldnerland haben.

Die wirtschaftliche Autonomie eines Landes wird schon durch den Handel mit anderen Ländern eingeschränkt. Das Ausland beeinflußt über Preis- und Mengenänderungen die Importe und Exporte eines Landes. Dieser Einschränkung der Autonomie stehen allerdings die Vorteile aus der internationalen Arbeitsteilung gegenüber. Ein Land, das sich am internationalen Handel beteiligt, nimmt eine Einschränkung seiner Autonomie, etwa in Form des internationalen Konjunkturverbunds, in Kauf.

Die Verpflichtung Schuldendienst leisten zu müssen, stellt eine Einschränkung der wirtschaftlichen Autonomie des Schuldners dar. Durch die Konditionalität der IWF-Kredite wird die Einschränkung lediglich verstärkt, nicht jedoch hervorgerufen.

Die Ablehnung von Debt swaps mit der Begründung, die wirtschaftliche Autonomie eines Landes werde eingeschränkt, ist weniger ökonomisch-rational als vielmehr emotional zu verstehen. Insbesondere bei Debt-Nature swaps sind Vorurteile zu erwarten, die in der kolonialen Vergangenheit der Schuldnerländer wurzeln.

Zweiter Kritikpunkt: **Die Inflation in den Schuldnerländern wird beschleunigt.**

Die Gefahr inflationärer Nebenwirkungen von Debt swaps besteht immer dann, wenn im Rahmen von Debt swaps Zahlungen in heimischer Währung vom Staatssektor direkt oder in Gegenwertfonds zu leisten sind.
Der Staat kann zusätzliche Ausgaben prinzipiell aus vier Quellen finanzieren:

- Kürzung anderer Staatsausgaben
- Steuererhöhung
- Kredite vom inländischen Kreditmarkt
- Notenbankkredit.

Wenn zusätzlichen Ausgaben nicht eine entsprechende Zunahme der Produktion gegenübersteht, dann müssen bisherige reale Ausgaben (Absorption) verdrängt werden.
Bei einer Kürzung anderer Staatsausgaben erfolgt die Verdrängung unmittelbar. Das Volumen der gesamten Staatsausgaben bleibt gleich, lediglich die Struktur wird geändert.
Bei einer Steuererhöhung wird die Absorption des privaten Sektors über die Verminderung des verfügbaren Einkommens zurückgedrängt.
Bei einer Kreditaufnahme am inländischen Kreditmarkt führen steigende Zinsen über eine Verdrängung privater Kreditnachfrage zu einem Rückgang der Absorption.
Die Finanzierung zusätzlicher Ausgaben durch einen Notenbankkredit erhöht die mönetäre Nachfrage und bewirkt über steigende Preise die Verdrängung realer Ausgaben.

Eine Beschleunigung der Inflation in den Schuldnerländern ist keine konstruktionsbedingte zwangsläufige Folge von Debt swaps. Es besteht auch keine Veranlassung anzunehmen, daß Staatsausgaben in Zusammenhang mit Debt swaps eher durch Notenbankkredit finanziert werden als andere Ausgaben.

Dritter Kritikpunkt: **Es findet ein "Schuldenerlaß durch die Hintertür" statt.**

Der Verkauf von Schuldtiteln auf dem Sekundärmarkt läßt den Forderungsbestand des Verkäufers in Höhe der Differenz zwischen dem Nennwert der

Schuldtitel und deren Markt- (= Verkaufs-)preis sinken. Es liegt nahe zu vermuten, daß sich diese (durch eine Finanztransaktion bedingte!) Verminderung des Forderungsbestandes letztlich de facto in einem teilweisen Schuldenerlaß niederschlägt. Dieser Schuldenerlaß tritt nicht offen zu Tage, sondern erfolgt auf Umwegen durch die "Hintertür". In der Möglichkeit eines Schuldenerlasses durch die Hintertür überhaupt einen Kritikpunkt am Debt swap zu sehen, läßt auf eine generell ablehnende Haltung gegenüber einem Schuldenerlaß schließen. Tatsächlich liegt lediglich eine Kombination zweier Lösungswege vor, wie sie zu Beginn des 4. Kapitels exemplarisch aufgezeigt wurde.

5. Die Schuldenkrise der Weltwirtschaft - ein Resümee

Wenn die einzelnen Ergebnisse der Analyse der Schuldenkrise zu einer zentralen Aussage zusammengefaßt werden sollen, dann läßt sich sagen, daß sowohl in den Schuldnerländern als auch bei deren Gläubigern allgemein zu optimistische Vorstellungen bestanden und zum Teil noch heute bestehen, über die Möglichkeiten, mit Hilfe von Auslandskapital die wirtschaftliche Entwicklung eines Landes voranzutreiben. Auf der Gläubigerseite hat dieser Optimismus zu einer "leichtfertigen" Prüfung der Kreditwürdigkeit von Ländern und ihrer "Entwicklungsstrategie" geführt und auf der Schuldnerseite zu einer Fehlleitung der Kreditmittel in technisch und ökonomisch "zu ehrgeizige" Investitionsvorhaben und in konsumtive Verwendungen.

Das wichtigste Ergebnis der Untersuchung verschiedener Ansätze zur Erklärung von Verschuldung ist die Erkenntnis, daß selbst dann, wenn - wie in der ökonomischen Theorie unisono gefordert - die weltwirtschaftlichen Ersparnisse tatsächlich den produktivsten Verwendungen zugeführt werden, Auslandskredite für das Schuldnerland langfristig ein Hemmnis für die wirtschaftliche Entwicklung darstellen können. Im Rahmen der neoklassischen Kapitaltheorie läßt sich zeigen, daß eine Kreditaufnahme im Ausland zwar zunächst eine höhere Wachstumsrate des Einkommens und des Konsums im Schuldnerland ermöglicht, dafür jedoch bei Annäherung an das "steady-state" das Einkommens- und Konsumniveau im Vergleich zur Entwicklung ohne Auslandsverschuldung niedriger sein wird.[1] Damit findet in den Schuldnerländern eine zeitliche Umverteilung der Konsummöglichkeiten zukünftiger Generationen zugunsten der heutigen Generation statt.
Den Ablauf dieser Umverteilung kann man sich vereinfacht, aber in Einklang mit den zentralen Modellannahmen der neoklassischen Kapitaltheorie, folgendermaßen vorstellen: Ein "armes" Land zeichnet sich gerade dadurch aus, daß es "reich" an Investitionsgelegenheiten ist oder anders ausgedrückt, die Kapitalproduktivität relativ - d.h. im Vergleich zu "reichen" Ländern - hoch ist. Die heutige Generation in einem "armen" Land kann durch Sparen diesen "Reichtum" an Investitionsgelegenheiten nur in kleinen Schritten zur Ausdehnung der Produktion und damit zur Erweiterung ihrer Konsummöglichkeiten nutzen. Mit Auslandskapital lassen sich für die heutige Generation zusätzliche Investitionen

---

1) Vgl. hierzu Kapitel 1.3. "Verschuldung in der neoklassischen Kapitaltheorie: Arbeitsteilung bei der Kapitalakkumulation", S. 70 f.

durchführen. Der Gewinn aus diesen Investitionen fließt teilweise in Form von Zinsen an das Ausland. Der verbleibende Gewinn erhöht das Einkommen und damit die Konsummöglichkeiten der heutigen Generation im Schuldnerland. Die folgende Generation kommt zwar auch in den Genuß des höheren Einkommens, allerdings stehen diesem höheren Einkommen nicht nur die Zinszahlungen an das Ausland gegenüber, sondern darüberhinaus - und dies ist der entscheidende Punkt - haben sich die Investitionsgelegenheiten für diese und alle folgenden Generationen um die zusätzlichen auslandskreditfinanzierten Investitionen der vorangegangenen Generationen vermindert. Die "Erbschaft" einer Generation besteht auf der einen Seite aus dem Realkapitalstock und den verbleibenden Investitionsgelegenheiten sowie auf der anderen Seite aus den Schulden gegenüber dem Ausland. Wenn man nun in einem Gedankenexperiment das Einkommen im Schuldnerland konstant hält und die Höhe der Auslandsschulden variiert, dann muß einer höheren Verschuldung ein größerer Realkapitalstock zugeordnet werden, um die höheren Zinszahlungen "real", d.h. aus der Produktion, leisten zu können, ohne das Einkommen zu mindern. Mit einer Zunahme des Realkapitalstocks sinkt jedoch die Kapitalproduktivität, was sich in einer Abnahme der verbleibenden Investitionsgelegenheiten äußert. Die Möglichkeit, das Einkommen durch Investitionen zu steigern, nimmt durch die Inanspruchnahme von Auslandskrediten im Vergleich zur ausschließlichen Finanzierung der Realkapitalbildung durch Sparen rascher ab. Im "steady-state" ist das Einkommen entsprechend den Zinszahlungen an das Ausland niedriger als die Produktion.

Die modelltheoretische Analyse der "Mechanik der Verschuldung" zeigt, daß dieser Zustand der "Zinsknechtschaft" jedoch nur unter ganz bestimmten Bedingungen eintritt.[2] Die speziellen Annahmen der neoklassischen Kapitaltheorie führen dazu, daß gerade diese Bedingungen im Modell erfüllt sind. Ohne die Annahmen im einzelnen betrachten zu müssen, können die Annahmen quasi in ihrer Gesamtheit anhand der damit verbundenen Vorstellung von einem "steady-state" diskutiert werden.

Kennzeichen eines "steady-state" ist, daß die Produktion entsprechend der Wachstumsrate der Bevölkerung zunimmt, so daß das Pro-Kopf-Einkommen, der Pro-Kopf-Konsum und die Pro-Kopf-Ersparnis konstant bleiben. Auf dem Weg zum "steady-state" ist die Wachstumsrate der Produktion größer als die Wachstumsrate der Bevölkerung, d.h. der ökonomische Wohlstand des einzelnen steigt in dieser Phase. Es stellt sich die Frage, wie die Annäherung der bei-

---

2) Vgl. hierzu Kapitel 2.4. "Die Stadien der Verschuldung", S. 120 f.

den Wachstumsraten erfolgt. Im Rahmen der neoklassischen Kapitaltheorie sinkt die Wachstumsrate der Produktion als Folge einer steigenden Kapitalintensität[3] und der damit verbundenen Abnahme der Kapitalproduktivität. Die Wachstumsrate der Bevölkerung wird als exogen bestimmt angenommen. Wenn die Wachstumsrate der Produktion soweit gesunken ist, daß sie der konstanten Wachstumsrate der Bevölkerung entspricht, dann bleibt die Kapitalintensität und die Kapitalproduktivität gleich. Das Sparen dient ausschließlich dazu, den Bevölkerungszuwachs mit dem gleichen Realkapital pro Kopf wie die ursprüngliche Bevölkerung zu versorgen. Das Pro-Kopf-Einkommen, der Pro-Kopf-Konsum und die Pro-Kopf-Ersparnis nehmen ihre "steady-state"-Werte an. Dieses Modell berücksichtigt nicht, daß die natürlichen Ressourcen der Erde absolut begrenzt sind. Die physische Verknappung der natürlichen Ressourcen erhöht die gesamtwirtschaftlichen Kosten der Produktion und läßt die Kapitalproduktivität sinken. Auch technischer Fortschritt, der die Naturintensität[4] der Produktion vermindert, ändert hieran grundsätzlich nichts, solange der technische Fortschritt nicht "vom Himmel fällt", sondern selbst Kapital bindet. Die absolute physische Begrenztheit der natürlichen Ressourcen zwingt zu einem "steady-state" mit einer Wachstumsrate aller Größen von null.[5] Je stärker das Bevölkerungswachstum ist, desto schneller sinkt die Kapitalproduktivität als Folge der absoluten physischen Begrenztheit der natürlichen Ressourcen und desto mehr muß gespart werden, um eine Steigerung des Pro-Kopf-Einkommens herbeizuführen.

Wenn die Verknappung der natürlichen Ressourcen nicht oder nur ungenügend in die Überlegungen zur Prognose bzw. Planung des langfristigen Entwicklungspfades eines Landes einbezogen wird, dann führt dies zu einer Überschätzung der in Zukunft zu erwartenden Kapitalproduktivität (oder der "Investitionsgelegenheiten") und des zukünftigen Wirtschaftswachstums.
An dieser Stelle soll folgende These zur Diskussion gestellt werden: Die "Ölpreisschocks" der siebziger Jahre wurden als Warnsignale einer weltweiten Verknappung der Rohstoffe verstanden. Die Frage, wie lange reichen die Vorräte an Rohstoffen noch, rückte ins Zentrum der Umweltdebatte. Beispielsweise

---

3) Unter "Kapitalintensität" wird das Verhältnis von Kapitaleinsatz zu Arbeitseinsatz bei der Produktion verstanden.

4) Die "Naturintensität" gibt das Verhältnis des Einsatzes natürlicher Ressourcen zu den Einsatzmengen der anderen Produktionsfaktoren wieder.

5) In der Sprache der ökonomischen Wachstumstheorie heißt das, die dauerhaft erreichbare Systemwachstumsrate wird durch den absolut begrenzten Produktionsfaktor "Natur" vorgegeben und beträgt damit null.

kommt die Studie "Global 2000" zu dem Schluß, daß die Welt-Ölreserven bei einer konstanter Wachstumsrate des Ölverbrauchs nur bis zum Jahr 2008 reichen und die bekannten Reserven an Zink im Jahr 1995, an Kupfer im Jahr 2010 und an Bauxit im Jahr 2039 zur Neige gehen, wenn der prognostizierte Verbrauch dieser Rohstoffe tatsächlich realisiert wird.[6] Aufgrund dieser Ergebnisse von Simulationsrechnungen wurde allgemein erwartet, daß die Preise der wichtigsten Rohstoffe in Zukunft im Trend steigen werden. Die Wachstumschancen, und damit die Kreditwürdigkeit rohstoffreicher Länder, wurden als besonders hoch eingestuft. Die Erwartungen erfüllten sich aus mehreren Gründen nicht. Auf der einen Seite führten eine deutliche Verlangsamung des Wirtschaftswachstums und Maßnahmen zum Umweltschutz in den Industrieländern zu einer Stagnation oder sogar zu einem Rückgang des Rohstoffverbrauchs. Auf der anderen Seite wurde die Exploitation bekannter Lagerstätten und die Suche nach neuen Rohstoffreserven forciert und damit das Angebot an Rohstoffen erheblich ausgeweitet. Um bei Preisen, deren Anstieg hinter den Erwartungen zurückblieb, doch noch die erhofften Exporterlöse zu erzielen, wurden die Angebotsmengen weiter ausgedehnt, so daß der Druck auf die Preise in einem sich selbst verstärkenden Prozeß zunahm. Die unerwartet niedrigen Rohstoffpreise führten jedoch in den Industrieländern nicht zu einem Nachlassen der Anstrengungen, den Rohstoffverbrauch einzuschränken. Der Grund hierfür ist die Einsicht, daß nicht nur die Verfügbarkeit von Rohstoffen begrenzt ist, sondern auch die Fähigkeit der Umwelt Abfälle und Emissionen aufzunehmen eine Grenze hat. Der direkte Weg zur Vermeidung von Abfällen und Emissionen ist die Drosselung des Einsatzes primärer Rohstoffe in der Produktion. Damit hat letztlich der verstärkte Umweltschutz in den Industrieländern einen Beitrag dazu geleistet, daß die rohstoffreichen Schuldnerländer wieder "ärmer" und damit weniger kreditwürdig erschienen. Darüberhinaus wurde immer deutlicher, daß auf der anderen Seite auch die "Assimilationskapazität" für Abfälle und Emissionen in den Entwicklungsländern in der Vergangenheit weit überschätzt worden war. Die relativen Standortvorteile der Entwicklungsländer für verschmutzungsintensive Industrien fielen geringer aus als erhofft, d.h. auch unter diesem Aspekt mußten die Wachstumschancen und die Kreditwürdigkeit von Schuldnerländern nach unten korrigiert werden.[7]

---

6) Council on Environmental Quality: The Global 2000 Report to the President, Washington 1980, Titel der deutschen Ausgabe: Global 2000 - Der Bericht an den Präsidenten, Frankfurt 1980, S. 68 und S. 435.

7) Beispielsweise schätzte eine kürzlich vom World Research Institute durchgeführte Studie, daß, obwohl das BSP von Indonesien zwischen 1970 und 1984 um jährlich 7 % wuchs, die

Es stellt sich die Frage, inwieweit die derzeitige Einschätzung des "natürlichen Reichtums" der Schuldnerländer gerechtfertigt ist, oder ob sich nicht schon heute eine erneute Umbewertung abzeichnet. Tatsächlich setzt sich immer mehr die Erkenntnis durch, daß zwischen allen Ländern der Erde ökologische Beziehungen bestehen, die in Zukunft eine globale Umweltpolitik erforderlich machen werden. In diesem Zusammenhang können sich für Schuldnerländer ganz neue Möglichkeiten ergeben, ihren natürlichen Reichtum "in Wert" zu setzen. Diese Entwicklung könnte durch den Tausch "Schulden gegen Umwelt" zum Vorteil aller beschleunigt werden.

---

tatsächliche Wachstumsrate auf 4 % jährlich fallen würde, wenn die Zerstörung der Umwelt berücksichtigt würde.

Warford, Jeremy / Zeinab Partow: Die Umweltpolitik der Weltbank, in: Finanzierung & Entwicklung, Nr. 4 / Dezember 1989, S. 5 - 8, hier: S. 6.

Zweiter Teil: Der Tausch "Schulden gegen Umwelt"

"Natur! Wir sind von ihr umgeben und umschlungen - unvermögend aus ihr herauszutreten, und unvermögend tiefer in sie hinein zu kommen. Ungebeten und ungewarnt nimmt sie uns in den Kreislauf ihres Tanzes auf und treibt sich mit uns fort, bis wir ermüdet sind und ihrem Arme entfallen.
Sie schafft ewig neue Gestalten; was da ist, war noch nie, was war kommt nicht wieder - alles ist neu, und doch immer das Alte."

Johann Wolfgang Goethe

6. Ökologische Beziehungen zwischen Ländern

Eine ökonomische Analyse von Umweltproblemen und die Ausarbeitung von Lösungen dieser Probleme setzt ein Mindestmaß an ökologischem Wissen und Verständnis voraus und erfordert darüberhinaus die Fähigkeit, ökologische Erkenntnisse so aufzubereiten, daß einerseits eine ökonomische Analyse möglich wird und andererseits keine wichtige Information als Folge notwendiger Vereinfachungen verloren geht. Die viel beschworene "Versöhnung von Ökologie und Ökonomie" wird nur dann gelingen, wenn die Ökonomen bereit sind, ihre Theorien und Handlungsempfehlungen unter Berücksichtigung der neuesten ökologischen Erkenntnisse ständig zu überdenken und gegebenenfalls zu korrigieren.[1)]

---

1) Dabei sieht sich der Ökonom als Fachfremder vor die Aufgabe gestellt herauszufinden, was die "neuesten ökologischen Erkenntnisse" sind. Dies ist ein schwieriges Unterfangen. Zunächst besteht die Gefahr, nicht "auf dem laufenden" zu sein. Dann muß bei jeder Information über neue Erkenntnisse entschieden werden, ob es sich dabei noch um eine Hypothese handelt oder ob schon eine "gesicherte" Erkenntnis vorliegt. Nun kann man sich auf den Standpunkt stellen, nur gesicherte Erkenntnisse als Grundlage für die eigene Analyse heranzuziehen. Doch, wann ist eine Erkenntnis gesichert? Bei einer Wahrscheinlichkeit von 60 % oder bei einer

Ökonomen sollten stets folgendes bedenken: Das ökologische System folgt Naturgesetzen, die von den Menschen allgemein als Grundlage ihrer Existenz, ob sie wollen oder nicht, hingenommen werden müssen und speziell von Ökonomen wieder als "Rahmen" ihrer Analysen zu akzeptieren sind, wenn ein Weg aus der Umweltkrise gefunden werden soll.[2] Das ökonomische System wird im Gegensatz zum ökologischen System von Spielregeln gesteuert, die von Ökonomen mit dem Ziel erdacht sind, die Güterversorgung zu optimieren. Eine Versöhnung von Ökologie und Ökonomie kann nur auf dem Weg der Anpassung des ökonomischen Systems und dessen Spielregeln an das ökologische System stattfinden. Der umgekehrte Weg, die Anpassung des ökologischen Systems an das ökonomische System, ist ausgeschlossen.[3] So trivial diese Er-

---

Wahrscheinlichkeit von 99 % oder dann, wenn sich alle Fachleute einig sind? Umgekehrt lohnt es sich nicht, jeder Hypothese hinterherzulaufen. Es bietet sich als Kompromiß an, verschiedene "Szenarien" heranzuziehen, die ein breites Feld von Möglichkeiten abdecken.

Darüber hinaus kann die Unsicherheit, mit der die ökologischen Erkenntnisse behaftet sind, als selbständiger Faktor in die ökonomische Analyse einbezogen werden. Ein Versuch in diese Richtung wird in der vorliegenden Arbeit unternommen. (Vgl. insbesondere Kapitel 8.2.2. "Umweltschutz als Luxusgut" und die Vorüberlegungen hierzu in Kapitel 7.3.)

2) Die "natürliche Ordnung" wurde insbesondere von den Physiokraten als unumstößlicher Rahmen ökonomischer Analyse (an)erkannt. Die wirtschaftlichen Aktivitäten sind so zu gestalten, daß sich die Produktivkräfte der Natur voll entfalten können. Wertschöpfung ist das alleinige Ergebnis natürlicher Produktivkräfte und damit ein "Geschenk der Natur". (Zur Bedeutung der Natur in der physiokratischen Lehre liegt eine ausführliche Untersuchung von Immler vor.)

In der Folgezeit wird die Natur immer weiter degradiert, bis sie vollständig im Kapitalverständnis der neoklassischen Theorie untergeht (man denke an die neoklassische Produktionsfunktion mit den Faktoren Arbeit, Kapital und der "Restgröße" technischer Fortschritt), oder ihr bestenfalls noch eine Statistenrolle als landwirtschaftlicher Produktionsfaktor oder als Standort wirtschaftlicher Aktivitäten zugebilligt wird. Es geht also darum, die Natur in der ökonomischen Analyse wieder in das rechte Licht zu rücken.

An Absichtserklärungen, dies zu tun, herrscht kein Mangel. So wird beispielsweise in einer Resolution zur Reform der Wirtschaftswissenschaften (verabschiedet auf der Jahresversammlung 1991 der Vereinigung für ökologische Wirtschaftsforschung, dem bedeutendsten Zusammenschluß ökologisch orientierter Wirtschaftswissenschaftler in der Bundesrepublik) festgestellt und gefordert: "*Alles Wachstum und aller Fortschritt ist nichts wert, wenn die Quellen allen Reichtums, die Natur, Schaden nimmt. Die ökonomische Wissenschaft muß begreifen, daß sie die Natur verstehen muß, wenn sie etwas von Wert, Wachstum, Wohlstand, Einkommen oder Gewinn verstehen will.*" (O.V.: Wirtschaften für die Natur ...)

Immler, Hans: Natur in der ökonomischen Theorie, Opladen 1985, S. 295 - 426.

o.V.: Wirtschaften für die Natur, in: Informationsdienst der Vereinigung für ökologische Wirtschaftsforschung Nr. 3 - 4, (Berlin) Juli / August 1991, S. 9.

3) In diesem Sinne argumentiert auch Maier-Rigaud: "*Im Unterschied zu dem uns vorgegebenen natürlichen System ist das ökonomische System menschlichen Zwecken unterworfen oder sollte es zumindest sein. Da die Erhaltung der natürlichen Lebensgrundlagen selbstverständli-*

kenntnis scheinen mag, so wenig hat sie bisher in ökonomischen Analysen zur Umweltproblematik zu entsprechenden Konsequenzen geführt.
Als ein bescheidener Versuch, in die richtige Richtung zu gehen, ist die folgende Vorgehensweise zu verstehen, in einem eigenständigen Kapitel zunächst ökologische Erkenntnisse so weitgehend und so aufbereitet zu präsentieren, daß das naturwissenschaftliche Fundament der anschließenden ökonomischen Analyse des anthropogenen Treibhauseffekts auch für den Nicht-Naturwissenschaftler verständlich und damit zumindest auf der logischen Ebene überprüfbar wird.

Ökologische Beziehungen zwischen Ländern lassen sich insbesondere zurückführen auf
- die geophysikalischen Stoffkreisläufe der Erde und
- die räumliche Verteilung der Spezies in der Biosphäre ("Artenvielfalt").

Beide Aspekte sind für die geforderte ökologisch orientierte Bestimmung des Gegenstandes von Debt-Nature swaps von so grundlegender Bedeutung, daß sie zunächst untersucht werden sollen, bevor anschließend auf die beiden komplexen ineinandergreifenden Phänomene "Treibhauseffekt" und "Ozonschicht" eingegangen wird.

6.1. Die geophysikalischen Stoffkreisläufe

Exemplarisch sollen die Funktionsweise von Wasserkreislauf und Kohlenstoffkreislauf und deren Bedeutung für den Menschen beschrieben werden.[4] Es sei

---

ches Ziel menschlichen Handelns ist und sein muß, kann es über das Verhältnis zwischen Ökonomie und Ökologie überhaupt keine Auffassungsunterschiede geben. Das ökonomische System ist im Vergleich zum ökologischen System nur ein Instrument. Die notwendige Anpassung ist daher von Wirtschaft und Gesellschaft zu leisten."
Maier-Rigaud, Gerhard: Die ökonomische Knechtschaft der Ökologie, in: Reiner Kümmel / Jörg Klawitter (Hrsg.): Umweltschutz und Marktwirtschaft, Würzburg 1989, S. 53 - 62, hier: S. 59 / 60.

4) An dieser Stelle sei (quasi als Fortsetzung der vorherigen Fußnote 2) darauf aufmerksam gemacht, daß der folgenden Analyse nicht der - in der Umweltökonomie (noch) vorherrschende - "mediale" Ansatz (d. h. die Umwelt wird nach Medien wie Luft, Wasser, Boden unterteilt und analysiert) zugrunde liegt, sondern einem "funktionalen" Ansatz (d. h. die Umwelt wird auf ihre Funktionen für den Menschen oder andere Lebewesen hin untersucht) gefolgt wird. Der funktionale Ansatz begreift die Natur eher als ständig neu schaffende Kraft ("natura naturans"), während der mediale Ansatz in der Natur eher das Geschaffene, die Materie

an dieser Stelle zur Begründung dieser Auswahl vorweggenommen, daß bei der Prognose von Klimaänderungen und bei der Suche nach ihren Ursachen vor allem das komplexe Zusammenspiel von Wasserkreislauf und Kohlenstoffkreislauf erhebliche Schwierigkeiten bereitet. Offensichtlich stehen Ökologen vor dem gleichen Problem wie Ökonomen, daß ein Übergang von der Partialanalyse zur Totalanalyse zwar ein Gewinn an Realitätsnähe bedeutet, aber die Ergebnisse der Analyse mit zunehmendem Komplexitätsgrad der Modelle sehr schnell an Sicherheit und Eindeutigkeit verlieren.

Die Funktionsweise des Wasserkreislaufs:

Aufgrund der Sonneneinstrahlung verdunstet ständig ein Teil des Oberflächenwassers und regnet nach einer mittleren Verweildauer in der Atmosphäre von 10 Tagen wieder ab. Das Ausmaß der Verdunstung von zur Zeit jährlich etwa 400.000 km^3 (Kreislaufwasservolumen der Erde) ist sehr stark von der Temperatur abhängig. Ein Temperaturanstieg, wie als Folge des anthropogenen Treibhauseffekts erwartet, erhöht die Verdunstung. Die Verteilung der Niederschläge wird vor allem von den globalen Luftströmungen bestimmt, die wie-

---

("natura naturata") sieht. Der entscheidende Vorteil des funktionalen Ansatzes ist, daß den wechselseitigen Beziehungen in ökologischen Systemen nachgegangen wird und nicht einzelne "Umweltmedien" isoliert betrachtet werden. Eine gewisse Parallelität zur Kreislaufanalyse ökonomischer Systeme ist unverkennbar und dürfte allein aus diesem Grund den funktionalen Ansatz für Ökonomen attraktiv machen. Der funktionale Ansatz steht einer Naturphilosophie des "organischen Ganzen", wie sie in dem Goethe-Zitat am Anfang des zweiten Teils dieser Arbeit zum Ausdruck kommt, recht nahe. Tatsächlich dürfte die Umweltproblematik einen gewichtigen Teil zur Renaissance einer Naturphilosophie des "organischen Ganzen" in unserer allgemein als "materialistisch" charakterisierten Gesellschaft beigetragen haben. So meint Peter Koslowski, ein exponierter Vertreter dieser Philosophie: "*Der Mensch und seine Wissenschaft können daher die Natur und die Begrenztheit der Ressource Natur nur angemessen begreifen, wenn sie die Natur als organisches Ganzes und nicht nur als Rohstoff-, Energie- oder Raumressource ansehen.*"

Eine ausführliche Erläuterung des funktionalen Ansatzes findet sich in

Rat von Sachverständigen für Umweltfragen: Umweltgutachten 1987, Stuttgart / Mainz 1987

und

Statistisches Bundesamt: Umweltökonomische Gesamtrechnung - Ein Beitrag der amtlichen Statistik, Wiesbaden 1990 (hrsg. als Diskussionspapier).

Das Zitat von Peter Koslowski findet sich in:

Koslowski, Peter: Risikogesellschaft als Grenzerfahrung der Moderne - Für eine post-moderne Kultur, in: Aus Politik und Zeitgeschichte - Beilage zur Wochenzeitschrift "Das Parlament", 36 / 89, S. 14 - 30, hier: S. 19.

derum von den Meeresströmungen beeinflußt werden. Die Niederschläge über dem Festland verdunsten direkt oder erreichen im Durchschnitt nach einigen Wochen über die Flußsysteme das Meer, um dort nach einer mittleren Verweilzeit von etwa 3.600 Jahren zu verdunsten. Ein kleiner Teil der Niederschläge versickert im Boden und wird zu Grundwasser, das eine Verweilzeit von bis zu 10.000 Jahren haben kann. Die Niederschläge über den Polargebieten bleiben dort im Mittel 15.000 Jahre als Eis gebunden.[5] Die Verteilung des Wassers im Kreislauf kann der Übersicht 18 entnommen werden.

Übersicht 18: Die Wasserbilanz der Erde[1]

Meereswasser	1.400.000.000 km^3
Eis und Schnee (vor allem der Polargebiete)	25.000.000 km^3
Flüsse und Seen	300.000 km^3
Grundwasser	200.000 km^3
Wasser in der Atmosphäre (Mittelwert)	12.400 km^3
Jährl. Kreislaufwasservolumen der Erde	400.000 km^3
Jährl. Kreislaufwasservolumen der Bundesrepublik	200 km^3

1) Moll, Walter L. H.: Taschenbuch für Umweltschutz, Bd. 1 Chemische und technologische Informationen, 3. Aufl., München / Basel 1982, S. 90.

Die Bedeutung des Wasserkreislaufs für den Menschen:

Durch den Wasserkreislauf werden die Wasservorräte des Festlandes ständig erneuert. Das Wasser dieser Vorräte ist für den Menschen

- ein wichtiges Lebensmittel (Trinkwasser)
- ein wichtiger Faktor der landwirtschaftlichen Produktion (Niederschläge, künstliche Bewässerung) und der Fischwirtschaft (Fischerei und Fischzucht)
- ein vielfältig genutzter Hilfsstoff in der hauswirtschaftlichen und der industriellen Produktion (Wasser zum Kochen, Kühlwasser)
- das wichtigste Transportmedium für feste und flüssige Abfälle aller Art
- als Gewässer ein beliebter Erholungsraum.

5) Die Angaben über die Verweilzeit sind entnommen aus Moll, Walter L. H.: Taschenbuch für Umweltschutz, Bd. 3 Ökologische Informationen, 2. Auflage, München / Basel 1982, S. 47 / 75.

Darüber hinaus transportiert das Wasser der großen, langsam fließenden Flüsse, wie Nil, Ganges und Gelber Fluß, natürliche Sedimente, die bei Überschwemmungen, insbesondere im Mündungsbereich der Flüsse, die Produktivität der überschwemmten Böden steigert.
Nicht zuletzt stellt der Wasserkreislauf selbst ein Energiepotential dar, das in elektrische Energie umgewandelt werden kann.

Der Wasserkreislauf kann zur Ursache internationaler Konflikte werden, wenn dessen Nutzung durch ein Land die Nutzung durch ein anderes Land beeinträchtigt. Insbesondere unterschiedliche Nutzungsarten sind konfliktträchtig. Zwei Beispiele sollen dies verdeutlichen:

- Die Nutzung des Energiepotentials am Oberlauf eines Flusses kann die landwirtschaftliche Nutzung des Flußwassers am Unterlauf beeinträchtigen. Durch das Auffüllen des neuerbauten Atatürk-Staudamms in der Türkei wird die nach Syrien und Irak fließende Wassermenge des Euphrat vorübergehend stark eingeschränkt. Zur Bewässerung der Felder ist die Landwirtschaft in Syrien und Irak jedoch auf das Wasser des Euphrat angewiesen.

- Die Nutzung von Wasser zum Transport von industriellen Abfallstoffen beeinträchtigt die Nutzung als Trinkwasser und zur Bewässerung landwirtschaftlicher Kulturen. Darüberhinaus wird die Qualität des Wassers als Lebensraum vermindert. Die Einleitung von industriellen Abfallstoffen in den Rhein auf dem Gebiet der Bundesrepublik macht eine Aufbereitung des Rheinwassers in den Niederlanden notwendig, bevor eine Nutzung als Trinkwasser und zur Bewässerung möglich ist.

Die Funktionsweise des Kohlenstoffkreislaufs:[6)]

Der Kohlenstoffkreislauf beschreibt den Übergang von Kohlenstoff zwischen den 4 Reservoiren Atmosphäre, Weltmeere, Biosphäre (einschließlich Pedosphäre) und Lithosphäre.

Unter Einfluß der Sonnenstrahlung entnehmen die grünen Pflanzen durch Photosynthese der Atmosphäre Kohlendioxid (CO_2). Etwa die Hälfte dieser Brutto-Primärproduktion der Pflanzen wird durch die Atmung wieder an die Atmosphäre abgegeben. Die verbleibende Netto-Primärproduktion erhöht den Kohlenstoffbestand der Biosphäre, der andererseits durch den Abfluß von CO_2 in die Atmosphäre, vor allem als Folge der mikrobiellen Zersetzung abgestorbenen organischen Materials, vermindert wird. Ein geringer Teil des Kohlenstoffs der Biosphäre wird durch Sedimentation der Lithosphäre zugeführt.

Die Atmosphäre und das Oberflächenwasser der Meere stehen in einem ständigen Austausch von Kohlenstoff durch Lösung und Ausgasen von CO_2. Die Löslichkeit von CO_2 im Meerwasser sinkt mit steigender Temperatur. Während die tropischen Meere aus kaltem Auftriebswasser, das sich an der Oberfläche rasch erwärmt, netto CO_2 an die Atmosphäre abgeben, nehmen die Meere der gemäßigten und subtropischen Zone netto CO_2 aus der Atmosphäre auf. Aus der Oberflächenschicht gelangt das Wasser und der darin gelöste Kohlenstoff relativ schnell bis zur Thermokline in ca. 75 Meter Tiefe. Durch die Thermokline wird das kalte Tiefenwasser vom wärmeren Oberflächenwasser getrennt. Ein Absinken unter die Thermokline ist nur im Nordatlantik und am Rande der Antarktis möglich, wo die Winter kalt genug sind, das Oberflächenwasser so stark abzukühlen, daß das Wasser bis in die Tiefsee sinken kann. Die Einstellzeit des Meerwassers auf Änderungen der CO_2-Konzentration in der Atmosphäre beträgt für die warme Oberflächenschicht einige Monate, für das Wasser bis zur Thermokline etwa 10 Jahre und für das Tiefenwasser einige hundert Jahre.

Die anthropogene Emission von CO_2 in die Atmosphäre resultiert vor allem aus der Verbrennung fossiler Energieträger und aus Landnutzungsänderungen

---

6) Die Beschreibung der Funktionsweise des Kohlenstoffkreislaufs orientiert sich an:
Grassl, Hartmut: CO_2, Kohlenstoff-Kreislauf und Klima, in: Naturwissenschaften 71 / 1984, S. 129 - 136,
Enquete-Kommission "Vorsorge zum Schutz der Erdatmosphäre": Erster Zwischenbericht ... S. 195 - 196,
Flohn, Hermann: Das Problem der Klimaänderungen in Vergangenheit und Zukunft, Darmstadt 1985, S. 65 - 80.

(Rodung der tropischen Wälder, Zerstörung der Savannen, Abschwemmung und Oxidation der Ackerböden).

Die jährliche Emission von CO_2 aus der Verbrennung fossiler Energieträger wird in der Literatur übereinstimmend mit 5 - 6 Mrd. Tonnen Kohlenstoff quantifiziert. Dagegen gehen die Schätzungen der Emission von CO_2 aus Landnutzungsänderungen weit auseinander. Die Enquete-Kommission Vorsorge zum Schutz der Erdatmosphäre übernimmt in ihrem ersten Zwischenbericht einen von Detwiler / Hall ermittelten Wert von 1 ± 0,6 Mrd. Tonnen Kohlenstoff.[7] In ihrem zweiten Bericht geht die Enquete-Kommission von Emissionen im Umfang von 1,5 ± 1 Mrd. Tonnen Kohlenstoff für 1980 aus.[8] Grassl nennt - unter Berufung auf zwei Studien aus den Jahren 1981 und 1983 - eine Spanne von 1,8 - 4,7 Mrd. Tonnen Kohlenstoff.[9]

Von der anthropogenen Emission von CO_2 verbleiben 2,9 Mrd. Tonnen Kohlenstoff in der Atmosphäre, was sich über die gemessene Änderung der Kon-

---

7) Detwiler / Hall ermittelten diesen Wert für das Jahr 1980(!). In ihrem Schlußwort wird die Problematik von Änderungen der Landnutzung wie folgt dargestellt: "*In the meantime, human population and economic growth, and their accompanying requirements for land, timber and other resources, almost inevitably mean that more forests will be cleared. The net carbon released by these activities is an important component of the global carbon cycle and, as a consequence, of possible future climate changes. Concurrently, there are many other (and perhaps more important) issues associated with these land use changes, including species extinction, local climate changes, and loss of many economic resources. Given the large and important changes that are taking place it is remarkable that our quantitative estimates of tropical land use change and its consequences are so uncertain.*"

Dem ist hinzuzufügen, daß die Schätzungen über Landnutzungsänderungen in den gemäßigten Zonen und deren ökologische und damit letztlich auch ökonomische Auswirkungen mindestens genauso unsicher sind. Da sich in den gemäßigten Zonen die "entwickelten" Länder befinden, erscheint diese Tatsache noch bemerkenswerter. Zu den (unfreiwilligen) Landnutzungsänderungen müssen auch die "neuartigen Waldschäden" gerechnet werden, die schon heute und - nach der bisherigen Entwicklung zu urteilen - in der Zukunft in zunehmendem Maße der Atmosphäre eine biosphärische CO_2-Senke entziehen. Zu den bisherigen Erkenntnissen über die Auswirkungen der neuartigen Waldschäden auf den Kohlenstoffkreislauf und damit den Treibhauseffekt vgl. die Ausführungen der Enquete-Kommission "Vorsorge zum Schutz der Erdatmosphäre".

Detwiler, R. P. / Charles A. S. Hall: Tropical Forests and the Global Carbon Cycle, in: Science, Vol. 239, Jan. 1988, S. 42 - 47.

Enquete-Kommission "Vorsorge zum Schutz der Erdatmosphäre": Schutz der tropischen Wälder ... S. 130 - 132.

8) Enquete-Kommission "Vorsorge zum Schutz der Erdatmosphäre": Schutz der tropischen Wälder ... S. 431.

9) Grassl, Hartmut: CO_2, Kohlenstoff-Kreislauf und Klima ... S. 129.

zentration von CO_2 relativ genau berechnen läßt. Die jährliche CO_2-Aufnahme der Weltmeere wird netto auf etwas mehr als 2 Mrd. Tonnen Kohlenstoff geschätzt.[10)] Eine solche Schätzung wird jedoch allgemein als sehr unsicher angesehen. Festzuhalten bleibt, daß es eine ungeklärte Differenz von 2,1 - 3,1 Mrd. Tonnen Kohlenstoff gibt.

Trotz lokal begrenzter natürlicher und anthropogener Quellen ist CO_2 aufgrund seiner relativ langen Lebensdauer in der Atmosphäre (5 - 10 Jahre), im Gegensatz etwa zu den Stickoxiden (Verweildauer in der Atmosphäre von einigen Tagen) annähernd gleichmäßig in der gesamten Atmosphäre verteilt.
In Übersicht 19 wird der Kohlenstoffkreislauf schematisch dargestellt und die Kohlenstoffreservoire und -flüsse quantifiziert.

Die Bedeutung des Kohlenstoffkreislaufs für den Menschen:

Von der trophischen[11)] Einbindung des Menschen in den Kohlenstoffkreislauf abgesehen, ermöglicht der Kohlenstoffkreislauf eine technisch relativ einfache Energiegewinnung durch Verbrennung. In diesem Zusammenhang sind zwei Aspekte von Bedeutung:

- Dem Kohlenstoffkreislauf verdankt der Mensch die (erschöpfbaren) Vorräte an fossilen Brennstoffen und eine regenerative Energiequelle in Form von Brennholz und organischen "Abfällen".

- Der spezifische Nutzen des Kohlenstoffkreislaufs in Zusammenhang mit dem Treibhauseffekt läßt sich darin sehen, daß das in die Atmosphäre emittierte Kohlendioxid nur vorübergehend dort verbleibt und so einem Ansteigen der Konzentration von Kohlendioxid in der Atmosphäre durch die Einbindung in den Kohlenstoffkreislauf entgegen gewirkt wird.[12)]

---

10) Detwiler, R. P. / Charles A. S. Hall: Tropical Forests and the Global Carbon Cycle ... S. 46, o.V.: CO_2-Aufnahme und -Abgabe der Weltmeere, in: Naturwissenschaftliche Rundschau, 38. Jahrg., Heft 12 / 1985, S. 528.

11) trophisch: die Ernährung (der Gewebe) betreffend.

12) "*Das anthropogen erzeugte CO_2 bleibt nicht vollständig als CO_2 in der Atmosphäre, sondern wird durch den natürlichen Kohlenstoffkreislauf in andere Reservoire gebracht.*"
Grassl, Hartmut: CO_2, Kohlenstoff-Kreislauf und Klima ... S. 129.

Übersicht 19: Der globale Kohlenstoffkreislauf[1)]

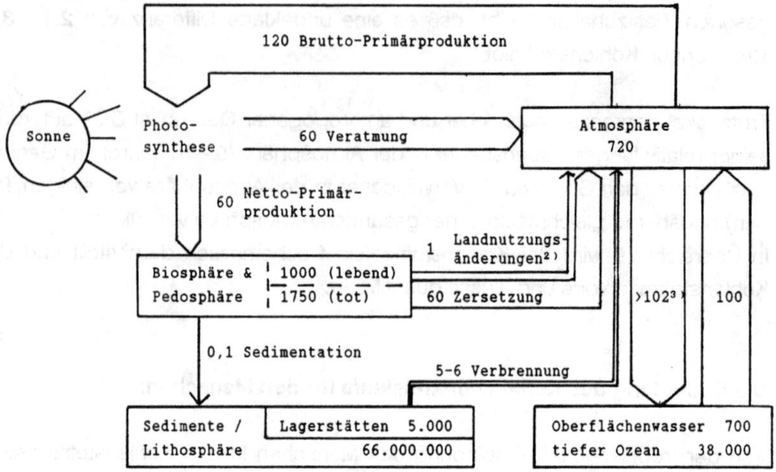

1) Diese Darstellung orientiert sich an der Darstellung der Enquete-Kommission "Vorsorge zum Schutz der Erdatmosphäre" (Erster Zwischenbericht).

Die Zahlen bedeuten Mrd. Tonnen Kohlenstoff bei den Reservoiren und Mrd. Tonnen Kohlenstoff pro Jahr bei den Flüssen. Die unterschiedliche Breite der Flüsse in der grafischen Darstellung entspricht ihrer unterschiedlichen Stärke.

Enquete-Kommission "Vorsorge zum Schutz der Erdatmosphäre": Erster Zwischenbericht ... S. 196.

2) Die Quantifizierung der Landnutzungsänderungen ist relativ unsicher.

Die Schätzungen liegen in einer Bandbreite von 1 - 4,7 Mrd. Tonnen Kohlenstoff.

Im zweiten Zwischenbericht der Enquete-Kommission "Vorsorge zum Schutz der Erdatmosphäre" wird für das Jahr 1980 von einer Netto-Emission durch die Abholzung tropischer Regenwälder von 1,5 ± 1 Mrd. t Kohlenstoff ausgegangen.

Eine Schätzung für 1989 von Myers kommt zu dem Ergebnis, daß die Abholzung tropischer Wälder zu einer Emission von 2,4 ± 0,4 Mrd. t Kohlenstoff führte.

Enquete-Kommission "Vorsorge zum Schutz der Erdatmosphäre": Schutz der tropischen Wälder ... S. 431.

Myers, N.: Deforestration Rates in Tropical Forests and their Climatic Implications. A Friends of the Earth Report, London 1989, S. 2.

3) Die Quantifizierung der Nettoaufnahme der Weltmeere von CO_2 aus der Atmosphäre mit 2 Mrd. Tonnen Kohlenstoff ist noch mit sehr großen Unsicherheiten behaftet.

6.2. Die räumliche Verteilung der Spezies in der Biosphäre

Die räumliche Verteilung der Lebewesen umfaßt zwei Aspekte:

- Zum einen bedeutet die Ländergrenzen überschreitende Verbreitung einer Spezies, daß die Population eines Landes Kontakte zu Populationen anderer Länder unterhält oder herstellen kann. Es werden sowohl positive als auch negative Eigenschaften einzelner Individuen über Ländergrenzen hinweg verbreitet. Zu denken ist etwa an die Übertragung von Krankheiten und in Zukunft an die Weitergabe von manipulierten Genen.[13)]
  Weitere Facetten des ersten Aspekts sind das Jagen von Wandervögeln in einigen Ländern auf ihrer jährlichen Route und die Einschleppung von "Schädlingen" aus anderen Ländern.

- Zum anderen bedeutet die räumliche Begrenztheit oder Einmaligkeit einer Spezies oder auch spezieller Ökosysteme, daß die in dieser Spezies oder in diesem speziellen Ökosystem enthaltenen Informationen nicht in allen Ländern oder sogar nur in einem Land verfügbar gemacht werden können. Die weitgehend noch unerforschte Artenvielfalt der tropischen Regenwälder wird als ein riesiges Genreservoir angesehen, dessen Erforschung von weltweiter Bedeutung für die Verbesserung landwirtschaftlicher Nutzpflanzen und die Herstellung neuer Medikamente ist. Darüberhinaus ist der tropische Regenwald das ideale Forschungsfeld, um ausreichende Kenntnisse der vielfältigen Zusammenhänge, Wechselwirkungen, Regelmechanismen und Organisa-tionsstrukturen von Waldökosystemen zu gewinnen. Diese Kenntnisse sind "*Voraussetzung für eine ökologisch und ökonomisch sinnvolle und wirksame Überführung unserer Wälder in leistungsfähige und stabilere Ökosystemformen und für gezielten Abbau chemischer Belastungen*".[14)]

---

13) So wurde in einer Sitzung des Europäischen Parlaments zur Notwendigkeit der gesetzgeberischen Regulierung der Biotechnologie die Feststellung getroffen: "*Mikroorganismen respektieren nationale Grenzen ebensowenig wie der saure Regen oder die Radioaktivität. Unter einem Unfall in einem Land hätten dann über tausende von Kilometern alle zu leiden.*"
o.V.: Freie Fahrt für Mikroorganismen?, in: Das Parlament, Nr. 29 / 14.7.1989, S. 7.

14) Brünig, Eberhard F. (Institut für Weltforstwirtschaft und Ökologie): Tropischer Regenwald als ideales Feld der Forschung, in: uni hh (Berichte, Meinungen aus der Universität Hamburg), Januar 1988, S. 40 f., hier: S. 40.

Dieser zweite Aspekt, die Bewahrung der Artenvielfalt als globale, alle Länder fordernde Aufgabe, ist neben dem Treibhauseffekt ein zentraler Punkt in der Diskussion der Möglichkeiten eines weltweiten Umweltschutzes.
Der **Verlust von Arten** hat in den letzten beiden Jahrzehnten aufgrund anthropogener Einflüsse einen nie dagewesenen Umfang erreicht.[15] Es wird geschätzt, daß Anfang der siebziger Jahre durchschnittlich eine Art pro Tag ausgestorben ist. Mitte der achtziger Jahre ist mit einem Verlust von einer Art pro Stunde zu rechnen. Zum Vergleich, in dem von menschlichen Einwirkungen freien Evolutionsprozeß der vergangenen 200 Millionen Jahre ist im Durchschnitt eine Art pro Jahr ausgestorben.
Die Schätzungen über den Artenrückgang in den tropischen Ländern reichen von 20 % bis 50 % der dort lebenden Arten bis zum Jahr 2000.

6.3. Der Treibhauseffekt

Die Wirkung des Treibhauseffektes wird durch mehrere Stoffkreisläufe beeinflußt. An dem zusätzlichen (anthropogenen) Treibhauseffekt ist z.B. der Kohlenstoffkreislauf durch das Kohlendioxid als einem atmosphärischen Spurengas zur Zeit mit etwa 50 % beteiligt.

Die Funktionsweise des Treibhauseffekts:[16]

Der Treibhauseffekt beruht auf der Eigenschaft atmosphärischer Spurengase, wie das Glasfenster eines Treibhauses wärmeabsorbierend zu wirken.
Die kurzwellige Sonnenstrahlung kann das Glas fast ungehindert passieren und wird durch die Körper im Innern des Treibhauses absorbiert, wodurch diese

---

15) Die folgenden quantitativen Angaben sind dem zweiten Zwischenbericht der Enquete-Kommission "Vorsorge zum Schutz der Erdatmosphäre" entnommen.
Enquete-Kommission "Vorsorge zum Schutz der Erdatmosphäre": Schutz der tropischen Wälder ... S. 495 - 509.

16) Der folgenden Darstellung liegen die Ausführungen der Enquete-Kommission "Vorsorge zum Schutz der Erdatmosphäre" über den aktuellen naturwissenschaftlichen Kenntnisstand zugrunde.
Enquete-Kommission "Vorsorge zum Schutz der Erdatmosphäre": Erster Zwischenbericht ... S. 177 - 194.

sich erwärmen. Die Infrarot-(Wärme-)Strahlung der erwärmten Körper wird vom Glas jedoch absorbiert und zum Teil nach außen, zum Teil zurück nach innen gestrahlt. Diese Rückstrahlung führt zu einer gegenüber außen erhöhten Innentemperatur des Treibhauses.
Die Temperatur im Treibhaus Erde (Erdboden und untere Atmosphäre) stellt sich so ein, daß ein Gleichgewicht der Strahlungsbilanz herrscht, d.h. die Energie der nach außen abgegebenen Infrarot-(Wärme-)Strahlung der aufgenommenen Energie der Sonnenstrahlung entspricht. Wenn die Konzentration der Treibhausgase in der Atmosphäre steigt, dann wird ein zunehmender Teil der Strahlung der Erdoberfläche von den Treibhausgasen in der Atmosphäre absorbiert und teilweise zur Erde zurückgestrahlt. Die Erde verliert weniger Energie an den Weltraum, als sie von der Sonne erhält. Die Erdoberfläche erwärmt sich solange, bis die Strahlungsbilanz der Erde durch die steigende Infrarot-(Wärme-)Strahlung der sich erwärmenden Erdoberfläche wieder ausgeglichen ist.

Ohne den "natürlichen" Treibhauseffekt läge die durchschnittliche Temperatur der Atmosphäre in Bodennähe nicht bei plus 15 °C, sondern bei minus 15 °C. Der natürliche für den Menschen und seine Umwelt lebensnotwendige Treibhauseffekt wird durch anthropogene Emissionen von Treibhausgasen in die Atmosphäre lediglich verstärkt. Diese Wirkung wird als "zusätzlicher" (oder "anthropogener") Treibhauseffekt bezeichnet.

Die einzelnen Treibhausgase waren im Mittel der achtziger Jahre am zusätzlichen Treibhauseffekt, entsprechend den Angaben in Übersicht 20 (S. 222), beteiligt. Der Beitrag der genannten Spurengase zum zusätzlichen Treibhauseffekt hängt ab von der laufend emittierten Menge, der spezifischen Verweildauer in der Atmosphäre und der Wirksamkeit eines Moleküls des betreffenden Gases bei der Absorption von Infrarot-(Wärme-) Strahlung. Diese drei Faktoren zusammengenommen ergeben das "Treibhauspotential" des jeweiligen Spurengases. Je größer die laufend emittierte Menge, je länger die Verweildauer in der Atmosphäre, je größer die Wirksamkeit, desto größer ist das Treibhauspotential eines Spurengases.
Die Verweildauer der Treibhausgase in der Atmosphäre hängt davon ab, wie schnell ein Treibhausgas von dem dazugehörigen Stoffkreislauf wieder aus der Atmosphäre entfernt und in "Senken" eingebunden wird. Die Senken für atmosphärisches CO_2 sind die Biosphäre, die Weltmeere und in einer sehr langfristi-

gen Betrachtung auch die Sedimente.[17]

Übersicht 20: Beitrag der einzelnen Treibhausgase zum anthropogenen Treibhauseffekt, ihre spezifische Wirksamkeit und Verweildauer in der Atmosphäre[1]

Treibhausgas	Beitrag[2]	Wirksamkeit[3]	Verweildauer
Kohlendioxid (CO_2)	50 %	1	5 - 10 Jahre
Methan (CH_4)	19 %	32	4 - 7 Jahre
Fluorchlorkohlenwasserstoffe (FCKW)	17 %	15000	50 -100 Jahre
Ozon in der Troposphäre	8 %	2000	30 - 90 Tage
Distickstoffoxid (N_2O)	4 %	150	20 -100 Jahre
Wasserdampf in der Stratosphäre	2 %	- [4]	- [4]

1) Zusammengestellt aus
Enquete-Kommission "Vorsorge zum Schutz der Erdatmosphäre", Erster Zwischenbericht ... S. 184, 191 - 192 und
Schönwiese, Christian-Dietrich: Spurengasemissionen und ihre Auswirkungen auf das Klima in Europa, in: Umweltschutz und Marktwirtschaft - aus der Sicht unterschiedlicher Disziplinen, Würzburg 1989, S. 83 - 100, hier: S. 93.

2) Diese Angaben beziehen sich auf die derzeitige Änderung der Konzentration der Treibhausgase in der Atmosphäre. Die Zunahme von Wasserdampf und Wolken ist insofern enthalten, als die Wasserdampfkonzentration mit steigender Konzentration der Treibhausgase ebenfalls ansteigt.

3) Die Wirksamkeit eines zusätzlichen Moleküls des jeweiligen Treibhausgases ist auf die derzeitige Konzentration in der Atmosphäre bezogen. Mit steigender Konzentration sinkt die Wirksamkeit.Die Wirksamkeit eines CO_2-Moleküls dient als Maßstab und ist somit gleich 1.

4) Keine Angaben.

Die Wirksamkeit der Treibhausgase sinkt mit zunehmender Konzentration in der Atmosphäre. So nimmt der Treibhauseffekt als Folge der CO_2-Emissionen nur noch mit dem Logarithmus der CO_2-Konzentration in der Atmosphäre zu, d.h. jede Verdopplung der CO_2-Konzentration erhöht die Temperatur auf der Erde um den absolut gleichen Betrag.

17) Vgl. hierzu die Ausführungen zum Kohlenstoffkreislauf.

Die hohe Wirksamkeit der FCKW, u.a. aufgrund ihrer geringen Konzentration in der Atmosphäre[18] verbunden mit einer hohen Wachstumsrate (vgl. Übersicht 21), läßt erwarten, daß der Beitrag der FCKW zum Treibhauseffekt ansteigen wird. So prognostiziert die Weltbank einen Anstieg des Beitrags der FCKW zum Treibhauseffekt von derzeit 17 % auf 24 %.[19]

Übersicht 21: Konzentration und jährliche Zunahme der Konzentration der Treibhausgase in der Atmosphäre im Mittel der achtziger Jahre[1]

	Konzentration in ppm	jährl. Zunahme
Kohlendioxid (CO_2)	346	0,4 %
Methan (CH_4)	1,65	1,0 %
Fluorchlorkohlenwasserstoffe (FCKW)	0,0005	5,0 %
Ozon in der Troposphäre	0,02	0,5 %
Distickstoffoxid (N_2O)	0,31	0,2 - 0,3 %

1) Enquete-Kommission Vorsorge zum Schutz der Erdatmosphäre, Erster Zwischenbericht, 1988, S.184.

Als **stoffbezogene Ursachen des anthropogenen Eintrags von Treibhausgasen in die Atmosphäre** werden genannt:[20]

18) Neben der geringen Konzentration sind zwei weitere Faktoren für die große Wirksamkeit der FCKW verantwortlich. Zum einen ist dies die Eigenschaft der FCKW Strahlung im "atmosphärischen (Strahlungs-)Fenster" zu absorbieren und damit, bildhaft gesprochen, das offene, die Strahlung ungehindert passieren lassende Fenster des Treibhauses zu schließen. Zum anderen ist dies die große Absorptionskraft der FCKW. Diese Eigenschaften der FCKW werden erläutert von

Ramanathan, V.: The Greenhouse Theory of Climate Change - A Test by an Inadvertent Global Experiment, in: Science, Vol. 240 / 15.4.1988, S. 293 - 299, hier: S. 294.

19) Conable, Barber B.: Entwicklung und Umwelt - ein globales Gleichgewicht, in: Finanzierung & Entwicklung, Dez. 1989, S. 2 - 4, hier: S. 3.

20) Zusammengestellt aus:

Enquete-Kommission "Vorsorge zum Schutz der Erdatmosphäre": Erster Zwischenbericht ... S. 20 - 22, S. 194 - 202 und

Fabian, Peter: Ozonschicht angegriffen als Folge menschlicher Aktivität, in: Naturwissenschaftliche Rundschau, 42. Jahrg., Heft 4 / 1989, S. 145 - 147, hier: S. 147.

Für Kohlendioxid (CO_2):
- Verbrennung fossiler Energieträger (Kohle, Erdöl, Gas)
- Änderungen der Landnutzung (Rodung tropischer Regenwälder, Bodenbearbeitung in der Landwirtschaft)
- reduzierte Photosyntheseleistung der Pflanzen infolge der toxischen Wirkung von Ozon auf Pflanzen
- reduzierte Photosyntheseleistung insbesondere des Phytoplanktons in den Weltmeeren infolge von Schäden, die durch eine Zunahme der UV-B-Strahlung verursacht werden (eine Zunahme der UV-B-Strahlung ist die unmittelbare Folge einer Zerstörung der Ozonschicht in der Stratosphäre)

Für Methan (CH_4):
- Reisanbau
- Großtierhaltung (Fermentation bei Wiederkäuern)
- Verbrennung von Biomasse (z.B. Brandrodungen in den Tropen)
- Mineralisierung von organischem Material in Mülldeponien
- Förderung, Verteilung und Nutzung fossiler Energieträger
- Mineralisierung überfluteter Biomasse (z.B. Überflutung bei Staudammbauten)

Für Fluorchlorkohlenwasserstoffe (FCKW):
- Verwendung als Kältemittel
- Verwendung als Blähmittel zur Herstellung von Kunststoffschäumen
- Verwendung als Reinigungsmittel in der Elektronikbranche
- Verwendung als Treibgas für Aerosole

Für Ozon in der Troposphäre:
- Ozon bildet sich in der Troposhäre photochemisch aus Kohlenmonoxid und den Kohlenwasserstoffen, wenn die Konzentration von Stickoxiden groß genug ist
- Verbrennung von Biomasse

Für Distickstoffoxid (N_2O):
- mineralische Stickstoffdüngung in der Landwirtschaft
- Verbrennung von Biomasse in den Tropen

Für Wasserdampf in der Stratosphäre:
- Oxidation von Methan in der Stratosphäre
- Eintrag durch hochfliegende Flugzeuge

Die wirtschaftlichen Aktivitäten, die zu einer Emission von Treibhausgasen in die Atmosphäre führen, lassen sich in 4 Kategorien zusammenfassen: (In Klammern steht der geschätzte Anteil der jeweiligen Kategorie von Tätigkeiten am anthropogenen Treibhauseffekt.[21])

- Rodung des Tropenwaldes (15 %)
- Verbrennung fossiler Energieträger (50 %)
- Produktion und Anwendung chemischer Produkte (20 %)
- landwirtschaftliche Produktion (15 %)

Folgende Indizien sprechen dafür, daß eine Klimaänderung als Folge des Treibhauseffekts zur Zeit schon stattfindet:

- In den letzten einhundert Jahren ist die globale Durchschnittstemperatur in Bodennähe um 0,6 ± 0,2 °C gestiegen.
  Im Jahr 1988 lag die Temperatur um 0,34 °C über dem Durchschnitt der Periode 1950 - 1979. Damit war 1988 das bisher wärmste Jahr dieses Jahrhunderts. "*Als nicht erwartet wird diese Spitzenposition von 1988 in der laufenden Erwärmungswelle deswegen angesehen, weil die weltwetterbeeinflussende pazifische Warmwasserströmung der letzten El-Niño-Periode 1988 zu Ende ging und von La Niña, einer kräftigen Abkühlung des tropischen Pazifiks, abgelöst wurde. Es war zudem die bedeutendste Abkühlung seit 1975.*" Es wird erwartet, daß aufgrund von La Niña die Temperatur 1989 um etwa 0,2 °C niedriger liegen wird als 1988.[22] Wenn diese Abkühlung nicht eintritt, wäre dies eine weiteres Indiz für eine anthropogene Klimaänderung.[23]

---

21) Die Schätzung der Anteile ist dem zweiten Zwischenbericht der Enquete-Kommission "Vorsorge zum Schutz der Erdatmosphäre" entnommen.
In einem Bericht der OECD über den Zustand der Umwelt ist eine ähnliche Schätzung enthalten: Energy 49 %, Deforestation 14 %, Agriculture 13 %, Industry 24 %.
Enquete-Kommission "Vorsorge zum Schutz der Erdatmosphäre": Schutz der tropischen Wälder ... S. 432.
OECD: The State of the Environment, Paris 1991, S. 21.

22) Rocznik, Karl: 1988 - weltweit wärmstes Jahr, in: Naturwissenschaftliche Rundschau, 42. Jahrg., Heft 9 / 1989, S. 364 - 365, Zitat: S. 365.
("El-Niño" und "La Niña" sind zwei, das Klima der Erde beeinflussende Meerwasserströmungen, deren Intensität bestimmten zyklischen Schwankungen unterliegt, so daß zeitweise der Einfluß der warmen Strömung "El-Niño" dominiert und zeitweise der Einfluß der kalten Strömung "La Niña".)

23) Erst nachdem dieses Kapitel verfaßt wurde, erschien der dritte Bericht der Enquete-Kommission "Vorsorge zum Schutz der Erdatmosphäre" mit neueren Angaben zur Temperatur-

- Seit Beginn dieses Jahrhunderts ist der Meeresspiegel um 14 ± 5 cm als Folge des Abschmelzens von Gletschereis und der Ausdehnung des wärmer werdenden Wassers gestiegen.
  Durch Satellitenbeobachtung konnte Anfang 1990 eine Erwärmung der Weltmeere um 0,7 °C in den letzten 7 Jahren festgestellt werden. Alle Voraussagen über die Geschwindigkeit der Erwärmung der Weltmeere werden damit erheblich übertroffen.

- Eine Verschiebung der Klimazonen ist z.B. in der nordamerikanischen Seenplatte nachzuweisen. Dort ist vermutlich als Folge einer Nordwärtsverschiebung der Tiefdruckwirbel der mittleren Breiten, was in diesem Gebiet zu höheren Niederschlagsmengen führt, der Wasserstand in den letzten Jahrzehnten gestiegen. Für die gesamte Nordhemisphäre konnte in den vergangenen dreißig Jahren eine Abnahme der Niederschlagsmengen in der Zone von 5° bis 35° nördliche Breite und eine Zunahme in der Zone von 35° bis 70° nördliche Breite beobachtet werden.

- Die Häufung von Orkanen über Westeuropa zu Beginn des Jahres 1990 ist durch eine Zunahme des Druckgefälles zwischen Azorenhoch und Islandtief (die zusammen das Winterwetter in Westeuropa maßgeblich bestimmen) um ca. 30 % "begünstigt" worden. Eine Zunahme des Druckgefälles zwischen Hoch- und Tiefdruckgebieten wurde allgemein als Folge des anthropogenen Treibhauseffekts vorausgesagt.

Ob eine dauerhafte Klimaänderung tatsächlich schon stattfindet oder ob die vorliegenden Indizen lediglich Ausdruck einer natürlich bedingten vorübergehenden Klimaschwankung ("Klimarauschen") sind, kann mit "letzter Sicherheit" noch nicht gesagt werden. Aufgrund von Modellstudien wird erwartet, daß die Temperaturerhöhung infolge des anthropogenen Treibhauseffekts erst in den

---

änderung. Danach liegt die für das Jahr 1990 gemessene Durchschnittstemperatur in Mitteleuropa um 1,7 °C über dem Durchschnitt des Zeitraums von 1761 - heute. Damit ist das Jahr 1990 das wärmste Jahr seit dem Beginn einer regelmäßigen Temperaturbeobachtung in Europa.

Um den Gegensatz zwischen der 1989 erwarteten Temperaturentwicklung und der dann tatsächlich beobachteten (wesentlich höheren) Temperatur des Jahres 1990 herauszustellen wurde der ursprüngliche Inhalt des Absatzes nicht geändert, sondern diese Fußnote hinzugefügt.

Enquete-Kommission "Vorsorge zum Schutz der Erdatmosphäre": Schutz der Erde (dritter Bericht), Bonn 1991, S. 207.

neunziger Jahren deutlich vom natürlichen "Klimarauschen" zu unterscheiden sein wird.[24] Da zwischen der Ursache (Emission von Treibhausgasen) und der Wirkung (Klimaänderung) eine beträchtliche Zeitspanne liegen kann, die z.B. für CO_2 auf 20 bis 30 Jahre geschätzt wird, ist der "Preis" für das Warten auf absolute Gewißheit die Hinnahme eines steigenden Risikos einer Klimakatastrophe.[25]

Die möglichen Auswirkungen des zusätzlichen Treibhauseffekts sind nach den bisherigen Erkenntnissen folgende:

(a) unmittelbare Auswirkungen[26]

- Die mittlere globale Temperatur steigt an.
  Modellrechnungen lassen erwarten, daß eine Verdoppelung der atmosphärischen CO_2-Konzentration von 300 ppm auf 600 ppm zu einer globalen Erwärmung von 3 ± 1,5 °C in Bodennähe führt. Bei Berücksichtigung der anderen Treibhausgase wird die Erwärmung 6 ± 3 °C betragen. Eine Zunahme der Emissionen von Treibhausgasen mit der gleichen Steigerungsrate wie zur Zeit erhöht die globale Temperatur in den nächsten 40 Jahren um 3 ± 1,5 °C gegenüber dem vorindustriellen Wert. Die Ergebnisse neuerer, umfassenderer Modelle lassen die Enquete-Kommission "Vorsorge zum Schutz der Erdatmosphäre" vermuten, "*daß der Temperaturanstieg eher an der oberen Grenze bei 4,5 °C liegen wird, wenn nicht sogar darüber*".[27]

---

24) Enquete-Kommission "Vorsorge zum Schutz der Erdatmosphäre": Schutz der Erde ... S. 256.

25) Diese Auffassung wird von Klaus Hasselmann - Leiter des Max-Planck-Instituts für Meteorologie in Hamburg und einer der führenden deutschen Klimaforscher - in einem Interview wie folgt vertreten: "*Es ist ein Fehlschluß vieler Politiker anzunehmen, daß man nichts tun muß, nur weil die Wissenschaftler naturgemäß immer auch die Bandbreite ihrer eigenen Unsicherheiten zugeben müssen. Wir können nicht abwarten, bis wir absolute Gewißheit haben - dann ist es sicher zu spät. Man muß sich mit dieser Unsicherheit auseinandersetzen ...*"
(Vgl. hierzu auch die Fußnote 1)
Hasselmann, Klaus: Nicht auf Gewißheit warten, in: Der Spiegel Nr.7 / 1990, S. 244 - 245, hier: S. 245.

26) Die unmittelbaren Auswirkungen sind zusammengestellt aus:
Enquete-Kommission "Vorsorge zum Schutz der Erdatmosphäre": Erster Zwischenbericht ...

27) Enquete-Kommission "Vorsorge zum Schutz der Erdatmosphäre": Erster Zwischenbericht ... S. 214.

- Der Meeresspiegel steigt an.
Bei einem Temperaturanstieg von 3 ± 1,5 °C wird im Verlauf des nächsten Jahrhunderts der Meeresspiegel um bis zu 1,5 Meter ansteigen. Die Ursachen hierfür sind die Ausdehnung des Wassers bei einer Erwärmung und das Abschmelzen von Eis der Polkappen und der Gletscher. Der größte Unsicherheitsfaktor in jeder Prognose über die Veränderung des Meeresspiegels ist die Reaktion des westantarktischen Eisschelfs. Wenn der westantarktische Eisschelf abschmilzt, dann ist mit einem mittelfristigen Anstieg des Meeresspiegels um 5 Meter zu rechnen.
Weiterhin wird die Sturmflutgefahr, insbesondere in den Tropen, viel größer sein. Welche katastrophalen Folgen solche Sturmfluten haben können, zeigten die Überschwemmungen in Bangladesh im Frühjahr 1991.

- Die Klimazonen der Erde verschieben sich.
Die subtropischen Wüstenregionen werden sich polwärts verschieben. In kontinentalen Regionen der mittleren Breiten werden die Sommer trockener. Die Subarktis taut auf. Extreme Klimaereignisse - wie beispielsweise Dürre- und Hitzeperioden in den kontinentalen Gegenden der mittleren Breiten - werden häufiger auftreten. Verschiebungen der Ozeanströmungen sind möglich. *"Gerade die Verschiebungen der Ozeanströmungen sind die großen Unsicherheitsfaktoren der regionalen Klimaänderungen, da sie einen besonders großen Einfluß auf das Klima haben."*[28)]
Das Druckgefälle zwischen Hoch- und Tiefdruckgebieten nimmt zu und damit die Windgeschwindigkeiten und die Häufigkeit von Orkanen und Wirbelstürmen. Die fünf Orkane über Westeuropa zu Anfang des Jahres 1990 verursachten nach ersten Schätzungen Versicherungsschäden in Höhe von fast 10 Mrd. DM in Großbritannien, von etwa 2 Mrd. DM in Frankreich und von etwa 3 Mrd. DM in der Bundesrepublik Deutschland.[29)] In einer "politischen" Erklärung vertrat der Vorsitzende der Enquete-Kommission Vorsorge zum Schutz der Erdatmosphäre, Bernd Schmidbauer, die Ansicht, daß offensichtlich ein Zusammenhang zwischen der außergewöhnlichen Häufung und Stärke

---

28) Enquete-Kommission "Vorsorge zum Schutz der Erdatmosphäre": Erster Zwischenbericht ... S. 223.

29) Diese Schätzungen finden sich in
Claassen, Dieter / Dieter Reitz: Milliarden weggeweht, in: Wirtschaftswoche Nr. 11 / 1990, S. 188 - 189.

der Orkane und dem anthropogenen Treibhauseffekt bestehe, auch wenn der letzte wissenschaftliche Beweis fehle.[30)]

(b) mittelbare Auswirkungen

- Die biologische Vielfalt geht zurück.

  Lebewesen reagieren auf eine Erwärmung, indem sie nach Norden ausweichen. Dieser Weg ist durch Städte, Straßen oder landwirtschaftlich genutzte Flächen jedoch eingeschränkt. Außerdem wird die Erwärmung für ein Ausweichen in kältere Gebiete oftmals zu schnell voranschreiten. Spezies, denen eine extreme Anpassung an ihren jetzigen Standort größere Ortswechsel unmöglich macht, werden als erste aussterben.[31)]

  Ein Großversuch der Vogelwarte Radolfzell am Bodensee hat ergeben, daß durch eine Klimaänderung die Zahl der Standvögel zunehmen könnte. Milde Winter ermöglichen den Standvögeln, vor Eintreffen der Zugvögel im Frühjahr die besten Territorien zu besetzen und früher mit dem Brüten zu beginnen. Durch diesen Heimvorteil vermehren sich die Standvögel stärker als die Zugvögel. Es wird vermutet, "*daß sich für die Vögel schon eine Klimaänderung bemerkbar macht. Noch gebe es keinen sicheren Beleg dafür, dennoch sei unter den Weitstrecken-Zugvögeln ein erheblicher Rückgang zu verzeichnen.*"[32)]

- Ökosysteme werden sich neu organisieren oder sogar verschwinden.

  Insbesondere landwirtschaftliche Schädlinge, wie Heuschrecken und Blattläuse gedeihen im Treibhausklima besser. Parasiten und Krankheitserreger können sich durch ihre kurze Generationsdauer schnell an Veränderungen anpassen.

  Für die Anpassung der Waldbestände an eine veränderte Temperatur wird eine Erwärmung von 1 °C pro Jahrhundert als kritisch angesehen. Mit dem

---

30) Diese politische Erklärung wurde von Schmidbauer im Anschluß an eine aktuelle Meldung über die neuesten Orkanschäden in einem Fernseh-Interview gegeben. Dagegen lautet die "wissenschaftliche" Bewertung der Zunahme von Orkanen über Westeuropa durch die Enquete-Kommission: "*Trotzdem ist zur Zeit nicht sicher, ob diese Zunahme mit dem zusätzlichen Treibhauseffekt in Verbindung steht oder nur Teil einer natürlichen Klimavariabilität darstellt.*" Enquete-Kommission "Vorsorge zum Schutz der Erdatmosphäre": Schutz der Erde ... S. 207.

31) Hofmann, Inge: Leben nach dem Treibhauseffekt, in: Naturwissenschaftliche Rundschau, Heft 7 / 1989, S. 272 - 273.

32) o.V.: Werden Zugvögel zu Standvögeln? - Einfluß des Klimas vermutet, in: Frankfurter Allgemeine Zeitung vom 14. 3. 1990.

völligen Verschwinden der Hochwälder Mitteleuropas, an deren Stelle dann vielleicht eine Buschlandschaft tritt, ist zu rechnen.[33)]

- Die landwirtschaftliche Produktion wird stärkeren Schwankungen unterliegen.[34)]
  Die landwirtschaftliche Produktion wird beeinflußt durch die Differenz zwischen Niederschlag und Verdunstung als Maß für die Bodenfeuchte, die Länge der Vegetationsperiode und die Häufigkeit von Extremereignissen. *"Die Änderung der Anbauweise wird für alle Gebiete der Erde ein Problem sein."*[35)]
  Bei der Abschätzung der Wirkungen des Treibhauseffektes auf die landwirtschaftliche Produktion sind sowohl die Wirkungen der Klimaänderung als auch die direkten Wirkungen der, die Klimänderung verursachenden Treibhausgase auf das Wachstum der Pflanzen zu berücksichtigen.
  Von einem Anstieg der CO_2-Konzentration in der Atmosphäre wird aufgrund von Gewächshausexperimenten ein positiver Düngungseffekt erwartet. Dieser positive Effekt tritt jedoch nur dann auf, wenn CO_2 der begrenzende Faktor für das Pflanzenwachstum ist. (Was etwa in Trockengebieten mit Wassermangel nicht der Fall ist.) Aus diesem Grund ist das Ausmaß des positiven Düngungseffekts in der freien Natur nur schwer zu schätzen. Es wird jedoch wesentlich geringer sein als im Gewächshausexperiment.[36)]
  Dagegen wird als Ergebnis von Modellrechnungen vermutet, daß von einem Temperaturanstieg und einer zunehmenden Klimavariabilität überwiegend negative Effekte auf das Wachstum von Kulturpflanzen ausgehen.

- Die Wasserressourcen werden sehr großen regionalen Schwankungen unterworfen sein.
  Dies hat Einfluß auf die Trinkwasserversorgung, die Bewässerungssysteme, die Schiffbarkeit von Flüssen und die Stromerzeugung durch Wasserkraft.

---

33) Enquete-Kommission "Vorsorge zum Schutz der Erdatmosphäre": Erster Zwischenbericht ... S. 222 - 225.

34) Zu den Auswirkungen des Treibhauseffekts auf die landwirtschaftliche Produktion vgl. den Übersichtsartikel von Burdick.
Burdick, Bernhard: Klimaänderung und Landwirtschaft, in: Ökologie und Landbau Heft 77 / 1991, S. 19 - 24.

35) Enquete-Kommission "Vorsorge zum Schutz der Erdatmosphäre": Erster Zwischenbericht ... S. 223.

36) Zum CO_2-Düngungseffekt vgl. die Ausführungen der Enquete-Kommission.
Enquete-Kommission "Vorsorge zum Schutz der Erdatmosphäre": Schutz der tropischen Wälder ... S. 450.

- Aber auch Kulturgüter sind durch Klimaänderungen gefährdet. So werden beispielsweise die bisher noch nicht enträtselten Dokumente vergangener Kulturen im Boden Perus durch eine Zunahme der Niederschlagsmengen in wenigen Jahren für immer verloren sein.[37)]

6.4. Die Ozonschicht in der Stratosphäre[38)]

Die Ozonschicht in der Stratosphäre wird durch mehrere Spurengaskreisläufe in der Atmosphäre beeinflußt. Spurengase - wie z.B. FCKW - wirken als Katalysator, der Reaktionen hervorruft, die Ozon (O_3) in zweiwertige Sauerstoffmoleküle (O_2) verwandeln, und damit einen Abbau der Ozonschicht verursachen.

Die Funktionsweise des Ozons in der Stratosphäre:

Die Bildung von Ozon in der Stratosphäre verläuft in zwei Schritten. Im ersten Schritt werden Sauerstoffmoleküle (O_2) durch kurzwellige UV-Strahlen in einzelne Atome (O) aufgespalten. (Dieser Prozeß, bei dem ein Molekül ein Photon absorbiert, wird Photodissoziation genannt.) Im zweiten Schritt lagert sich jeweils ein Sauerstoffatom an ein Sauerstoffmolekül an. Das Ausmaß, in dem Ozon gebildet wird, hängt ab von der O_2-Dichte und dem Photonenfluß (dem Energiegehalt der Strahlung). Da die O_2-Dichte mit zunehmender Höhe in der Atmosphäre abnimmt, und umgekehrt die Energie der Sonnenstrahlung mit zunehmender Höhe zunimmt, gibt es einen Höhenbereich, in dem optimale

---

37) "*Dennoch bangt Maria Reiche heute um "ihre" Linien, denn der ewig blaue Himmel über der peruanischen Pampa verdüstert sich: Die Welten-Gegend mit früher kaum zu messenden Niederschlägen erlebt seit einigen Jahren durchaus sintflutartige Regenstürme oder lang andauernde Landregen. Diese drohen die Linien auszuwaschen und rufen eine Vegetation hervor, welche die prähistorischen Linien zu überwuchern beginnt.*"
Gomez, Linda / Michael Zink: Maria Reiche - Die Hüterin der Linien, in: bild der Wissenschaft, Heft 12 / 1985, S. 38 - 46, hier: S. 40.

38) Den Ausführungen und Daten zur Ozonschicht liegt der erste Zwischenbericht der Enquete-Kommission "Vorsorge zum Schutz der Erdatmosphäre" zugrunde, wenn nichts anderes vermerkt wird.
Enquete-Kommission "Vorsorge zum Schutz der Erdatmosphäre": Erster Zwischenbericht ... S. 52 - 96.

Bedingungen für die Bildung von Ozon herrschen. Dieser Bereich liegt in etwa 35 km Höhe. Demzufolge befindet sich dort die maximale Ozonkonzentration in der Stratosphäre.

Der Bildung von Ozon steht eine Reihe von Abbauprozessen gegenüber. Durch die Sonnenstrahlung können O_3-Moleküle wieder in ihre ursprünglichen Bestandteile O_2 und O zerlegt werden. Für diesen Prozeß der Photolyse wird weniger Strahlungsenergie benötigt als für die Photodissoziation, da die Bindungsenergie der O_3-Moleküle im Vergleich zum O_2-Molekül nur etwa ein Fünftel beträgt. Damit kann der Abbau von Ozon auch durch das weniger energiereiche sichtbare Licht erfolgen.
Der Abbau von Ozon erfolgt auch durch katalytische Prozesse. Dabei kann ein Katalysatorstoff fast unbegrenzt O_3-Moleküle zerstören, ohne selbst verändert zu werden. Die katalytischen Prozesse laufen meist in zwei Schritten ab. Im ersten Schritt reagiert der Katalysator mit einem O_3-Molekül und bildet ein O_2-Molekül sowie ein Zwischenprodukt, das das verbleibende Sauerstoffatom (O) bindet. Im zweiten Schritt entsteht aus dem Zwischenprodukt und einem Sauerstoffatom ein weitere O_2-Molekül und der ursprüngliche Katalysatorstoff. Aus einem O_3-Molekül und einem Sauerstoffatom entstehen zwei O_2-Moleküle, ohne daß der Katalysator chemisch verändert wird.
Solche Katalysatoren sind zum Teil natürlichen Ursprungs, entstehen zum anderen Teil jedoch beim Abbau langlebiger anthropogener Spurengase in der Stratosphäre. Diese Spurengase sind in der Troposphäre relativ reaktionsträge und gelangen deshalb bis in die Stratosphäre, wo sie durch energiereiche UV-Strahlung sowie Reaktionen mit atomarem Sauerstoff zu Katalysatoren umgewandelt werden.

Das Ozon in der Stratosphäre hat zwei wichtige Funktionen:

- Die Ozonschicht wirkt als Schutzschild vor der lebensfeindlichen UV-B-Strahlung der Sonne. Die Sonnenstrahlung im Wellenbereich zwischen 290 nm[39] und 310 nm wird aufgrund der Absorption durch Ozon in der Stratosphäre stark geschwächt.

- Die Prozesse der Ozonbildung und des Ozonabbaus sind maßgeblich für die Temperaturverteilung und Stabilität der Stratosphäre. Die Strahlungsabsorption durch Ozon ist verantwortlich für die Temperaturinversion, die wie eine

---

39) nm = Nanometer = milliardstel Meter

Sperrschicht zwischen Troposphäre und Stratosphäre wirkt und den Transport von Partikeln und Spurengasen zwischen beiden Atmosphärenschichten erschwert.

Folgende Veränderungen der Ozonschicht lassen sich bisher beobachten:

- In der Antarktis wird erstmals im September und Oktober 1977 eine gesamte Ozonmenge in der Luftsäule gemessen, die deutlich unter dem bisherigen Minimum seit Beginn der Messungen im Jahre 1957 liegt. Im folgenden Jahr wird nochmals die untere Grenze der normalen Schwankungsbreite erreicht. Seither ist eine rasche Abnahme der gesamten Ozonmenge zu beobachten. "*Rückschauend läßt sich auch schon für die Jahre vor 1977 ein leichter Abwärtstrend erkennen.*"[40] 1987 werden Ozonmengen gemessen, die nur noch etwa halb so groß wie in den frühen siebziger Jahren sind. Eine besonders dramatische Abnahme ist in Höhen zwischen 14 und 20 km zu verzeichnen, wo normalerweise die Konzentration von Ozon am größten ist. In diesem Höhenbereich verschwindet das Ozon zwischen Ende August und Mitte Oktober fast vollständig. Die Ausdehnung des Ozonlochs wird durch den antarktischen Tiefdruckwirbel festgelegt, dessen Rand mit dem Rand des antarktischen Kontinents in etwa übereinstimmt. Ein allgemeiner Trend einer horizontalen Ausweitung des Ozonlochs ist bisher nicht zu erkennen.

- In der Arktis deuten sich ein Ozonverlust und Störungen der Ozonchemie in der Stratosphäre an, die größer sind als theoretisch erklärt werden kann.

- In der Nordhemisphäre (30 bis 64° nördliche Breite) hat die gesamte Ozonmenge in der Stratosphäre zwischen 1969 und 1986 um 1,7 - 3 % abgenommen. Die Abnahme in den Wintermonaten beträgt zwischen 2,3 und 6,2 %.

- In den geographischen Breiten südlich von etwa 60° südlicher Breite ist die gesamte Ozonmenge in der Stratosphäre seit 1979 um etwa 5 % gesunken.

- Global hat die Ozonkonzentration in der oberen Stratosphäre (etwa in 40 km Höhe über der Erdoberfläche) um 3 - 9 % abgenommen.
  Eine Verminderung des Ozongehalts in 40 km Höhe um wenigstens 25 % und

---

40) Breuer, Georg: Wie entsteht das Ozon-Loch?, in: Naturwissenschaftliche Rundschau, 41. Jahrg., Heft 2 / 1988, S. 62 - 64, hier: S. 62.

der gesamte Ozonmenge um 5 - 7 % ist für das nächste Jahrhundert zu erwarten, "*wenn wir so weitermachen*".[41)]

Als Ursachen für die Gefährdung der Ozonschicht werden genannt:

- Auf der Grundlage von Modellrechnungen wurde 1971 erstmals darauf hingewiesen, daß durch Flugzeuge direkt in die Stratosphäre eingebrachte Stickoxide negative Auswirkungen auf den Ozongehalt der Stratosphäre haben könnten. Eine Studie des "climatic impact committee" in den USA aus dem Jahre 1975 kommt zu dem Ergebnis, "*that an increase in the number of stratospheric airliners with present engines will diminish the amount of ozone in the stratosphere and consequently will increase the intensity of ultraviolet light at ground level.*"[42)] Die befürchtete Zunahme der Flüge in der Stratosphäre hat jedoch nicht stattgefunden. Die Emission von Stickoxiden in der Stratosphäre als mögliche Ursache für einen Abbau der Ozonschicht hat an Bedeutung verloren.

- In einer Untersuchung aus dem Jahre 1974 wird von Molina / Rowland vorausgesagt, daß FCKW in der Stratosphäre in photo-chemischen Reaktionen Chlor abgeben und damit die Ozonschicht gefährden können. Inzwischen weiß man, daß ein Chloratom bis zu 10.000 Ozonmoleküle katalytisch spalten kann, ohne sich in einer chemischen Reaktion zu binden. Eine Freisetzung von Chloratomen setzt energiereiches UV-Licht sowie Temperaturen von unter minus 70 °C voraus.[43)]

- Neben den FCKW stellen auch andere Spurengase mit einer langen Verweildauer in der Atmosphäre eine Gefahr für die Ozonschicht dar. Zu nennen sind weitere industriell hergestellte chlorierte und bromierte Stoffe sowie Distickstoffoxid (N_2O) und Methan (CH_4). Die anthropogenen Quellen dieser Gase wurden im vorherigen Kapitel genannt.

---

41) Fabian, Peter: Ozonschicht angegriffen als Folge menschlicher Aktivität ... S. 145.

42) Climatic impact committee: Environmental Impact of Stratospheric Flight, Washington 1975, S. 19.

43) Molina Mario / Sherwood Rowland: Stratospheric sink for chlorofluoromethanes - Chlorine atom catalized destruction of ozone, in: Nature, Band 249 / 1974, S. 810 - 814.

Die möglichen **Auswirkungen einer Abnahme der Ozonschicht** in der Stratosphäre sind nach den bisherigen Erkenntnissen folgende:[44)]

- Allgemein werden negative Auswirkungen erwartet auf
  - den menschlichen Organismus (Hautschäden, Augenerkrankungen, Schwächung des Immunsystems),
  - die Pflanzen (Beeinträchtigung des Wachstums und damit eine Verringerung der Ernteerträge),
  - die marinen Mikroorganismen (Zellschädigung, Änderung der Artenzusammensetzung, Beeinträchtigung der Photosyntheseleistung, Beeinträchtigung der Nahrungsketten).

- Nach Modellrechnungen bewirkt eine Abnahme des Ozons in der Stratospähre um 10 % eine Zunahme der UV-B-Strahlung um 8 % und führt damit zu einem Anstieg der biologisch wirksamen Strahlung um 28 % (Nukleinsäuren als Bezug) bzw. 21 % (Pflanze als Bezug).[45)]

- Eine Abnahme des Ozons in der Stratosphäre um 2,5 % kann aufgrund der bisherigen Erkenntnisse für eine Zunahme von 10 % des Hautkrebses bei Menschen verantwortlich gemacht werden.[46)]

- Die ersten Opfer des Ozonlochs werden unter den hellhäutigen deutschstämmigen Brasilianern vermutet. So sollen von den 18000 Einwohnern der Gemeinde Santa Maria Jetiba 14000 an Hautkrebs erkrankt sein. 90 % der Einwohner sind deutschstämmig.
  Auf der Konferenz "Ozonschicht und Gesundheit" in der australischen Stadt Hobart stellte der Meteorologe Alan Plumb fest, daß die Bedrohung des Menschen durch die Abnahme der Ozonschicht nirgendwo so groß sei wie in

---

44) Vgl. hierzu die weiter ins Detail gehenden Ausführungen der Enquete-Kommission. Enquete-Kommission "Vorsorge zum Schutz der Erdatmosphäre": Erster Zwischenbericht ... S. 162 - 167.

45) Bundesministerium für Forschung und Technologie (Hrsg.): Erforschung des stratosphärischen Ozons - ein Initiativpapier des Bundesministers für Forschung und Technologie, Juli 1988, S. 34.

46) Kerr, Richard A.: Stratospheric Ozone Is Decreasing, in: Science, Vol. 239 / 25. 3. 1988, S. 1489 - 1491.

Südaustralien, wo die Ozonschicht doppelt so schnell abnehme wie anderswo in der Welt.[47)]

"*Weitaus gravierender als diese den Menschen direkt betreffenden Auswirkungen sind nach Einschätzung führender Wissenschaftler die Gefahren, die sich für Pflanzen und Mikroorganismen ergeben.*"[48)]

- Zahlreiche landwirtschaftliche Kulturpflanzen reagieren auf eine erhöhte UV-B-Strahlung mit einer starken Ertragsminderung. Für bestimmte Sojabohnenarten führte eine simulierte Ozonabnahme von 25 % zu einem Rückgang der Nettoproduktion um 20 bis 25 %. Unter Berücksichtigung weiterer, indirekter Wirkungen einer erhöhten UV-B-Strahlung, wie Ernteverluste durch Krankheiten, Insekten und konkurrierende Wildpflanzen (diese weisen häufig eine höhere UV-B-Strahlen-Verträglichkeit auf als Nutzpflanzen), ist sogar mit Ernteverlusten von 50 % bei Sojabohnen zu rechnen.

- Mikroorganismen, die für die Stickstoffversorgung von Kulturpflanzen, insbesondere in tropischen und subtropischen Gebieten, von Bedeutung sind (in Reisfeldern werden sogar künstlich Cyanobakterien eingesetzt, um die Stickstoffversorgung zu verbessern), reagieren besonders empfindlich auf eine Zunahme der UV-B-Strahlung.

- Die Populationsdichte und die Artenzusammensetzung des Phytoplanktons in den Meeren wird sich als Folge einer verstärkten UV-B-Strahlung verändern. Daraus ergeben sich beträchtliche Folgen für die marine Nahrungskette, an deren Anfang das Phytoplankton steht. Das marine Ökosystem wird destabilisiert und die Meere als Nahrungsquelle der Menschen werden gefährdet.

Abschließend soll auf wichtige **Zusammenhänge zwischen der Abnahme von Ozon in der Stratosphäre und dem Treibhauseffekt** eingegangen werden:

- Es wird vermutet, daß das Treibhausgas Methan (CH_4) die Anreicherung von Wassermolekülen in der Stratosphäre begünstigt. Dies erklärt möglicherweise

---

47) Greenpeace: Antarktis - Ultraviolettstrahlung verzehnfacht, in: Greenpeace-Nachrichten Nr. III / 1989, S. 14.

48) Enquete-Kommission "Vorsorge zum Schutz der Erdatmosphäre": Erster Zwischenbericht ... S. 160.

auch die verstärkte Wolkenbildung über der Antarktis, die den Ozonabbau durch FCKW beschleunigt.[49)]

- 65 % des jährlich von Lebewesen fixierten CO_2 wird durch das Phytoplankton in den Meeren umgesetzt. Eine Schädigung des Phytoplanktons verkleinert damit einen wichtigen CO_2-Speicher der Biosphäre im globalen Kohlenstoffkreislauf.

- Eine Zunahme der künstlichen Stickstoffdüngung von landwirtschaftlichen Kulturpflanzen, zum Ausgleich einer verminderten natürlichen Stickstoffzufuhr durch Mikroorganismen als Folge einer verstärkten UV-B-Strahlung, erhöht den Eintrag des Treibhausgases Distickstoffoxid (N_2O) in die Atmosphäre.

- Jede Änderung des Ozongehalts der Stratosphäre verursacht eine Änderung der Temperaturverteilung in der Stratosphäre und wirkt damit auch auf das Klima der Troposphäre ein. "*Die quantitativen Auswirkungen einer Ozonabnahme auf die dynamische Struktur der Stratosphäre und auf das Klima der Erde sind zur Zeit noch nicht abzuschätzen.*"[50)]

- Ohne auf weitere Einzelheiten einzugehen, läßt sich sagen, daß insbesondere FCKW, aber auch N_2O und in geringem Maße CH_4, sowohl direkt infolge des Treibhauseffekts an einer Erwärmung der Erdoberfläche beteiligt sind, als auch indirekt über einen Abbau der Ozonschicht und deren vielfältigen, zum Teil selbst wieder interdependenten Folgen auf das Klima wirken.

Das sechste Kapitel hat gezeigt, wie komplex die ökologischen Beziehungen zwischen Ländern sind. Die wichtigsten Gründe für die hohe Komplexität sind:
- die Vielzahl der potentiellen Ursachen und Wirkungen der anthropogenen Einflußnahme, beispielsweise auf den Treibhauseffekt und die Ozonschicht der Erde,
- die Nicht-Linearität der einzelnen Ursache-Wirkung-Zusammenhänge sowie
- die mannigfaltigen Wechselwirkungen zwischen den natürlichen Kreisläufen.

---

49) o.V.: Anstieg des Methangehalts der Atmosphäre, in: Naturwissenschaftliche Rundschau, 42. Jahrg., Heft 7 / 1989, S. 274.
50) Enquete-Kommission "Vorsorge zum Schutz der Erdatmosphäre": Erster Zwischenbericht ... S. 67.

Um ein Modell zu erhalten, das einer ökonomischen Analyse ökologischer Beziehungen zwischen Ländern als Grundlage dienen kann, sind "heroische" Vereinfachungen unumgänglich.
Aus ökonomischer Sicht sind folgende drei Aspekte ökologischer Beziehungen zwischen Ländern besonders interessant:

- die räumliche Inkongruenz zwischen Ursache und Wirkung,
- die zeitliche Inkongruenz zwischen Ursache und Wirkung und
- die Unsicherheit über die Art und den Umfang der ökologischen Kausalbeziehungen.

Bei den Vereinfachungen des Modells muß berücksichtigt werden, welcher dieser drei Aspekte im Vordergrund der ökonomischen Analyse stehen soll. Im folgenden siebten Kapitel wird die "ökonomische Analyse des anthropogenen Treibhauseffekts" vor allem unter dem Aspekt der räumlichen Inkongruenz zwischen Ursache und Wirkung vorgenommen. Die zeitliche Inkongruenz zwischen Ursache und Wirkung wird vernachläßigt. Eine explizite Berücksichtigung des zeitlichen Aspekts erfordert nicht nur eine Diskontierung der ökonomischen Größen, sondern setzt aufgrund der langen Zeiträume zwischen Ursache und Wirkung die Verwendung eines "Generationenmodells" voraus. Der Aufwand für ein Generationenmodell würde den Rahmen der vorliegenden Untersuchung sprengen, ohne daß weitreichende "neue" Erkenntnisse zu erwarten wären. Dagegen läßt sich der Aspekt der Unsicherheit über die ökologischen Beziehungen ohne größeren Aufwand in die ökonomische Analyse einbeziehen. Wie dies geschehen kann, das wird in Kapitel 7.5. "Die Unsicherheit als Problem der Analyse des anthropogenen Treibhauseffekts" gezeigt.

7. Ökonomische Analyse des anthropogenen Treibhauseffekts

Die ökonomische Analyse von Umweltproblemen wird beherrscht von dem Konzept der externen Effekte und der Vorstellung von Umwelt als einem Gut. Die Anwendung des Konzepts der externen Effekte auf unterschiedliche Umweltprobleme erfolgt nach einem immer gleichen Muster. Diese **Grundstruktur der umweltökonomischen Analyse** soll zunächst an einem fiktiven Beispiel, das ausgehend vom einfachsten Fall eine schrittweise Annäherung an komplexere Problemstellungen erlaubt, verdeutlicht werden. (Kapitel 7.1.)

Anschließend werden die naturwissenschaftlichen Kenntnisse über Ursachen und Wirkungen des anthropogenen Treibhauseffekts entsprechend der Grundstruktur der umweltökonomischen Analyse in die **ökonomische Sicht des Treibhauseffekts** eingearbeitet. (Kapitel 7.2.)
Damit sind die Grundlagen zur ökonomischen Analyse des Treibhauseffekts geschaffen.

Es werden 3 Modellvarianten zur ökonomischen Analyse des Treibhauseffekts vorgestellt. Jeder dieser 3 Varianten hebt einen bestimmten Aspekt des komplexen Phänomens Treibhauseffekt besonders hervor und vernachlässigt dabei zwangsläufig (wie bei jeder Partialanalyse) andere Aspekte der Problematik des Treibhauseffekts.
Die beiden ersten Varianten setzen an der **Emission von Treibhausgasen als Ursache internationaler externer Effekte** an (Kapitel 7.3.). In der einen Variante steht eine bestimmte Aktivität, die zur Emission von Treibhausgasen führt (Rodung von Regenwald) im Mittelpunkt der Analyse und in der anderen Variante die Emission eines speziellen Treibhausgases (Emission von Kohlendioxid).
In der dritten Variante wird die Bedeutung des anthropogenen Treibhauseffekts für das **Klima als globales Gemeinschaftsgut** analysiert. Im Gegensatz zu den beiden ersten Varianten steht nicht eine Ursache, sondern eine Folge des anthropogenen Treibhauseffekts im Zentrum der Untersuchung (Kapitel 7.4.).
Mit Hilfe der ersten Variante eines ökonomischen Modells des anthropogenen Treibhauseffekts läßt sich partialanalytisch der optimale Umfang der Regenwaldrodung bestimmen, mit der zweiten Variante das optimale CO_2-Emissionsvolumen und mit der dritten Variante die optimale Klimaänderung.

In einem ökonomischen Totalmodell des Treibhauseffekts müßten CO_2-Emissionsvolumen, Umfang der Regenwaldrodung und Klimaänderung neben einer Vielzahl weiterer Emissionsarten (z.B. Methan, Fluorchlorkohlenwasserstoffe), weiterer Emissionen verursachender Aktivitäten (z.B. Verbrennung fossiler Energieträger, landwirtschaftliche Produktion) und weiterer Folgen des Treibhauseffekts (z.B. Zerstörung des Strahlenschutzes der Ozonschicht) simultan optimiert werden. Allerdings würde ein solches Totalmodell den Rahmen des Anschaulichen bei weitem sprengen. Die hier vorgestellten Varianten von Partialmodellen zur Analyse des Treibhauseffekts lassen sich jedoch als Bausteine für ein umfassendes Totalmodell verstehen.

Die **Unsicherheit** über die Folgen des anthropogenen Treibhauseffekts wird immer wieder als ein Argument gegen ein "überstürztes" Handeln angeführt. In Kapitel 7.5. wird gezeigt, daß gerade die große Unsicherheit über die Folgen des anthropogenen Treibhauseffekts ein Anlaß ist, um sofort Maßnahmen zu ergreifen.

Eine Analyse des in (Zukunft möglichen) Welthandels mit Emissionsrechten für Kohlendioxid schließt das siebte Kapitel ab.

7.1. Grundstruktur der umweltökonomischen Analyse

Die Grundstruktur der umweltökonomischen Analyse läßt sich am "Fluß-Beispiel" anschaulich erläutern.

Im einfachsten Fall stellt sich das "**Fluß-Beispiel**" wie folgt dar:
Es gibt einen Fluß mit zwei Anliegern, einem am Oberlauf und einem am Unterlauf des Flusses. Der Oberlaufanlieger nutzt das Flußwasser so, daß der Unterlaufanlieger in seiner Nutzung des Flußwassers beeinträchtigt wird. Der Oberlaufanlieger verursacht negative externe Effekte, die den Unterlaufanlieger treffen und für diesen zu einem "Umweltproblem" werden.
Der Oberlaufanlieger könnte z.B. eine Papierfabrik sein, die dem Fluß reines Wasser entnimmt und verschmutztes Abwasser zuführt. Bei dem Unterlaufanlieger könnte es sich um eine Brauerei handeln, die reines Wasser zur

Bierherstellung benötigt oder um einen Naturliebhaber, dem das Schwimmen im klaren Flußwasser den höchsten Genuß bereitet.[1)]
Für den ökonomisch rational denkenden Unterlaufanlieger stellen sich durch das Umweltproblem "Wasserverschmutzung" folgende zentralen Fragen:

- Welche Möglichkeiten bestehen "reines" Wasser[2)] zu erhalten und welche Alternativen zum reinen Wasser gibt es?
- Welche Möglichkeit verursacht die geringsten Kosten?
- Welche Wasserqualität und -quantität ist in Abhängigkeit von dem Preis für "reines" Wasser optimal?

Diese Fragen können jedoch nur dann beantwortet werden, wenn die rechtlichen Rahmenbedingungen geklärt sind. Die ökonomische Analyse setzt voraus, daß feststeht, wer in welchem Umfang welche Verfügungsrechte über das Flußwasser hat.

In der Literatur[3)] werden vor allem **zwei Extremfälle einer Verteilung von Verfügungsrechten** als die beiden alternativen rechtlichen Rahmenbedingungen für die ökonomische Analyse herangezogen:

(1) Der Oberlaufanlieger hat das Recht das Flußwasser beliebig zu "verschmutzen".

(2) Der Unterlaufanlieger hat das Recht auf "reines" (= nicht verschmutztes) Flußwasser.

---

1) Wenn der physische Verursacher externer Effekte, wie im Beispiel, ein Produzent ist, dann wird von externen Effekten der Produktion gesprochen. Um externe Effekte des Konsums handelt es sich, wenn der physische Verursacher ein Konsument ist. Der Betroffene kann in beiden Fällen ein Produzent oder ein Konsument sein. Die Unterscheidung zwischen externen Effekten der Produktion und externen Effekten des Konsums ist für die weitere Analyse jedoch unerheblich.

2) Unter reinem Wasser ist nicht absolut reines Wasser zu verstehen, sondern Wasser, dessen Reinheitsgrad für die jeweilige Verwendung "ausreichend" ist. Was im jeweiligen Fall als ausreichend angesehen wird, das hängt nicht zuletzt von den Kosten unterschiedlicher Wasserqualitäten ab.

3) So z.B. Frey in dem Kapitel "Externalitäten und die Zuteilung von Eigentumsrechten" und Minsch in seiner Analyse des Verursacherprinzips.

Frey, Bruno S.: Umweltökonomie, 2., erw. Auflage, Göttingen 1985, S. 46 - 48.

Minsch, Jürg: Ursache und Verursacherprinzip im Umweltbereich, St. Gallen 1988, insbesondere S. 39 - 46.

Im **Fall (1)** hat der Unterlaufanlieger die Möglichkeiten,

(a) dem Oberlaufanlieger das Verschmutzungsrecht in einem solchen Umfang abzukaufen, daß die Restverschmutzung des Flußwassers durch den Oberlaufanlieger "optimal" wird[4]),

(b) die von ihm benötigte Quantität Flußwasser so aufzubereiten, daß die gewünschte Qualität erreicht wird,

(c) das Wasser aus einer anderen Quelle als dem Fluß zu beziehen,

(d) die Aktivitäten, die reines Wasser erfordern, einzustellen,

(e) den Standort am Unterlauf des Flusses zu verlassen.

An dieser Aufzählung ist bemerkenswert, daß lediglich Maßnahme (a) an der physischen Ursache des Umweltproblems, der Einleitung von Schadstoffen in das Flußwasser ansetzt, während alle anderen genannten Maßnahmen dazu dienen, die Kosten der physischen Umweltschäden zu senken.
Abgesehen von dem Problem der nicht beliebigen Teilbarkeit der einzelnen Maßnahmen und der daraus folgenden Unstetigkeit der Kostenverläufe lautet die marginalanalytische Optimierungsregel für den Unterlaufanlieger: Die Grenzkosten der Schäden durch die Wasserverschmutzung sollen den Grenzkosten zur Vermeidung der Umweltschäden gleich werden.

Der Preis, den der Oberlaufanlieger für die Verschmutzungsrechte (d.h. für eine Verringerung der Schadstoffeinleitung in den Fluß) verlangt, entspricht den Grenzkosten der Maßnahmen, die der Oberlaufanlieger zur Vermeidung der Wasserverschmutzung durchführen muß (= Optimierungsregel für den Oberlaufanlieger).

Der Oberlaufanlieger hat folgende Möglichkeiten zur Vermeidung von Wasserverschmutzung:

(f) Das Abwasser von Schadstoffen reinigen,

(g) das Abwasser nicht in den Fluß einleiten, sondern z.B. in ein Kanalsystem,

(h) die Aktivitäten, die Schadstoffe erzeugen, einzustellen,

(i) den Standort am Oberlauf des Flusses zu verlassen.

---

4) D.h. die unten genannte Optimalitätsbedingung (Die Grenzkosten der Schäden durch die Wasserverschmutzung sollen den Grenzkosten zur Vermeidung der Umweltschäden gleich werden) wird erfüllt.

Im **Fall (2)** kann der Unterlaufanlieger dem Oberlaufanlieger das Einleiten von Schadstoffen in den Fluß vollständig untersagen. Damit ist die physische Ursache der externen Effekte und des Umweltproblems beseitigt. Allerdings verzichtet der Unterlaufanlieger dann auf Erlöse aus dem Verkauf von Verschmutzungsrechten an den Oberlaufanlieger. Wenn der Oberlaufanlieger bereit ist, für das Einleiten von Schadstoffen in den Fluß einen Preis zu zahlen, dann gilt für den Unterlaufanlieger die Optimierungsregel: Die Grenzkosten der Schäden durch die Wasserverschmutzung sollen dem Grenzerlös aus dem Verkauf von Verschmutzungsrechten gleich werden.
Der Unterlaufanlieger hat also wie in Fall (1) ein ökonomisches Interesse, die Kosten der Schäden infolge der Wasserverschmutzung durch eigene Maßnahmen (das sind die Möglichkeiten b - e) zu minimieren. Je niedriger diese Kosten sind, desto mehr Verschmutzungsrechte kann der Unterlaufanlieger unter Wahrung der Optimalitätsbedingung verkaufen.

Der Preis, den der Oberlaufanlieger für die Verschmutzungsrechte (d.h. für die Schadstoffeinleitung in den Fluß) zu zahlen bereit ist, entspricht -wie im Fall (1)- den Grenzkosten der Maßnahmen, die der Oberlaufanlieger zur Vermeidung der Wasserverschmutzung durchführen muß (die möglichen Maßnahmen sind oben unter f - i genannt).

Wie die Untersuchung der beiden Fälle zeigt, hat die Verteilung der Verfügungsrechte über Umwelt keinen Einfluß auf das Ausmaß der optimalen Umweltverschmutzung. Eine Zusammenfassung der Optimierungsregeln für den Unterlaufanlieger und den Oberlaufanlieger zu einer gesamtwirtschaftlichen Optimalbedingung führt in beiden Fällen zu dem gleichen Ergebnis: Die Grenzkosten der Umweltschäden sollen den Grenzkosten der Vermeidung von Umweltschäden gleich sein. Wenn diese Bedingung erfüllt ist, dann sind die Gesamtkosten der Umweltnutzung minimal.

Der Zusammhang zwischen Grenzkosten und Gesamtkosten wird in Grafik 17 (S. 244) dargestellt.
Im oberen Teil der Grafik wird der Verlauf der Grenzkosten der Umweltschäden und der Verlauf der Grenzkosten der Vermeidung von Umweltschäden in Abhängigkeit von der Umweltnutzung dargestellt. Im Fluß-Beispiel besteht die physische Schäden verursachende Umweltnutzung darin, daß der Oberlaufanlieger Schadstoffe in den Fluß einleitet. Es wird unterstellt, daß die Grenzkosten der Umweltschäden mit zunehmender Umweltnutzung steigen und daß

Grafik 17: Kosten der Umweltnutzung

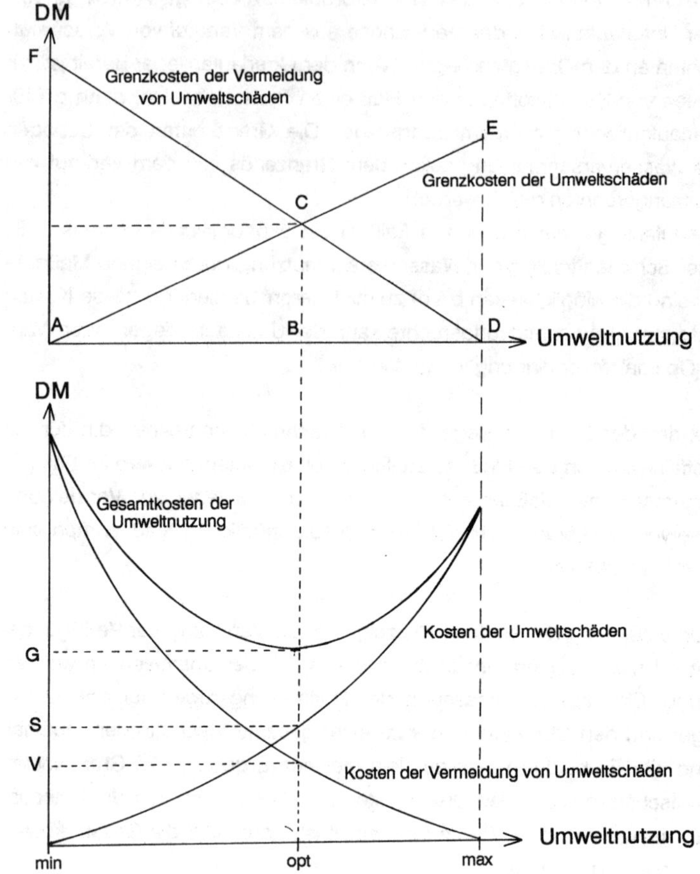

G (= S + V) = (minimale) Gesamtkosten der Umweltnutzung bei optimaler Umweltnutzung

S = Kosten der Umweltschäden bei optimaler Umweltnutzung

V = Kosten der Vermeidung von Umweltschäden bei optimaler Umweltnutzung

die Grenzkosten der Vermeidung von Umweltschäden mit fortschreitender Einschränkung der Umweltnutzung steigen. (Ausgangspunkt einer Einschränkung der Umweltnutzung ist in der Grafik Punkt "D".) Eine Begründung für den Verlauf der Kostenfunktionen wird bei der Analyse des Treibhauseffekts gegeben. Weiterhin wird in der grafischen Darstellung (willkürlich, da ohne Auswirkungen auf das grundsätzliche Ergebnis der Analyse) angenommen, daß beide Grenzkostenfunktionen linear sind und daß die Grenzkostenfunktion der Umweltschäden absolut flacher verläuft als die Grenzkostenfunktion der Vermeidung von Umweltschäden.
Durch diese zusätzlichen Annahmen ergibt sich im unteren Teil der Grafik eine Gesamtkostenfunktion der Umweltnutzung mit einem Minimum, das "rechts" vom Schnittpunkt der Kostenfunktion der Umweltschäden und der Kostenfunktion der Vermeidung von Umweltschäden liegt. Die Gesamtkosten der Umweltnutzung setzten sich zusammen aus den Kosten der Umweltschäden und den Kosten der Vermeidung von Umweltschäden. Bei einer minimalen Umweltnutzung "min" entstehen keine Kosten verursachenden Umweltschäden (im Fluß-Beispiel werden durch den Oberlaufanlieger nur soviel Schadstoffe in den Fluß eingeleitet, daß der Unterlaufanlieger in seiner Nutzung nicht beeinträchtigt wird) und die Gesamtkosten der Umweltnutzung sind den Kosten der Vermeidung von Umweltschäden gleich.[5)] Wenn keine Maßnahmen zur Vermeidung von Umweltschäden ergriffen werden, dann ist die Umweltnutzung auf einem gegebenen Aktivitätsniveau (Produktions- und Konsumniveau) maximal. Da bei der maximalen Umweltnutzung "max" die Kosten der Vermeidung von Umweltschäden definitorisch null sind, entsprechen die Gesamtkosten der Umweltnutzung den Kosten der Umweltschäden. Eine optimale Umweltnutzung "opt" erfolgt, wenn die Grenzkosten der Umweltschäden den Grenzkosten der Vermeidung von Umweltschäden gleich sind und damit die Gesamtkosten der Umweltnutzung minimal werden. Die minimalen Gesamtkosten "G" im unteren Teil der Grafik entsprechen der Fläche "ACD" im oberen Teil der Grafik, die Kosten der Umweltschäden "S" der Fläche "ABC" und die Kosten der Vermeidung von Umweltschäden "V" der Fläche "BCD".

Nachdem die Kosten der Umweltnutzung qualitativ und zumindest theoretisch auch quantitativ erfaßt sind, stellt sich die **Frage, wer die Kosten tragen soll**.

---

5) Zur Vereinfachung wird in der Umweltökonomie oftmals stillschweigend davon ausgegangen, daß jedes (noch so geringe) Emissionsvolumen Kosten durch Umweltschäden verursacht.

So eindeutig wie in der umweltpolitischen Diskussion der Verursacher von Umweltschäden als vorrangiger Adressat für die Kosten des Umweltschutzes favorisiert wird, so wenig kann dieses Votum aus ökonomischer Sicht (zunächst) überzeugen. In dem Fluß-Beispiel entstehen externe Effekte in Form der Umweltschäden, weil der Oberlaufanlieger den Fluß zum Einleiten von Schadstoffen nutzt und gleichzeitig der Unterlaufanlieger dem Fluß sauberes Wasser entnehmen will. Ohne die Emissionen des Oberlaufanliegers gibt es keine externen Effekte, aber auch ohne die Wasserentnahme des Unterlaufanliegers treten keine externen Effekte auf. Diese "Reziprozität der externen Effekte" läßt eine ökonomisch begründete Zurechnung der Kosten der Umweltnutzung auf einen der beiden Flußanlieger nicht zu. Beide Flußanlieger sind gemeinsam der ökonomische Verursacher der Kosten der Umweltnutzung.[6)]

Das Verursacherprinzip in der Umweltpolitik gründet sich folgerichtig nicht auf eine ökonomische Kausalitätsbeziehung, sondern definiert den Emittenten von Schadstoffen als Verursacher externer Effekte.[7)] Um den Unterschied zum ökonomischen Verursacher auch begrifflich sichtbar werden zu lassen, kann vom Verursacher im physischen Sinne oder vom Verursacher der physischen Umweltschäden gesprochen werden.[8)]

Die normative Einseitigkeit des umweltpolitischen Verursacherprinzips wird vor dem Hintergrund der Reziprozität der externen Effekte deutlich. Von den beiden ökonomischen Kostenverursachern wird einer, nämlich der Verursacher der physischen Umweltschäden, dazu bestimmt, die gesamten Kosten der Umweltnutzung zu tragen. Genausogut kann der andere der beiden ökonomischen Kostenverursacher, der Nutznießer von Maßnahmen zur Vermeidung physischer Umweltschäden, zur Übernahme der gesamten Kosten der Umweltnutzung verpflichtet werden. In diesem Fall findet das erst seit kurzem aus der umweltpolitischen Diskussion hervorgegangene "Nutznießerprinzip" Anwendung.[9)]

---

6) Zur Bedeutung der Reziprozität der externen Effekte für die Ermittlung des Verursachers von Umweltschäden vgl. z. B. die Ausführungen von Minsch und Feess-Dörr.
Minsch, Jürg: Ursache und Verursacherprinzip im Umweltbereich ... S. 37 - 39.
Feess-Dörr, Eberhard: Mikroökonomie, Marburg 1991, S. 327 - 334.

7) In diesem Sinne schreibt Wicke: "*Diese offizielle Definition des Verursacherprinzip* (der Umweltpolitik der Bundesregierung, A. d. V.) *ist eine spezielle umweltpolitische Definition.*"
Wicke, Lutz: Umweltökonomie, 3. Auflage, München 1991, S. 129.

8) Die englische Bezeichnung für das Verursacherprinzip ("polluter pays principle") ist insofern klarer, als der "Verschmutzer" expressis verbis zur Zahlung verpflichtet wird.

9) Während das Verursacherprinzip als umweltpolitische Leitlinie in der Bundesrepublik sowohl in der Theorie als auch in der Politik frühzeitig eine breite Zustimmung gefunden hat, setzte die

Verursacherprinzip und Nutznießerprinzip markieren die beiden Ränder des Spektrums möglicher Antworten auf die Frage, wer die Kosten der Umweltnutzung tragen soll. Im Fluß-Beispiel trägt bei Anwendung des Verursacherprinzips der Oberlaufanlieger die gesamten Kosten der Umweltnutzung und bei Anwendung des Nutznießerprinzips der Unterlaufanlieger. Dazwischen ist prinzipiell jede beliebige Aufteilung der Kosten möglich.

Die Anwendung eines bestimmten Kostenzurechnungsprinzips ist untrennbar mit einer bestimmten Verteilung von Verfügungsrechten über Umwelt verbunden et vice versa. Das Verursacherprinzip impliziert, daß der von Umweltschäden Betroffene das Recht auf eine unversehrte Umwelt hat. Im Fluß-Beispiel hat der Unterlaufanlieger das Verfügungsrecht über das Flußwasser in Form des Rechts auf sauberes Wasser. Das Nutznießerprinzip geht davon aus, daß der Verursacher physischer Umweltschäden das Recht auf ein die Umwelt schädigendes Verhalten hat. Der Oberlaufanlieger darf Schadstoffe in den Fluß einleiten und auf diese Art über das Wasser verfügen.

Der Zusammenhang zwischen der Verteilung der Verfügungsrechte über Umwelt und den beiden umweltpolitischen Kostenzurechnungsprinzipien läßt sich mit Hilfe der Grafik 17 (S. 244) verdeutlichen. Ausgangspunkt der folgenden Überlegungen ist die maximale Umweltnutzung "max".
Wenn dem Verursacher der physischen Umweltschäden das Recht zur Umweltnutzung in vollem Umfang zugesprochen wird, dann entstehen dem von Umweltschäden Betroffenen Kosten entsprechend der Fläche ADE. Der Betroffene kann seine Kosten dadurch reduzieren, daß er dem Verursacher

---

Diskussion des Nutznießerprinzip erst mit den Überlegungen zur Einführung des sogenannten "Wasserpfennigs" in Baden-Württemberg und mit der fünften Änderungsnovelle zum Wasserhaushaltsgesetz der Bundesrepublik Mitte der 80er Jahre ein. In beiden Fällen werden den Landwirten für einen Verzicht auf intensive Düngung Ausgleichszahlungen zugestanden, die von den Nutznießern dieses Verzichts, den Nachfragern von Trinkwasser, aufzubringen sind. Dieses Beispiel zeigt den normativen Charakter der Frage, wer die Kosten der Umweltnutzung tragen soll - "Verursacher" oder "Nutznießer" - besonders deutlich. Die kleine und einkommensschwache Gruppe der Landwirte (Verursacher) sollte gegenüber der großen Gruppe der Trinkwassernachfrager (Nutznießer) relativ besser gestellt werden.
Zur Diskussion des "Wasserpfennigs" und der fünften Änderungsnovelle zum Wasserhaushaltsgesetz vgl. Bonus und zum Nutznießerprinzip vgl. Meißner.
Bonus, Holger: Eine Lanze für den "Wasserpfennig" - wider die Vulgärform des Verursacherprinzips, in: Wirtschaftsdienst IX / 1986, S. 451 - 455.
Meißner, Werner: Prinzipien der Umweltpolitik, in: Rudolf Wildenmann (Hrsg.): Umwelt, Wirtschaft, Gesellschaft - Wege zu einem neuen Grundverständnis, Gerlingen 1987, S. 197 - 207.

Kompensationszahlungen zur Vermeidung von Umweltschäden leistet. Unterstellt man, daß der Verhandlungsprozeß zu einer optimalen Umweltnutzung "opt" führt[10], dann wird die Höhe der Kompensationszahlungen nach unten durch die Kosten der Vermeidung von Umweltschäden (Fläche BCD) begrenzt und nach oben durch den Umfang der nicht entstandenen Kosten der vermiedenen Umweltschäden (Fläche BCED). Die Verteilung des Verhandlungsgewinns (Fläche CDE) hängt von der Stärke der jeweiligen Verhandlungspositionen ab. Der Betroffene trägt als Nutznießer der Maßnahmen zur Vermeidung von Umweltschäden die Gesamtkosten der Umweltnutzung alleine. Das Nutznießerprinzip wird ausschließlich angewendet. Eine Zurechnung der Kosten nach dem Verursacherprinzip setzt das Recht des Verursachers auf Umweltnutzung außer Kraft bzw. schränkt es ein.
Wenn dem von Umweltschäden (potentiell) Betroffenen das ausschließliche Recht zur Umweltnutzung zusteht, dann entstehen dem (potentiellen) Verursacher von physischen Umweltschäden Kosten entsprechend der Fläche ADF. Der Verursacher kann diese ungünstige Ausgangsposition durch eine verstärkte Umweltnutzung und monetäre Kompensation der dadurch verursachten Umweltschäden verlassen. Die Höhe der Kompensationszahlungen liegt zwischen den Kosten der Umweltschäden und den eingesparten Vermeidungskosten von Umweltschäden. Somit ist bei optimaler Umweltnutzung die Fläche ABC die Untergrenze und die Fläche ABCF die Obergrenze für Kompensationszahlungen. Der Verhandlungsgewinn entspricht der Fläche ACF. Der Verursacher der physischen Umweltschäden trägt die Gesamtkosten der Umweltnutzung alleine, da die Zurechnung der Kosten ausschließlich dem Verursacherprinzip folgt. Eine Beteiligung des von den Umweltschäden Betroffenen an den Kosten widerspricht dessen Recht auf eine unversehrte Umwelt.

Zwischen den beiden Extremfällen einer einseitigen Verteilung der Verfügungsrechte entweder nur zugunsten des "Verursachers" oder nur zugunsten des "Nutznießers", ist grundsätzlich jede beliebige Verteilung möglich. So führt die tatsächliche Handhabung des Verursacherprinzips in der Umweltpolitik gerade nicht zu der oben geschilderten, aus einer strengen Interpretation des umweltpolitischen Verursacherprinzips abgeleiteten einseitigen Verteilung der Ver-

10) Diese Unterstellung wird durch die Annahme vollkommener Information gerechtfertigt oder durch die schwächere Annahme, daß die am Verhandlungsprozeß Beteiligten ein Interesse am gemeinsamen Gesamtergebnis haben (kooperatives Verhalten) und damit eine "Tendenz zu vermehrter Transparenz" auftritt. Zur Annahme des kooperativen Verhaltens vgl. die Ausführungen von Minsch.
Minsch, Jürg: Ursache und Verursacherprinzip ... S. 79 - 81.

fügungsrechte, sondern zu einer impliziten Verteilung auf Verursacher und Nutznießer.

Wie sieht die praktische Anwendung des Verursacherprinzips in der Umweltpolitik aus? Ausgangspunkt ist eine Übernutzung der Umwelt (in Grafik 17 die maximale Umweltnutzung "max"). Die Verursacher von physischen Umweltschäden werden durch Auflagen und/oder Abgaben veranlaßt, die Umweltnutzung einzuschränken. Die mit der Einschränkung der Umweltnutzung verbundenen Vermeidungskosten sind von den Verursachern zu tragen. Die restlichen Kosten der Umweltnutzung verbleiben den Nutznießern der umweltpolitischen Maßnahmen.[11] Unterstellt man einmal, der Umweltpolitik gelingt es, mit Hilfe ihres Instrumentariums das Optimum - wie in Grafik 17 dargestellt - zu erreichen, dann tragen die Verursacher die Kosten der (teilweisen) Vermeidung von Umweltschäden "V" (= Fläche BCD) und die Nutznießer die Kosten der (verbleibenden) Umweltschäden "S" (= Fläche ABC). Die Verursacher haben ein eingeschränktes Verschmutzungsrecht und die Nutznießer ein eingeschränktes Recht auf eine saubere Umwelt.

Die **Annahmen des Grundmodells der Umweltökonomie** sind so restriktiv, daß bei den meisten realen Umweltproblemen keine der Annahmen auch nur annähernd erfüllt ist.

Damit drängt sich die Frage auf, welche Konsequenzen das Fallenlassen einzelner Annahmen für die Anwendbarkeit der umweltökonomischen Analyse hat.

Die spezifischen Annahmen des Fluß-Beispiels sind:

- Es gibt nur einen Verursacher der Umweltschäden und damit der externen Effekte (der Oberlaufanlieger),
- es gibt nur einen von den externen Effekten Betroffenen (den Unterlaufanlieger),
- es besteht vollständige Information bei dem Verursacher und dem Betroffenen der externen Effekte über Art und Umfang der Emissionen und der da-

---

11) In diesem Sinne läßt sich auch folgende Äußerung der OECD zur Anwendung des Verursacherprinzips interpretieren: "*What should the polluter pay? In theory, the polluter should pay the full cost of damages caused by his activity. This would create an incentive for the reduction of such damage, at least to the level where the cost of pollution reduction is equal to the marginal cost of the damage caused by such pollution. However, such costs are often extremely difficult to determine and in practice, polluters are often made to pay for the cost of pollution control.*"

OECD: The State of the Environment, Paris 1991, S. 258.

durch verursachten physischen Umweltschäden, sowie über die Kosten der Vermeidung von Emissionen und die Kosten der Umweltschäden einschließlich der Kosten der Maßnahmen zur Verringerung der Umweltschäden (Kostenfunktion der Umweltschäden und Kostenfunktion der Vermeidung von Umweltschäden ist bekannt),

- es gibt keine Verhandlungskosten und keine Kontrollkosten.

Der gemeinsame Zweck dieser Annahmen ist, jede Art von Transaktionskosten aus der Analyse zu verbannen. (Bei nur einem Verursacher und nur einem Betroffenen entfallen Koordinations- und Kooperationskosten innerhalb der Partei der Verursacher und innerhalb der Partei der Betroffenen. Bei vollständiger Information sind alle Informationen allen Beteiligten kostenlos zugänglich und somit gibt es keine Informationskosten.)
Die Existenz von Transaktionskosten hat zwei schwerwiegende Konsequenzen für die Analyse. Zum einen ist das Markt- oder Verhandlungsergebnis nicht mehr unbedingt interventionistischen Lösungen des Umweltproblems unter dem Gesichtspunkt der Effizienz überlegen und zum anderen wird die Verteilung der Verfügungsrechte selbst zum Gegenstand der ökonomischen Analyse. Bei Existenz von Transaktionskosten kommt es nur dann zu Verhandlungen über Kompensationszahlungen, wenn der Verhandlungsgewinn größer ist als die Transaktionskosten. Je größer die Zahl der Verursacher physischer Umweltschäden und die Zahl der von Umweltschäden Betroffenen und umso komplexer und damit unsicherer der Zusammenhang zwischen Emissionen und Umweltschäden, desto größer sind die Transaktionskosten, desto unwahrscheinlicher wird die Aufnahme von Verhandlungen über Kompensationszahlungen, desto kleiner wird der gesamtwirtschaftliche Gewinn einer Verhandlungslösung und desto weiter wird diese Lösung von der optimalen Umweltnutzung des Grundmodells entfernt sein. Das Grundmodell (ohne Transaktionskosten) verführt zu dem Schluß, daß das Fehlen von Verfügungsrechten die Ursache für das Nichtzustandekommen von Verhandlungslösungen ist. In der Realität hat jedoch (fast) jeder Verursacher von Umweltschäden de facto auch das Recht zu umweltschädigendem Verhalten.[12] Die Umweltprobleme lassen sich nur zu einem sehr kleinen Teil auf das Verhalten von "Gesetzesbrechern" zurückführen, sondern enstehen meist ganz "legal". Tatsächlich ist die Existenz

12) *"Nichts hindert beispielsweise die Nordseefischer daran, den Einleitern Kompensationszahlungen für einen Verzicht der Schadstoffeinleitung anzubieten. Die Gerichte gelangen in jedem Rechtsstreit zu irgendeinem Urteil, welches das zulässige Ausmaß zur Vergiftung der Fische und damit auch die Verfügungsrechte festlegt."*
Feess-Dörr, Eberhard: Mikroökonomie ... S. 331.

prohibitiv hoher Transaktionskosten der Grund dafür, daß externe Effekte der Umweltnutzung nicht durch Verhandlungen internalisiert werden und das Umweltproblem weiterhin bestehen bleibt.
In dieser Situation kann der Staat versuchen, entweder durch eine Änderung der institutionellen Rahmenbedingungen die Transaktionskosten so weit zu senken, daß Verhandlungen attraktiv werden oder durch interventionistische Maßnahmen (Auflagen und Abgaben) die Umweltnutzung in Richtung des Optimums zu steuern.
Zu den institutionellen Rahmenbedingungen, die Einfluß auf die Höhe der Transaktionskosten einer Verhandlungslösung haben, gehört insbesondere auch die Verteilung der Verfügungsrechte. Es stellt sich die Frage, welche Verteilung ökonomisch optimal ist, d.h. mit den niedrigsten Transaktionskosten verbunden ist. Damit wird auch die Entscheidung zwischen dem Verursacherprinzip und dem Nutznießerprinzip ökonomisch begründbar.[13)]

Abschließend soll auf die, das umweltökonomische Grundmodell ergänzende **Vorstellung von Umwelt als einem Gut** eingegangen werden.
Die Vorstellung von Umwelt als einem Gut läßt sich folgendermaßen in das Fluß-Beispiel integrieren: Wenn keine individuellen Verfügungsrechte über den Fluß existieren, dann ist der Fluß im Gemeinschaftseigentum der Anlieger, die zusammen die Nutzungsgemeinde bilden. Der Fluß ist ein Gemeinschaftsgut, das von jedem Mitglied der Nutzungsgemeinde in beliebigem Umfang genutzt werden kann. Es erfolgt kein Ausschluß von der Nutzung. Solange kein Konsument (= Nutzer) des Gemeinschaftsgutes "Fluß" die Nutzung eines anderen Konsumenten beeinträchtigt, besteht auch keine Rivalität des Konsums. Der Fluß ist dann ein "reines öffentliches (Umwelt)Gut".
Wenn jedoch die Kapazitätsgrenze des "Umweltgutes Fluß" als Folge zunehmender Abwassereinleitungen des Oberlaufanliegers überschritten wird, dann wird der Konsum des "Umweltgutes Fluß" rivalisierend. Für diese spezielle Form der Rivalität findet sich in der Literatur überwiegend die Bezeichnung "Übernutzung eines öffentlichen Gutes". Sobald eine Übernutzung einsetzt, treten negative externe Effekte auf.

---

13) In diesem Sinne stellt auch Feess-Dörr fest: "*Die ökonomische Rechtfertigung des Verursacherprinzips ... besteht folgerichtig nicht in Gerechtigkeitserwägungen, die zumindest nach neoklassischem Verständnis kein Bestandteil der positiven ökonomischen Theorie sein können, sondern in den damit verbundenen geringeren Transaktionskosten.*"
Feess-Dörr, Eberhard: Mikroökonomie ... S. 332 / 333.

Oftmals haben auch Umweltschutzmaßnahmen den Charakter eines öffentlichen Gutes. In diesem Fall kann der Nutzen aus den Umweltschutzmaßnahmen von "Trittbrettfahrern" kostenlos als positive externe Effekte in Empfang genommen werden.

Es kann als Fazit festgehalten werden, daß die ökonomische Analyse über zwei gedankliche Ansatzpunkte zur Erfassung von Umweltproblemen verfügt. Entweder wird ein Umweltproblem als Ausdruck negativer externer Effekte gesehen oder als Übernutzung eines Umweltgutes interpretiert.

7.2. Ökonomische Sicht des anthropogenen Treibhauseffekts

Die umweltökonomische Analyse des "anthropogenen Treibhauseffekts" kann nicht unmittelbar an die nach vollkommen anderen Gesichtspunkten konzipierte naturwissenschaftliche Analyse anknüpfen, sondern erfordert als ersten Schritt die Entwicklung einer spezifischen "ökonomischen" Sicht des Treibhauseffekts.

Aus ökonomischer Sicht muß besonderes Augenmerk auf folgende vier Punkte gelegt werden:

(1) Die Identifikation von Verursachern des anthropogenen Treibhauseffekts,

(2) Art, Umfang und Bewertung der physischen Umweltschäden als Folgen des anthropogenen Treibhauseffektes,

(3) die Möglichkeiten, den Zusammenhang zwischen den Ursachen und den Folgen des anthropogenen Treibhauseffekts zu quantifizieren, und

(4) die Problematik der Unsicherheit naturwissenschaftlicher Kenntnisse, die gerade in der Diskussion des Treibhauseffekts eine besondere Rolle spielt.

Diese 4 Punkte sollen nacheinander weiter ausgeführt werden.

Zu (1):

Alle Emittenten von Treibhausgasen (Kohlendioxid, Methan, Fluorchlorkohlenwasserstoffe, troposphärisches Ozon, Distickstoffoxid) sind Verursacher des anthropogenen Treibhauseffektes. Die einzelnen Emissionsquellen lassen sich den folgenden 4 Aktivitäten zuordnen:

- Rodung tropischer Regenwälder,
- Verbrennung fossiler Energieträger,
- Produktion und Anwendung chemischer Produkte und
- landwirtschaftliche Produktion.

In einem umweltökonomischen Modell können die Ursachen des Treibhauseffekts entweder in den "Emissionen verursachenden Aktivitäten" oder in der "Emission von Treibhausgasen" gesehen werden. Welche Möglichkeit gewählt wird, hängt von der jeweiligen Zielvariablen der Analyse ab. So kann das Ziel einer Untersuchung z.B. die Bestimmung des "optimalen Ausmaßes der Rodung tropischer Regenwälder" sein, aber auch in der Ermittlung des "optimalen CO_2-Emissionsvolumens" bestehen.

Zu (2):

Zum derzeitigen Stand des Wissens über Art und Umfang der physischen Schäden des anthropogenen Treibhauseffekts in Abhängigkeit vom Ausmaß der Klimaänderung gibt Kapitel 7.3. Auskunft. Diese "physische Schadensfunktion" muß durch Bewerten in eine "Kostenfunktion der Umweltschäden" transformiert werden.

Bei der Bewertung ist zu berücksichtigen, daß es grundsätzlich drei Möglichkeiten gibt, auf erwartete Schäden zu reagieren:

- Erstens können Maßnahmen zum Schutz vor Schäden durchgeführt werden.
- Zweitens kann das Auftreten von Schäden abgewartet werden, um anschließend Reparaturmaßnahmen zu ergreifen.
- Drittens kann der von Schäden bedrohte Standort verlassen werden.

So ist es möglich, beispielsweise der zunehmenden Gefahr von Sturmfluten in den Küstenregionen durch den Bau von Deichen zu begegnen oder abzuwarten, bis sich eine Sturmflut ereignet, um dann die Schäden zu reparieren oder gefährdete Küstenregionen zu verlassen. Die genannten Möglichkeiten schließen sich nicht gegenseitig aus, sondern stehen in einem komplementären Verhältnis zueinander. Der Kostenfunktion der Umweltschäden ist die Kombination von Maßnahmen zugrunde zu legen, die in Abhängigkeit vom Ausmaß der Klimaänderung zu den niedrigsten Kosten führt.

Zu (3):

Der Zusammenhang zwischen den Ursachen und den Folgen des anthropogenen Treibhauseffekts läßt sich vereinfachend als eine (lineare) Wirkungskette darstellen (vgl. Übersicht 22, S. 255).

Ausgehend von den Emissionen verursachenden Aktivitäten wird zunächst das Ausmaß der Emission von Treibhausgasen durch die "Emissionsintensität" bestimmt. Die Emissionsintensität kann dann als ein Aktionsparameter der Umweltpolitik angesehen werden, wenn als Bezugsbasis der Output von Aktivitäten gewählt wird. Beispielsweise verhalten sich die CO_2-Emissionen bei der Verbrennung der 4 fossilen Energieträger Braunkohle, Steinkohle, Erdöl und Erdgas, bezogen auf denselben Heizwert, wie 121 : 100 : 88 : 58.[14] Die Emissionsintensität der Braunkohle ist mehr als doppelt so groß wie die von Erdgas (121 / 58 ≈ 2,1). Eine Substitution von Braunkohle durch Erdgas vermindert die

---

14) Diese Angaben sind entnommen aus:
Enquete-Kommission "Vorsorge zum Schutz der Erdatmosphäre": Erster Zwischenbericht ... S. 236.

auf den Output bezogene Emissionsintensität der Aktivität "Verbrennung fossiler Energieträger".

<u>Übersicht 22:</u> Wirkungskette des "anthropogenen Treibhauseffekts"

Emissionen verursachende Aktivitäten
(Emissionsquellen)

↓ "Emissionsintensität"

Emission von Treibhausgasen

↓ "Verweildauer in der Atmosphäre"

Anstieg der Konzentration von
Treibhausgasen in der Atmosphäre

↓ "(Treibhaus-)Wirksamkeit"

anthropogener Treibhauseffekt

↓ "Klimamodell"

Änderung des globalen Klimas

↓ "phys. Schadensfunktion"

physische Umweltschäden

↓ "Kostenfunktion"

Kosten der Klimaänderung

Im zweiten Schritt der Wirkungskette führt die Emission von Treibhausgasen zu einem Anstieg der Konzentration in der Atmosphäre. Wie stark der durch ein bestimmtes Emissionsvolumen bewirkte Anstieg der Konzentration eines bestimmten Treibhausgases ist, hängt von dessen "Verweildauer in der Atmosphäre" ab. In der Länge der Verweildauer spiegelt sich die Fähigkeit der natürlichen Stoffkreisläufe wider, der Atmosphäre das jeweilige Treibhausgas zu entziehen. Wenn diese Fähigkeit abnimmt, dann steigt die Verweildauer in der Atmosphäre. Beispielsweise entzieht der Kohlenstoffkreislauf der Atmosphäre CO_2, vor allem durch die Assimilation der Pflanzen und durch die Lösung im Meerwasser, so daß die atmosphärische Verweildauer des CO_2 5 - 10 Jahre beträgt. Da die Löslichkeit von CO_2 im Meerwasser mit steigender Temperatur sinkt, wird umgekehrt die atmosphärische Verweildauer des CO_2 bei einer Zunahme der Temperatur als Folge des anthropogenen Treibhauseffekts steigen. Diese Temperaturabhängigkeit der atmosphärischen Verweildauer des CO_2 ist ein Beispiel für eine selbstverstärkende Rückwirkung im Rahmen des Treibhauseffekts. Solche Rückwirkungen machen den Treibhauseffekt zu einem komplexen Phänomen, das eine Dynamisierung der natürlichen Verhaltensparameter (Verweildauer in der Atmosphäre, spezifische Wirksamkeit, Parameter des Klimamodells und der physischen Schadensfunktion) erfordert, die in einer vereinfachenden Darstellung - wie in Übersicht 22 - nicht sichtbar gemacht werden kann. Diese Einschränkung gilt für alle Schritte in der hier vorgestellten Wirkungskette des anthropogenen Treibhauseffekts.

Im dritten Schritt wird die Stärke des anthropogenen Treibhauseffekts durch die spezifische "Wirksamkeit" der einzelnen Treibhausgase bestimmt. So hat ein Molekül FCKW die 15000-fache Treibhauswirkung wie ein Molekül CO_2. Die spezifische Wirksamkeit eines Treibhausgases ist nicht konstant, sondern nimmt mit steigender Konzentration in der Atmosphäre ab. Daraus folgt umgekehrt, daß mit einer zunehmendem Einschränkung von Treibhausgasemissionen eine überproportionale Abschwächung des anthropogenen Treibhauseffekts erzielt wird.

Der nächste Schritt erfaßt die Wirkung der veränderten physikalischen Eigenschaften der Atmosphäre (= "veränderte Glasstärke des Treibhauses" = anthropogener Treibhauseffekt) auf das globale Klima. Die hierzu entwickelten Modelle sind aufgrund des "chaotischen Verhaltens" des Klimas lediglich in der Lage, für relativ große Gebiete der Erde Trendaussagen über einzelne Klimaparameter wie Temperatur und Niederschlagsmengen zu machen. Die Klimamodelle stellen zur Zeit das bei weitem schwächste Glied der Wirkungskette dar und sind damit auch die größte Quelle der Unsicherheit.
Auf den Zusammenhang zwischen der Änderung des globalen Klimas, den physischen Umweltschäden und den Kosten der Klimaänderung wurde schon unter Punkt (2) eingegangen.

In der Darstellung des logischen Ablaufs der Wirkungskette wurde ein aus ökonomischer Sicht bedeutsamer Aspekt - die zeitliche Dimension - zunächst ausgeklammert. Für die zeitliche Abfolge der Wirkungen charakteristisch sind relativ lange Zeitverzögerungen und kumulative Effekte.
Die Zeitspanne zwischen dem in der Vergangenheit zu beobachtenden Anstieg der Konzentration von Treibhausgasen in der Atmosphäre und dem dadurch

bewirkten Anstieg der durchschnittlichen Temperatur auf der Erde beträgt etwa 3 Jahrzehnte.[15] D.h. die im Jahre 1990 gemessene Temperatur entspricht etwa der Konzentration von Treibhausgasen des Jahres 1960. Die Konzentration des Jahres 1960 ist jedoch nicht nur durch die Emissionen des gleichen Jahres verursacht, sondern mit abnehmendem Gewicht (für jedes einzelne Treibhausgas nach Maßgabe der spezifischen Verweildauer in der Atmosphäre) auch durch die Emissionen früherer Jahre. Der Teil der jährlichen Emissionen, der nicht innerhalb eines Jahres durch die natürlichen Stoffkreisläufe wieder aus der Atmosphäre entfernt werden konnte, kumuliert in der Atmosphäre und erhöht entsprechend die Konzentration.

Wenn man die zeitliche Dimension des anthropogenen Treibhauseffekts in die Analyse einbezieht, dann kann die unter Punkt (1) aufgestellte Behauptung, daß alle Emittenten von Treibhausgasen Verursacher des anthropogenen Treibhauseffekts sind, dahingehend verfeinert werden, daß alle Emissionen bis zum Jahr 1960 ursächlich für die Klimaänderung des Jahres 1990 sind und daß alle Emissionen bis zum Jahr 1990 die Klimaänderung des Jahres 2020 bewirkt haben werden. Die externen Effekte der Emission von Treibhausgasen verteilen sich nicht nur räumlich über die gesamte Erde, sondern erstrecken sich auch über einen größeren Zeitraum.[16] Die zeitliche Ausdehnung der externen Effekte fügt den naturwissenschaftlichen Problemen bei der Kausalanalyse noch das sozio-ökonomische Problem der "richtigen" Diskontierungsrate und der "gerechten" intergenerationalen Allokation der Ressourcen hinzu.[17]

---

15) Diese Angabe ist entnommen aus:
Heinloth, Klaus: Energieversorgung kontra Klima, in: Max G. Huber (Hrsg.): Umweltkrise - eine Herausforderung an die Forschung, Darmstadt 1991, S. 22 - 44, hier: S. 24.

16) Diese Besonderheit des anthropogenen Treibhauseffekts wird auch von Nordhaus herausgestellt. *"The CO_2 problem is different from conventional pollutants because it is an externality across space and time. Once in the atmosphere, CO_2 disperses across the globe and has a half-life of centuries."*
Nordhaus, William: How Fast Should We Graze the Global Commons?, in: The American Economic Review, Vol. 72 No. 2, Papers and Proceedings, May 1982, S. 242 - 246, hier: S. 244.

17) Mit dem Problem der "richtigen" Diskontierungsrate und der "gerechten" intergenerationalen Allokation der Ressourcen in Zusammenhang mit dem anthropogenen Treibhauseffekt setzen sich die Beiträge von d'Arge / u.a. und Birnbacher auseinander.
D'Arge / Schulze / Brookshire: Carbon Dioxide and Intergenerational Choice, in: The American Economic Review, Vol. 72 No. 2, Papers and Proceedings, May 1982, S. 251 - 256.
Birnbacher, Dieter: Intergenerationelle Verantwortung oder: Dürfen wir die Zukunft der Menschheit diskontieren?, in: Jörg Klawitter / Reiner Kümmel (Hrsg.): Umweltschutz und Marktwirtschaft - aus der Sicht unterschiedlicher Disziplinen, S. 101 - 116.

Zu (4):
Die Unsicherheit naturwissenschaftlicher Erkenntnis kann als Ausdruck eines Mangels an Informationen gesehen werden. Aus ökonomischer Sicht stellt sich die Frage, ob die Informationen über mögliche Ursachen und Folgen eines Umweltproblems ausreichen, um konkrete Maßnahmen einzuleiten und in welchem Umfang die Erforschung des Umweltproblems finanziell gefördert werden soll, um (möglichst schnell) weitere Informationen zu erhalten.
Diese Frage läßt sich "ökonomisch" beantworten durch eine Gegenüberstellung der erwarteten Kosten der Informationsgewinnung (einschließlich der Kosten, die das Hinauszögern von Maßnahmen zur Vermeidung von Umweltschäden verursacht) einerseits und den erwarteten Nutzen zusätzlicher Informationen andererseits.
Ein besonderer Fall tritt dann ein, wenn schon beim derzeitigen Stand des Wissens nicht auszuschließen ist, daß irreversible oder "katastrophale" Schäden eintreten können. Insbesondere beim "Umkippen" natürlicher Systeme, wie dem globalen Klimasystem, sind die Folgen für den Menschen im einzelnen so wenig vorhersehbar, daß eine "objektive" Bewertung "in Geld" unmöglich wird. Darüberhinaus herrscht bei einem komplexen Phänomen, wie dem Treibhauseffekt, auch Unsicherheit über die Wahrscheinlichkeitsverteilung der physischen Umweltschäden. Das Risiko katastrophaler Schäden kann nicht exakt in einer Prozentzahl ausgedrückt werden, sondern selbst wiederum nur - bildhaft dargestellt - als Wahrscheinlichkeitsverteilung um eine Prozentzahl. Es gibt eine Hierarchie von Wahrscheinlichkeitsverteilungen, die bei der analytischen Erfassung der Unsicherheit naturwissenschaftlicher Erkenntnisse mit Hilfe ökonomischer Erwartungswerte zu einem "methodologischen Risiko" führt.[18] Das heißt, der Methode, bei Unsicherheit eine genau bestimmte (= sichere) Wahrscheinlichkeitsverteilung anzunehmen und unter Berücksichtigung von Risikoneigungen einen Erwartungswert zu bilden, haftet das methodologische Risiko an, daß die angenommene Wahrscheinlichkeitsverteilung die tatsächlichen (= unsicheren) Wahrscheinlichkeiten für den Eintritt bestimmter Umweltschäden nicht richtig wiedergibt.
Unter diesen Umständen läßt sich auch ein Erwartungswert für die Kosten des Hinauszögerns von Umweltschutzmaßnahmen nicht mehr sinnvoll bestimmen. Wie soll z.B. die Möglichkeit eines völligen Abschmelzens der Polkappen mo-

---

18) Zum Problem des methodologischen Risikos bei der Erfassung von Unsicherheit in der ökonomischen Theorie vgl. die Ausführungen von Heller und die dort angegebene Literatur. Heller, Peter W.: Das Problem der Umweltbelastung in der ökonomischen Theorie, Frankfurt / New York 1989, insbesondere S. 188 - 212.

netär bewertet werden und mit welcher Wahrscheinlichkeit tritt dieses Ereignis ein?
Ein pragmatischer Ausweg besteht darin, in der Sicherheit vor katastrophalen Ereignissen unmittelbar ein Gut zu sehen. Der Unsicherheit naturwissenschaftlicher Erkenntnisse wird durch vorsorgende Umweltschutzmaßnahmen begegnet. Das Ziel vorsorgender Umweltschutzmaßnahmen besteht nicht (unmittelbar) in der Verminderung von Umweltschäden auf ein ökonomisches Optimum, sondern in der Reduzierung des Risikos von Umweltschäden oder umgekehrt in der Erhöhung der Sicherheit vor Umweltschäden. Die Verminderung von Umweltschäden wird zu einem mittelbaren Ergebnis vorsorgender Umweltschutzmaßnahmen.
Damit ist es aus ökonomischer Sicht durchaus rational nicht trotz, sondern gerade wegen der großen Unsicherheit der naturwissenschaftlichen Kenntnisse über den anthropogenen Treibhauseffekt mit umfangreichen Vorsorgemaßnahmen zu reagieren.

Unter Berücksichtigung der hier diskutierten Gesichtspunkte sollen nun **drei sich ergänzende (partielle) ökonomische Sichtweisen des anthropogenen Treibhauseffekts** vorgestellt werden.

Während die beiden ersten Sichtweisen an den Ursachen des anthropogenen Treibhauseffekts ansetzen, nimmt die dritte Sichtweise eine Folge des anthropogenen Treibhauseffekts zum Ausgangspunkt der Betrachtung.

1. Sichtweise:
Die anthropogenen Emissionsquellen von Treibhausgasen lassen sich den unter Punkt (1) genannten wirtschaftlichen Aktivitäten zuordnen. Es kann nun eine Aktivität z.B. die "Rodung tropischer Regenwälder" als variable zu optimierende Größe hervorgehoben und die übrigen Emissionen verursachenden Aktivitäten als konstante Größen betrachtet werden. Der Vorteil dieser Vereinfachung ist, daß nicht alle Aktivitäten in einem Modell gleichzeitig analysiert werden müssen, sondern daß nur für eine wirtschaftliche Aktivität die Auswirkungen auf den Treibhauseffekt und damit auf das Klima zu erfassen sind. Zur Bestimmung des optimalen Umfangs der betrachteten Aktivität sollten jedoch nicht nur die über den Treibhauseffekt auf das Klima wirkenden Spurengasemissionen herangezogen werden, sondern auch andere das Klima beeinflussende durch die betrachtete Aktivität ausgelöste Effekte und darüberhinaus alle "sonstigen" öko-

nomisch relevanten Wirkungen auf die natürliche Umwelt.
Von der ökonomischen Aktivität "Rodung tropischer Regenwälder" aus gesehen stellt sich der anthropogene Treibhauseffekt folgendermaßen dar (vgl. Übersicht 23, S. 261): Die Rodung tropischer Regenwälder verursacht Emissionen von Kohlendioxid und anderen Spurengasen, die über den anthropogenen Treibhauseffekt eine Änderung des globalen Klimas bewirken. Die Änderung des Klimas als Folge der Rodung tropischer Regenwälder wird nicht nur über den anthropogenen Treibhauseffekt bewirkt, sondern auch über die Änderung des Wasserkreislaufs etc. Außer der Klimaänderung hat die Rodung tropischer Regenwälder durch die Vernichtung von Lebewesen Folgen für die Artenvielfalt und die natürliche Verfügbarkeit "extraktiver Waldprodukte".
Aus dieser Sicht ist der anthropogene Treibhauseffekt Teil eines Bündels von Folgen für die natürliche Umwelt, das von der ökonomischen Aktivität "Rodung tropischer Regenwälder" bewirkt wird.

2. Sichtweise:

Die Emission eines bestimmten Spurengases (z.B. die "Emission von Kohlendioxid") wird als variable zu optimierende Größe gesehen, während die Emissionen der übrigen Treibhausgase als konstante Größen betrachtet werden. Die Emission von Kohlendioxid ist Folge unterschiedlicher wirtschaftlicher Aktivitäten (vgl. Übersicht 23). Die CO_2-Emissionen verstärken den anthropogenen Treibhauseffekt über den Anstieg der Konzentration von Kohlendioxid in der Atmosphäre und bewirken dadurch eine Änderung des globalen Klimas. Andere Folgen sind mit den CO_2-Emissionen nicht verbunden. Die Vereinfachung besteht in der Vernachlässigung von Änderungen der Emissionen anderer Spurengase außer Kohlendioxid und allen sonstigen direkten und indirekten Wirkungen der Kohlendioxid emittierenden wirtschaftlichen Aktivitäten auf die natürliche Umwelt.
Aus dieser zweiten Sicht ist der anthropogene Treibhauseffekt die Folge von CO_2-Emissionen unterschiedlicher wirtschaftlicher Aktivitäten.

3. Sichtweise:

In dem anthropogenen Treibhauseffekt wird die Ursache für die erwartete Änderung des globalen Klimas gesehen. Das Ausmaß des anthropogenen Treibhauseffekts hängt von der Änderung der Konzentration von Spurengasen in der Atmosphäre ab. Diese wiederum wird durch das laufende Emissionsvolumen bestimmt. Ein Klimaparameter - wie z.B. die globale Durchschnittstemperatur - wird als zu optimierende Variable betrachtet.

Übersicht 23: Ökonomische Sicht des anthropogenen Treibhauseffekts

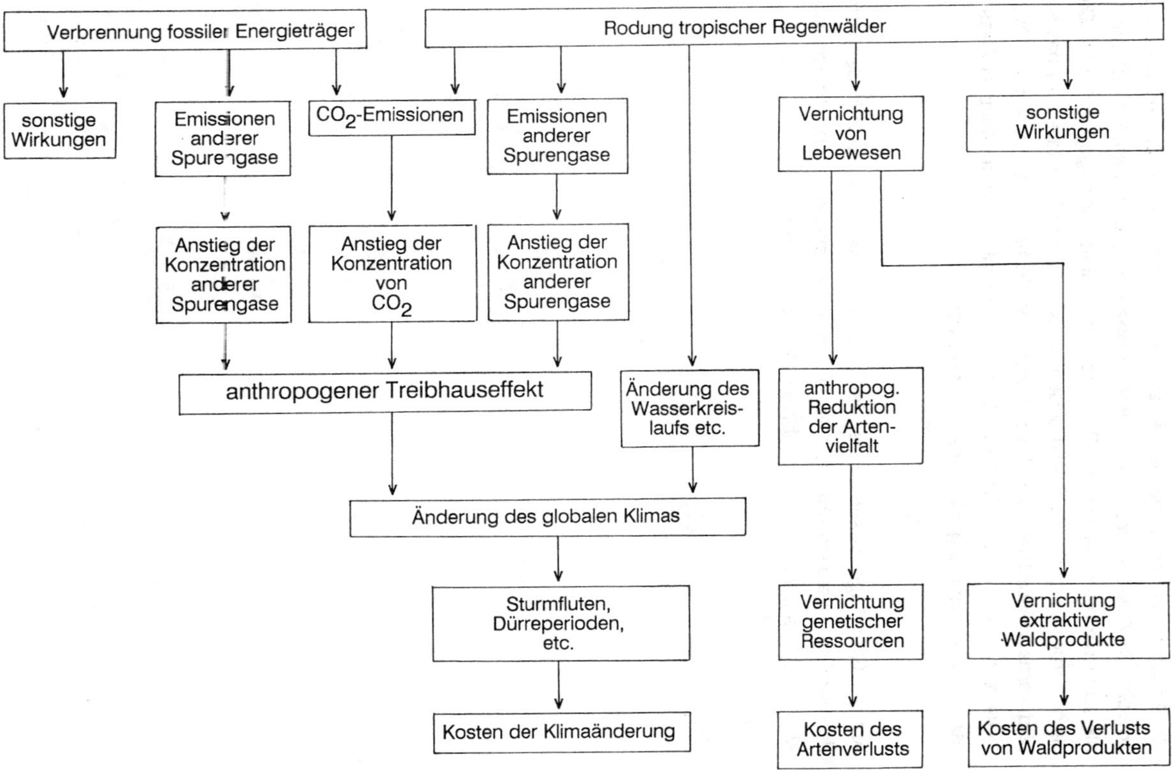

Die Emissionsvolumina der einzelnen Spurengase sind so zu reduzieren, daß sowohl die Abschwächung des anthropogenen Treibhauseffekts "effizient" ist, als auch die optimale globale Durchschnittstemperatur angestrebt wird. Diese Sicht berücksichtigt nur die Wirkungen wirtschaftlicher Aktivitäten auf das Klima und vernachlässigt alle sonstigen Folgen der klimawirksamen wirtschaftlichen Aktivitäten auf die natürliche Umwelt (z.B. die Vernichtung genetischer Ressourcen durch die Rodung tropischer Regenwälder).

Auf der Grundlage dieser unterschiedlichen Sichtweisen werden in den folgenden Kapiteln drei sich ebenfalls ergänzende Partialmodelle zur ökonomischen Analyse des anthropogenen Treibhauseffekts entwickelt.

7.3. Die Emission von Treibhausgasen als Ursache internationaler externer Effekte

Die folgende Analyse beschränkt sich ausschließlich auf die internationalen (= grenzüberschreitenden) externen Effekte und vernachlässigt die gleichzeitig entstehenden nationalen (= innerstaatlichen) externen Effekte.
Für den Fall, daß keine besonderen rechtlichen Vereinbarungen zwischen den verursachenden und den von internationalen externen Effekten betroffenen Ländern bestehen, bilden die allgemeinen Grundsätze des Völkerrechts den rechtlichen Rahmen der ökonomischen Analyse. Auf die Frage nach der Verteilung der Verfügungsrechte über Umwelt und damit auf die Frage, wer die Kosten der Umweltnutzung zu tragen hat, läßt sich aus den allgemeinen Grundsätzen des Völkerrechts allerdings keine eindeutige Antwort ableiten.
Das Verursacherprinzip ist dann anzuwenden, wenn den von externen Effekten betroffenen Ländern unter Berufung auf den völkerrechtlichen Grundsatz der "territorialen Integrität" das Recht auf Schutz vor Beeinträchtigungen der natürlichen Umwelt durch andere Länder zugesprochen wird. Dagegen folgt aus dem völkerrechtlichen Grundsatz der "territorialen Souveränität", daß externe Effekte verursachende Länder das Recht zu umweltschädigenden Aktivitäten haben und damit die Umweltpolitik dem Nutznießerprinzip zu folgen hat. Ohne auf die völkerrechtliche Diskussion grenzüberschreitender Umweltprobleme einzugehen, kann zumindest festgestellt werden, daß tatsächlich eher der Grundsatz der "territorialen Souveränität" die internationalen Beziehungen beherrscht, wie der "Unfall" von Tschernobyl zeigt (die Betroffenen leisten den Verursachern technische Hilfe, um das Risiko eines weiteren Unfalls zu mindern).[19)]

Ansatzpunkt zur Anwendung des Konzepts externer Effekte auf das Problem des anthropogenen Treibhauseffekts sind die Emissionen von Spurengasen. In der ersten Variante wird beispielhaft die Emissionsquelle "Rodung tropischer Regenwälder" in den Vordergrund der Untersuchung gestellt und in der zweiten Variante die Emission des Treibhausgases "Kohlendioxid".

---

19) Zur völkerrechtlichen Regelung zwischenstaatlicher Beziehungen im Bereich der Umwelt vgl. z.B. die Abhandlung von Gehring / Jachtenfuchs.
Gehring, Thomas / Markus Jachtenfuchs: Haftung für grenzüberschreitende Umweltschäden - Allgemeine Regelung des internationalen Umwelthaftungsrechts, in: Zeitschrift für Umweltpolitik und Umweltrecht 3 / 1990, S. 233 - 254.

7.3.1. Beispiel I: "Rodung tropischer Regenwälder"

Zunächst ist zu klären, welcher Nutzen mit der Rodung tropischer Regenwälder verbunden ist und welche (alternativen) Nutzungen bei einer Erhaltung der Regenwälder möglich sind.

Die **Rodung von Regenwäldern** dient 2 Kategorien von Zwecken,

- der Nutzung des Holzes der gefällten Bäume, z.B. als Baumaterial, Energieträger oder Exportgut und
- der Nutzung der gerodeten Waldfläche, z.B. zur landwirtschaftlichen Produktion, zum Aufstauen von Flüssen (um Energie aus Wasserkraft erzeugen zu können), zum Abbau der im Boden befindlichen Rohstoffe und als Standort für Industrieanlagen, Siedlungen und Infrastruktureinrichtungen.

Die Nutzungsarten innerhalb einer Kategorie schließen sich gegenseitig aus. Dagegen besteht zwischen den beiden Kategorien die Möglichkeit zu einer ergänzenden Nutzung.
Im Gegensatz zu den Wäldern der gemäßigten Klimazonen der Erde ist eine nachhaltige forstliche Nutzung der tropischen Regenwälder oder eine Wiederaufforstung vorübergehend landwirtschaftlich genutzter Flächen nur sehr eingeschränkt möglich. Insofern stellen die tropischen Regenwälder eine nicht regenerierbare natürliche Ressource dar.

Eine **dauerhafte Nutzung tropischer Regenwälder** ist auf zwei Arten möglich.

- Zum einen kann eine selektive Entnahme natürlicher Produkte ("extraktiver Waldprodukte"[20]) erfolgen (z. B. das gewerbliche Sammeln von Kautschuk, Nüssen und Heilpflanzen, die subsistenzwirtschaftliche Entnahme von Pflanzen und Tieren einschließlich den Aktivitäten des traditionellen Wanderfeldbaus) und
- zum anderen kann der Regenwald in seinem Gesamtbestand z.B. als Genreservoir, natürliche Senke von Treibhausgasen (vor allem Kohlendioxid) und Stabilisator des regionalen Klimas dienen.

---

20) Die Bezeichnung "extraktive Waldprodukte" wird von der Enquete-Kommission "Vorsorge zum Schutz der Erdatmosphäre" verwendet.
Enquete-Kommission "Vorsorge zum Schutz der Erdatmosphäre": Schutz der tropischen Wälder ... S. 537.

Die Erhaltung des Regenwaldes als Genreservoir und Senke für Treibhausgase ist zwar von globalem Nutzen, jedoch können die Regenwaldländer andere Länder von dieser Art der Nutzung nicht ausschließen. Bezüglich dieser beiden Nutzungsarten ist der Regenwald ein globales Gemeinschaftsgut ("global common"). Da auch keine Rivalität im Konsum besteht, können Maßnahmen zur Erhaltung des Regenwaldes sogar als (reines) öffentliches Gut bezeichnet werden.
Umgekehrt entstehen durch die Rodung tropischer Regenwälder internationale externe Effekte in Gestalt einer Änderung des globalen Klimas und der Vernichtung genetischer Ressourcen.[21] Die Änderung des Klimas wird durch die Emission von Kohlendioxid und anderer Treibhausgase über den anthropogenen Treibhauseffekt bewirkt. Darüber hinaus können Auswirkungen der Rodung auf den Wasserkreislauf, die Albedo[22] und den Aerosolgehalt der Atmosphäre ebenfalls Faktoren sein, die einen bisher nur schwer bestimmbaren, im Vergleich zum Treibhauseffekt wohl eher geringen Einfluß auf das globale Klima haben.[23]

Das **Ziel des folgenden Modells** ist die Bestimmung des optimalen Umfangs der Regenwaldrodung. (Vgl. zu den folgenden Ausführungen Grafik 18, S. 271.) Die Regenwaldrodung ist unter Vernachlässigung von Transaktionskosten dann optimal, wenn die Grenzkosten des nationalen Verzichts auf Rodung den Grenzkosten der weltweiten Umweltschäden durch Rodung gleich sind und damit die internationalen externen Effekte einer Klimaänderung und der Vernichtung genetischer Ressourcen null werden, d.h. vollständig in die Wirtschaftsrechnungen der beteiligten Länder internalisiert sind.

Zur Vereinfachung wird angenommen, daß es nur zwei Länder gibt, das Regenwaldland als Verursacher und das Ausland als Betroffener internationaler externer Effekte. Beide Länder erleiden durch die Rodung von Regenwäldern Umweltschäden und sind damit auch beide Nutznießer von Maßnahmen zur Erhaltung der Regenwälder.

---

21) Vgl. hierzu Übersicht 23, S. 261.

22) Unter "Albedo" versteht man allgemein das Rückstrahlungsvermögen von nicht selbstleuchtenden Oberflächen. Hier ist speziell das Rückstrahlungsvermögen der Erdöberfläche gemeint.

23) Die klimatischen, ökologischen und soziökonomischen Auswirkungen der Rodung tropischer Regenwälder werden von der Enquete-Kommission "Vorsorge zum Schutz der Erdatmosphäre" ausführlich dargestellt und diskutiert.
Enquete-Kommission "Vorsorge zum Schutz der Erdatmosphäre": Schutz der tropischen Wälder ... S. 461 - 583.

Bei einem **Verzicht auf Rodung** enstehen dem Regenwaldland Vermeidungskosten in Form von Opportunitätskosten für die entgangene Nutzung des Holzes der gefällten Bäume und für die entgangene Nutzung der gerodeten Waldfläche. Es wird angenommen, daß die Grenzvermeidungskosten ("GV" in Grafik 18, S. 271) sinken, da mit fortschreitender Rodung Waldgebiete erschlossen werden, die höhere Transportkosten für das Holz der gefällten Bäume, die dort geförderten Bodenschätze oder die dort erzeugten landwirtschaftlichen Produkte bedingen und/oder die eine sinkende landwirtschaftliche Produktivität des Bodens bzw. steigende Kosten der Gewinnung von Bodenschätzen aufweisen.[24)]

Die **Rodung des Regenwaldes** führt zu Opportunitätskosten in Gestalt der dann nicht mehr möglichen Nutzungen.[25)] Diese Opportunitätskosten sind Kosten der Umweltschäden der Rodung tropischer Regenwälder und bestehen aus den Kosten des Artenverlusts, den Kosten der Klimaänderung und den Kosten für den Verzicht auf eine dauerhafte selektive Entnahme natürlicher Produkte.

Im Gegensatz zu den Vermeidungskosten entstehen die Kosten der Umweltschäden nicht nur im Regenwaldland, sondern auch im Ausland. Diese Situation ist gerade die Voraussetzung für das Auftreten internationaler externer Effekte.

Die Vernichtung genetischer Ressourcen stellt einen irreversiblen Schaden dar mit allen Problemen einer "exakten" ökonomischen Bewertung.[26)] Jedoch kann zumindest die qualitative Aussage gemacht werden, daß mit einem zunehmenden Artenverlust überproportional steigende Kosten verbunden sind. Dies läßt sich begründen mit der steigenden Gefahr einer Ausrottung ganzer Gattungen von Lebewesen. Wenn das Aussterben einer Art gleichzeitig zum Verschwinden einer Gattung führt, dann ist der Verlust genetischer Information wesentlich grö-

---

24) Zu den Opportunitätskosten eines Verzichts auf die Rodung von Regenwälder vgl. die Ausführungen von Amelung.
Amelung, Torsten: Zur Rettung der tropischen Regenwälder - Eine kritische Bestandsaufnahme der wirtschaftspolitischen Lösungsvorschläge, in: Die Weltwirtschaft, Heft 2 / 1989, S. 152 - 165, hier: S. 161 / 162 und
Amelung, Torsten: Internationale Transferzahlungen zur Lösung globaler Umweltprobleme dargestellt am Beispiel der tropischen Regenwälder, in: Zeitschrift für Umweltpolitik und Umweltrecht, 2 / 1991, S. 159 - 178, hier: S. 163.

25) Für knappe Güter mit konkurrierenden Nutzungsarten gilt allgemein, daß die Entscheidung für eine Nutzungsart Opportunitätskosten hervorruft, die in dem Verzicht auf andere konkurrierende Nutzungsarten bestehen.

26) Vgl. hierzu Punkt (4) des vorherigen Kapitels 7.2.

ßer als im Fall, daß noch andere Arten der gleichen Gattung mit ähnlichen genetischen Informationen existieren. Die Annahme steigender Grenzkosten der Umweltschäden in Gestalt der Vernichtung genetischer Ressourcen wird zusätzlich durch den Umstand gestützt, daß viele Arten zusammenhängende Mindestflächen zum Überleben benötigen. Dadurch steigt der Artenverlust überproportional mit der gerodeten Fläche.

Die Grenzkosten der Umweltschäden als Folge einer Klimaänderung steigen ebenfalls.[27] Sowohl die Kosten der Maßnahmen zum Schutz vor Schäden als auch die Reparaturkosten von Schäden nehmen überproportional mit den die Klimaänderung verursachenden Faktoren zu. Dies läßt sich mit einem überproportional steigenden technischen Aufwand zur Realisierung umfangreicherer Maßnahmen erklären. Die ultima ratio, den Schäden einer Klimaänderung zu begegnen - das Verlassen eines besonders stark betroffenen Standorts -, dürfte sogar einen sprunghaften Anstieg der Kosten implizieren, da unter anderem zusätzliche Opportunitätskosten für eine alternative Nutzung des neuen Standorts zu berücksichtigen sind.

Ein weiteres Argument für die Annahme steigender Grenzkosten der Umweltschäden ist in einer Verkürzung des Zeitraums zwischen der Rodung und dem Auftreten von Umweltschäden zu sehen. Da die Kosten der Schäden als Gegenwartswert berechnet werden, führt ein früheres Auftreten von Schäden bei einem positiven Diskontierungszinssatz zu höheren Kosten.[28] D.h. auch dann,

---

27) Zu den physischen Schäden der Klimaänderung vgl. die Ausführungen des Kapitels 6.3. und zur Systematisierung der Maßnahmen, den Schäden zu begegnen, den Punkt (2) des vorherigen Kapitels 7.2.

28) Dieses Argument wird auch von Amelung genannt und zwar in zwei Versionen, die sich in der Schlußfolgerung für den Kostenverlauf unterscheiden: "*Erschwerend kommt hinzu, daß bei einer geringeren Rodung manche Umweltschäden wie Bodenerosion und Klimaveränderungen zeitlich später eintreten. Da es sich bei den Umweltkosten um abdiskontierte Folgekosten handelt, ...*

(Version 1:) *...steigen die Umweltkosten überproportional zur Rodung, weil dadurch Umweltschäden vorverlegt werden.*

(Version 2:) *... steigt der Gegenwartswert der Umweltkosten, indem Umweltschäden zeitlich vorverlegt werden.*"

Während in der ersten Version der Schluß gezogen wird, daß die Grenzkosten steigen, wird in der zweiten Version lediglich behauptet, daß die (Gesamt-)Kosten der Umweltschäden steigen. In der zweiten Version läßt Amelung offen, ob die Grenzkosten sinken, konstant sind oder steigen. In der grafischen Darstellung verwendet Amelung (ohne Begründung) konstante Grenzkosten.

Amelung, Torsten: Zur Rettung der tropischen Regenwälder ... S. 163 ("Version 1") und Amelung, Torsten: Internationale Transferzahlungen zur Lösung globaler Umweltprobleme ... S. 165 ("Version 2").

wenn die nicht diskontierten Kosten der Umweltschäden "nur" proportional mit dem Ausmaß der Rodung steigen, bewirkt eine zeitliche Vorverlegung der Schäden eine überproportionale Zunahme der diskontierten Kosten, also steigende Grenzkosten.

Die dritte Art von Umweltschäden, die den Verzicht auf eine dauerhafte selektive Entnahme natürlicher Produkte erzwingt ("nach der Rodung gibt es keinen Wald mehr, dem etwas entnommen werden könnte"), wird in der ökonomischen Analyse oftmals "vernachlässigt", obwohl die betroffenen Menschen ihre materielle Existenzgrundlage und die "Ureinwohner" darüberhinaus ihre kulturelle Identität oder auch ihr Leben verlieren.[29)]

So beschreibt Amelung die Umweltschäden der Rodung, die das Regenwaldland selbst treffen, wenig aussagekräftig als "*Klima- und Landschaftsschäden*" und nennt beispielhaft lediglich die "*Bodenerosion*" als einen Umweltschaden.[30)] Der entscheidende Schritt für eine ökonomische Analyse ist der Übergang von den physischen Umweltschäden zu den Kosten der Umweltschäden, also die Bewertung der Umweltschäden. Für die von Amelung genannte Bo-

---

29) So stellt die Enquete-Kommission "Vorsorge zum Schutz der Erdatmosphäre fest": "*Der lange historische Prozeß der wirtschaftlichen Erschließung der Tropenwälder bedeutete für die Stammesvölker Umsiedlung, Vertreibung und für viele Ausrottung. Auch ohne äußere Gewalt blieben negative Folgen bei Kontakt mit der Zivilisation nicht aus. Ansteckende Zivilisationskrankheiten forderten zahlreiche Opfer, weil die indigenen Gesellschaften zum Teil keine Abwehrkräfte entwickelt haben. 1988 gab es im Gebiet der brasilianischen Yanomamis 50 Grippe- und Malariafälle, die tödlich endeten. Neben Infektionen mit Zivilisationskrankheiten geschieht es häufig, daß beispielsweise Arbeiter beim Straßenbau oder bei Industrieprojekten Indianer mit Geschenken zu Dienstleistungen jeder Art anhalten, etwa mit Alkohol zur Prostitution. Es gibt zahlreiche Beispiele hierfür. Der Berührungsschock führt häufig zur Demoralisierung, ist mit dem Verlust der kulturellen Identität und der wirtschaftlichen Unabhängigkeit verbunden. Dies kann zur Folge haben, daß die im Tropenwald über Jahrhunderte hinweg entwickelten angepaßten Nutzungsformen zu ökologisch degradierenden Auswirkungen führen. Denn mit den Regenwaldvölkern verschwinden auch deren sozial und ökologisch angepaßten Nutzungsweisen, Anbautechniken und Heilmethoden.*"
Enquete-Kommission "Vorsorge zum Schutz der Erdatmosphäre": Schutz der tropischen Wälder ..., S. 563

30) Die von Amelung als Schäden des Regenwaldlandes angeführten speziellen "Klima- und Landschaftsschäden", wie "Bodenerosion", werden hier als global, nicht nur im Regenwaldland auftretende Umweltschäden behandelt und sind damit in den Schäden der Klimaänderung enthalten. Die hier als spezielle Umweltschäden in dem Regenwaldland angeführten Beeinträchtigungen der Entnahme natürlicher Produkte werden von Amelung nicht genannt.
Die Zitate sind entnommen aus:
Amelung, Torsten: Zur Rettung der tropischen Regenwälder ... S. 162 bzw.
Amelung, Torsten: Internationale Transferzahlungen zur Lösung globaler Umweltprobleme ... S. 165.

denerosion sind Kosten anzusetzen in Höhe des Wertes der durch die Bodenerosion bedingten Beeinträchtigungen von Bodennutzungen. Da Amelung den Zwischenschritt von dem physischen Umweltschaden "Bodenerosion" zu den dadurch ausgelösten Beeinträchtigungen von Bodennutzungen nicht (erkennbar) vollzieht, bleiben seine Ausführungen zu den Kosten der Umweltschäden vage.
Ebenso wie die Bodenerosion stellt das Verschwinden "extraktiver Produkte", und damit verbunden die Zerstörung der natürlichen Lebensbedingungen von "Ureinwohnern" als Folge der Regenwaldrodung, einen Umweltschaden dar, dessen Kosten über den Wert der Nutzungen des ursprünglichen Regenwaldbestandes zu ermitteln sind. Auf den Versuch zu begründen, daß die Zerstörung der natürlichen Lebensbedingungen von "Ureinwohnern" in Abhängigkeit vom Ausmaß der Regenwaldrodung zu steigenden Grenzkosten führt, soll verzichtet werden. An dieser Stelle sei nur der Hinweis erlaubt, daß der "Schutz bedrohter Völker" für alle Länder ein Anlaß zu internationalen Hilfsleistungen sein sollte.

Mit Blick auf die Darstellung der Grafik 18 (S. 271) lassen sich die Grenzkosten der Nutzung von Regenwald zusammenfassend wie folgt charakterisieren:

- Die Grenzkosten des Verzichts auf Rodung ("GV")[31] ergeben sich aus dem Verzicht auf Nutzung des Holzes und dem Verzicht auf eine alternative Nutzung der Waldfläche.
- Die Grenzkosten der Umweltschäden der Rodung im Regenwaldland ("GS_R") hängen ab von dem Umfang des entgangenen Nutzens einer dauerhaften selektiven Entnahme natürlicher Produkte (einschließlich aller damit einhergehenden sozialen Auswirkungen), dem Wert der vernichteten genetischen Information für das Regenwaldland und den Kosten von Maßnahmen, die im Regenwaldland aufgrund von regional wirksamen Klimaänderungen[32] als Folge der Rodung notwendig werden.
- Die Grenzkosten der Umweltschäden der Rodung im Ausland (GS_W - GS_R) werden bestimmt durch den Wert der vernichteten genetischen Information für das Ausland und den Kosten von Maßnahmen, die im Ausland aufgrund von dort wirksamen globalen Klimaänderungen als Folge der Rodung erforderlich werden.

---

31) Eine andere mögliche Bezeichnung ist "Grenzvermeidungskosten der Umweltschäden der Rodung".

32) Zu den "regional wirksamen Klimaänderungen" gehören regionale Klimaänderungen - wie die Abnahme von Niederschlägen über den Rodungsgebieten - und globale Klimaänderungen - wie der Anstieg der durchschnittlichen Temperatur.

In Grafik 18 (S. 271) sind die Grenzkosten der Regenwaldnutzung in Abhängigkeit von der Regenwaldrodung in % des ursprünglichen Bestandes (= "Rodungsgrad in %") abgetragen.

Die ökonomische Analyse der Rodung tropischer Regenwälder stellt sich unter Zuhilfenahme der Grafik 18 folgendermaßen dar:
Eine "minimale" Umweltnutzung durch Rodung des Regenwaldes liegt vor, wenn der Rodungsgrad 0 % beträgt, und eine "maximale" Umweltnutzung ist bei einem Rodungsgrad von 100 % erreicht. Mit zunehmendem Rodungsgrad sinken die Grenzkosten des Verzichts auf Rodung ("GV"), während die Grenzkosten der Umweltschäden, sowohl im Regenwaldland ("GS_R") als auch im Ausland ("GS_W - GS_R"), und damit in der Welt ("GS_W") steigen. Es wird angenommen, daß das Regenwaldland das Recht hat, den Regenwald vollständig zu roden.
Eine 100 %ige Rodung stellt für das Regenwaldland jedoch keine optimale Nutzung des Regenwaldes dar, denn die Grenzkosten der Umweltschäden im Regenwaldland ("GS_R") sind bei einer 100 %igen Rodung größer als die Grenzkosten des Verzichts auf Rodung ("GV"). Durch eine Verringerung des Rodungsgrades sinken die Gesamtkosten der Nutzung des Regenwaldes, bis die Grenzkosten der Umweltschäden im Regenwald ("GS_R") den Grenzkosten des Verzichts auf Rodung ("GV") gleich werden und die Gesamtkosten der Regenwaldnutzung für das Regenwaldland ein Minimum erreichen. Dies ist in der Grafik im Punkt "C" bei einem 60 %igen Rodungsgrad der Fall. Die Gesamtkosten der Regenwaldnutzung für das Regenwaldland entsprechen der Fläche "OCJ" und bestehen aus den Kosten der Umweltschäden im Regenwaldland (Fläche "OCF") und den Kosten des Verzichts auf Rodung (Fläche "JCF").
Für die gesamte Welt ist ein 60 %iger Rodungsgrad noch immer nicht optimal, denn die Grenzkosten der Umweltschäden in der gesamten Welt ("GS_W") sind größer als die Grenzkosten des Verzichts auf Rodung ("GV"). Die (Grenz-) Kosten der Umweltschäden im Ausland ("GS_W - GS_R") sind jedoch nicht entscheidungsrelevant, da sie als internationale externe Effekte (Fläche "OCD") nicht in der Wirtschaftsrechnung des Regenwaldlandes erscheinen. Der weltwirtschaftlich optimale Rodungsgrad ist erreicht, wenn die Grenzkosten der Umweltschäden in der Welt ("GS_W") mit den Grenzkosten des Verzichts auf Rodung ("GV") übereinstimmen. Dieser Fall ist in der Grafik im Punkt "B" bei einem 30 %igen Rodungsgrad gegeben.

(Fortsetzung des Textes auf S. 273)

Grafik 18: Kosten der Nutzung von Regenwald

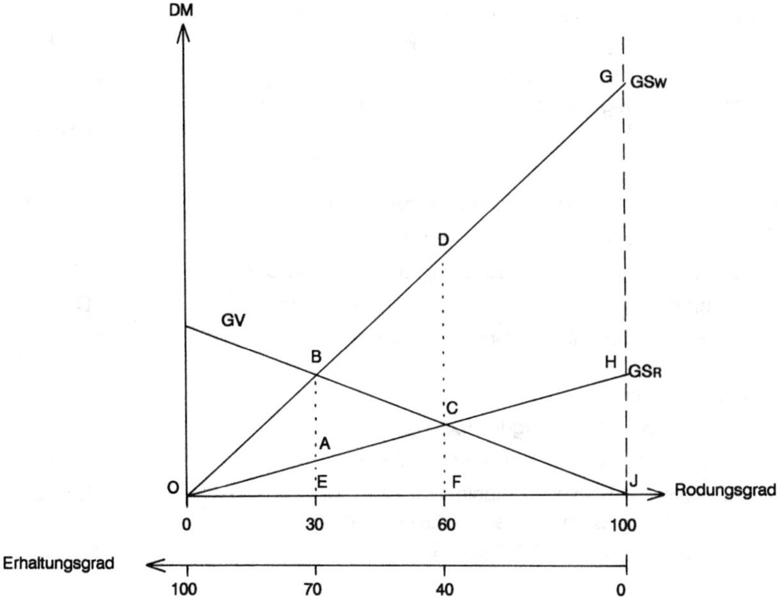

GV = Grenzkosten des Verzichts auf Rodung von Regenwald
(= Grenzkosten der Erhaltung von Regenwald)

GS_R = Grenzkosten der Umweltschäden im Regenwaldland
(= Grenzkosten des Verzichts auf Erhaltung von Regenwald im Regenwaldland)

GS_W = Grenzkosten der Umweltschäden in der Welt
(= Grenzkosten des Verzichts auf Erhaltung von Regenwald in der Welt)

$GS_W - GS_R$ = Grenzkosten der Umweltschäden im Ausland
(= Grenzkosten des Verzichts auf Erhaltung von Regenwald im Ausland)

Kosten der Regenwaldnutzung für ausgewählte Rodungsgrade im Überblick:

100 %ige Rodung des ursprünglichen Regenwaldbestandes

Kosten der Umweltschäden im Regenwaldland = Kosten der Regenwaldnutzung im Regenwaldland	= OHJ
Kosten der Umweltschäden im Ausland = Kosten der Regenwaldnutzung im Ausland = "externe Effekte"	= OHG

60 %ige Rodung des ursprünglichen Regenwaldbestandes

Kosten der Umweltschäden im Regenwaldland	= OCF
Kosten des Verzichts auf Rodung im Regenwaldland	= JCF
Kosten der Regenwaldnutzung im Regenwaldland	= OCJ
Kosten der Umweltschäden im Ausland = Kosten der Regenwaldnutzung im Ausland = "externe Effekte"	= OCD
im Vergleich zur 100 %igen Rodung:	
Abnahme der Kosten im Regenwaldland	= JCH
Abnahme der Kosten im Ausland (= vom Ausland angebotener Maximaltransfer bei "unvollständiger" Information)	= CHGD

30 %ige Rodung des ursprünglichen Regenwaldbestandes

Kosten der Umweltschäden im Regenwaldland	= OAE
Kosten des Verzichts auf Rodung im Regenwaldland	= JBE
Kosten der Regenwaldnutzung im Regenwaldland	= OABJ
Kosten der Umweltschäden im Ausland = Kosten der Regenwaldnutzung im Ausland	= OAB
im Vergleich zur 60 %igen Rodung:	
Zunahme der Kosten im Regenwaldland (= vom Regenwaldland geforderter Mindesttransfer)	= ACB
Abnahme der Kosten im Ausland (= vom Ausland angebotener Maximaltransfer bei "vollständiger" Information)	= ACDB
Verhandlungsgewinn für beide Länder zusammen	= BCD
(vom Ausland angebotener Maximaltransfer bei "unvollständiger" Information)	= AHGB

Im Vergleich zu einem Rodungsgrad von 60 % steigen die Kosten der Regenwaldnutzung im Regenwaldland entsprechend der Fläche "ACB" (von "OCJ" auf "OABJ"), da die eingesparten Kosten der Umweltschäden im Regenwaldland (Fläche "ACFE") geringer sind als die zusätzlichen Kosten des Verzichts auf Rodung (Fläche "BCFE"). Die Kosten der Regenwaldnutzung im Ausland sinken entsprechend der Fläche "ACDB" (von "OCD" auf "OAB") um die eingesparten Kosten der Umweltschäden im Ausland.

Das Regenwaldland wird für die Einschränkung der Rodung auf 30 % einen Mindesttransfer in Höhe der zusätzlichen Kosten der Regenwaldnutzung (Fläche "ACB") als Kompensationszahlung verlangen. Die Höhe des vom Ausland angebotenen Maximaltransfers hängt ab von dessen Informationen über den Verlauf der Grenzkosten des Verzichts auf Rodung ("GV") und den Verlauf der Grenzkosten der Umweltschäden im Regenwaldland ("GS_R"). Wenn der Verlauf der beiden Grenzkostenkurven "richtig", d.h. genau wie im Regenwaldland (und in der Grafik) eingeschätzt wird (= Annahme "vollständiger Information" über den Kostenverlauf beim Verhandlungspartner), dann entspricht die maximale Zahlungsbereitschaft des Auslands den im Vergleich zur 60 %igen Rodung eingesparten Kosten der Umweltschäden (Fläche "ACDB"). Wenn dagegen der Verlauf der beiden Grenzkostenkurven im Regenwaldland vom Ausland überhaupt nicht eingeschätzt werden kann (= Annahme "unvollständiger Information" über den Kostenverlauf beim Verhandlungspartner), dann wird das Ausland bereit sein, maximal die im Vergleich zur 100 %igen Rodung eingesparten Kosten der Umweltschäden (Fläche "AHGB") zu zahlen. Dieser Maximaltransfer bei unvollständiger Information ist ein theoretischer Grenzfall, der unterstellt, daß das Ausland nicht ausschließen kann, daß im Regenwaldland auch bei einer 100 %igen Rodung keine Kosten der Umweltschäden wahrgenommen werden.[33] In der Grafik fällt dann die Kurve "GS_R" mit der Abszisse

---

33) Dieser theoretische Grenzfall gewinnt an praktischer Bedeutung, wenn die vereinfachende Annahme, daß keine nationalen externen Effekte auftreten bzw. diese internalisiert sind, fallen gelassen wird. Verhandlungspartner des Auslands sind die de facto über den Regenwald Verfügungsberechtigten im Regenwaldland. Die Regierung des Regenwaldlandes ist aufgrund ihrer legislativen Macht als unmittelbar verfügungsberechtigt anzusehen. Die Bevölkerungsteile, auf die sich eine Regierung stützt (als Wähler in einer Demokratie, als Mitglieder des Machterhaltungsapparates in diktatorisch geprägten Systemen) haben über ihren Einfluß auf die Regierung mittelbare Verfügungsmacht über den Regenwald. Tatsächlich dürften die de facto über den Regenwald Verfügungsberechtigten in vielen Regenwaldländern einerseits nur in geringem Umfang selbst direkt von den Umweltschäden der Rodung betroffen sein, aber andererseits die Kosten des Verzichts auf Rodung (fast) vollständig zu tragen haben. Übertragen auf die Darstellung in Grafik 18 heißt das, die Grenzkosten der Umweltschäden im Regenwaldland sind auszuspalten in solche, die die de facto über den Regenwald Verfügungsbe-

zusammen und die Kosten der Regenwaldnutzung werden im Regenwaldland bei einer 100 %igen Rodung null und damit minimal.

7.3.2. Beispiel II: "Emission von Kohlendioxid"

Aus der Eigenschaft des Kohlendioxids, sich unabhängig vom Ort der Emissionsquelle relativ schnell gleichmäßig in der Atmosphäre weltweit zu verteilen folgt, daß von jeder Emissionsquelle internationale externe Effekte ausgehen. Da alle Länder Kohlendioxid emittieren, ist im Unterschied zum Fall der Rodung tropischer Regenwälder nicht eine bestimmte Ländergruppe Verursacher, sondern alle Länder sind Betroffene und Verursacher der weltweiten Umweltschäden als Folge der CO_2-Emissionen.
Allerdings gibt es Unterschiede zwischen den Ländern hinsichtlich des Ausmaßes der Betroffenheit und des Beitrags zur Verursachung von Umweltschäden. Diese quantitativen Unterschiede können als Ansatzpunkt einer vereinfachenden **"Netto-Betrachtung" des Konzepts der externen Effekte** dienen. Betrachtet werden die Abweichungen vom Durchschnitt aller Länder.[34] Überdurchschnittlich von Umweltschäden betroffene Länder sind - netto betrachtet -

---

rechtigten betreffen und solche, die als nationale externe Effekte von der übrigen Bevölkerung des Regenwaldlandes getragen werden. Die entscheidungsrelevante Grenzkostenkurve der Umweltschäden der de facto über den Regenwald Verfügungsberechtigten liegt in Grafik 18 unterhalb der Grenzkostenkurve der gesamten Umweltschäden im Regenwaldland. Je größer die nationalen externen Effekte der Rodung sind, desto weiter nach rechts verschiebt sich der Punkt "C" in Grafik 18 und desto größer ist der optimale Rodungsgrad aus Sicht der de facto über den Regenwald Verfügungsberechtigten, die Verhandlungspartner des Auslands sind. Als Ergebnis dieser Überlegungen kann festgehalten werden, der vom Regenwaldland verlangte Mindesttransfer steigt mit dem Umfang der nationalen externen Effekte (die zur Vereinfachung in dem hier vorgestellten Modell ansonsten jedoch annahmegemäß ausgeklammert werden).

34) Diese Vorgehensweise - den Durchschnitt aller Länder als Norm zur Bestimmung von Differenzen zu heranzuziehen - wird durch die Eigenschaft des Kohlendioxids möglich, sich unabhängig vom Standort der Emissionsquelle gleichmäßig weltweit in der Atmosphäre zu verteilen. Bei Emissionen, deren schädigende Wirkung mit der Entfernung von der Emissionsquelle abnimmt, gibt es in Abhängigkeit vom Standort der Emissionsquelle "qualitative" Unterschiede zwischen gleichen Emissionsvolumen. Je weiter eine Emissionquelle von einem Schadensort entfernt ist, desto niedriger ist die Wirksamkeit der Emissionen und desto niediger ist deren Anteil am Umweltschaden einzustufen.

Empfänger von internationalen externen Effekten, und Länder, die überdurchschnittlich zur Verursachung von Umweltschäden beitragen, sind - netto betrachtet - Verursacher von internationalen externen Effekten. Der Logik des umweltökonomischen Grundmodells folgend, sind bei Anwendung des Verursacherprinzips die Länder mit überdurchschnittlich hohen CO_2-Emissionen potentielle Zahler von Kompensationen für Umweltschäden in anderen Ländern, und bei Anwendung des Nutznießerprinzips sind die Länder mit überdurchschnittlich hohen Umweltschäden potentielle Zahler von Kompensationen für Maßnahmen zur Vermeidung von CO_2-Emissionen in anderen Ländern. Die Möglichkeit, daß ein Land überdurchschnittlich viel CO_2 emittiert und gleichzeitig überdurchschnittlich stark von Umweltschäden betroffen ist, und damit sowohl nach dem Verursacher- als auch nach dem Nutznießerprinzip zum potentiellen Zahler von Kompensationen wird, ist ein analytisch besonders interessanter Fall, der auch empirische Relevanz besitzt. So wird einerseits die Gruppe der überdurchnittlich viel CO_2 emittierenden Länder fast ausnahmslos von Industrieländern gebildet, und andererseits ist ein großer Teil der Industrieländer von den bewerteten Umweltschäden[35)] durch den anthropogenen Treibhauseffekt besonders stark betroffen.

Zur Vereinfachung der **modelltheoretischen Analyse** dieses Falls wird wieder angenommen, daß es zwei Länder gibt. Die beiden Länder unterscheiden sich hinsichtlich des Volumens von CO_2-Emissionen und der Höhe der bewerteten Umweltschäden als Folge des emissionsbedingten anthropogenen Treibhauseffekts. In den Grafiken 19a-d wird auf der Abszisse das Volumen der CO_2-Emissionen abgetragen, auf der Ordinate die Grenzkosten der Vermeidung von CO_2-Emissionen "GV" und die Grenzkosten der Umweltschäden "GS". Das Industrieland "IL" hat ein relativ großes Emissionsvolumen "IL_{max}" (= Strecke AE) und hohe Grenzkosten der Umweltschäden "GS_{IL}". Im Entwicklungsland "EL" ist im Vergleich zum Industrieland das Emissionsvolumen "EL_{max}" (= Strecke AC) geringer und die Grenzkosten der Umweltschäden "GS_{EL}" sind niedriger. Die Grenzkosten der Umweltschäden steigen in beiden Ländern in Abhängigkeit vom Emissionsvolumen, jedoch im Industrieland stärker als im Entwicklungsland (was der Annahme relativ größerer Kosten der Umweltschäden im Industrieland entspricht). Weiterhin wird unterstellt, daß die Grenzvermeidungs-

---

35) Zur Erinnerung: In der ökonomischen Analyse werden die Kosten der Umweltschäden, also die bewerteten physichen Umweltschäden betrachtet. Die Bewertung gleicher physischer Schäden hängt sehr stark vom Entwicklungsstand eines Landes ab. In Industrieländern werden Umweltschäden im allgemeinen höher bewertet als in Entwicklungsländern.

Grafik 19a: Kosten der Emission von Kohlendioxid - weltwirtschaftliches Optimum I

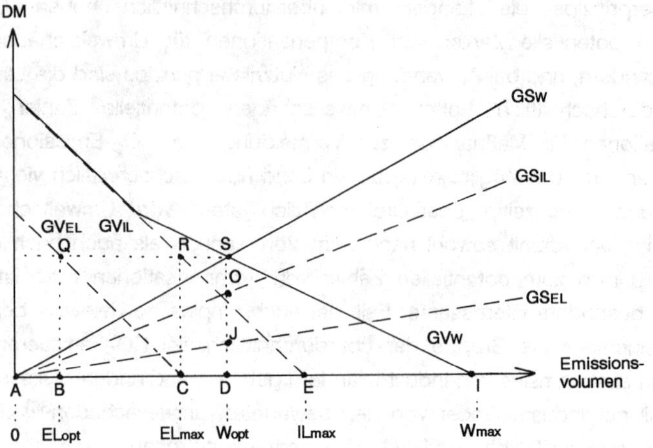

GV_{IL} = Grenzvermeidungskosten von CO_2-Emissionen im Industrieland
GV_{EL} = Grenzvermeidungskosten von CO_2-Emissionen im Entwicklungsland
GV_W = weltweite Grenzvermeidungskosten von CO_2-Emissionen
GS_{IL} = Grenzkosten der Umweltschäden im Industrieland
GS_{EL} = Grenzkosten der Umweltschäden im Entwicklungsland
GS_W = weltweite Grenzkosten der Umweltschäden

Kosten der Umweltschäden im Industrieland	= ADO
Kosten der Umweltschäden im Entwicklungsland	= ADJ = AOS
Kosten der Vermeidung von CO_2-Emissionen im Industrieland	= CER
Kosten der Vermeidung von CO_2-Emissionen im Entwicklungsland	= BCQ
weltweite Kosten der Umweltschäden	= ADS
= Kosten im Industrieland + Entwicklungsland	= ADO + AOS
weltweite Kosten der Vermeidung von CO_2-Emissionen	= DIS
= Kosten im Industrieland + Entwicklungsland	= CER + BCQ
(Vgl. hierzu Grafik 19b)	
weltweite Kosten der CO_2-Emissionen	= AIS
= Kosten der Umweltschäden + Vermeidung von CO_2-Emissionen	= ADS + DIS

kosten der CO_2-Emissionen "GV" in beiden Ländern den gleichen Verlauf haben ("GV_{EL}" und "GV_{IL}" haben die gleiche Steigung) und mit zunehmender Einschränkung des Emissionsvolumens steigen.
Die Grenzvermeidungskosten der beiden Länder werden in der grafischen Darstellung horizontal zu den weltwirtschaftlichen Grenzvermeidungskosten "GV_W" aggregiert und die Grenzkosten der Umweltschäden der beiden Länder vertikal zu den weltwirtschaftlichen Grenzkosten der Umweltschäden "GS_W" zusammengefaßt. Mit der horizontalen Aggregation der Grenzvermeidungskosten wird die Effizienzbedingung erfüllt, daß eine Einschränkung der CO_2-Emissionen an den Emissionsquellen mit den jeweils niedrigsten Vermeidungskosten erfolgen soll. Die vertikale Aggregation der Grenzkosten der Umweltschäden erklärt sich aus dem "öffentlichen-Gut-Charakter" der Maßnahmen zur Einschränkung von CO_2-Emissionen. Durch die Einschränkung von CO_2-Emissionen in einem Land werden in allen Ländern Umweltschäden vermieden.

Das **weltwirtschaftlich optimale Emissionsvolumen** "W_{opt}" ist erreicht, wenn die volkswirtschaftlichen (!) Grenzvermeidungskosten der CO_2-Emissionen beider Länder (und damit auch die weltwirtschaftlichen Grenzvermeidungskosten) den weltwirtschaftlichen (!) Grenzkosten der Umweltschäden entsprechen ($GV_{EL} = GV_{IL} = GV_W = GS_W$).
Im Optimum entstehen im Industrieland Kosten der Umweltschäden entsprechend der Fläche "ADO" und im Entwicklungsland entsprechend der Fläche "ADJ" bzw. "AOS".
Die weltwirtschaftlichen Vermeidungskosten entsprechen der Fläche "DIS", die Vermeidungskosten im Industrieland der Fläche "CER" und im Entwicklungsland der Fläche "BCQ". (Aufgrund der vereinfachenden Annahme gleichen Verlaufs der Grenzvermeidungskosten in den beiden Ländern sind die Vermeidungskosten im Optimum ebenfalls gleich.)
Durch eine Rechtsverschiebung der Grenzvermeidungskostenkurven der beiden Länder - vgl. Grafik 19b, S. 278 [36] - kann die Aufteilung der weltwirtschaftlichen Vermeidungskosten auf die beiden Länder verdeutlicht werden.

---

36) Die Grenzvermeidungskostenkurve des Industrielandes wird solange nach rechts verschoben, bis sie im Punkt "I" - dem weltwirtschaftlichen Emissionsvolumen - die Abszisse schneidet. Vom Punkt "U", der die optimalen Grenzvermeidungskosten widerspiegelt, wird das Lot auf die Abszisse gefällt, was den Punkt "H" ergibt. Die Grenzvermeidungskostenkurve des Entwicklungslandes wird nun solange nach rechts verschoben, bis sie im Punkt "H" - dem um die Reduktion im Industrieland verminderten weltwirtschaftlichen Emissionsvolumen - die Abszisse schneidet. Unabhängig vom Verlauf der Grenzvermeidungskostenkurven in den beiden Ländern (also auch bei unterschiedlichen Steigungen für die einzelnen Länder) verläuft die Grenzvermeidungskostenkurve des Entwicklungslandes "GV_{EL}'" durch den Punkt "S", der das weltwirtschaftliche Optimum wiedergibt.

Grafik 19b: Kosten der Emission von Kohlendioxid
- weltwirtschaftliches Optimum II

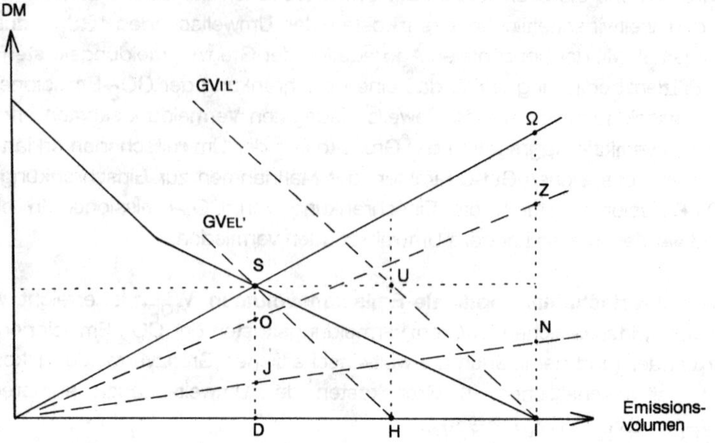

GV_{IL}' = Grenzvermeidungskosten von CO_2-Emissionen im Industrieland
GV_{EL}' = Grenzvermeidungskosten von CO_2-Emissionen im Entwicklungsland

Kosten der Vermeidung von CO_2-Emissionen im Industrieland	= HIU = HIS
Kosten der Vermeidung von CO_2-Emissionen im Entwicklungsland	= DHS
weltweite Kosten der Vermeidung von CO_2-Emissionen	= DIS
= Kosten im Industrieland + Entwicklungsland	= HIS + DHS

vermiedene Kosten der Umweltschäden im Industrieland	= DIZO = JNΩS
vermiedene Kosten der Umweltschäden im Entwicklungsland	= DINJ = OZΩS
weltweit vermiedene Kosten der Umweltschäden	= DIΩS
= vermiedene Kosten im Industrieland + Entwicklungsland	= DIZO + OZΩS

Die Vermeidungskosten im Entwicklungsland entsprechen nun der Fläche "DHS" und im Industrieland der Fläche "HIU". Da die Differenz zwischen weltwirtschaftlichen Vermeidungskosten ("DIS") und Vermeidungskosten im Entwicklungsland ("DHS") die Vermeidungskosten im Industrieland ergibt, werden diese auch durch die Fläche "HIS" repräsentiert.
Durch die Einschränkung des weltweiten Emissionsvolumens von ursprünglich "W_{max}" auf das Optimum "W_{opt}" sinken die Kosten der Umweltschäden weltweit entsprechend der Fläche "DIΩS", im Industrieland um "DIZO" und im Entwicklungsland um "DINJ" (= "OZΩS").
Mit Hilfe der Optimierungsregel "die volkswirtschaftlichen Grenzvermeidungskosten sollen den weltwirtschaftlichen Grenzkosten der Umweltschäden gleich sein" läßt sich - wie gezeigt - bestimmen, in welchem Land in welcher Höhe bei weltwirtschaftlich effizienter Nutzung der Umwelt Kosten der Emission von Kohlendioxid (Vermeidungskosten und Kosten der Umweltschäden) entstehen.

Eine **Antwort auf die Frage, wer die Kosten tragen soll**, richtet sich im allgemeinen nach der Verteilung der Verfügungsrechte über die natürliche Umwelt und das daraus zwingend folgende Kostenzurechnungsprinzip. Aufgrund der speziellen, aber durchaus realistischen Annahme, daß das Industrieland der "Haupt"verursacher von CO_2-Emissionen ist und gleichzeitig auch der "Haupt"nutznießer von Maßnahmen zur Vermeidung von CO_2-Emissionen, wird das Industrieland in jedem Fall die im eigenen Land entstehenden Kosten der Emission von Kohlendioxid und einen Teil der Kosten im Entwicklungsland zu tragen haben. Aus den Überlegungen zur ökonomisch effizienten Umweltnutzung läßt sich einerseits die Höhe der vom Industrieland maximal angebotenen Transferzahlung für im Entwicklungsland entstandene Kosten und andererseits die Höhe der vom Entwicklungsland minimal geforderten Transferzahlung ableiten.

Dies soll zunächst für den Fall, daß beide Länder die Kostenverläufe des anderen Landes genau kennen (**Annahme "vollständiger Information"**), mit Hilfe der Grafik 19c (S. 280) gezeigt werden.
Aus der Annahme vollständiger Information folgt, daß das weltwirtschaftliche Optimum (Schnittpunkt "S" von GV_W und GS_W) beiden Ländern bekannt ist. Demnach wird das Industrieland seine CO_2-Emissionen nur soweit einschränken, bis seine volkswirtschaftlichen Grenzvermeidungskosten "GV_{IL}" den weltwirtschaftlichen Grenzkosten der Umweltschäden "GS_W" gleich werden (im

Punkt "U") und auf eine (bei "Autarkie" optimale) weitergehende Reduktion seiner CO_2-Emissionen bis zur Übereinstimmung von volkswirtschaftlichen Grenzvermeidungskosten "GV_{IL}" und volkswirtschaftlichen Grenzkosten der Umweltschäden "GS_{IL}" (im Punkt "V") verzichten. Allerdings wird das Industrieland bereit sein, die Kosten der vergleichsweise effizienten Maßnahmen zur Vermeidung von CO_2-Emissionen im Entwicklungsland zumindest teilweise zu übernehmen.

Grafik 19c: Kosten der Emission von Kohlendioxid
- Kompensation bei vollständiger Information

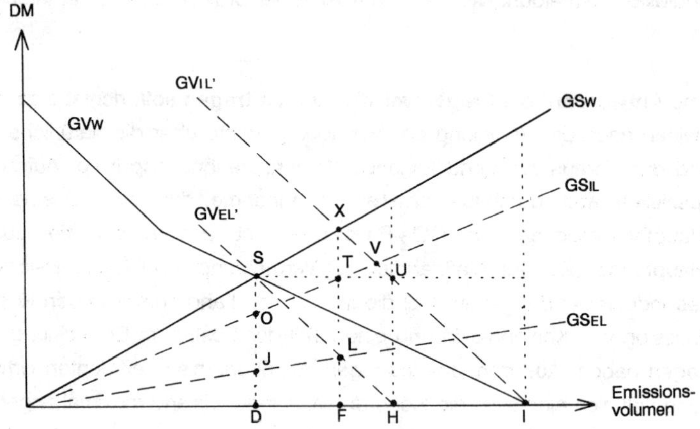

vom Entwicklungsland geforderter Mindesttransfer	= JLS
vom Industrieland gebotener Höchsttransfer	= DFTO = JLXS
weltwirtschaftlicher Verhandlungsgewinn	= LSX

Ohne Transferzahlungen des Industrielandes wird das Entwicklungsland seine CO_2-Emissionen nur soweit reduzieren, bis seine volkswirtschaftlichen Grenzvermeidungskosten "GV_{EL}" seinen volkswirtschaftlichen Grenzkosten der Umweltschäden "GS_{EL}" entsprechen (im Punkt "L"). Eine weitergehende Einschränkung seiner CO_2-Emissionen bis zum weltwirtschaftlichen Optimum (Punkt "S") wird das Entwicklungsland nur dann vornehmen, wenn das Industrieland einen Mindesttransfer in Höhe der Differenz zwischen den zusätzlichen Vermeidungskosten (Fläche "DFLS") und den zusätzlich eingesparten Kosten der Umweltschäden (Fläche "DFLJ") leistet. Diesem Mindesttransfer entspricht die Fläche "JLS".

Die Zahlungsbereitschaft des Industrielandes läßt sich mit den durch die im Entwicklungsland zusätzlich durchgeführte Reduktion von CO_2-Emissionen eingesparten Kosten der Umweltschäden im Industrieland (Fläche "DFTO" = "JLXS") erklären. Der vom Industrieland angebotene Höchsttransfer entspricht den im Industrieland eingesparten Kosten, also der Fläche "JLXS".
Der weltwirtschaftliche Verhandlungsgewinn ergibt sich aus der Differenz zwischen angebotenem Höchsttransfer (Fläche "JLXS") und gefordertem Mindesttransfer (Fläche "JLS"), entspricht also der Fläche "LSX". Die Verteilung des Verhandlungsgewinns und damit die (exakte) Verteilung der Kosten der Kohlendioxidemission auf die einzelnen Länder hängt von der relativen Verhandlungsposition jedes Landes ab.

Der Fall, daß das Industrieland die Kostenverläufe im Entwicklungsland nicht kennt (**Annahme "unvollständiger Information"**), wird in Grafik 19d (S. 282) dargestellt.
Aus der Annahme unvollständiger Information folgt, daß das weltwirtschaftliche Optimum (Schnittpunkt "S" von GV_W und GS_W) nicht bekannt ist. Das Industrieland orientiert sich bei der Optimierung an den eigenen bekannten Kostenverläufen und vermindert seine CO_2-Emissionen so lange, bis seine volkswirtschaftlichen Grenzvermeidungskosten "GV_{IL}" und seine volkswirtschaftlichen Grenzkosten der Umweltschäden "GS_{IL}" übereinstimmen (im Punkt "V"). Die Zahlungsbereitschaft des Industrielandes für eine Reduktion der CO_2-Emissionen im Entwicklungsland wird durch die Höhe der im Industrieland eingesparten Kosten bestimmt. Für den Fall, daß durch die Reduktion der CO_2-Emissionen im Entwicklungsland zufällig das - aufgrund unvollständiger Informationen nicht bekannte - weltwirtschaftliche Optimum (Punkt "S") erreicht wird, ist das Industrieland bereit, höchstens einen Transfer in Höhe seiner eingesparten Kosten entsprechend der Fläche "DGVO" (= "JMYS") zu leisten. Das Entwicklungsland wird einen Transfer mindestens in Höhe seiner zusätzlichen Kosten, entsprechend der Fläche "JKP", fordern. Ohne Transferzahlungen des

Industrielandes wird das Entwicklungsland seine CO_2-Emissionen so lange vermindern, bis das volkswirtschaftliche Optimum (Punkt "K") verwirklicht ist. Der weltwirtschaftliche Verhandlungsgewinn ergibt sich als Differenz zwischen den - aufgrund von Verhandlungen - zusätzlich im Industrieland eingesparten Kosten der Umweltschäden (Fläche "JKWS") und den zusätzlichen Kosten im Entwicklungsland (Fläche "JKP") und entspricht somit der Fläche "KWSP".

Grafik 19d: Kosten der Emission von Kohlendioxid - Kompensation bei unvollständiger Information

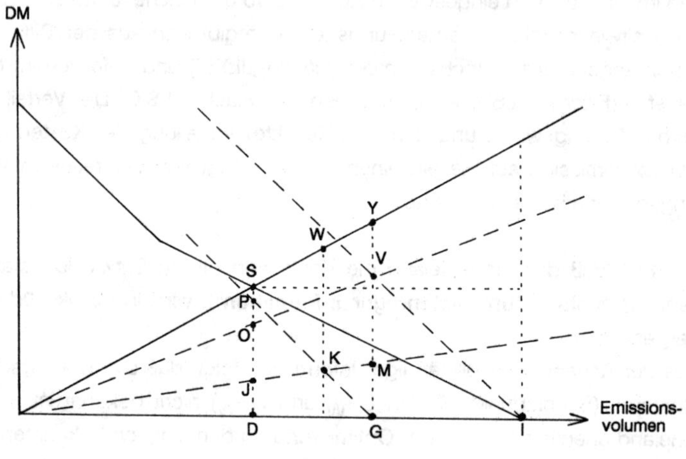

---

vom Entwicklungsland geforderter Mindesttransfer = JKP
vom Industrieland gebotener Höchsttransfer = DGVO = JMYS
weltwirtschaftlicher Verhandlungsgewinn = KWSP

7.4. Das Klima als globales Gemeinschaftsgut

Die Vorstellung von Umwelt als einem Gut läßt sich in Analogie zu dem Fluß-Beispiel auch auf das "Klima" übertragen. Der Gutscharakter des Klimas begründet sich - genauso wie bei einem Fluß - in bestimmten, dem Menschen "nützlichen" Eigenschaften. Ein Fluß kann beispielsweise genutzt werden zur Fischerei (wenn der Fluß fischreich ist), zur Schiffahrt (wenn der Fluß schiffbar ist), zur Entnahme von Wasser (wenn die Qualität des Flußwassers dem speziellen Verwendungszweck genügt), zur "Entsorgung" von unerwünschten Produkten (entsprechend der Assimilations- und Transportkapazität des Flusses) und als Erholungsraum (wenn der Fluß Möglichkeiten für Wassersport etc. bietet).
Zur Beurteilung des regionalen Klimas sind spezielle Eigenschaften, wie Menge und jahreszeitliche Verteilung der Niederschläge, Luftfeuchtigkeit, Temperatur, Häufigkeit extremer Wetterereignisse (Dürreperioden, Überschwemmungen, Stürme, Hagel etc.) geeignete Kriterien. So wird die Landwirtschaft in einer Region "klimatisch begünstigt", wenn sich in der Vegetationsphase der angebauten Pflanzen regelmäßig Niederschläge einstellen, die Temperatur den Anbau ertragreicher Pflanzen zuläßt und extreme Wetterereignisse nur selten auftreten. Nicht das Klima schlechthin ist ein Gut (mit der Alternative "kein Klima"), sondern eine spezifische Ausprägung des Klimas macht den Gutscharakter aus.
Auf globaler Ebene ist die "herrschende Ausprägung des Klimas" ein Gemeinschaftsgut für alle Länder, die von einer Klimaänderung Nachteile erwarten.[37)] Dagegen sehen Länder, die sich von einer Änderung des Klimas Vorteile versprechen, in einer "anderen (nämlich der für die Zukunft erwarteten) Ausprägung des Klimas" ein Gut. Für diese von einer Klimaänderung begünstigten Länder läßt sich der anthropogene Treibhauseffekt als "Produktion" des Gutes "andere Ausprägung des Klimas" interpretieren. Aus der Sicht der von einer Klimaänderung benachteiligten Länder stellt der anthropogene Treibhauseffekt eine "Übernutzung" des Gutes "herrschende Ausprägung des Klimas" dar.[38)]

---

37) Amelung spricht im gleichen Sinn von dem Gut "*Erhaltung des Weltklimas*".
Amelung, Torsten: Internationale Transferzahlungen zur Lösung globaler Umweltprobleme ... S. 174 / 175.

38) Nach Siebert ist das Problem der Übernutzung (oder Überfüllung) von Gemeinschaftsgütern (= Güter, die von allen Mitgliedern einer Nutzungsgemeinde ohne spezifisches Entgelt genutzt werden) "*durch eine qualitative Knappheitsrestriktion gekennzeichnet*". Der einzelne Nutzer eines Gemeinschaftsgutes bekommt nicht mengenmäßig weniger davon, sondern die gleiche Menge in einer schlechteren Qualität. Im Fluß-Beispiel bekommt der Unterlaufanlieger nicht weniger Wasser, sondern verschmutztes Wasser.

Die Stärke des anthropogenen Treibhauseffekts wird durch das Volumen der globalen Spurengasemissionen bestimmt. Damit läßt sich verkürzend sagen, daß eine Zunahme der Emissionen die Produktion eines anderen Klimas beschleunigt bzw. verstärkt, während eine Verringerung der Emissionen einer Klimaänderung entgegenwirkt und damit das herrschende Klima stabilisiert.
Die Emission von Treibhausgasen kann auf einer abstrakten Ebene als "Nutzung" des Klimas verstanden werden.[39] Verfügungsrechte über das Klima sind dann als Rechte zur Emission von Treibhausgasen zu definieren.

Die mengenmäßigen Verhältnisse zwischen den jährlichen Weltemissionsmengen der einzelnen Spurengase werden durch die (ökonomische) Effizienz der spezifischen Maßnahmen zur Einschränkung der Emissionen bestimmt. Die Effizienz ist an dem Ziel "Abschwächung des anthropogenen Treibhauseffekts" zu messen, d.h. eine zusätzlich bereitgestellte "Geldeinheit"[40] sollte zur Reduktion der Emissionen des Spurengases mit den niedrigsten Grenzkosten der Abschwächung des anthropogenen Treibhauseffekts eingesetzt werden. Aufgrund der für die Treibhausgase charakteristischen Eigenschaft, sich gleichmäßig in der Atmosphäre zu verteilen und der Tatsache, daß Klimaänderungen weltweite Auswirkungen haben, spielt die regionale Verteilung der Emissionsquellen über die Erde bei der Suche nach effizienten Maßnahmen keine Rolle.

Wenn man das "Klima" als ein Gut mit "qualitativer Knappheitsrestriktion" sieht (und nicht eine bestimmte Ausprägung des Klimas als ein Gut), dann verbessert sich für die von einer Klimaänderung begünstigten Länder die Qualität des Gutes "Klima" und gleichzeitig verschlechtert sich für die von der Klimaänderung benachteiligten Länder die Qualität des Gutes "Klima". Siebert, Horst: Ökonomische Theorie der Umwelt, Tübingen 1978, S. 14 - 16.

39) Die Abstraktion besteht darin, daß die Wirkungskette zwischen der Emission von Spurengasen und dem Klima verkürzt wird. Mit der Emission von Treibhausgasen in die Atmosphäre wird genaugenommen die Fähigkeit natürlicher Kreisläufe genutzt, diese Emissionen wieder aus der Atmosphäre zu entfernen, entweder durch Transport in andere Reservoire oder durch chemische Umwandlung in andere Stoffe. Eigentlich müßte man z.B im Zusammenhang mit der Emission von CO_2 von dem "Kohlenstoffkreislauf" oder von der "jährlichen Aufnahmekapazität der Weltmeere für CO_2" als einem Gut sprechen. (Vgl. die Ausführungen zur Bedeutung des Kohlenstoffkreislaufs für den Menschen auf S. 217 f.) Allerdings hat die Nutzung dieser Kreisläufe keine direkten Rückwirkungen auf den Menschen (etwa dergestalt, daß die Aufnahmekapazität der Atmosphäre für Emissionen sinkt und Emissionen technisch nicht mehr in dem bisherigen Umfang möglich wären), sondern indirekte Wirkungen über den Treibhauseffekt auf das Klima. Diese indirekten Wirkungen werden, die tatsächlichen Verhältnisse verkürzend, als "Nutzung" des Klimas interpretiert.

40) Der Begriff "Geldeinheit" umfaßt nicht nur pagatorische Kosten, sondern auch Opportunitätskosten.

Die Effizienz wird durch folgende dreistufige Vorgehensweise sichergestellt:

- Im ersten Schritt ist für jedes Spurengas eine Kostenfunktion für die Reduktion der Emissionen zu ermitteln. Typisch für solche Kostenfunktionen ist ein Anstieg der Grenzkosten.
- Im zweiten Schritt ist zu berücksichtigen, daß die einzelnen Spurengase in unterschiedlichem Maße am anthropogenen Treibhauseffekt beteiligt sind (CO_2 zu 50 %, CH_4 zu 19 %, FCKW zu 17 % ..., vgl. Übersicht 20, S. 222). Die "ökologische Effizienz" einer bestimmten Maßnahme zur Abschwächung des anthropogenen Treibhauseffekts wird von dem Beitrag der reduzierten Spurengase zum anthropogenen Treibhauseffekt bestimmt. D.h. eine Reduktion der Emissionen von CO_2 müßte das Gewicht 0,5 erhalten, eine Reduktion der Emissionen von CH_4 das Gewicht 0,19 und eine Reduktion der Emissionen von FCKW das Gewicht 0,17. Oder umgekehrt: Eine äquivalente Abschwächung des anthropogenen Treibhauseffekts, z.B. um 5 % ist - unter der vereinfachenden Annahme, daß die relevanten Zusammenhänge linear sind - durch eine Reduktion der Emissionen von CO_2 um 10 % (5 % / 0,5) oder von CH_4 um ca. 25 % (5 % / 0,19) oder von FCKW um ca. 30 % (5 % / 0,17) zu erreichen.
- Im dritten Schritt sind die jährlichen Weltemissionsmengen der einzelnen Spurengase so festzulegen, daß die entsprechend der ökologischen Effizienz gewichteten Grenzkosten[41)] einer prozentualen Reduktion der Emissionen[42)] für alle Spurengase gleich werden.

Es kann nun für jede gewünschte Abschwächung des anthropogenen Treibhauseffekts die effiziente Kombination jährlicher Weltemissionsmengen der einzelnen Spurengase angegeben werden.

Zur Vereinfachung wird im folgenden Modell lediglich der Anstieg der globalen Durchschnittstemperatur als Wirkung des anthropogenen Treibhauseffekts auf das Klima betrachtet. Die Kosten der effizienten Einschränkung der Weltemissivolumina von Spurengasen lassen sich dann als "Kosten der Vermeidung eines Temperaturanstiegs" in Abhängigkeit vom Ausmaß der gewünschten Ab-

41) Zur Gewichtung der Grenzkosten müssen die reziproken Werte der "ökologischen Effizienz" verwendet werden, also für CO_2 der Wert 2 (1 / 0,5), für CH_4 der Wert 5,26 (1 / 0,19), für FCKW der Wert 5,88 (1 / 0,17).

42) Bei einer Einschränkung der Emissionen, gemessenen an der absoluten Zahl der nicht emittierten Moleküle müßte die spezifische Wirksamkeit eines Spurengases auf den Treibhauseffekt als Gewicht dienen. Zur spezifischen Wirksamkeit der Spurengase vgl. Übersicht 20 auf S. 222.

schwächung des ansonsten erwarteten Temperaturanstiegs darstellen (vgl. Grafik 20). Ebenso wie für die Kostenfunktionen der Reduktion der Emissionen einzelner Spurengase gilt für die Kostenfunktion einer "kombinierter" Reduktion der Emissionen aller Spurengase, daß die Grenzkosten steigen. Wenn z.B. ein Temperaturanstieg um 1 °C als unvermeidlich gilt, weil ein solcher Temperaturanstieg allein aufgrund der Emissionen der Vergangenheit erwartet wird und deshalb auch durch eine sofortige vollständige Einstellung der laufenden Emissionen nicht mehr zu verhindern ist, dann gehen die Kosten für eine Abschwächung des erwarteten Temperaturanstiegs um 2 °C auf 1 °C gegen unendlich, d.h. die Kosten steigen (in diesem Bereich) sogar überproportional.

Grafik 20: Optimale Änderung der globalen Durchschnittstemperatur

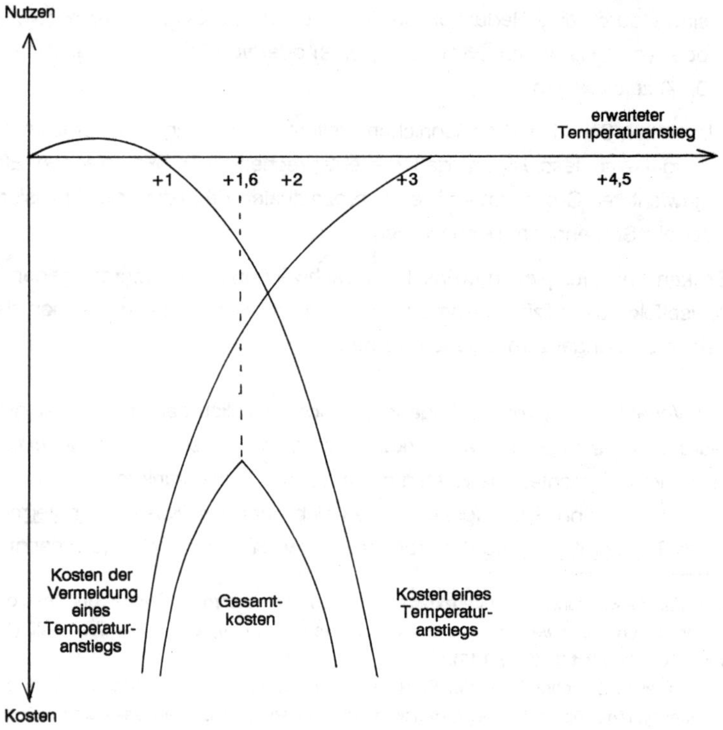

Zur Bestimmung des optimalen globalen Temperaturanstiegs sind den Kosten der Vermeidung eines Temperaturanstiegs die Kosten des Temperaturanstiegs gegenüberzustellen.[43] Die Kosten (oder eventuell auch der Nutzen) des Temperaturanstiegs bestehen in den bewerteten Auswirkungen des anthropogenen Treibhauseffekts auf den Menschen.[44]

Ein Temperaturanstieg ist dann optimal, wenn die Gesamtkosten, die sich aus den Kosten des Temperaturanstiegs und den Kosten der Vermeidung des Temperaturanstiegs zusammensetzen, minimal sind.

In Grafik 20 ist die optimale Änderung der globalen Durchschnittstemperatur für den Fall dargestellt, daß ohne Maßnahmen zur Begrenzung der Emissionen von Treibhausgasen ein Temperaturanstieg von 3 °C erwartet wird. Der Kurvenverlauf für die Kosten des Temperaturanstiegs unterstellt bei einem geringen Temperaturanstieg einen (Netto-)Nutzen und bei einem stärkeren Temperaturanstieg überproportional ansteigende Kosten. Ob die Vorteile eines mäßigen Temperaturanstiegs (z.B. längere Vegetationsperioden in den gemäßigten Zonen der Erde) die Nachteile (z.B. Häufung extremer Wetterereignisse) tatsächlich überwiegen (wie der Kurvenverlauf in Grafik 20 unterstellt), ist eine Frage ohne größere Bedeutung, wenn wie zur Zeit mit 3 °C ein gravierender Temperaturanstieg erwartet wird. Der relevante Bereich der Kostenfunktion (zwischen dem erwarteten Temperaturanstieg und "irgendwo" vor dem Schnittpunkt mit der Abszisse[45]) weist "nach dem Stand des derzeitigen Wissens" überproportional steigende Kosten auf. In der Darstellung der Grafik 20 ist eine Abschwächung des erwarteten Temperaturanstiegs auf 1,6 °C optimal. Dieses Ergebnis gilt für die Welt als Ganzes, d.h. Vorteile einer Region der Erde werden mit den Nachteilen einer anderen Region verrechnet. Die Frage, ob tatsächlich Kompensationszahlungen zwischen den unterschiedlich von den Maßnahmen zur Vermeidung eines Temperaturanstieg betroffenen Regionen stattfinden

---

43) Ein Versuch, die Kosten einer Klimaänderung mit den Kosten ihrer Vermeidung zu vergleichen, wurde einem Beitrag der "Ökologischen Briefe" zufolge von Richard Kosobud von der University of Illinois in Chikago für eine spezielle geographische Region der USA (die Staaten Illinois, Indiana, Wisconsin, Michigan und Ohio umfassend) unternommen. Einzelheiten dieser Studie waren leider nicht in Erfahrung zu bringen.

o.V.: Nach kaltem Winter heiße Klima-Debatte in den USA, in: Ökologische Briefe Nr. 14 / 1990, S. 8 und 13.

44) Zu den Auswirkungen des Treibhauseffekts vgl. die Ausführungen der Kapitel 6.3., 7.2. und 7.3.

45) Eine genauere Lokalisierung ist erst nach Minimierung der Gesamtkosten möglich. Der relevante Bereich muß, vom erwarteten Temperaturanstieg ausgehend, noch das Minimum der Gesamtkosten einschließen.

werden, wird (zunächst einmal) außer acht gelassen.[46] Die Bestimmung eines Optimums für die Welt als Ganzes dürfte bei internationalen Konferenzen als Ziel von Verhandlungen in zunehmendem Maße Anerkennung finden.[47] Mit dem hier vorgetragenen Konzept der Minimierung der Gesamtkosten könnten die einzelnen Verhandlungspartner ihren jeweiligen Standpunkt transparent, und damit einer Diskussion zugänglich machen. Taktische Überlegungen im Hinblick auf die Frage, wer die Kosten der vereinbarten Beschränkungen der Weltemissionsmenge tragen soll, sind zwar nicht auszuschließen, werden durch eine gedankliche Aufteilung der Problematik, zunächst in die Suche nach effizienten Maßnahmen und erst dann zur Diskussion von Verteilungsfragen überzugehen, leichter durchschaubar und damit zumindest erschwert.

Die **Aufteilung eines Gemeinschaftsgutes** erfordert in Abwesenheit einer "übergeordneten Instanz" (z.B. eines Gesetzgebers), die eine Aufteilung anordnen und durchsetzen kann, die Kooperationsbereitschaft der Mitglieder der Nutzungsgemeinde. Die Bereitschaft zur Kooperation ist eine notwendige Voraussetzung für das Zustandekommen einer "Markt- oder Verhandlungslösung" des Problems der Übernutzung von Gemeinschaftsgütern. Je geringer der Prozentsatz der Nutzungsberechtigten ist, die zur Kooperation bereit sind, desto unwahrscheinlicher bzw. desto weniger effizient ist die Verhandlungslösung. Wenn die Bereitschaft zur Kooperation vorhanden ist, dann hängt die Höhe des Verhandlungsgewinns für die Nutzungsgemeinde von den Transaktionskosten ab. Im Extremfall können die Transaktionskosten prohibitiv hoch sein, so daß eine Verhandlungslösung überhaupt nicht zustande kommt.[48] Je höher die Transaktionskosten sind, desto günstiger wird die

---

46) Diese Vorgehensweise, die Frage der Verteilung von der Frage nach der Effizienz zu trennen, folgt der traditionellen Wohlfahrtsökonomik, die mit Hilfe von Kompensationskriterien versucht, den Anwendungsbereich des "Pareto-Optimums" zu erweitern. (Eine Erörterung der Kompensationskriterien findet sich bei Külp / Knappe).

Külp, Bernhard / Eckhard Knappe: Wohlfahrtsökonomik I - Die Wohlfahrtskriterien, 2., neubearb. u. erw. Auflage, Düsseldorf 1984, insbesondere die S. 103 - 125.

47) Diese Hypothese stützt sich auf die Beobachtung, daß die ganzheitliche Betrachtungsweise unserer Welt, wie sie in dem Vergleich der Erde mit einem "Raumschiff" oder einem "Organismus" (GAIA-Hypothese) zum Ausdruck kommt, insbesondere auch unter Wissenschaftlern eine wachsende Anhängerschaft findet. Der Übergang zu einer ganzheitlichen Betrachtung spiegelt sich ebenfalls in der Umbenennung von "Dritte-Welt"-Läden in "Eine-Welt" Läden wider.

48) Das "klassische" Beispiel für prohibitiv hohe Transaktionskosten ist die Qualität der Luft als ein Gut, das von sehr vielen Emittenten beeinträchtigt wird und von allen Menschen zum At-

"interventionistische Lösung" in Form von Anordnungen einer übergeordneten Instanz im Vergleich zur Verhandlungslösung zwischen gleichberechtigten Partnern. Wenn keine übergeordnete Instanz existiert, wie dies für die Völkergemeinschaft zutrifft, dann besteht nur die Möglichkeit, eine Verhandlungslösung durch die Schaffung eines geeigneten "institutionellen Umfelds", das die Transaktionskosten mindert, zu fördern.

Wie die Aufteilung technisch durchgeführt werden kann, hängt vor allem von der Art des Gemeinschaftsgutes ab.
Zu unterscheiden sind Gemeinschaftsgüter, die physisch teilbar sind, wie ein Waldstück zum Holzeinschlag oder die Ozeane zum Fischfang und Gemeinschaftsgüter, die physisch nicht teilbar sind, wie die Luft als Aufnahmemedium von CO_2 oder die Ozonschicht der Stratosphäre als Strahlenschutz.
Ein Waldstück oder die Ozeane können entsprechend der Zahl der Nutzer in einzelne Parzellen aufgeteilt werden, für die der Alleineigentümer ein ausschließliches Nutzungs- und Verfügungsrecht zum Holzeinschlag bzw. zum Fischfang erhält.[49)] Dieses Vorgehen ist bei der Luft oder der Ozonschicht der Stratosphäre aufgrund der ständigen Durchmischung (als Folge der Stoffkreisläufe) nicht möglich. Die Nutzung der Luft als Aufnahmemedium von CO_2 - und damit die Auswirkungen des anthropogenen Treibhauseffekts - lassen sich ebensowenig auf bestimmte Gebiete begrenzen, wie die Zerstörung der Ozonschicht und damit die Verminderung des Strahlenschutzes.
Anstelle einer physischen Aufteilung kann jedoch eine an der Nutzung ansetzende Aufteilung vorgenommen werden. Dazu gibt es grundsätzlich zwei Möglichkeiten. Entweder werden Nutzungskontingente zugewiesen, etwa in Form von handelbaren Emissionslizenzen, oder es wird ein Preis für die Nutzung erhoben. Der Umfang der Nutzungskontingente bzw. die Höhe des Preises wird von der Nutzungsgemeinde festgelegt. Die Einnahmen aus der Erhebung eines Preises stehen den Miteigentümern entsprechend ihres ideellen Anteils an dem

---

men nachgefragt wird. Vgl. z. B. die Ausführungen von Lutz Wicke.
Wicke, Lutz: Umweltökonomie, München 1982, S. 124 - 126.

49) Die Aufteilung der "Ozeane zum Fischfang" wurde durch die Schaffung "exklusiver wirtschaftlicher Zonen" auf der dritten Konferenz der Vereinten Nationen über das Seerecht beschlossen. "*Danach hat jeder Küstenstaat das alleinige Fangrecht im Bereich von 200 nautischen Meilen vor der Küste. Es wird geschätzt, daß 99 % des gesamten Fischfangs in dieser Zone stattfinden. Gemäß dieser Konferenz sollen damit 80 Küstenstaaten das Eigentumsrecht an Fischgründen der Ozeane besitzen.*"
Frey, Bruno S. / Heinz Buhofer: Internationale Politische Ökonomie, in: WiSt Heft 1 / 1986, S. 11 - 14, hier: S. 12.

Gemeinschaftsgut zu.[50)]
Wenn sich die Nutzungsgemeinde weder auf die Zuteilung von Nutzungskontingenten noch auf die Erhebung eines Preises für die Nutzung einigen kann, dann sollte zumindest - im Gegensatz zur Institution der Allmende[51)] - der Handel von Miteigentumsrechten (oder Verfügungsrechten) zugelassen werden, um die Möglichkeiten der kooperationsbereiten Mitglieder der Nutzungsgemeinde zu erweitern.

---

50) Die Aufteilung der "Ozeane zum Fischfang" könnte auch an der Nutzung ansetzen z.B. durch die Vergabe von Fangquoten.

51) Die Allmende (= gemeinsames Eigentum einer Ortsgemeinde an einem Wald, einer Wiese, einem Wasserlauf etc.) wurde von der Nutzungsgemeinde gemeinschaftlich genutzt. Der einzelne Nutzungsberechtigte konnte sein (gemeinschaftliches) Nutzungsrecht jedoch nicht verkaufen.

7.5. Die Unsicherheit als Problem der Analyse des anthropogenen Treibhauseffekts

Ein großes Problem der ökonomischen Analyse des anthropogenen Treibhauseffekts ist die Unsicherheit, sowohl über das Ausmaß einer Klimaänderung und die Möglichkeiten, eine sich schon abzeichnende Klimaänderung noch abzuschwächen (Kosten der Vermeidung eines Temperaturanstiegs), als auch über die Auswirkungen einer Klimaänderung (Kosten des Temperaturanstiegs). Diese Unsicherheit wird aus der Sicht eines einzelnen Landes noch dadurch verstärkt, daß sich mit den derzeit zur Verfügung stehenden Klimamodellen für die Zukunft nur globale Trends einer Klimaänderung ermitteln lassen, aber keine speziellen Voraussagen über die Entwicklung in einzelnen Ländern gemacht werden können.
Die Unsicherheit bedeutet bildhaft gesprochen, daß die Kurven der Grafik 20 (S. 286) durch "Bänder" zu ersetzen sind, deren Dichte durch eine Wahrscheinlichkeitsverteilung bestimmt wird (vgl. hierzu Grafik 21, S. 293). Je nachdem, ob die Kosten oder ob der erwartete Temperaturanstieg als unabhängige Größe interpretiert werden, ist die Wahrscheinlichkeitsverteilung entlang eines horizontalen oder entlang eines vertikalen Schnitts durch ein Band zu sehen. Bei einem horizontalen Schnitt (Kosten als unabhängige Größe) nimmt von den Rändern zur Mitte des Bandes die Wahrscheinlichkeit zu, daß fest vorgegebene Kosten den auf der Abszisse zugeordneten Temperaturanstieg erwarten lassen. So läßt sich aus Grafik 21 z.B. entnehmen, daß als Folge vollständiger Untätigkeit (Kosten der Vermeidung eines Temperaturanstiegs sind null) nach dem derzeitigen Stand des Wissens ein Temperaturanstieg im Bereich zwischen 1,5 °C und 4,5 °C (3 ± 1,5 °C) zu erwarten ist. Bei einem vertikalen Schnitt (erwarteter Temperaturanstieg als unabhängige Größe) nimmt von den Rändern zur Mitte des Bandes die Wahrscheinlichkeit zu, daß ein bestimmter Temperaturanstieg mit den auf der Ordinate zugeordneten Kosten verbunden ist. In Grafik 21 führt z.B. ein Temperaturanstieg von 2 °C zu Kosten, die im Bereich zwischen c und f liegen.

Das Problem der Unsicherheit bei der Entscheidung über Art und Umfang der Maßnahmen zur Vermeidung eines Temperaturanstiegs läßt sich anhand von Grafik 21 wie folgt veranschaulichen:
Aufgrund von Prognosen über das Ausmaß des zu erwartenden Temperaturanstiegs und der dadurch verursachten Kosten werden Maßnahmen zur Vermei-

dung eines Temperaturanstiegs ergriffen, die mit Kosten in Höhe von "e" verbunden sind.
Wenn der tatsächliche Temperaturanstieg am unteren Rand der Prognose liegt (bei vollständiger Untätigkeit steigt die Temperatur um 1,5 °C an), dann erscheinen im nachhinein betrachtet die Maßnahmen zur Vermeidung eines Temperaturanstiegs als zu umfangreich und die Vermeidungskosten als zu hoch. Dies gilt für den ungünstigen Fall, daß der tatsächliche Temperaturanstieg Kosten in Höhe von b verursacht und erst recht für den günstigen Fall, daß der tatsächliche Temperaturanstieg sogar Nutzen im Ausmaß von a mit sich bringt. In jedem Fall sind die Gesamtkosten höher als bei der Hinnahme eines stärkeren Temperaturanstiegs.
Ein anderes Bild zeigt sich, wenn der tatsächliche Temperaturanstieg am oberen Rand der Prognose liegt (bei vollständiger Untätigkeit steigt die Temperatur um 4,5 °C an). Bei unveränderten Vermeidungskosten in Höhe von e wird der Temperaturanstieg auf etwa 2,5 °C begrenzt. Im günstigen Fall verursacht dieser Temperaturanstieg Kosten im Ausmaß von d. Die Gesamtkosten (e + d) sind minimal. Die Vermeidungskosten werden durch die tatsächliche Entwicklung gerechtfertigt. Dagegen hat im ungünstigen Fall auch ein auf 2,5 °C abgeschwächter Temperaturanstieg noch immer "katastrophale" Folgen. (In Grafik 21 wird das katastrophale Ausmaß der Kosten dadurch angedeutet, daß das bei 2,5 °C von der Abszisse gefällte Lot den "linken Rand" der Kosten eines Temperaturanstiegs nicht im Wertebereich der Grafik erreicht.) Die Maßnahmen zur Vermeidung eines Temperaturanstiegs stellen sich im nachhinein als unzureichend heraus. Der Temperaturanstieg hätte durch zusätzliche Maßnahmen weiter eingeschränkt werden müssen.
Eine Abschwächung des Temperaturanstiegs auf nur noch 2 °C läßt zwar die Vermeidungskosten auf die Höhe von g steigen. Die Kosten des Temperaturanstiegs vermindern sich jedoch (im ungünstigen Fall) auf den Betrag f, so daß die Gesamtkosten (g + f) unter den herrschenden Bedingungen ihr Minimum erreichen. Wenn der günstige Fall angenommen wird, dann nehmen die Kosten des Temperaturanstiegs lediglich das Ausmaß c an. Im nachhinein erscheinen die Maßnahmen zur Vermeidung des Temperaturanstiegs als zu weitgehend.
Die Unsicherheit bei der Entscheidung über Art und Umfang der Maßnahmen zur Vermeidung eines Temperaturanstiegs äußert sich einerseits in dem "Risiko zu hoher Vermeidungskosten in der Gegenwart" und andererseits in dem "Risiko katastrophal hoher Kosten eines Temperaturanstiegs in der Zukunft".[52)]

---

52) In diesem Sinne stellte Lester Lave von der Carnegie-Mellon University Pittsburgh auf einer Konferenz der American Association for the Advancement of Science im Februar 1990 fest:

Grafik 21: Unsicherheit bei der Optimierung des anthropogenen Treibhauseffekts

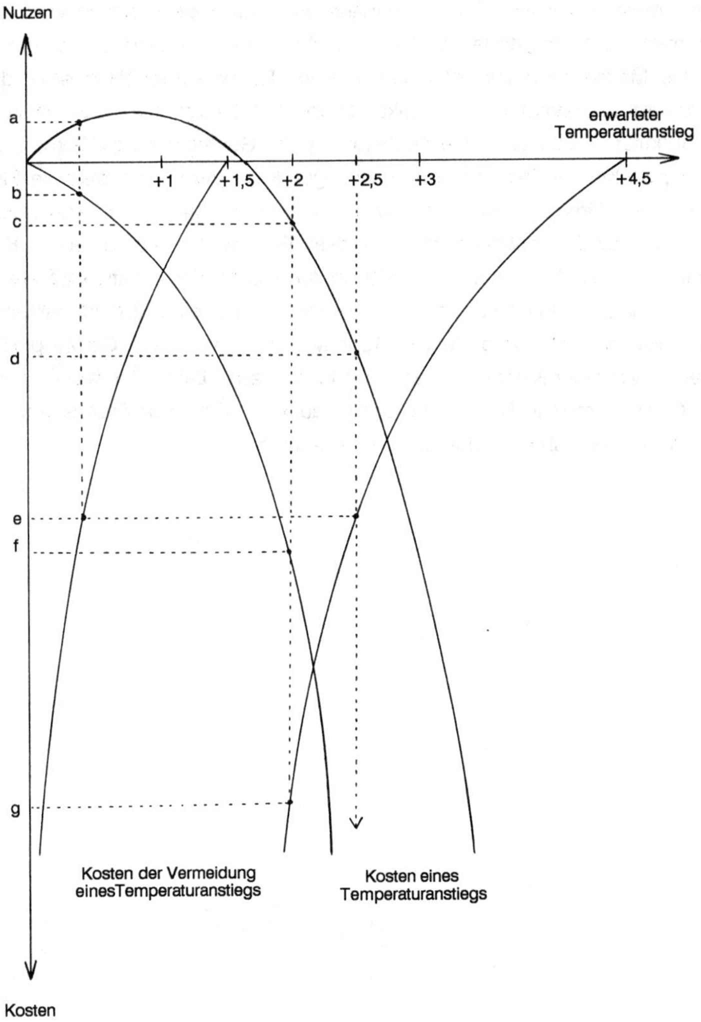

"*Politiker müssen also diese gesicherten Kosten* (der Reduzierung von Treibhausgasen, A.d.V.) *gegen Ereignisse abwägen, die trivial bis katastrophal sein können.*"
o.V.: Nach kaltem Winter heiße Klima-Debatte in den USA ... S. 13.

Das "Risiko zu hoher Vermeidungskosten" besteht darin, daß der Temperaturanstieg über das Optimum hinaus abgeschwächt wird, also die Grenzvermeidungskosten größer werden als die Grenzkosten eines Temperaturanstiegs. Wenn in diesem Zusammenhang von Risiko gesprochen wird, dann sollte man jedoch folgende Überlegung nicht außer acht lassen: Je umfangreicher die Maßnahmen zur Vermeidung eines Temperaturanstiegs sind, desto kleiner wird das Risiko einer "Klimakatastrophe" in Zukunft sein. Das ursprüngliche Optimierungsproblem, die Minimierung der Gesamtkosten (Vermeidungskosten plus Kosten des Temperaturanstiegs), kann durch eine explizite Einbeziehung der Unsicherheit umformuliert werden zu einer Wahlentscheidung zwischen "Sozialproduktsgütern" und dem Gut "Sicherheit vor einer Klimakatastrophe". Die Maßnahmen zur Vermeidung eines Temperaturanstiegs sind nicht erst dann von Nutzen, wenn der Temperaturanstieg in Zukunft tatsächlich abgeschwächt wird. Schon in der Gegenwart geht von dem Gefühl größerer Sicherheit vor einer Klimakatastrophe ein Nutzen aus. Diese Überlegung wird in dem Kapitel "Umweltschutz als Luxusgut" auf Grundlage der Arbeitshypothese vom strukturellen Überschußland weiter ausgeführt.

7.6. Welthandel mit Emissionsrechten für Kohlendioxid

Richtung und Volumen des Welthandels mit Emissionsrechten für Kohlendioxid werden bestimmt durch

- die "Erstausstattung" mit Emissionsrechten,
- das tatsächliche Emissionsvolumen,
- die Möglichkeiten, das Emissionsvolumen einzuschränken und
- die Transaktionskosten.

Ein Land hat komparative Vorteile beim Angebot von Emissionsrechten, wenn im Vergleich zu anderen Ländern

- die "Erstausstattung" mit Emissionsrechten groß ist,
- das tatsächliche Emissionsvolumen niedrig ist,
- die Möglichkeiten, das Emissionsvolumen einzuschränken, umfangreich sind und
- das Angebot mit niedrigen Transaktionskosten verbunden ist.

Bezüglich der "Erstausstattung" mit Emissionsrechten sind zwei grundsätzliche Alternativen zu unterscheiden:

(1) Die Gemeinschaft der Emittenten von Kohlendioxid (die Nutzungsgemeinde des Umweltgutes "Klima" bzw. des Kohlenstoffkreislaufs) legt den Umfang des Weltemissionsvolumens von Kohlendioxid fest und überträgt den einzelnen Ländern handelbare Emissionsrechte entsprechend ihrem vereinbarten Anteil an dem Weltemissionsvolumen. Dadurch wird ein "kontrollierter Umwelthandel" in Form von Emissionsrechten möglich.[53)]

(2) Die Gemeinschaft der Emittenten von Kohlendioxid kommt zu keiner Einigung über das Ausmaß des Weltemissionsvolumens von Kohlendioxid und/oder zu keiner Einigung über die Aufteilung der Emissionsrechte auf die einzelnen Länder. Jedes Land hat - gemäß dem völkerrechtlichen Grundsatz der territorialen Souveränität - das Recht, "beliebig" viel Kohlendioxid zu emittieren. Auch in diesem Fall ist ein Handel mit Emissionsrechten möglich. Ein einzelnes Land oder ein Zusammenschluß von Ländern

---

53) Zur Konzeption eines "kontrollierter Umwelthandels" auf nationaler Ebene vgl. z.B. die Ausführungen von Lutz Wicke.
Wicke, Lutz: Umweltökonomie, München 1982, S. 108 - 120.

mit "überdurchschnittlichem Interesse" an einer Begrenzung des Weltemissionsvolumens von Kohlendioxid kann einem "eher desinteressierten" Land für eine freiwillige Einschränkung seiner CO_2-Emissionen eine Kompensationsleistung anbieten. Der Verhandlungs-(oder Handels-) gewinn ist umso größer, je niedriger die Vermeidungskosten von CO_2-Emissionen beim potentiellen Anbieter (= das "eher desinteressierte" Land) im Vergleich zum potentiellen Nachfrager (= das Land oder ein Zusammenschluß von Ländern mit "überdurchschnittlichem Interesse") von Emissionsrechten sind und je geringer die Transaktionskosten sind.

Die erste Alternative - Begrenzung des Weltemissionsvolumens und Zuteilung von Emissionsrechten als "Erstausstattung" - soll an einem Beispiel dargestellt und erläutert werden.
In einer ersten Verhandlungsrunde ist das Verfahren zur Festsetzung der Weltemissionsmenge zu bestimmen. Vier denkbare Verfahren sollen exemplarisch vorgestellt werden, ohne jedoch näher darauf einzugehen:

- Jedes Jahr wird für das jeweils nächste Jahr das Weltemissionsvolumen bestimmt.
- In einem mehrjährigen Abstand wird für einen längeren Zeitraum das jährliche Weltemissionsvolumen in einem "Emissionsplan" festgeschrieben. Der Zeitraum zwischen der Aufstellung der Emissionspläne kann kürzer sein als die Geltungsdauer eines Emissionsplans, um eine kontinuierliche (im Extremfall jährliche) Fortschreibung des Emissionsplans vorzunehmen.
- Es wird ein zeitlich unbegrenzter Emissionsplan aufgestellt, der solange gültig bleibt, bis eine neue Vereinbarung getroffen wird. Eine Revision des Emissionsplans wäre immer dann angebracht, wenn neue wissenschaftliche Erkenntnisse die Entscheidungsgrundlage des gültigen Emissionsplans in Frage stellen.
- Es wird ein Ziel für die Weltemissionsmenge vorgegeben, das innerhalb eines bestimmten Zeitraums (z.B. bis zum Jahr 2005) erreicht werden soll.[54)] Das Ziel kann laufend - nach einem festgesetzten Modus - neuen wissenschaftlichen Erkenntnissen angepaßt werden.

---

54) Diese Vorgehensweise wird von der Enquete-Kommission "Vorsorge zum Schutz der Erdatmosphäre" empfohlen. Das Weltemissionsvolumen soll bis zum Jahre 2005 im Vergleich zu 1987 um 5 % abnehmen.
Enquete-Kommission "Vorsorge zum Schutz der Erdatmosphäre": Schutz der Erde ... S. 70 - 76.

Nachdem in einer zweiten Verhandlungsrunde Einigkeit über den Umfang des zukünftigen Weltemissionsvolumens erzielt wurde, sind in der dritten Runde die Anteile der einzelnen Länder an dem geplanten Weltemissionsvolumen festzulegen und entsprechende Emissionsrechte zu definieren.
Die Verhandlungen über die Anteile der einzelnen Länder an dem Weltemissionsvolumen (= über die Verteilung der Emissionsrechte) werden erleichtert, wenn objektive Kriterien als Schlüssel für die Verteilung herangezogen werden. Ein von allen Ländern annehmbarer Verteilungsschlüssel wird eine Kombination verschiedener Kriterien sein müssen. Die einzelnen Kriterien sind dann entsprechend ihrer relativen Bedeutung zu gewichten. Kriterien von großer Bedeutung und damit hohem Gewicht sind zweifellos die Bevölkerungszahl und deren erwartete Entwicklung, die wirtschaftliche Leistungskraft, die kumulierten Emissionen der Vergangenheit und die Betroffenheit von den Folgen einer Klimaänderung.[55)]

Zur Vereinfachung der folgenden prinzipiellen Ausführungen zu Angebot und Nachfrage von Emissionsrechten wird angenommen, daß die "Erstausstattung" mit (= Primärverteilung von) CO_2-Emissionsrechten entsprechend dem Anteil der Bevölkerung eines Landes an der Weltbevölkerung erfolgt. Die Bundesrepublik ist beispielsweise im Jahr 1987 mit einem Anteil von rund 1,6 % an der Weltbevölkerung für ca. 4,8 % der Weltemissionen von Kohlendioxid verantwortlich.[56)]
Schon eine reine Umverteilung der Emissionsrechte bei konstant gehaltenem Weltemissionsvolumen zwingt die Bundesrepublik zu einer Einschränkung der CO_2-Emissionen im eigenen Land und/oder zum Kauf zusätzlicher Emissionsrechte im Umfang von zusammen 3,2 % des Weltemissionsvolumens, um ihren Anteil am Weltemissionsvolumen von 4,8 % im Jahre 1987 auf 1,6 % - dies entspricht dem Anteil an der Weltbevölkerung - zu senken. Dagegen hat der

---

55) Die Enquete-Kommission "Vorsorge zum Schutz der Erdatmosphäre" nennt als mögliche Kriterien zur Verteilung von Reduktionspflichten im Rahmen eines internationalen "*Spurengas-Protokolls*": "*Höhe der Pro-Kopf-Emissionen; wirtschaftliche Leistungskraft; Energieintensität; bestehende Energiestruktur; Ausfuhr-/Einfuhrbilanz energieintensiver Produkte und Verfahren; Einfluß des Klimas auf den Energieverbrauch; Zugehörigkeit zu einer Ländergruppe; Bevölkerungsentwicklung; Einfluß großer Migrationen, insbesondere Flüchtlingsströme; kumulierte Emissionen; Emissionen pro Landfläche; zu erwartendes Ausmaß der regionalen Folgen des zusätzlichen Treibhauseffekts.*"
Enquete-Kommission "Vorsorge zum Schutz der Erdatmosphäre": Schutz der Erde ... S. 874.
56) Diese Angaben sind berechnet auf der Grundlage von Daten der OECD zur Weltbevölkerung und zur CO_2-Emission der Verbrennung fossiler Energieträger.
OECD: Environmental Data - Compendium 1991, Paris 1991, S. 27 und 291.

"Rest der Welt" (= alle anderen Länder außer der Bundesrepublik) im Jahr 1987 bei einem Weltbevölkerungsanteil von 98,4 % lediglich über 95,2 % des Weltemissionsvolumens verfügt, also Emissionsrechte im Umfang von 3,2 % des Weltemissionsvolumens nicht in Anspruch genommen.
Die Begrenzung des zukünftigen Weltemissionsvolumens auf den Stand des Jahres 1987 führt - in einem Gedankenexperiment - rückwirkend betrachtet für das Jahr 1987 unter der Annahme vollständiger Konkurrenz auf dem Markt für Emissionsrechte und Vernachlässigung von Transaktionskosten zu dem Ergebnis, daß die Bundesrepublik vom "Rest der Welt" Emissionsrechte über 3,2 % des Weltemissionsvolumens zum Preis von null erwirbt. Der Preis von null läßt sich damit begründen, daß die Grenzkosten des Angebots von Emissionsrechten bis zu einem Umfang von 3,2 % des Weltemissionsvolumens null sind, da im "Rest der Welt" 1987 für die "Produktion" von Emissionsrechten bis zu diesem Umfang keine Maßnahmen zur Einschränkung der CO_2-Emissionen durchgeführt werden müssen. Oder mit anderen Worten, die "Erstausstattung" des "Rests der Welt" mit CO_2-Emissionsrechten ist entsprechend einem Anteil von 3,2 % am Weltemissionsvolumen größer als der Eigenbedarf an Emissionsrechten bei einem Preis von null. Emissionsrechte sind unter den genannten Bedingungen im Jahr 1987 für die Gesamtheit der Länder gerade noch ein freies Gut. Die weltweit vergebenen Emissionsrechte entsprechen genau dem weltweiten Emmissionsvolumen des Jahres 1987.
In den folgenden Jahren werden CO_2-Emissionsrechte dann knapp, wenn durch das Einfrieren des Weltemissionsvolumens auf den Stand von 1987 Maßnahmen zur Verhinderung eines Anstiegs der CO_2-Emissionen notwendig werden und das "Erstausstattungsdefizit" von Ländern wie z.B. der Bundesrepublik größer wird als der "Erstausstattungsüberschuß" anderer Länder.
Wenn das zukünftige Weltemissionsvolumen nicht nur auf den Stand des Jahres 1987 begrenzt, sondern im Vergleich zu diesem Basisjahr gesenkt werden soll, dann sind über die Maßnahmen zur Verhinderung eines Anstiegs der CO_2-Emissionen hinaus zwangsläufig auch Maßnahmen zur Senkung der CO_2-Emissionen bestehender Emissionsquellen erforderlich. Eine explizite Unterscheidung zwischen Maßnahmen zur Begrenzung des Anstiegs der CO_2-Emissionen und Maßnahmen zur Reduktion eines schon erreichten Emissionsvolumens ist zur Analyse der grundsätzlichen Zusammenhänge jedoch nicht notwendig. Je niedriger das zukünftige Weltemissionsvolumen angesetzt wird, desto weitgehender müssen die Maßnahmen zur Erreichung des gesetzten Zieles sein, desto höher sind die Grenzvermeidungskosten der CO_2-Emissionen und desto höher ist der Preis für Emissionsrechte.

Grafik 22 gibt den Verlauf der Grenzkosten einer Reduktion der CO_2-Emissionen in einem Land wieder. Zur Vereinfachung der Darstellung wird wieder von linear steigenden Grenzkosten ausgegangen.

Grafik 22: Grenzkosten der Reduktion von CO_2-Emissionen

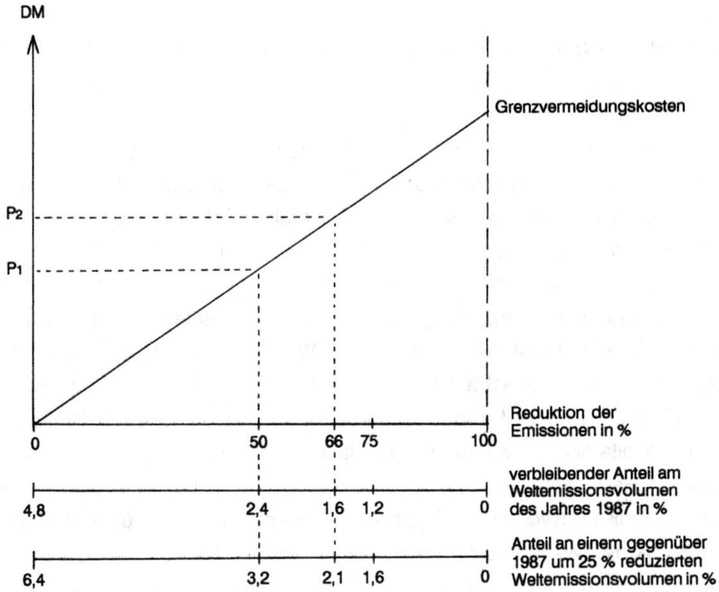

Eine Reduktion der CO_2-Emissionen der Bundesrepublik von einem Anteil an dem Weltemissionsvolumen des Jahres 1987 von 4,8 % auf 1,6 % bedeutet, daß die Bundesrepublik nur noch rund 33 % (1,6/4,8) ihrer bisherigen Emissionsmenge emittieren darf bzw. ihre bisherigen Emissionen um rund 66 % reduzieren muß, wenn nicht die Möglichkeit besteht, Emissionsrechte hinzuzukaufen.[57)]

Ein Preis für Emissionsrechte in Höhe von P_2 entspricht gerade den Grenzkosten einer Reduktion der Emissionen um 66 %. In diesem Fall ist es für die Bundesrepublik optimal, eine Einschränkung des Anteils am Weltemissionsvolumen auf 1,6 % vorzunehmen und die inländischen CO_2-Emissionen um 66 % zu reduzieren. Bei einem niedrigeren Preis wird die Bundesrepublik zum Nachfrager und bei einem höheren Preis sogar zum Anbieter von Emissionsrechten.

In Grafik 23 (S. 301) wird die Nachfrage bzw. das Angebot von Emissionsrechten eines "Erstausstattungsdefizitlandes" (wie z.B. die Bundesrepublik) dargestellt.

Wenn der Preis von Emissionsrechten null ist (eine solche Annahme impliziert die Vernachlässigung von Transaktionskosten), dann werden überhaupt keine (Kosten verursachenden) Maßnahmen zur Reduktion der Emissionen vorgenommen, sondern "kostenlose" Emissionsrechte hinzu"gekauft".

Um ihr derzeitiges Emissionsvolumen beibehalten zu können, muß die Bundesrepublik zusätzlich zu dem ihr (entsprechend dem Anteil an der Weltbevölkerung) zustehenden Anteil von 1,6 % des Weltemissionsvolumens des Jahres 1987 noch Emissionsrechte für einen Anteil von 3,2 % hinzu"kaufen". Bei einem Preis von P_1 wird die Bundesrepublik Emissionsrechte für einen Anteil von 0,8 % des Weltemissionsvolumens des Jahres 1987 hinzukaufen (was einer äquivalenten Reduktion der CO_2-Emissionen um 16 %, bezogen auf das ursprüngliche Emissionsvolumen, entspricht) und damit insgesamt über einen Anteil von 2,4 % des Weltemissionsvolumens verfügen. D.h. die CO_2-Emissionen müssen nicht um 66 % reduziert werden, um den "Erstausstattungs"-Anteil von 1,6 % zu erreichen, sondern nur noch um 50 %, entsprechend einem Anteil von 2,4 %.

---

57) Nach einer Berechnung des Bundesumweltministeriums beträgt das "*CO_2-Minderungspotential*" in der Bundesrepublik für den Zeitraum von 1990 bis 2005 unter Berücksichtigung von "*Kosten-Wirksamkeits-Gesichtspunkten*" bei den einzelnen Maßnahmen 30,5 %. Aufgrund dieser Berechnung hat sich das Bundeskabinett am 13. Juni 1990 nach Abzug eines "*Sicherheitsabschlags*" auf das Ziel einer Verringerung der CO_2-Emissionen um 25 % in der Bundesrepublik bis zum Jahre 2005 festgelegt. Dies entspricht einer Abnahme des Anteils der Bundesrepublik am Weltemissionsvolumen von 4,8 % auf noch immer 3,8 %.
Bundesministerium für Umwelt, Naturschutz und Reaktorsicherheit: Konzept zur Verminderung von CO_2-Emissionen, in: Umwelt Nr.7 / 1990, S. 349 - 351.

Grafik 23: Nachfrage bzw. Angebot von Emissionsrechten eines "Erstausstattungsdefizitlandes"

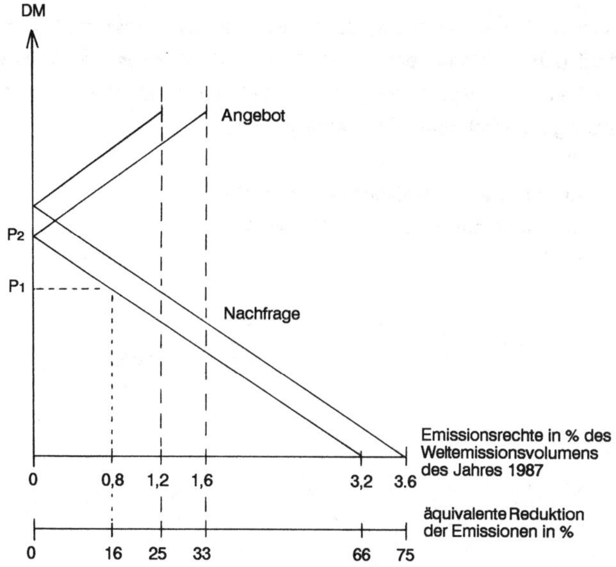

Bei einem höheren Preis als P_2 wird es für die Bundesrepublik vorteilhaft, die inländischen CO_2-Emissionen um mehr als 66 % zu reduzieren und die nicht genutzten Emissionsrechte zu verkaufen. Das maximale Angebot der Bundesrepublik an Emissionsrechten entspricht dem der Bundesrepublik zugesprochenen Anteil am Weltemissionsvolumen des Jahres 1987 von 1,6 %.

Unterstellt man, daß das Weltemissionsvolumen nicht nur auf dem Stand von 1987 eingefroren wird, sondern z.B. um 25 % im Vergleich zu 1987 gesenkt werden soll, dann beträgt die "Erstausstattung" der Bundesrepublik mit Emissionsrechten 1,6 % des um 25 % reduzierten Weltemissionsvolumens des Jahres 1987. (Vgl. die untere Abszisse der Grafik 22, S. 299.) Dies entspricht einem Anteil von 1,2 % am (vollen) Weltemissionsvolumen des Jahres 1987 und erfordert eine Reduktion der CO_2-Emissionen in der Bundesrepublik um 75 % für den Fall, daß keine Emissionsrechte hinzugekauft werden (können). Die "Sättigungsmenge" für die Nachfrage nach Emissionsrechten steigt von einem 3,2 %igen Anteil am Weltemissionsvolumen des Jahres 1987 auf einen

3,6 %igen Anteil. Die Nachfragekurve in Grafik 23 verschiebt sich vom Ursprung weg nach rechts außen, die Angebotskurve nach oben und das maximal mögliche Angebot sinkt auf einen Anteil von 1,2 % des Weltemissionsvolumens des Jahres 1987.

Ein Land, das nach der Verteilung der Emissionsrechte über mehr Emissionsrechte verfügt (z.B. entsprechend einem Anteil von "b" % an der Weltemission; vgl. Grafik 24), als zur Legalisierung der Emissionen benötigt werden, kann als "Erstausstattungsüberschußland" bezeichnet werden.

Grafik 24: Angebot von Emissionsrechten eines "Erstausstattungsüberschußlandes"

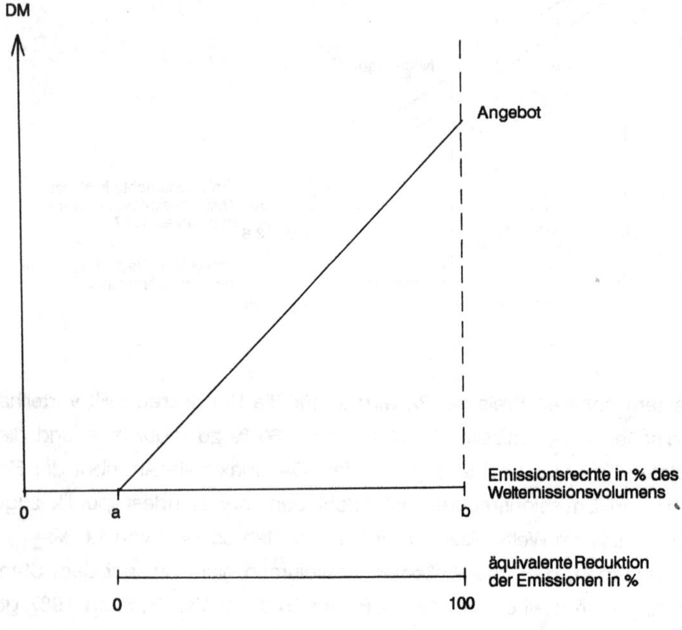

Ein "Erstausstattungsüberschußland" ist bei jedem Preis Anbieter von Emissionsrechten. Unter Vernachlässigung von Transaktionskosten werden bei einem Preis von null gerade die nicht benötigten Emissionsrechte (z.B. entsprechend einem Anteil von "a" % an der Weltemission) angeboten. Der Preis, der für ein darüber hinausgehendes Angebot (Bereich zwischen a und b) verlangt wird, entspricht den Grenzkosten der Reduktion der Emissionen im Inland. Das maximale Angebot an Emissionsrechten entspricht dem diesem Land zugesprochenen Anteil an der Weltemission von "b" %.

8. Voraussetzungen für einen Tausch "Schulden gegen Umwelt"

Wenn ein Tausch "Schulden gegen Umwelt" einen Beitrag zur Lösung der Schuldenkrise leisten soll, dann müssen die beiden folgenden Voraussetzungen erfüllt sein:

(1) Die "problematischen" Schuldnerländer sind potentielle Anbieter von globalen (oder internationalen) Umweltgütern.

(2) Die Nachfrager der Umweltgüter sind keine Schuldner.

Die erste Voraussetzung ist nur dann "richtig" zu verstehen, wenn bei der ökonomischen Wertermittlung von Naturvermögen ein "Umdenken" stattfindet. Der "natürliche Reichtum" eines Landes erschöpft sich nicht in der Existenz und Ergiebigkeit der Lagerstätten von Erzen und fossilen Brennstoffen, in Umfang und Güte landwirtschaftlich nutzbaren Bodens, in den Möglichkeiten der Stromerzeugung durch Wasserkraft etc.[1], sondern umfaßt auch bestimmte Eigenschaften und Fähigkeiten natürlicher Systeme, wie die Bereitstellung von Assimilationskapazität für die Abfallprodukte des Wirtschaftssystems, die Fähigkeit Informationen (z.B. in Genen) zu speichern, die Fähigkeit sich nach anthropogenen "Eingriffen" mehr oder minder schnell zu regenerieren etc.[2]
In diesem Sinne stellt Hansen im ersten Arbeitspapier der neu geschaffenen Umweltabteilung der Weltbank fest: "*... the LDCs seem to have something genuine to offer / export to the rich countries that, contrary to traditional primary sector LDC exports, is becoming increasingly scarce and that the rich countries might be willing to pay for:*
a. the preservation of genetic diversity; and
b. sustainable management of global commons (the global warming issue)."[3]

Während der Export "traditioneller Naturprodukte" - wie Erze, Holz oder landwirtschaftliche Erzeugnisse - auf eine einkommensunelastische Nachfrage

---

1) Zu dieser Art der Erfassung des natürlichen Reichtums vgl. den Versuch von Fuchs, das Naturvermögen von Schuldnerländern als "Sicherheit" für Kredite zu schätzen. (Kapitel 4.4.1. "Die Vermögensbilanz als Hilfsmittel zur Analyse von Debt swaps", S. 190 / 191.)

2) Zu den Ansatzpunkten eines neuen Verständnisses vom Wert der Natur vgl. Kapitel 6. "Ökologische Beziehungen zwischen Ländern", S. 209 f.

3) Hansen, Stein: Debt for Nature Swaps - Overview and Diskussion of Key Issues (Weltbank - Environment Department Working Paper No. 1), 1988, S. 6.

trifft, was zu einem Preisverfall dieser Güter und einer Entwertung des für die Produktion dieser Güter eingesetzten Naturvermögens in den Exportländern führt, wird der Export von "neuen Naturprodukten" - beispielsweise in Form von Verfügungsrechten über Regenwaldnutzungen oder Emissionslizenzen für Treibhausgase - aufgrund der zu erwartenden einkommenselastischen Nachfrage an Bedeutung gewinnen.

Für das Zustandekommen des Tauschs "Schulden gegen Umwelt" ist nicht erforderlich, daß ein Umweltnachfrager auch Gläubiger des Umweltanbieters ist. Wenn Forderungen prinzipiell übertragbar sind oder sich sogar ein Sekundärmarkt für Schulden herausgebildet hat, dann ist es nicht notwendig (allerdings bei Berücksichtigung von Transaktionskosten vorteilhaft), daß die potentiellen Nachfrager globaler Umweltgüter Gläubiger der Länder sind, die Umweltgüter anbieten. Ein potentieller Nachfrager globaler Umweltgüter kann sich den Tauschgegenstand "Schulden" von den Gläubigern der in Frage kommenden Tauschpartner kaufen.[4] Unter diesen Umständen hängt die generelle Anwendbarkeit, beispielsweise eines Tauschs "Schulden gegen Erhaltung von Regenwald", nicht davon ab, "*daß die Struktur der Gläubigerländer mit der Struktur der* (für die Erhaltung von Regenwald, A.d.V.) *Transfer leistenden Staaten bei den einzelnen Tropenländern übereinstimmt*".[5]

In Kapitel 8.1. wird überprüft, inwieweit Schuldnerländer potentielle Anbieter von "Verfügungsrechten über Regenwald" und von "CO_2-Emissionslizenzen" sind. Anschließend soll in Kapitel 8.2. untersucht werden, was die allgemeinen Bedingungen dafür sind, daß "reiche Industrieländer" eine Gläubigerposition einnehmen und gleichzeitig eine einkommenselastische Nachfrage nach globalen Umweltgütern entwickeln.

---

4) Vgl. hierzu die Ausführungen des Kapitels 4.4.3. "Die Bedeutung des Sekundärmarkts für Schulden", S. 196 f.

5) Dagegen hält Amelung - der hier zitiert wird - die Übereinstimmung der Struktur von Gläubigerländern und potentiellen Nachfragern der "Erhaltung des Regenwaldes" für eine wichtige Voraussetzung eines Debt-for-Nature Swaps, die allerdings kaum erfüllt werde und damit im Vergleich zu anderen Politikmaßnahmen ein Nachteil des Debt-Nature swaps sei.
Amelung, Torsten: Internationale Transferzahlungen zur Lösung globaler Umweltprobleme ... S. 162.

8.1. Die Schuldnerländer als Anbieter von "Umwelt"

Übersicht 24 (S. 306) zeigt die Verschuldung, den Wert der Exporte und die Zinszahlungen des Jahres 1989 für ausgewählte Entwicklungs- und Schwellenländer. Wenn die Verschuldung nicht weiter ansteigen soll, dann müssen die Zinszahlungen aus den Exporterlösen ("real") geleistet werden. Eine häufig vorgebrachte Argumentation, die eine Verbindung zwischen der Schuldenkrise und der Umweltzerstörung in den Schuldnerländern herstellt besagt, daß die Schuldnerländer gezwungen sind, zusätzliche "Naturprodukte" zu exportieren, um die Zinsen für ihre Schulden bezahlen zu können. Als Paradebeispiel für diesen Zusammenhang wird der Export von Tropenholz und die dadurch verursachte Zerstörung von Regenwäldern angeführt.

Tatsächlich ist der Export von Tropenholz für einige Schuldnerländer der Tropenwaldregion eine wichtige Devisenquelle. Übersicht 25 (S. 307) stellt die Erlöse aus dem Holzexport der wichtigsten Tropenholzexportländer für das Jahr 1987 dar. Die volkswirtschaftliche Bedeutung der Holzexporte für die einzelnen Länder läßt sich mit Hilfe des Anteils der Holzexporte am Gesamtexport messen. Die Bedeutung der Holzexporte für die Fähigkeit Schuldendienst zu leisten wird in der Relation des Wertes der Holzexporte zu den Zinszahlungen an das Ausland ersichtlich. Die beiden mit Abstand größten Tropenholzexporteure - Malaysia und Indonesien - erzielen über 10 % ihrer Exporterlöse durch den Verkauf von Tropenholz. Für zwei "kleinere" Tropenholzexportländer - Burma und Bolivien - beträgt der Anteil der Erlöse aus dem Export von Tropenholz sogar mehr als 20 bzw. 30 % des Wertes der Gesamtexporte. In den vier Ländern Burma, Bolivien, Malaysia und Gabun übersteigt der Wert der Tropenholzexporte die Zinszahlungen, während in den anderen Tropenländern die Erlöse aus dem Verkauf von Tropenholz noch nicht einmal ausreichen, um die Zinsen für die Auslandsschulden zu zahlen. Bemerkenswert ist auch, daß für das größte Regenwaldland - Brasilien - der Export von Tropenholz keine größere Bedeutung hat. Obwohl Brasilien über mehr als ein Viertel der (geschlossenen) Regenwälder der Erde verfügt (vgl. Übersicht 26, S. 309), beträgt der wertmäßige Anteil Brasiliens an den Weltexporten von Tropenholz weniger als 2 %.[6)]

Die Rodung des brasilianischen Regenwaldes ist weniger eine Folge des Exports von Tropenholz, sondern wird vor allem durch die Umwandlung der Wald-

6) Der Berechnung erfolgt anhand der Daten der Übersicht 25 (S. 307): 122 / 6850 ≈ 0,018 ≈ 2 %.

Übersicht 24: Verschuldung, Exporte und Zinszahlungen ausgewählter Entwicklungs- und Schwellenländern im Jahre 1989 1)

Land	Schuldenstand in Mrd. US-$	Exporte in Mrd. US-$		Zinszahlungen in Mrd. US-$ 2)	
	1989	1989	ϕ	1989	ϕ
Amerika					
Brasilien	111,290	36,900	(31,314)	5,723	(8,733)
Mexico	95,641	36,379	(30,467)	9,292	(8,984)
Argentinien	64,745	12,057	(10,182)	2,128	(3,741)
Venezuela	33,144	15,671	(13,940)	3,186	(3,091)
Peru	19,876	4,599	(3,875)	0,165	(0,320)
Chile	18,241	9,718	(6,936)	1,637	(1,636)
Kolumbien	16,886	7,648	(6,893)	1,568	(1,317)
Ecuador	11,311	2,883	(2,797)	0,494	(0,569)
Costa Rica	4,468	1,892	(1,551)	0,199	(0,247)
Bolivien	4,359	0,891	(0,734)	0,128	(0,125)
Guyana	1,713	0,245	(0,258)	0,013	(0,014)
Afrika					
Ägypten	48,799	13,733	(12,417)	1,506	(1,378)
Nigeria	32,832	8,416	(8,675)	1,311	(1,186)
Elfenbeinküste	15,412	3,322	(3,403)	0,517	(0,662)
Sudan	12,965	1,233	(1,095)	0,051	(0,090)
Zaire	8,843	2,389	(2,157)	0,100	(0,194)
Kamerun	4,743	1,882	(2,296)	0,168	(0,216)
Kongo	4,316	1,186	(1,029)	0,141	(0,143)
Madagaskar	3,607	0,459	(0,419)	0,128	(0,097)
Gabun	3,176	1,875	(1,610)	0,161	(0,100)
Asien					
Indien	62,509	24,191	(19,191)	3,434	(2,649)
Indonesien	53,111	25,219	(20,369)	3,765	(3,179)
China	44,857	58,030	(44,502)	3,203	(1,892)
Philippinen	28,902	12,766	(10,006)	2,183	(1,883)
Thailand	23,466	27,640	(17,795)	1,643	(1,451)
Malaysia	18,576	28,845	(21,664)	1,389	(1,600)
Bangladesch	10,712	2,448	(1,968)	0,192	(0,171)
Burma	4,171	0,648	(0,433)	0,070	(0,073)
Papua Neu-Guinea	2,496	1,546	(1,397)	0,173	(0,157)
Laos	0,949	0,102	(0,086)	0,003	(0,002)

1) Die Angaben sind aus den Debt Tables der Weltbank zusammengestellt. Die "Verschuldung" ist definiert als "*total external debt - including short-term and use of IMF credit*".
Weltbank: World Debt Tables 1990 - 91, Volume 2. Country Tables, Washington D.C.
2) Da die jährlichen Schwankungen der Zinszahlungen (z.B. für Brasilien 1988: 13,27 Mrd US-$ und 1989: 5,723 Mrd US-$) und der Exporte sehr groß sind, werden zusätzlich - aus den Angaben der Weltbank berechnete - durchschnittliche Werte des Zeitraums von 1985 bis 1989 "ϕ" in Klammern angegeben.

flächen in Rinderweiden, den Abbau mineralischer Rohstoffe sowie den Bau von Staudämmen zur Erzeugung elektrischer Energie durch Wasserkraft verursacht.7) Letztlich dienen jedoch auch diese Aktivitäten zu einem großen Teil der Produktion von exportfähigen Gütern.

Übersicht 25: Exporte von Tropenholz im Jahr 1987

Land	Wert der Tropenholzexporte		
	in Mio. US-$ 1)	in % der Gesamtexporte 2)	in % der Zinszahlungen 2)
Burma	140	32,3	192
Bolivien	162	22,1	130
Malaysia	2565	11,8	160
Indonesien	2398	11,8	75
Kongo	98	9,5	69
Zaire	184	8,5	95
Gabun	131	8,1	131
Elfenbeinküste	273	8,0	41
Kamerun	85	3,7	39
Philippinen	272	2,7	14
Thailand	86	0,5	6
Brasilien	122	0,4	1
übrige Länder	334	-	-
insgesamt	6850	-	-

1) Die Angaben sind zusammengestellt aus
Enquete-Komission "Vorsorge zum Schutz der Erdatmosphäre": Schutz der tropischen Wälder, Bonn 1990, S. 528.
2) Eigene Berechnung auf Grundlage der Angaben der Enquete-Komission zum Wert der Tropenholzexporte und Angaben aus den "Debt Tables" der Weltbank zum Wert der Gesamtexporte und Zinszahlungen des jeweiligen Landes. Verwendet wurden die durchschnittlichen Werte der Exporte und Zinszahlungen für den Zeitraum von 1985 bis 1989. Vgl. hierzu Übersicht 24.
Weltbank: World Debt Tables 1990 - 91, Volume 2. Country Tables, Washington D.C.

7) Zu den Ursachen der Zerstörung von Regenwäldern in Brasilien vgl. die Ausführungen der Enquete-Kommission (insbesondere S. 548 - 555) und die Analyse der "Inwertsetzung Amazoniens" von Altvater.
Enquete-Kommission "Vorsorge zum Schutz der Erdatmospäre": Schutz der tropischen Wälder ...
Altvater, Elmar: Sachzwang Weltmarkt ...

In diesem Kapitel soll jedoch nicht das Angebot "traditioneller Naturprodukte" - wie Holz - dargestellt und auf Marktchancen hin untersucht werden, sondern es soll gezeigt werden, daß ein Potential "neuer Naturprodukte" besteht, das die Palette der Exportgüter aus den Ländern der "Dritten Welt" in Zukunft beträchtlich erweitern wird.

Der Ausdruck "neue Naturprodukte" ist insofern irreführend, als es sich bei diesen Produkten nicht um das Ergebnis eines Produktions-(oder Extrahierungs-)prozesses (im üblichen Sinne) handelt, sondern - allgemein formuliert - um "Verfügungsrechte über Naturvermögen".

Durch die Definition spezifischer Verfügungsrechte läßt sich nicht nur die herkömmliche Nutzung von Naturvermögen, sondern auch die Erhaltung von Naturvermögen zu einem handelbaren Gut machen. Ebenso wie der Abbau von Erzen in Form von "Schürfrechten" und der Holzeinschlag in Form von "Holzkonzessionen" ein handelbares Gut ist, so kann die Erhaltung von Regenwald als "Rodungsverzicht" und die Einschränkung von CO_2-Emissionen als "Emissions(rechts)verzicht" zum Gegenstand ökonomischer Transaktionen werden.

Der gegenwärtige Bestand an tropischen Regenwälder wird - auf der Grundlage der letzten Inventur der FAO aus dem Jahr 1980 - auf insgesamt etwa 18 Mio. km^2 geschätzt.[8)] Nach einer neueren Inventur von Myers ergibt sich für 1989 ein Bestand an geschlossenen tropischen Regenwäldern von 8 Mio. km^2. [9)] Die Verteilung dieses Bestandes auf einzelne Regenwaldländer kann Übersicht 26 (S. 309) entnommen werden.

---

8) Die Waldinventur der FAO ergab für 1980 einen Bestand von 19,4 Mio. km^2 tropischer Wälder. Davon wurden 12 Mio. km^2 als "geschlossene Wälder" eingestuft und 7,4 Mio.km^2 als "offene Wälder". Von der FAO werden Wälder als "geschlossen" bezeichnet, "*wenn Bäume der unterschiedlichen Bestandsschichten und Unterwuchs einen hohen Anteil des Bodens bedecken sowie keine kontinuierliche Grasschicht vorhanden ist*".

Enquete-Kommission "Vorsorge zum Schutz der Erdatmosphäre": Schutz der tropischen Wälder ... S. 177 - 178.

9) Den Bestand geschlossener tropischer Regenwälder schätzt Myers für das Ende der siebziger Jahre auf 10,6 Mio. km^2. Die Differenz zur Angabe der FAO (12 Mio. km^2) läßt sich u.a. auf eine abweichende Definition tropischer Regenwälder zurückführen. Vgl. hierzu auch Fußnote 1 der Übersicht 26, S. 309.

Enquete-Kommission "Vorsorge zum Schutz der Erdatmosphäre": Schutz der tropischen Wälder ... S. 183.

Übersicht 26: Bestand und Rodung tropischer Regenwälder 1)

Land	Waldbestand in 1000 km²	Ausmaß der Rodung in 1000 km²		in % 2)	
	1989	1980	1989	1980	1989
Amerika					
Brasilien	2200	13,6	50,0	0,4	2,3
Peru	515	2,6	3,5	0,4	0,7
Guyana	410	0,0	0,5	0,0	0,1
Venezuela	350	1,3	1,5	0,4	0,4
Kolumbien	278,5	8,2	6,5	1,8	2,3
Mexico	166	4,7	7,0	1,8	4,2
Zentralamerika 3)	90	3,4	3,3	2,0	3,3
Ecuador	76	3,4	3,0	2,4	4,0
Bolivien	70	0,9	1,5	0,2	2,1
Afrika					
Zaire	1000	1,8	4,0	0,2	0,4
Gabun	200	0,2	0,6	0,1	0,3
Kamerun	164	0,8	2,0	0,4	1,2
Kongo	90	0,2	0,7	0,1	0,8
Nigeria	28	3,0	4,0	5,0	14,3
Madagaskar	24	1,5	2,0	1,5	8,3
Elfenbeinküste	16	2,9	2,5	6,5	15,6
Asien					
Indonesien	860	6,0	12,0	0,5	1,4
Papua Neu-Guinea	360	0,2	3,5	0,1	1,0
Burma	245	1,0	8,0	0,3	3,3
Indien	165	1,3	4,0	0,3	2,4
Malaysia	157	2,6	4,8	1,2	3,1
Thailand	74	2,4	6,0	3,0	8,4
Laos	68	1,0	1,0	1,3	1,5
Kambodscha	67	0,3	0,5	0,3	0,8
Vietnam	60	0,6	3,5	0,8	5,8
Philippinen	50	0,9	2,7	1,0	5,4
Alle Regenwaldländer	8000	75	142	0,6	1,8

---

1) Die Angaben über den Bestand und die Rodung tropischer Wälder sind dem zweiten Bericht der Enquete-Kommission "Vorsorge zum Schutz der Erdatmosphäre" direkt entnommen oder aus Angaben der Enquete-Kommission berechnet. Den Angaben für 1980 liegt die letzte Waldinventur der FAO (die Ergebnisse der Waldinventur 1990 / 1991 liegen noch nicht vor) zugrunde und für 1989 die Waldinventur von Myers. Die Ergebnisse von Myers beziehen sich auf "*geschlossene tropische Feuchtwälder*", die von Myers definiert werden als Flächen, "*die mit immergrünen oder teilweise Laubabwerfenden Wäldern bestanden sind und die in Gegenden liegen, deren monatlichen Niederschlagsmengen nur alle drei Jahre 100 mm unterschreiten und deren Jahresdurchschnittstemperatur oberhalb von 24 °C liegt*".
Enquete-Kommission "Vorsorge zum Schutz der Erdatmosphäre": Schutz der tropischen Länder ... S. 185 / 187 / 194.

2) In % des verbleibenden Waldbestandes.

3) Zentralamerika umfaßt die Länder Belize, Costa Rica, El Salvador, Honduras, Nicaragua und Panama.

In allen betrachteten Ländern ist das relative Ausmaß der Rodung - gemessen in % des verbleibenden Waldbestandes - im Jahr 1989, verglichen mit 1980 gestiegen.[10] Im Durchschnitt aller Regenwaldländer hat sich das relative Ausmaß der Rodung im Laufe der 80er Jahren von 0,6 % auf 1,8 % verdreifacht.
Die höchsten relativen Rodungsraten von etwa 15 % werden von Nigeria und der Elfenbeinküste erreicht. In beiden Ländern wird der Regenwald - bei unverändertem Ausmaß der absoluten Rodungsfläche - noch vor dem Jahr 2000 verschwunden sein. Was beiden Ländern trotz (oder wegen) dieses Raubbaus an ihrem Naturvermögen "Regenwald" bleiben wird, ist eine Auslandsverschuldung, die größer als das Sozialprodukt eines Jahres ist (es sei denn, daß die Schulden erlassen werden) und die wirtschaftliche Armut (BSP pro Kopf 1988: Nigeria 290 US-$ und Elfenbeinküste 770 US-$), die durch die hinzukommende ökologische Armut noch verstärkt wird.
Für Nigeria führt die Zerstörung der Wälder zum Versiegen der wichtigsten Energiequelle. Zur Zeit beträgt der Holzanteil am gesamten Energieverbrauch Nigerias noch 82 %.[11] Da Nigeria schon heute von der FAO als Land mit akutem Brennholzmangel eingestuft wird, ist für die nächsten Jahre mit einem Zusammenbruch der Energieversorgung zu rechnen.[12]
Für die Elfenbeinküste bedeutet die Vernichtung der Wälder eine Verminderung der Deviseneinnahmen (vgl. Übersicht 25) sowie einen beträchtlichen Verlust von Arbeitsplätzen und Wertschöpfung in der holzverarbeitenden Industrie.[13]

---

10) Der unveränderte Wert des relativen Ausmaßes der Rodung von 0,4 % für Venezuela stellt sich aufgrund von Rundungen bei der Berechnung ein. Da das absolute Ausmaß der Rodung von 1300 km^2 sogar auf 1500 km^2 gestiegen ist, muß der Waldbestand in Venezuela zurückgegangen sein und damit zwangsläufig das relative Ausmaß der Rodung zugenommen haben. Eine Überprüfung der Zahlen ergibt für 1980 eine Rodungsrate von 0,357 % und für 1989 von 0,429 %, was abgerundet jeweils 0,4 % ergibt. Die Interpretation der Enquete-Kommission "... *hat die relative Rate der Vernichtung, abgesehen von Venezuela, in allen Ländern zugenommen* ... " berücksichtigt diesen Rundungsfehler nicht.

Enquete-Kommission "Vorsorge zum Schutz der Erdatmospäre": Schutz der tropischen Wälder ... S. 193.

11) Enquete-Kommission "Vorsorge zum Schutz der Erdatmospäre": Schutz der tropischen Wälder ... S. 307.

12) Enquete-Kommission "Vorsorge zum Schutz der Erdatmospäre": Schutz der tropischen Wälder ... S. 310.

13) Der Anteil der Beschäftigten in der holzverarbeitenden Industrie wird auf über 15 % der Beschäftigten der verarbeitenden Industrie geschätzt und der Anteil an der Wertschöpfung auf knapp 10 %.

Diehl, Markus: Holzwirtschaft in den tropischen Ländern - Ursache für die Zerstörung der Regenwälder oder Entwicklungsgrundlage?, in: Die Weltwirtschaft Heft 1 / 1991, S. 211 - 222, insbesondere S. 220.

Das absolute Ausmaß der Rodung geschlossener tropischer Regenwälder hat sich 1989 weltweit gegenüber 1980 fast verdoppelt und erreicht eine Fläche von 142.000 km^2. Davon entfallen über ein Drittel - nämlich 50.000 km^2 - allein auf Brasilien.

Aus dem absoluten Ausmaß der Rodung läßt sich auf das Volumen der CO_2-Emissionen der Rodung schließen. In Übersicht 27 (S. 312) sind die Ergebnisse einer Berechnung der Netto-Freisetzung von Kohlenstoff in die Atmosphäre durch Houghton für das Jahr 1980 wiedergegeben.[14)] Die Angaben für 1989 beruhen auf einer eigenen Schätzung.[15)] Nach dieser Schätzung erreicht die CO_2-Emission der Regenwaldrodung allein in Brasilien (1236 Mio. t Kohlenstoff) fast das Volumen der energiebedingten CO_2-Emission der USA (1986: 1359 Mio. t Kohlenstoff; vgl. Übersicht 29, S. 317)). Die CO_2-Emission der Regenwaldrodung aller Tropenländer (>3 Mrd. t Kohlenstoff) beträgt deutlich mehr als die Hälfte der weltweiten energiebedingten CO_2-Emission (5 - 6 Mrd. t Kohlenstoff).[16)]

Die Verhinderung der Emissionen von CO_2 und weiterer Treibhausgase ist nur <u>ein</u> Aspekt bei der Ermittlung des ökonomischen Wertes der Erhaltung tropischer Regenwälder und der Festlegung des Inhalts von Verfügungsrechten über den Regenwald. So werden große Teile der Regenwälder in allen Tropenländern aufgrund ihrer außergewöhnlichen Bedeutung für die Erhaltung der Artenvielfalt als "besonders schutzwürdig" eingestuft.[17)] Wenn man die, durch die Erhaltung eines bestimmten Waldgebietes verhinderten CO_2-Emissionen als Basis der Wertermittlung des Angebots eines "Rodungsverzichts" nimmt, dann läßt sich die Qualifizierung "besonders schutzwürdig" in Form eines Zuschlags zum Wert der verhinderten CO_2-Emissionen berücksichtigen. Das Angebot eines "Rodungsverzichts" für ein bestimmtes Waldgebiet umfaßt somit ein Bündel unterschiedlicher Arten von Nutzen.[18)]

---

14) Die Ergebnisse von Houghton sind von der Enquete-Kommission übernommen worden. Enquete-Kommission "Vorsorge zum Schutz der Erdatmospäre": Schutz der tropischen Wälder ... S. 434.

15) Zur Schätzmethode vgl. Fußnote 2 der Übersicht 27 auf S. 312.

16) Vgl. die Übersichten 29 (S. 317) und 30 (S. 318) sowie in Kapitel 6.1. Übersicht 19 auf S. 218.

17) Enquete-Kommission "Vorsorge zum Schutz der Erdatmospäre": Schutz der tropischen Wälder ... S. 721 - 722.

18) Vgl. hierzu die Ausführungen des Kapitels 7.3.1. "Beispiel I: Rodung tropischer Regenwälder", S. 264 f.

Übersicht 27: Netto-Freisetzung von Kohlenstoff in die Atmosphäre durch Rodung tropischer Regenwälder in den Jahren 1980 1) und 1989 2)

Land bzw. Region		Mio. t Kohlenstoff 1980 3)		1989	in % des weltweiten Gesamtvolumens 1980		1989
Tropisches Amerika	665				40,1		
darunter:							
Brasilien		336,1	(24,7)	1236		20,3	31,9
Kolumbien		123,3	(15,0)	98		7,4	2,6
Peru		45,0	(17,0)	61		2,7	1,6
Ecuador		39,9	(11,7)	35		2,4	0,9
Mexico		33,4	(7,1)	50		2,0	1,3
Andere Länder		87,0	-	-		5,2	-
Tropisches Afrika	373				22,5		
darunter:							
Elfenbeinküste		100,5	(38,6)	87		6,1	2,5
Nigeria		59,5	(19,8)	79		3,6	2,0
Zaire		35,0	(19,4)	78		2,1	2,0
Sudan		26,6	-	-		1,6	-
Madagaskar		23,2	(15,5)	31		1,4	0,8
Andere Länder		128,0	-	-		7,7	-
Tropisches Asien	621				37,4		
darunter:							
Indonesien		191,9	(32,0)	384		11,6	9,9
Thailand		94,5	(39,4)	236		5,7	6,1
Laos		84,7	(84,7)	85		5,1	2,2
Philippinen		56,7	(63,0)	170		3,4	4,4
Burma		51,5	(51,5)	412		3,1	10,6
Andere Länder		141,0	-	-		8,5	-
Alle trop. Gebiete	1659			3042 4)	100		100

1) Die Angaben für das Jahr 1980 sind dem zweiten Bericht ("Schutz der tropischen Wälder") der Enquete-Kommission entnommen (S. 434).
2) Die Angaben für das Jahr 1989 sind eigene Schätzungen auf Grundlage von Daten über die Vernichtung tropischer Wälder im Jahr 1989. Wenn die Vernichtung von Wäldern, z.B. in Indonesien von 6000 km^2 im Jahr 1980 auf 12000 km^2 im Jahr 1989 gestiegen ist, dann wurde geschätzt, daß sich die Freisetzung von Kohlenstoff verdoppelt hat (12000 / 6000 = 2) und damit von 191,9 Mio. t auf ≈384 Mio. t gestiegen ist. Zur Schätzung der Anteile (der Länder, für die Angaben errechnet werden konnten) an der weltweiten Netto-Freisetzung von Kohlenstoff in die Atmosphäre durch Rodung tropischer Regenwälder in % des Gesamtvolumens für 1989 wurde angenommen, daß die Anteile der "anderen Länder" im Vergleich zu 1980 gleich geblieben sind. Zum Ausmaß der Rodung tropischer Regenwälder vgl. Übersicht 26 (S. 309).
3) Die Zahlen in Klammern geben die Netto-Freisetzung von Kohlenstoff des jeweiligen Landes pro 1000 km^2 gerodeten Regenwaldes an. Zur Berechnung wurden die Angaben der Übersicht 26 zum Ausmaß der Rodung im Jahr 1980 herangezogen. Berechnung z.B. für Brasilien: 336,1 Mio. t insgesamt freigesetzten Kohlenstoff, dividiert durch 13,6 Tausend km^2 gerodeten Regenwaldes, ergibt 24,7 Mio. t Kohlenstoff pro 1000 km^2 gerodeten Regenwaldes. Die beträchtlichen Unterschiede bei der CO_2-Emission je Tausend km^2 Rodungsfläche zwischen den einzelnen Ländern lassen sich (zumindest teilweise) aus den verschiedenen Arten der Rodung, den Unterschieden bei den ursprünglich in den Pflanzenbeständen gebundenen Kohlenstoffmengen je Flächeneinheit sowie den unterschiedlichen natürlichen Bedingungen für die

(Fortsetzung der Fußnoten auf der nächsten Seite)

Fortsetzung der Fußnoten der Übersicht 27:

Freisetzung von Kohlenstoff durch Rodungsaktivitäten und die erneute Bindung von Kohlenstoff in der Folgevegetation.
Vgl. hierzu die Ausführungen der Enquete-Kommission zur Methode der Berechnung der Netto-Freisetzung von Kohlenstoff durch Rodung von Regenwäldern (S. 431 - 436).
4) Alle Länder für die die Netto-Freisetzung von Kohlenstoff geschätzt werden konnte.

Enquete-Kommission "Vorsorge zum Schutz der Erdatmosphäre": Schutz der tropischen Wälder, Bonn 1990.

Da der spezifische Nutzen je Flächeneinheit eines Verzichts auf Rodung in Abhängigkeit von der geographischen Lage, der Art des Waldes und der Größe der geschützten Waldfläche sehr stark differieren kann, ergeben sich für die einzelnen Länder (und für die verschiedenen Regionen innerhalb eines Landes) unterschiedliche "Qualitäten" eines Rodungsverzichts. Das heterogene Gut "Rodungsverzicht" muß anhand objektiver Kriterien charakterisiert werden, um die verschiedenen Angebote der einzelnen Länder (oder Regionen) vergleichen zu können. Ein solches objektives Kriterium ist die "Netto-Freisetzung von Kohlenstoff in die Atmosphäre je Tausend km^2 Rodungsfläche". Übersicht 27 enthält die Ergebnisse der Berechnung dieser Kennziffer für einige Länder der Tropenwaldregion (Mio. t Kohlenstoff 1980; Zahlen in Klammern). Danach hat ein Rodungsverzicht in Indonesien - unter dem Aspekt der Verhinderung von CO_2-Emissionen! - einen mehr als doppelt so großen "Wert" wie in Madagaskar. Aufgrund einer Vielzahl von Raritäten in der Tier- und Pflanzenwelt ist der Regenwald Madagaskars jedoch besonders schutzwürdig, so daß ein Zuschlag zum Wert der verhinderten CO_2-Emissionen gerechtfertigt ist. Zur Bewertung eines Rodungsverzichts können auf diese Art und Weise unterschiedliche Aspekte herangezogen werden.

Ein Vergleich der in Übersicht 26 (S. 309) aufgeführten Regenwaldländern mit den Schuldnerländern in Übersicht 24 (S. 306) ergibt, daß die Schuldnerländer Argentinien, Chile, Ägypten, Sudan, China und Bangladesch keine oder keine größeren Bestände an Regenwäldern besitzen. Alle anderen Schuldnerländer der Übersicht 24 sind potentielle Anbieter von Verfügungsrechten über Naturvermögen in Form eines "Rodungsverzichts".

Das weltweite Angebot von "Rodungsverzichten" steht - was die Emission von Kohlendioxid betrifft! - in Konkurrenz zum Verzicht auf CO_2-Emissionen durch Einschränkung der Verbrennung fossiler Energieträger. In welchem Verhältnis die verschiedenen, für die CO_2-Emission verantwortlichen Aktivitäten begrenzt werden sollen, ist eine Frage der ökonomischen Effizienz.[19] Im folgenden wird das potentielle Angebot von CO_2-Emissionsrechten aus der Nichtinanspruchnahme von Rechten zur energiebedingten CO_2-Emission abgeleitet.

Übersicht 28 (S. 315) vermittelt eine erste Vorstellung von der regionalen Verteilung der weltweiten energiebedingten CO_2-Emissionen. Im Jahr 1986 waren die westlichen Industrieländer (Westeuropa, Nordamerika, Japan / Australien) für etwa die Hälfte der weltweiten energiebedingten CO_2-Emissionen verantwortlich. Ein Sechstel der CO_2-Emissionen entfällt auf die Entwicklungsländer (Asien ohne China und Japan, Mittel-/Südamerika, Afrika, Naher Osten), 21,2 % auf die ehemaligen "Ostblockländer" und 13 % auf China. Für die Zukunft ist eine Verschiebung der Anteile von den Industrieländern zu den Entwicklungsländern zu erwarten.

Nach einer Prognose von Rotty wird sich der Anteil der Entwicklungsländer bis zum Jahr 2025 mehr als verdoppeln (von 16,7 % auf 40 %) und der Anteil der westlichen Industrieländer gleichzeitig halbieren (von 48,7 % auf 24 %). Obwohl diese Prognose - im Gegensatz zu den neuesten Energie-Szenarien (vgl. Fußnote 2 der Übersicht 28) - noch von einem weltweit stark steigenden Energieverbrauch ausgeht, entspricht die vorhergesagte Entwicklung der regionalen Verteilung der weltweiten CO_2-Emissionen (zumindest in der Tendenz) den heutigen Erwartungen. Zum einen haben die Entwicklungsländer - gemessen am Pro-Kopf-Einkommen - einen unverändert großen Nachholbedarf an "Wirtschaftswachstum" im Vergleich zu den Industrieländern. Zum anderen wächst die Bevölkerung in den Entwicklungsländern noch immer wesentlich schneller als in den Industrieländern. Daraus folgt, daß die Entwicklungsländer ein erheblich höheres Wirtschaftswachstum brauchen als die Industrieländer, um den relativen "Entwicklungsrückstand" - gemessen am Pro-Kopf-Einkommen - zu verkleinern.

Aufgrund dieser Überlegungen rechnet die Enquete-Kommission "Vorsorge zum Schutz der Erdatmosphäre" bei der Ableitung ihrer Reduktionsziele für die weltweiten CO_2-Emissionen mit einem weiteren Anstieg der CO_2-Emissionen der Entwicklungsländer.[20] Das weltweite Reduktionsziel von minus 5 % bis

---

19) Zur Frage der ökonomischen Effizienz vgl. die theoretischen Ausführungen des Kapitels 7. "Ökonomische Analyse des anthropogenen Treibhauseffekts", S. 239 f.

20) "*Es ist mit Sicherheit davon auszugehen, daß die Entwicklungsländer im Zuge ihrer wirtschaftlichen Entwicklungsanstrengungen und einer wachsenden Bevölkerung in der Zukunft einen steigenden Energiebedarf und steigende Emissionen haben werden.*"
Enquete-Kommission "Vorsorge zum Schutz der Erdatmospäre": Schutz der Erde ... S. 75.

Übersicht 28: Regionale Verteilung der energiebedingten CO_2-Emissionen der Weltwirtschaft

Region	Anteil an der weltweiten CO_2-Emission in %							
	1986 1)		2025 2)		2005 3)		2050 3)	
Westeuropa (ohne Ostblock)	15,4	48,7	10	24	12,2	37,1	6,2	19,5
Nordamerika	28,0		10		20,6		11,2	
Japan/Australien	5,3		4		4,3		2,1	
Ostblockländer (ohne China)	21,5		17		16,0		8,6	
China	13,0		19		20,5		31,5	
Asien (o. China u. Japan)	6,7	16,7	40 4)		26,4 4)		40,4 4)	
Mittel-/Südamerika	4,6							
Afrika	2,8							
Naher Osten	2,6							
	100		100		100		100	

1) Die Angaben für 1986 basieren auf einer Emission von weltweit 20,5 Mrd. t CO_2 (= 5,6 Mrd. t Kohlenstoff) durch die Verbrennung fossiler Energieträger. Diese Angabe und die Anteile für 1986 sind entnommen aus:
Enquete-Kommission "Vorsorge zum Schutz der Erdatmosphäre": Erster Zwischenbericht ... S. 248 - 249.
2) Diese Schätzung für das Jahr 2025 von Rotty geht von einer weltweiten CO_2-Emission durch die Verbrennung fossiler Energieträger von 60 Mrd. t CO_2 (= 16,4 Mrd. t Kohlenstoff) aus. Der Wert von 60 Mrd. t CO_2 basiert auf Energie-Szenarien aus dem Jahr 1977. Neuere Prognosen schätzen den zukünftigen Energieverbrauch und die dadurch verursachten CO_2-Emissionen deutlich geringer ein.
Nach einem Energie-Szenario, das für die Weltenergiekonferenz 1986 erstellt wurde und das "*mit einer deutlichen Veränderung der Struktur der Weltenergieerzeugung*" (Enquete-Kommission: Erster Zwischenbericht) zugunsten der Kernenergie und der regenerativen Energien (jeweils eine Verachtfachung bis 2060 gegenüber 1988) rechnet, wird die weltweite CO_2-Emission auf etwa 43 Mrd. t CO_2 (= 11,2 Mrd. t Kohlenstoff) im Jahre 2060 ansteigen.
Eine auf der Weltenergiekonferenz 1990 vorgelegte Prognose sagt einen Anstieg der weltweiten CO_2-Emission auf 33 Mrd. t CO_2 (= 9 Mrd. t Kohlenstoff) im Jahre 2020 voraus, der vor allem durch den Nachholbedarf der Entwicklungsländer bedingt ist. (Hans-Dieter Sauer)
Rotty, R. M.: Energy Demand and Global Climate Change, in: Wilfried Bach / Jürgen Pankrath / William Kellogg: Man's Impact on Climate, Amsterdam / Oxford / New York 1979, S. 269 - 283, hier: S. 275 und S. 277 - 278.
Enquete-Kommission "Vorsorge zum Schutz der Erdatmosphäre": Erster Zwischenbericht ... S. 245.
Sauer, Hans-Dieter: Treibhauseffekt und Energiebedarf der Dritten Welt - Ein unlösbarer Konflikt?, in Entwicklung & Zusammenarbeit 7/8 1990, S. 26 - 28.
3) Die Angaben für 2005 und 2050 sind das Ergebnis einer eigenen Berechnung auf der Grundlage der von der Enquete-Kommission empfohlenen Reduktionsziele für die weltweiten energiebedingten CO_2-Emissionen.
Die Reduktionsziele der Enquete-Kommission begrenzen die weltweite CO_2-Emission auf 19,5 Mrd. t CO_2 (= 5,3 Mrd. t Kohlenstoff) im Jahr 2005 und 10,25 Mrd. t CO_2 (= 2,8 Mrd. t Kohlenstoff) im Jahr 2050.
Enquete-Kommission "Vorsorge zum Schutz der Erdatmosphäre": Schutz der Erde ... S. 73.
4) Es ist nur eine Angabe für "die Entwicklungsländer" insgesamt möglich.

zum Jahr 2005 läßt eine Zunahme der CO_2-Emissionen in den Entwicklungsländern von 50 % zu, wenn die übrigen Länder ihre Emissionen - entsprechend den Vorschlägen der Enquete-Kommission - in einer Bandbreite von 20 bis 30 % vermindern. Bis zum Jahre 2050 dürfen die Entwicklungsländer gegenüber 1987 ihre CO_2-Emissionen um 70 % steigern. Dagegen müssen die übrigen Länder ihre CO_2-Emissionen gegenüber 1987 um 80 % einschränken, um das weltweite Reduktionsziel von minus 50 % bis zum Jahr 2050 zu erreichen.[21)]

Auf Grundlage der regionalen Reduktionsziele der Enquete-Kommission läßt sich für die Jahre 2005 und 2050 die Verteilung der CO_2-Emissionen berechnen. Die Ergebnisse dieser Berechnung sind in Übersicht 28 enthalten. Danach wird der Anteil der Industrieländer an den weltweiten energiebedingten CO_2-Emissionen im Jahr 2005 auf 37,1 % sinken und im Jahr 2050 nur noch 19,5 % betragen. Der Anteil der Entwicklungsländer (ohne ehemalige Ostblockländer und ohne China) steigt über 26,4 % im Jahr 2005 auf 40,4 % im Jahr 2050. Bemerkenswert ist der Anstieg des Anteils von China auf ein Fünftel im Jahr 2005 und nahezu ein Drittel im Jahr 2050. Diese Zahlen sind jedoch keine Prognose, sondern spiegeln lediglich die normativen Vorstellungen der Enquete-Kommission über die Notwendigkeit einer Reduktion der weltweiten CO_2-Emissionen und die Einschätzung der Möglichkeiten der regionalen Reduktion wider.

In den beiden folgenden Übersichten 29 (S. 317) und 30 (S. 318) werden die energiebedingten CO_2-Emissionen der wichtigsten Industrieländer ("G7") sowie ausgewählter Entwicklungs- und Schwellenländer für 1986 dargestellt.

Die CO_2-Emissionen pro Kopf der Bevölkerung übersteigen im Durchschnitt der sieben wichtigsten Industrieländer mit 3,79 t Kohlenstoff den Weltdurchschnitt von 1,2 t Kohlenstoff um mehr als das Dreifache. Aus der Gruppe der Entwicklungs- und Schwellenländer liegt lediglich Venezuela mit einer Pro-Kopf-Emission von 1,63 t Kohlenstoff über dem Weltdurchschnitt. Eine Erklärung für diese überdurchschnittlich hohe CO_2-Emission ist, daß Venezuela in der Vergangenheit den Versuch unternommen hat, seinen natürlichen Reichtum an Erdöl durch extrem niedrige Inlandspreise für Erdölprodukte zur Beschleunigung der Industrialisierung des Landes zu nutzen. Das relativ hohe Bruttosozialprodukt pro Kopf der Bevölkerung (1988: 3250 US-$; vgl. Übersicht 1, S. 16) wird in Venezuela mit einem hohen Einsatz fossiler Energie und den dadurch bedingten hohen CO_2-Emissionen produziert. Die Emissionsintensität der

---

21) Enquete-Kommission "Vorsorge zum Schutz der Erdatmospäre": Schutz der Erde ... S. 71.

Produktion von Sozialproduktsgütern ist in Venezuela mit 502 kg pro 1000 US-$ größer als z.B. in den USA (324 kg pro 1000 US-$) oder im Durchschnitt der OECD-Länder (286 kg pro 1000 US-$).[22] Die mit Abstand größten energiebedingten Emittenten von Kohlendioxid unter den Entwicklungs- und Schwellenländern sind die beiden bevölkerungsreichsten Länder der Erde, nämlich China mit 553 Mio. t Kohlenstoff und Indien mit 147 Mio. t Kohlenstoff.

Übersicht 29: Bevölkerung und energiebedingte CO_2-Emissionen der wichtigsten Industrieländer 1986

Land	Bevölkerung	CO_2-Emissionen		
	in % der Weltbevölkerung 1)	in Mio. t Kohlenstoff 2)	in % der Weltemission 3)	pro-Kopf in t Kohlenstoff 4)
	(1)	(2)	(3)	(4)
USA	4,91	1359,1	23,0 5)	5,63
Canada	0,52	118,8	2,0 5)	4,64
BRD 6)	1,58	294,7	5,0	3,79
Großbritannien	1,15	163,3	2,8	2,87
Japan	2,47	257,9	4,4	2,12
Frankreich	1,13	108,7	1,8	1,96
Italien	1,16	106,8	1,8	1,87
"G7"	12,92	2409,3	40,8	3,79
Welt	100	5900,0	100	1,20

1) Die Angaben zur Bevölkerung des jeweiligen Landes in % der Weltbevölkerung sind berechnet aus den absoluten Bevölkerungszahlen nach Angaben der OECD (Compendium 1991, S. 291).
2) Angaben der OECD (Compendium 1991, S. 27).
3) Eigene Berechnung aus Angaben der OECD (Compendium 1991, S. 27).
4) Eigene Berechnung aus Angaben der OECD (Compendium 1991, S. 27 und S. 291).
5) Auf der Grundlage der Daten der OECD ergibt sich für Nordamerika ein Anteil an der Weltemission von 25 % und nicht von 28 % wie in Übersicht 28. Die Differenz erklärt sich (zumindest teilweise) daraus, daß die OECD eine Weltemission von 5,9 Mrd. t Kohlenstoff angibt, während die Enquete-Kommission in ihrem ersten Zwischenbericht (= Quelle der Angaben in Übersicht 28) von einer Weltemission im Umfang von lediglich 5,6 Mrd. t Kohlenstoff ausgeht.
6) BRD einschließlich der "fünf neuen Bundesländer".

OECD: Environmental Data - Compendium 1991, Paris 1991.

---

22) Die Emissionsintensität für Venezuela läßt sich durch Division der CO_2-Emissionen pro Kopf der Bevölkerung (Übersicht 30: 1630 kg Kohlenstoff) durch das Bruttosozialprodukt pro Kopf der Bevölkerung (Übersicht 1: 3250 US-$) berechnen. Die Emissionsintensität für die USA und den Durchschnitt der OECD-Länder sind von der OECD veröffentlicht.
OECD: Environmental Indicators - A Preliminary Set, Paris 1991, S. 17.

Übersicht 30: Bevölkerung und energiebedingte CO_2-Emissionen ausgewählter Entwicklungs- und Schwellenländer 1986

Land	Bevölkerung 1)	CO_2-Emissionen 2)		
	in % der Weltbevölkerung	in Mio. t Kohlenstoff	in % der Weltemission	pro-Kopf in t Kohlenstoff
	(1)	(2)	(3)	(4)
Amerika				
Venezuela	0,37	29,03	0,53	1,63
Mexico	1,64	72,54	1,33	0,89
Argentinien	0,62	26,89	0,49	0,87
Guyana	0,00	0,33	0,01	0,73
Chile	0,25	6,11	0,11	0,49
Kolumbien	0,62	12,21	0,22	0,42
Brasilien	2,82	47,90	0,87	0,35
Ecuador	0,20	3,36	0,06	0,35
Peru	0,40	5,41	0,10	0,27
Costa Rica	0,05	0,53	0,01	0,20
Bolivien	0,13	1,11	0,02	0,17
Afrika				
Gabun	0,02	0,64	0,01	0,55
Ägypten	0,98	17,91	0,33	0,36
Kongo	0,04	0,45	0,01	0,25
Kamerun	0,22	1,61	0,03	0,15
Elfenbeinküste	0,22	1,12	0,02	0,11
Nigeria	2,15	9,38	0,17	0,10
Sudan	0,47	0,82	0,02	0,04
Zaire	0,65	0,96	0,02	0,03
Madagaskar	0,21	0,20	0,00	0,02
Asien				
Malaysia	0,33	9,09	0,17	0,56
China	21,28	552,96	10,11	0,52
Thailand	1,07	13,32	0,24	0,25
Indien	15,95	147,07	2,69	0,19
Papua Neu-Guinea	0,07	0,59	0,01	0,17
Indonesien	3,42	26,82	0,49	0,16
Philippinen	1,17	7,69	0,14	0,14
Burma	0,78	1,69	0,03	0,04
Bangladesch	2,13	3,19	0,06	0,03
Laos	0,08	0,06	0,00	0,01
Welt	100	5469,55	100	1,1125

1) Der Berechnung des Bevölkerungsanteils liegen Angaben aus dem Weltentwicklungsbericht der Weltbank zugrunde.
Weltbank: Weltentwicklungsbericht 1988, Washington D.C.
2) Die Angaben über die CO_2-Emissionen sind dem dritten Bericht ("Schutz der Erde") der Enquete-Kommission "Vorsorge zum Schutz der Erdatmosphäre" entnommen.
Die Angaben der Enquete-Kommission beziehen sich auf ein energiebedingtes Weltemissionsvolumen von 5469,55 Mio. t Kohlenstoff im Jahr 1986, während die Angaben in Übersicht 29 von einem Weltemissionsvolumen von 5900,00 Mio. t Kohlenstoff (nach OECD) ausgehen. Diese Differenz erklärt sich u.a. aus Ungenauigkeiten in den verschiedenen Statistiken zur CO_2-Emission. Vgl. hierzu Enquete-Kommission S. 841.
Enquete-Kommission "Vorsorge zum Schutz der Erdatmosphäre": Schutz der Erde ... S. 798 - 803.

Wie groß jedoch das Potential zu einer Entkopplung des Sozialprodukts-wachstums vom Wachstum der CO_2-Emissionen in diesen beiden Ländern ist, läßt sich an der Emissionsintensität ablesen. China erreicht mit 1576 kg pro 1000 US-$ Bruttozialprodukt den höchsten Wert aller Länder und auch Indien liegt mit 559 kg pro 1000 US-$ noch um fast 100 % über dem Durchschnitt der OECD-Länder.[23] Insbesondere von der weiteren Entwicklung in China wird abhängen, inwieweit die von der Enquete-Kommission angestrebten weltweiten Reduktionsziele verwirklicht werden können. Eine Modellrechnung soll dies verdeutlichen: Bei einer unveränderten Emissionsintensität darf das Sozialprodukt in China durchschnittlich noch um 2,1 % pro Jahr wachsen, wenn das weltweite Reduktionsziel für 2005 entsprechend den Annahmen der Enquete-Kommission erreicht werden soll. Das Reduktionsziel für 2050 läßt - unter der Annahme unveränderter Emissionsintensität - sogar nur ein minimales Wachstum von 0,3 % zu. Trotz dieser niedrigen Wachstumsraten steigt der Anteil der energiebedingten CO_2-Emissionen Chinas am Weltemissions-volumen auf ein fünftel im Jahr 2005 und fast ein drittel im Jahr 2050 an (vgl. Übersicht 28, S. 315).

Ausgehend von der Annahme, die Emissionsrechte für Kohlendioxid werden entsprechend dem Anteil eines Landes an der Weltbevölkerung verteilt, sind alle Länder, deren CO_2-Emission pro Kopf der Bevölkerung unterhalb des Weltdurchschnitts liegen, potentielle Anbieter von Emissionsrechten.[24] Umgekehrt sind alle Länder mit einer Pro-Kopf-Emission, die größer als der Weltdurchschnitt ist, potentielle Nachfrager von Emissionsrechten.

Übersicht 31 (S. 320) zeigt das potentielle Angebot von Emissionsrechten ausgewählter Entwicklungs- und Schwellenländer und Übersicht 32 (S. 322) die potentielle Nachfrage der wichtigsten Industrieländer.
In Spalte (1) beider Übersichten ist die CO_2-Emission pro Kopf des jeweiligen Landes in % der Weltemission pro Kopf der Weltbevölkerung angegeben. Beispielsweise beträgt die Pro-Kopf-Emission Brasiliens 31,46 % der durchschnittlichen Pro-Kopf-Emission der Welt und die Pro-Kopf-Emission der Bundesrepublik 315,83 % der durchschnittlichen Pro-Kopf-Emission der Welt.

---

23) Zur Berechnung der Emissionsintensität vgl. Fußnote 22.

24) Die Annahme, daß die Emissionrechte für Kohlendioxid entsprechend dem Anteil an der Weltbevölkerung verteilt werden, ist schon in Kapitel 7.6. (S. 295 f.) bei der theoretischen Analyse des potentiellen Welthandels mit Emissionsrechten getroffen worden und wird an dieser Stelle zur Quantifizierung des potentiellen Angebots wieder aufgenommen.

Übersicht 31: Potentielles Angebot von CO_2-Emissionsrechten ausgewählter Entwicklungs- und Schwellenländer

Land	CO_2-Emission pro Kopf in % der Weltemission pro Kopf 1)	potentielle CO_2-Emission in Mio. t Kohlenstoff 2)	unausgenutzte Emissionsrechte in Mio. t Kohlenstoff 3)	in % der Weltemission 4)
	(1)	(2)	(3)	(4)
Amerika				
Brasilien	31,46	152,26	104,36	1,91
Kolumbien	37,75	32,34	20,13	0,37
Mexico	80,00	90,67	18,13	0,33
Peru	24,27	22,29	16,88	0,31
Chile	44,04	13,87	7,76	0,14
Argentinien	78,20	34,39	7,50	0,14
Ecuador	31,46	10,68	7,32	0,13
Bolivien	15,28	7,26	6,15	0,11
Costa Rica	17,00	3,12	2,59	0,04
Guyana	65,62	0,50	0,17	0,00
Venezuela	146,52	19,81	-9,22 5)	-0,17 5)
Afrika				
Nigeria	8,99	104,34	94,96	1,74
Ägypten	32,36	55,35	37,44	0,68
Zaire	2,70	35,55	34,60	0,63
Sudan	3,60	22,77	21,96	0,40
Magagaskar	1,80	11,11	10,91	0,20
Kamerun	13,48	11,94	10,33	0,19
Elfenbeinküste	9,89	11,32	10,20	0,19
Kongo	22,47	2,00	1,55	0,03
Gabun	49,44	1,29	0,65	0,01
Asien				
Indien	17,08	861,07	714,00	13,05
China	46,74	1183,06	630,10	11,52
Indonesien	14,38	186,58	159,76	2,92
Bangladesch	2,70	118,15	114,96	2,10
Philippinen	12,58	61,13	53,44	0,98
Thailand	22,47	59,28	45,96	0,84
Burma	3,60	46,94	45,25	0,83
Malaysia	50,34	18,04	8,97	0,16
Laos	0,90	6,67	6,61	0,12
Papua Neu-Guinea	15,28	3,86	3,27	0,06

1) Eigene Berechnung: CO_2-Emissionen des jeweiligen Landes pro-Kopf der Bevölkerung in t Kohlenstoff (Spalte 4 in Übersicht 30) dividiert durch die Weltemission pro Kopf der Weltbevölkerung (1,1125 t Kohlenstoff; Spalte 4 in Übersicht 30) multipliziert mit 100.
2) Eigene Berechnung: CO_2-Emissionen des jeweiligen Landes in Mio. t Kohlenstoff (Spalte 2 in Übersicht 30) dividiert durch CO_2-Emission pro Kopf in % der Weltemission pro Kopf (Spalte 1 in dieser Übersicht) multipliziert mit 100.
Die "potentielle CO_2-Emission in Mio. t Kohlenstoff" gibt an, wieviel CO_2 das jeweilige Land insgesamt emittieren darf, wenn die Pro-Kopf-Emission eines Landes maximal so groß sein darf wie die Weltemission pro Kopf im Jahr 1986.

(Fortsetzung der Fußnoten zu Übersicht 31 auf der nächsten Seite)

Fortsetzung der Fußnoten zu Übersicht 31:

3) Eigene Berechnung: Potentielle CO_2-Emission des jeweiligen Landes in Mio. t Kohlenstoff (Spalte 2 in dieser Übersicht) abzüglich der tatsächlichen CO_2-Emissionen in Mio. t Kohlenstoff (Spalte 2 in Übersicht 30).
Die Angaben über die "unausgenutzten Emissionsrechte" beziehen sich auf den Extremfall, daß in dem jeweiligen Land keine Zu- oder Abnahme der CO_2-Emissionen erfolgt. Tatsächlich steht ein "Emissionsdefizitland" vor der Alternative, Emissionsrechte zu verkaufen oder die Emissionen im eigenen Land steigen zu lassen bzw. die Emissionen im eigenen Land einzuschränken, um weitere Emissionsrechte verkaufen zu können. Vgl. hierzu Kapitel 7.6.
4) Eigene Berechnung: Unausgenutzte Emissionsrechte des jeweiligen Landes in Mio. t Kohlenstoff (Spalte 3 in dieser Übersicht) dividiert durch Weltemission von 5469,55 Mio. t Kohlenstoff (Spalte 2 in Übersicht 30).
5) Das negative Vorzeichen bedeutet, daß die CO2-Emissionen pro Kopf der Bevölkerung in Venezuela über der durchschnittlichen Pro-Kopf-Emission der Welt liegen und damit Venezuela zum potentiellen Nachfrager nach Emissionsrechten wird (unter der Annahme, daß die Verteilung der CO_2-Emissionsrechte entprechend dem Anteil an der Weltbevölkerung erfolgt).

Die Spalte (2) beider Übersichten zeigt, wieviel Kohlendioxid das jeweilige Land insgesamt emittieren darf, wenn die Pro-Kopf-Emission eines Landes maximal so groß sein darf wie die Weltemission pro Kopf im Jahr 1986. (Dies ist gleichbedeutend mit der Annahme, daß jedes Land entsprechend seinem Anteil an der Weltbevölkerung über Emissionsrechte verfügt und die Weltemission des Jahres 1986 als Basis für die Festlegung des absoluten Emissionsvolumens - in "Tonnen Kohlenstoff" - herangezogen wird.)
Die Differenz zwischen dieser potentiellen CO_2-Emission und der tatsächlichen CO_2-Emission gibt den absoluten Umfang der unausgenutzten Emissionsrechte der "Erstausstattungsüberschußländer" (Spalte (3) in Übersicht 31), bzw. den absoluten Umfang der zusätzlich benötigten Emissionsrechte der "Erstausstattungsdefizitländer" an (Spalte (3) in Übersicht 32).
In Spalte (4) wird der Umfang der unausgenutzten bzw. der zusätzlich benötigten Emissionsrechte eines Landes als Anteil an der Weltemission des Jahres 1986 angegeben. Die unausgenutzten Emissionsrechte können als das "potentielle Angebot" eines "Erstausstattungsüberschußlandes" interpretiert werden und die zusätzlich benötigten Emissionsrechte als die "potentielle Nachfrage" eines "Erstausstattungsdefizitlandes". Das tatsächliche Angebot eines Landes wird durch einen Anstieg der inländischen CO_2-Emissionen eingeschränkt und durch Maßnahmen, die die inländischen CO_2-Emissionen verringern ausgedehnt. Dagegen wird die tatsächliche Nachfrage eines Landes steigen, wenn die inländischen CO_2-Emissionen zunehmen und umgekehrt dann sinken, wenn im Inland Maßnahmen zur Reduktion der CO_2-Emissionen wirksam werden.

Übersicht 32: Potentielle Nachfrage nach CO_2-Emissionsrechten der wichtigsten Industrieländer

Land	CO_2-Emission pro Kopf in % der Weltemission pro Kopf 1) (1)	potentielle CO_2-Emission in Mio. t Kohlenstoff 2) (2)	zusätzlich benötigte Emissionsrechte in Mio. t Kohlenstoff 3) (3)	zusätzlich benötigte Emissionsrechte in % der Weltemission 4) (4)
USA	469,17	289,7	1069,4	18,13
BRD	315,83	93,3	201,4	3,41
Japan	176,67	146,0	111,9	1,90
Großbritannien	239,17	68,3	95,0	1,61
Canada	386,67	30,7	88,1	1,49
Frankreich	163,33	66,5	42,2	0,71
Italien	155,83	68,5	38,3	0,65
"G7"	315,83	763,0	1646,3	27,90

1) Eigene Berechnung: CO_2-Emissionen des jeweiligen Landes pro-Kopf der Bevölkerung in t Kohlenstoff (Spalte 4 in Übersicht 29) dividiert durch die Weltemission pro Kopf der Weltbevölkerung (1,20 t Kohlenstoff; Spalte 4 in Übersicht 29) multipliziert mit 100.
2) Eigene Berechnung: CO_2-Emissionen des jeweiligen Landes in Mio. t Kohlenstoff (Spalte 2 in Übersicht 29) dividiert durch CO_2-Emission pro Kopf in % der Weltemission pro Kopf (Spalte 1 in dieser Übersicht) multipliziert mit 100.
Die "potentielle CO_2-Emission in Mio. t Kohlenstoff" gibt an, wieviel CO_2 das jeweilige Land insgesamt emittieren darf, wenn die Pro-Kopf-Emission eines Landes maximal so groß sein darf wie die Weltemission pro Kopf im Jahr 1986.
3) Eigene Berechnung: Tatsächliche CO_2-Emissionen des jeweiligen Landes in t Kohlenstoff (Spalte 2 in Übersicht 29) abzüglich der potentiellen CO_2-Emission in Mio. t Kohlenstoff (Spalte 2 in dieser Übersicht).
Die Angaben über die "zusätzlich benötigten Emissionsrechte" beziehen sich auf den Extremfall, daß in dem jeweiligen Land keine Einschränkung der CO_2-Emissionen erfolgt. Tatsächlich steht ein "Emissionsüberschußland" vor der Alternative zusätzliche Emissionsrechte zu kaufen oder die Emissionen im eigenen Land einzuschränken. Vgl. hierzu Kapitel 7.6.
4) Eigene Berechnung: Zusätzlich benötigte Emissionsrechte des jeweiligen Landes in Mio. t Kohlenstoff (Spalte 3 in dieser Übersicht) dividiert durch Weltemission von 5900 Mio. t Kohlenstoff (Spalte 2 in Übersicht 29).

Beispielsweise betragen die zusätzlich von der Bundesrepublik Deutschland benötigten Emissionsrechte und damit die potentielle Nachfrage des "Erstausstattungsdefizitlandes" Bundesrepublik Deutschland rund 3,4 % der Weltemission (Übersicht 32). Die vom Bundestag beschlossene Reduktion der CO_2-Emissionen um 25 % bis zum Jahr 2005 entspricht 1,25 % der Weltemission.[25] Damit erreicht die tatsächliche Nachfrage der Bundesrepublik Deutschland ein Volumen von 2,15 % der Weltemission. Es ist jedoch zu bedenken, daß das

25) Vgl. hierzu in Kapitel 7.6. Fußnote 57 auf S. 300.

Reduktionsziel von 25 % ohne den Zwang einer verbindlichen Zuteilung von Emissionsrechten erfolgte. Wenn die Bundesrepublik tatsächlich vor die Wahl gestellt wäre entweder die inländischen CO_2-Emissionen zu reduzieren oder Emissionsrechte zu kaufen, dann würden die Maßnahmen zur Reduktion der inländischen Emissionen sicherlich drastischer ausfallen. Die tatsächliche Nachfrage der Bundesrepublik dürfte jedoch noch immer einen beträchtlichen Umfang annehmen.

Sowohl für das Verhältnis der potentiellen zur tatsächlichen Nachfrage als auch für das Verhältnis des potentiellen zum tatsächlichen Angebot spielt die Emissionsintensität in den jeweiligen Ländern eine entscheidende Rolle. Je höher die Emissionsintensität in einem Land ist, desto stärker wird die (das) tatsächliche von der (dem) potentiellen Nachfrage (Angebot) abweichen.
Um das tatsächliche Angebot bzw. die tatsächliche Nachfrage eines Landes an bzw. nach CO_2-Emissionsrechten angeben zu können, müßten Kostenfunktionen entsprechend den Ausführungen des Kapitels 7.6. ermittelt werden. Die potentiellen Größen der Übersichten 31 und 32 geben zumindest einen Anhaltspunkt für das tatsächliche Volumen von Angebot und Nachfrage von CO_2-Emissionsrechten.
Außer Venezuela gehören alle (großen) Schuldnerländer der Dritten Welt zu den potentiellen Anbietern von CO_2-Emissionsrechten.

Abschließend werden in Übersicht 33 (S. 324) - an die Vorstellung von einer Vermögensbilanz für ein Land anknüpfend[26)] - zwei Kennziffern einer Vermögensbilanz der Entwicklungs- und Schwellenländer vorgestellt. Die beiden Kennziffern stellen eine direkte Verbindung zwischen dem Angebot an Umweltnutzungen und den Auslandschulden her.
Die erste Kennziffer setzt für das jeweilige Land das Passivum "Auslandsschulden" in Relation zum Aktivum "Waldbestand". Die unterschiedlichen Qualitäten von Waldbeständen werden bei dieser Vorgehensweise nicht berücksichtigt. Damit muß auch das tatsächliche Nutzungspotential des Regenwaldbestandes offen bleiben. Eine Bewertung des Waldbestandes erfordert zumindest quantifizierbare Kenntnisse des durch Holzkonzessionen, Rodungsverzichte oder sonstiger Verfügungsrechte "kapitalisierbaren" Nutzens. Insofern ist diese Kennziffer nur ein erstes (grobes) Maß für die "Deckung" der Auslandsschulden durch Naturvermögen in Gestalt von Regenwäldern.

---

26) Vgl. die theoretischen Ausführungen zur Vermögensbilanz eines Landes in Kapitel 4.4.1. (S. 185 f.).

Übersicht 33: Kennziffern zur Vermögensbilanz ausgewählter Entwicklungs- und Schwellenländer

Land	Auslandsschulden in US-$ / Waldbestand in km^2 1)	Auslandsschulden in US-$ / unausgenutzte CO_2-Emissionsrechte in t Kohlenstoff 2)
Amerika		
Brasilien	50.586	1.066
Mexico	576.151	5.275
Argentinien	-	8.683
Venezuela	94.697	-
Peru	38.594	1.177
Chile	-	2.351
Kolumbien	60.632	839
Ecuador	148.829	1.545
Bolivien	62.271	709
Guyana	4.178	171.300
Afrika		
Ägypten	-	1.303
Nigeria	1172.571	346
Elfenbeinküste	963.250	1.511
Sudan	-	590
Zaire	8.843	256
Kamerun	28.921	459
Kongo	47.956	2.785
Madagaskar	150.292	331
Gabun	15.880	4.886
Asien		
Indien	378.842	88
Indonesien	61.760	332
China	-	71
Philippinen	578.040	541
Thailand	317.108	511
Malaysia	118.318	2.071
Bangladesch	-	93
Papua Neu-Guinea	6.933	763
Laos	13.955	144
Burma	17.024	92

1) Berechnung: Schuldenstand des jeweiligen Landes (Übersicht 24, S. 306) dividiert durch den Waldbestand des jeweiligen Landes (Übersicht 26, S. 309).
2) Berechnung: Schuldenstand des jeweiligen Landes (Übersicht 24, S. 306) dividiert durch die unausgenutzten Emissionsrechte des jeweiligen Landes (Übersicht 31, S. 320).

Wie Übersicht 33 zeigt, gibt es erhebliche Unterschiede zwischen den einzelnen Ländern. Die günstigste Relation ergibt sich für Guyana mit 4178 US-$ Auslandsschulden pro km^2 Regenwald. Das größte Schuldnerland und zugleich größte Regenwaldland - Brasilien - erreicht eine relativ zu anderen Ländern "noch günstige" Relation von 50586 US-$ Auslandsschulden pro km^2 Regenwald oder rund 5 Cent pro km^2.
Die zweite Kennziffer stellt für das jeweilige Land eine Beziehung zwischen dem Passivum "Auslandsschulden" und dem Aktivum "unausgenutzte CO_2-Emissionsrechte" her. Diese Kennziffer berücksichtigt nicht den oben erläuterten Einfluß der Emissionsintensität auf das Angebot an CO_2-Emissionsrechten eines Landes, sondern geht von einem potentiellen Angebot aus, das sich dann ergibt, wenn jedes Land entsprechend seinem Anteil an der Weltbevölkerung über eine Erstausstattung von CO_2-Emissionsrechten verfügt.
Die Ergebnisse der Berechnung der Kennziffer können für die einzelnen Entwicklungs- und Schwellenländer Übersicht 33 entnommen werden. Für die ärmeren und bevölkerungsreichen Länder stellt sich die Relation der Auslandsschulden zu den unausgenutzten CO_2-Emissionsrechten erwartungsgemäß am günstigsten dar.

Während in diesem Kapitel eine "potentielle Nachfrage nach CO_2-Emissionsrechten" aus bestimmten Annahmen über eine weltweite (Um-)Verteilung der CO_2-Emissionsrechte abgeleitet wurde (vgl. Übersicht 32, S. 322), soll im folgenden Kapitel erörtert werden, unter welchen allgemeinen sozioökonomischen Voraussetzungen Industrieländer als "potentielle Nachfrager von Verfügungsrechten über Naturvermögen" bereit sein könnten, für den Umweltschutz in Entwicklungsländern Leistungen zu erbringen.

8.2. Das "strukturelle Überschußland" als Nachfrager von Umwelt

Notwendige Voraussetzung für die Klassifizierung als Überschußland soll das Vorliegen einer Nettogläubiger-Position sein.27)

Ein Überschußland 2. Ordnung ist zusätzlich gekennzeichnet durch eine positive Differenz zwischen

(a) Einnahmen und Ausgaben (= Leistungsbilanzüberschuß),

(b) Änderung des Forderungsbestandes und Änderung der Verbindlichkeiten (= Kapitalbilanzüberschuß),

(c) Änderung des Reinvermögens (Ersparnis aus Einkommen) und Änderung des Sachvermögens (Nettoinvestition),

(d) Einkommen und Absorption.

Bei einem Überschußland 1. Ordnung liegt auch dann noch ein Überschuß vor, wenn die Zinseinnahmen aus der Nettogläubiger-Position nicht berücksichtigt werden.
Damit ist ein Überschußland 1. Ordnung charakterisiert durch

(a) einen Ressourcenexport (= Realkapitalexport)

(b) einen Überschuß der Nettokreditvergabe über die Nettozinseinnahmen,

(c) einen Überschuß der Ersparnis aus Produktion über die Nettoinvestition,

(d) einen Überschuß der Produktion über die Absorption.

Ein Überschußland soll als "strukturell" bezeichnet werden, wenn ein Überschuß in Leistungs- und Kapitalbilanz aufgrund der ökonomischen Entwicklung auch in Zukunft zu erwarten ist. Die Deutsche Bundesbank hält einen dauerhaften "Überschuß im Leistungsverkehr" der Rolle eines "kapitalreichen Landes" und "strukturellen Kapitalexporteurs (in Form von Entwicklungshilfe und Direktinvestitionen)" angemessen.28)

---

27) Vgl. zur "Klassifizierung von Ländern unter dem Aspekt der Verschuldung" Übersicht 6 auf S. 126.

28) Deutsche Bundesbank: Die Zahlungsbilanzstatistik der Bundesrepublik Deutschland, Sonderdruck Nr. 8, S. 3 / 4.

Im Vergleich zu anderen Ländern sind in einem strukturellen Überschußland die gesamtwirtschaftlichen Bedingungen zur Verbesserung des Umweltschutzes offensichtlich günstigster. Zusätzliche Ausgaben für Umweltschutz können durch einen (absoluten oder relativen) Abbau des Überschusses ohne Einschränkung bei der Versorgung mit bisherigen "Sozialprodukts"-Gütern getätigt werden, wenn in der Präferenzordnung der privaten Haushalte das Luxusgut "Umweltschutz" gegenüber dem Luxusgut "Sparen" an Bedeutung gewinnt. Die zusätzlichen Ausgaben für Umweltschutz werden durch eine Einschränkung des Sparens "finanziert".

In den beiden folgenden Kapiteln werden die These vom strukturellen Überschußland und die darin eingebundene Vorstellung vom "Luxusgut Umweltschutz" konkretisiert und für die Bundesrepublik überprüft.

8.2.1. Die These vom "strukturellen Überschußland"

Ausgangspunkt der folgenden Überlegungen ist ein Artikel von Weizsäcker über die Implikationen der neoklassischen Kapitaltheorie für die Entwicklung von Schuldnerländern.[29)]
Weizsäcker hält es für "*nicht ausgeschlossen, daß Länder wie Japan und die Bundesrepublik solche strukturellen Überschußländer sind*".[30)] Wie Grafik 25 (S. 328) zeigt, wird diese Vermutung durch die Entwicklung der Leistungsbilanzsalden der beiden Länder in den achtziger Jahren gestützt.
Nach Ansicht von Weizsäcker eignet sich das strukturelle Überschußland (1. Ordnung) "*als zu definierendes und gesondert zu behandelndes Phänomen, weil das Verhalten eines strukturellen Überschußlandes prima facie nicht plausibel erscheint*"[31)]. Ein strukturelles Überschußland (1. Ordnung) gewährt über seine Zinseinnahmen hinaus neue Kredite, d.h. es findet ein fortwährender Realkapitalexport statt. Wenn ausgeschlossen wird, daß der Forderungsbestand im Vergleich zum Sozialprodukt über alle Grenzen wachsen kann, dann ist die Existenz eines strukturellen Überschußlandes nur

29) Weizsäcker, Carl-Christian von: Das eherne Zinsgesetz, in: Kyklos, Vol. 32 / 1979, Fasc. 1 / 2, S. 270 - 282.
30) Weizsäcker, Carl-Christian von: Das eherne Zinsgesetz ... S. 275.
31) Weizsäcker, Carl-Christian von: Das eherne Zinsgesetz ... S. 273.

bei einem Zinssatz möglich, der unter der Wachstumsrate des Sozialprodukts liegt. Unter dieser Voraussetzung erscheint Weizsäcker das Verhalten des strukturellen Überschußlandes, das er als "*Anti-Ponzi-Politik*" bezeichnet, auf den ersten Blick wenig plausibel. Prima facie plausibler sei die "*Ponzi-Politik*", d.h. eine ständige Zunahme der absoluten Verschuldung über die Zinsausgaben hinaus, so daß ein fortwährender Realkapitalimport stattfindet.[32)]

Grafik 25: Leistungsbilanzsalden der wichtigsten Industrieländer 1983 - 1992

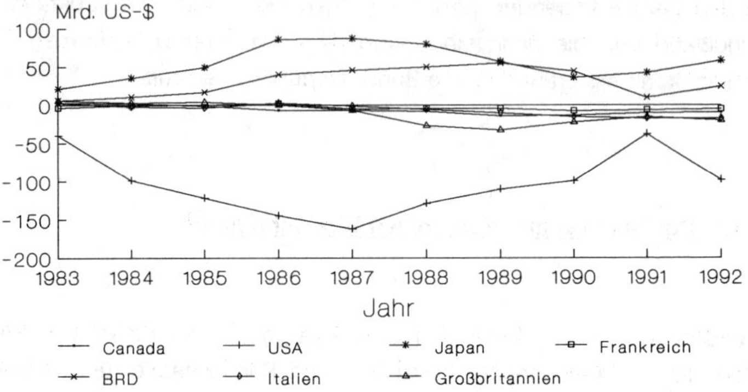

Die Zahlen sind zusammengestellt aus:
IMF: World Economic Outlook 1991.

Wie versucht Weizsäcker die Existenz eines strukturellen Überschußlandes (1. Ordnung) dennoch "plausibel" zu machen?

- Weizsäcker hält es für "*durchaus wahrscheinlich, daß die Haushalte eines Landes auch bei einem Zinssatz unter der Wachstumsrate des Sozialprodukts per saldo sparen*"[33)]. Eine Begründung wird jedoch nicht gegeben.
- "*Bei hinreichend konservativem Gebaren in bezug auf die Staatsfinanzen*"[33)] sieht Weizsäcker, auch nach Einbeziehung des Staatshaushalts, eine positive Ersparnis für den Unternehmenssektor bereitstehen. Was unter einem hinreichend konservativem Gebaren zu verstehen ist bleibt offen.

32) Die Funktionsbedingungen einer Ponzi-Politik sind in Kapitel 2.6 (S. 127 f.) erörtert worden.
33) Weizsäcker, Carl-Christian von: Das eherne Zinsgesetz ... S. 274.

- *"Ob der Unternehmenssektor diese Ersparnisse voll absorbiert oder nicht, ist wesentlich auch eine Frage der Bankenverfassung und Bankenmentalität. ... Traditionelle Kreditkriterien, wie das Verhältnis von Eigen- zu Fremdkapital, machen Ponzi-Kredite kaum möglich. ... Jedenfalls ist nicht auszuschliessen, daß auch bei Zinssätzen unter der Wachstumsrate des Sozialprodukts und damit des Umsatzvolumens des Unternehmenssektors dieser nicht so viele Kredite netto aufnimmt, wie der Haushaltssektor zusätzlich zur Verfügung stellt".*[33)]

Kurz gesagt, in einem strukturellen Überschußland verfolgen die privaten Haushalte eine "Anti-Ponzi-Politik", die in ihrer Wirkung auf die Leistungs- und Kapitalbilanz gegenüber dem Ausland nicht durch das Verhalten des staatlichen Sektors und des Unternehmenssektors kompensiert wird.

Bevor für das Verhalten der privaten Haushalte, des Unternehmenssektors und des staatlichen Sektors eine, über die Plausibilitätsüberlegungen Weizsäckers hinausgehende Begründung zur Diskussion gestellt wird, sollen die saldenmechanischen Bedingungen der These vom strukturellen Überschußland für die Bundesrepublik überprüft werden.

Nach einer Zusammenfassung der privaten Haushalte und der Unternehmen zum privaten Sektor läßt sich die These vom strukturellen Überschußland anhand der, schon in Kapitel 1.4. verwendeten Identitätsgleichung für die Leistungsseite folgendermaßen darstellen:

These vom strukturellen Überschußland

Ursache ⎡‾‾‾‾‾‾‾‾‾‾‾‾‾‾‾‾‾‾‾‾‾‾‾‾⎤ Wirkung

$$(S_{pr} - I^{n}_{pr}) + (T - G) = (X - M)$$

Die saldenmechanischen Bedingungen für ein strukturelles Überschußland sind erfüllt, wenn

(1) der Leistungssaldo des privaten Sektors (S_{pr} - I^{n}_{pr}) tendenziell zunimmt und

(2) der Leistungssaldo des staatlichen Sektors (T - G) hinter der Entwicklung des Überschusses im privaten Sektor zurückbleibt und damit

(3) der Leistungs(bilanz)saldo gegenüber dem Ausland (X - M) tendenziell zunimmt.

Eine Überprüfung dieser Bedingungen für die Bundesrepublik kommt zu einem positiven Ergebnis, wie Grafik 26 zeigt.

Grafik 26: Leistungssaldo des privaten Sektors, des staatlichen Sektors und des Auslandssektors in der Bundesrepublik seit 1960 1)

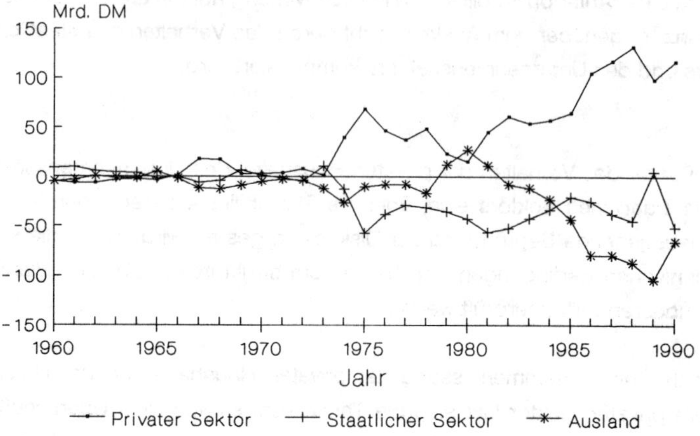

1) Die Daten sind zusammengestellt aus der gesamtwirtschaftlichen Finanzierungsrechnung der Deutschen Bundesbank.

Es soll nun versucht werden, auf die von Weizsäcker offen gelassenen Fragen eine Antwort zu geben. Die Fragen können wie folgt formuliert werden:

- Wie läßt sich die "Anti-Ponzi Politik" der privaten Haushalte erklären?
- Wie läßt sich erklären, daß die "Anti-Ponzi Politik" der privaten Haushalte nicht durch das (Finanzierungs-)Verhalten der Unternehmen kompensiert wird?
- Wie läßt sich das "konservative" Verhalten des Staates erklären?

Wie läßt sich die "Anti-Ponzi Politik" der privaten Haushalte erklären?

Eine Antwort auf diese Frage kann durch zwei grundsätzlich verschiedene Vorgehensweisen gefunden werden:

(1) Die Änderung des Geldvermögens wird als "Restgröße", z.B. als Differenz zwischen Einnahmen und Ausgaben angesehen.

(2) Der Geldvermögensbestand wird als ein Gut interpretiert, das einen direkten Nutzen stiftet und durch die "Nichtausgabe" von Einnahmen (bzw. Einkommen) "produziert" wird.

Bei der zweiten Vorgehensweise ist die Geldvermögensbildung Gegenstand einer Wahlentscheidung zwischen verschiedenen "gegenwärtigen" Gütern. Dadurch eröffnet sich ein instruktiver Weg zur Verknüpfung von "Geldvermögensbildung" und "Umweltschutz". Aus diesem Grund wird die zweite Vorgehensweise gewählt.[34)]

Bevor das spezielle Bedürfnis, das für einen direkten Nutzen des Geldvermögensbestandes als ursächlich anzusehen ist, erörtert wird, sollen **einige Vorüberlegungen** angestellt werden, die die weitere Argumentation erleichtern.

Die Struktur des von den privaten Haushalten nachgefragten Güterkorbs wird von den Wertvorstellungen im weitesten Sinne bestimmt. Dem Strukturwandel bei der Güternachfrage geht ein Wertewandel voraus. Güter, die in den Augen der Konsumenten an Wert verlieren, werden durch Güter verdrängt, die im Vergleich wertvoller erscheinen. Die herrschenden Wertvorstellungen lassen sich als das Ergebnis des Zusammenwirkens von nicht-ökonomischen und ökonomischen Faktoren begreifen.

---

34) Um ein Beispiel für die, hier nicht weiter verfolgte Vorgehensweise zu geben, sei Krelle zitiert: "*Die Sparquote geht in jedem Fall nach Eins. Das ist ökonomisch leicht verständlich. Wenn die Gesellschaft arbeiten will* (Erklärung für ständig steigendes Einkommen bei technischem Fortschritt, A.d.V), *der Konsum aber laufend weniger dringlich wird* (Erklärung für ständig langsamer wachsende Ausgaben, A.d.V.), *muß das Sparen* (als Differenz zwischen Einkommen und Ausgaben, A.d.V.) *zunehmen.*"
Krelle, Wilhelm: Theorie des wirtschaftlichen Wachstums, Berlin / Heidelberg / New York / Tokyo 1985, S. 725.

Ein wichtiger ökonomischer Faktor ist die Einkommenshöhe. Mit steigendem Realeinkommen pro Kopf werden "alte" Bedürfnisse besser befriedigt. Die Güter zur Befriedigung der "alten" Bedürfnisse verlieren an Wert.
Wenn mit der Zunahme des Realeinkommens keine "neuen" Bedürfnisse entstehen, dann rückt das Schlaraffenland ein Stückchen näher, die allgemeine Knappheit sinkt oder, was dasselbe meint, die allgemeine Sättigung steigt.[35)]
Wenn dagegen mit der Zunahme des Realeinkommens "neue" Bedürfnisse entstehen, dann wird zwar - bildhaft gesprochen - ein Stück auf dem Weg ins Schlaraffenland zurückgelegt, jedoch wird gleichzeitig der Weg ins Schlaraffenland länger. Die "neuen" Bedürfnisse verlangen nach Gütern, die diese Bedürfnisse erfüllen können. Die Zunahme des Realeinkommens führt lediglich zu einer partiellen Verringerung der Knappheit bzw. partiellen Sättigung bei Gütern, die "alte" Bedürfnisse befriedigen.[36)]

35) Die Tatsache, daß im Schlaraffenland alle Güter einen Tausch(!)wert von null haben müssen (denn alle Güter sind im Schlaraffenland definitionsgemäß "frei" verfügbar) und damit die ökonomischen Wohlstandsindikatoren Einkommen und Vermögen auf den Wert null sinken, wird oft als "Schlaraffenland-Paradoxon" bezeichnet. Das Schlaraffenland-Paradoxon wird abgeschwächt, wenn als Wohlstandsindikatoren "reale" (d.h. in diesem Fall um Preissenkungen bereinigte) Größen verwendet werden, deren Basisjahr zeitlich vor Erreichen des Schlaraffenlandes liegt. Das (Real-)Einkommen und (Real-)Vermögen im Schlaraffenland sind dann positiv, verlieren allerdings vollständig ihre Bedeutung als Wohlstandsindikatoren (denn alle Schlaraffen haben, was sie wollen), was noch immer als paradox erscheinen mag.

36) Die Antwort auf die Frage, ob eine Zunahme des Realeinkommens bei konstanten Bedürfnissen erfolgt oder mit dem Entstehen "neuer" Bedürfnisse einhergeht, ist für die Beurteilung des Realeinkommens als Wohlstandsindikator von Bedeutung. Wenn ein "Leben im Schlaraffenland" als übergeordnetes Ziel des Wirtschaftens gelten kann, dann ist das Realeinkommen nur unter der Voraussetzung der Bedürfniskonstanz ein tauglicher Wohlstandsindikator. Auf diesen Sachverhalt hat Hicks schon lange vor den Hoch-Zeiten der - wohl am wenigsten die Voraussetzung der Gleichheit der Bedürfnisse erfüllenden - internationalen Pro-Kopf-Einkommensvergleiche hingewiesen. "*In order to be able to compare the positions of a particular individual in two different situations, we must assume that his wants are the same in the two situations. If this assumption cannot be granted, the question whether he is better off in one situation or in other loses all economic meaning. If he has undergone a spiritual conversion in the interim, so that he has given his goods to feed the poor, the question of his relative well-being in the two situations is a spiritual question, not an economic one.*"
Neben dem Schlaraffenland gibt es eine zweite Möglichkeit, ökonomische Knappheit zu überwinden, nämlich die Mäßigung der Bedürfnisse. So sieht Dieter Richter in "*Schlaraffenland und Armutsideal ... die beiden extremen Antworten auf die ökonomischen und moralischen Entwicklungen ... am Ende des Mittelalters. ... Während Schlaraffenland seinen Bewohnern an Essen und Trinken überreichlich vom Besten bietet, ziehen die Minderbrüder* (die bedürfnislosen Franziskaner, A.d.V.) *Nahrung bettelnd über Land.*" Die Anschauung, daß Mäßigung bei den Bedürfnissen der einzige (oder zumindest bessere) Weg ist, frei von ökonomischer Knappheit zu werden, findet sich jedoch schon im antiken Griechenland. Die Symbolfigur dieses Denkens

Der wohl am meisten diskutierte Versuch, einen Zusammenhang zwischen dem Grad der Befriedigung alter Bedürfnisse und dem Entstehen neuer Bedürfnisse herzustellen, ist die Bedürfnispyramide von Maslow.37) Danach stehen zunächst die physiologischen Bedürfnisse im Vordergrund des Handelns, dann die Bedürfnisse nach Sicherheit, nach Zugehörigkeit und Liebe, nach Achtung und zuletzt das Bedürfnis nach Selbstverwirklichung. Je besser ein vorrangiges Bedürfnis befriedigt ist, desto dringlicher wird das Verlangen nach Erfüllung der nachrangigen Bedürfnisse und desto höher werden Güter bewertet, die nachrangige Bedürfnisse befriedigen können.

Die Konstruktion einer Bedürfnispyramide ermöglicht eine Erklärung des Phänomens, daß mit zunehmendem materiellen Lebensstandard (= Realeinkommen) die subjektiv empfundene Lebensqualität (= der Grad der Bedürfnisbefriedigung) sogar sinken kann.
So glauben bei einer Umfrage Ende 1986 in der Bundesrepublik 28 % der Befragten, daß sich die Lebensbedingungen 1987 weiter verschlechtern werden und nur 12 % erwarten eine Verbesserung, obwohl eine Mehrheit der Befragten

---

ist "Diogenes im Faß". (Vgl. hierzu Falkinger.)
Die Einschränkung der Bedürfnisse als Möglichkeit, auf Knappheit zu reagieren ist, mit dem Bewußtwerden der absoluten Begrenztheit natürlicher Ressourcen in den siebziger Jahren in der Debatte um das "Nullwachstum" wieder zu einem Diskussionspunkt geworden. Die herrschende neoklassische Lehre baut dagegen auf dem Unersättlichkeitsaxiom auf. Ein Zustand der Sättigung ist, zumindest für das universelle Gut "Geld" nicht erreichbar. Damit ist eine "Verhinderung" von Wirtschaftswachstums durch allgemeine Sättigung ausgeschlossen. Eine "Behinderung" des Wachstums durch partielle Sättigung wird dagegen als möglich angesehen, wenn eine, durch technischen Fortschritt bei der Produktion bedingte Zunahme des Realeinkommens von zu wenig Produktinnovationen zur Befriedigung neuer Bedürfnisse begleitet wird. Im Gegensatz zum Schlaraffenlandideal und erst recht zum Armutsideal wird das "Erfinden" neuer Güter als ein Wert an sich gesehen. Eine gängige Begründung hierfür ist, daß durch neue Güter die Wahlmöglichkeiten der Konsumenten größer werden. Doch, wie ist dann die weltweite Verminderung der Artenvielfalt ökologischer Systeme als Folge des "ökonomischen Fortschritts" zu bewerten? Wird nicht eine "Vielfalt" an Produkten gerade mit einer "Einfalt" an natürlicher Umwelt erkauft?
Hicks, John R.: The Evaluation of Social Income, in: Economica 1940, S. 107.
Richter, Dieter: Schlaraffenland - Geschichte einer populären Phantasie, Köln 1984, S. 58 und 60.
Falkinger, Josef: Sättigung, Tübingen 1986, S. 8 - 18.
37) *"Die grundlegende Folge der Sättigung jedes Bedürfnisses ist das Untertauchen dieses Bedürfnisses und das Auftauchen eines neuen und höheren."*
Maslow, Abraham H.: Motivation und Persönlichkeit, Olten / Freiburg 1977, S. 107, (Originalausgabe: Motivation and Personality, New York 1954).

mit Einkommenssteigerungen rechnet.[38] Ein Jahr zuvor nimmt die Bundesrepublik in einer von Gallup ermittelten "*World Happiness League*"[39] mit einem Anteil von 10 % "sehr Glücklichen" an der Bevölkerung lediglich den zwanzigsten Platz ein. An der Spitze steht Irland mit einem Anteil von 40 % "sehr Glücklichen" an der Bevölkerung.

Es scheint so, daß in der Bundesrepublik die Bedürfnisse schneller wachsen als das Realeinkommen und daß es "ärmere" Länder gibt, in denen das Anspruchsniveau (= die Gesamtheit der Bedürfnisse) relativ zum Realeinkommen niedriger ist.

Die Forderung nach "qualitativem Wachstum" kann dahingehend gedeutet werden, daß die Auseinanderentwicklung von "objektiv" gemessenem Realeinkommen und "subjektiv" empfundener Lebensqualität korrigiert werden soll, indem die Entstehung und die Verwendung des Realeinkommens den sich wandelnden Bedürfnissen schneller und besser angepaßt wird. Dieser Gedanke wird später wieder aufgegriffen.

Die oben gemachten theoretischen Überlegungen führen zu einem durchaus pragmatischen Verständnis von (partieller) Sättigung, wonach ein Markt zunehmend gesättigt ist, wenn die Nachfrage auf diesem Markt im Vergleich zu anderen Märkten zurückbleibt.

Als Maßzahl für eine solche Entwicklung eignet sich die Einkommenselastizität, d.h. das Verhältnis der Wachstumsrate der (realen) Ausgaben auf einem Markt zur Wachstumsrate des Realeinkommens. Bei einer Einkommenselastizität kleiner als eins sinkt der Anteil der Ausgaben für ein Gut gemessen am Realeinkommen. Engelsches und Schwabesches Gesetz könnten demnach als partielle Bedürfnissättigungsgesetze für Nahrungsmittel bzw. Wohnungsnutzungen bezeichnet werden.

Wenn es Güter gibt, deren Anteil am Realeinkommen sinkt, dann muß es zwangsläufig andere Güter geben, deren Anteil am Realeinkommen steigt. Partielle Sättigung und das Entstehen von "Luxusgütern" sind die beiden untrennbaren Kennzeichen des Strukturwandels bei der Güternachfrage.[40]

---

38) Repräsentative Umfrage des Sample Instituts im Auftrag der Wirtschaftswoche. o.V.: Das Feingefühl wächst, in: Wirtschaftswoche Nr. 52 / 1986, S. 39 - 42.

39) o.V.: Sick, sterilised and edentulous but happy, all the same, in: The Economist, 21. Dezember 1985, S. 23.

40) Güter, deren Anteil am Realeinkommen bei steigendem Reakeinkommen sinkt, werden auch als "inferior" bezeichnet und Güter, deren Anteil am Realeinkommen steigt, als "superior". In der Literatur finden sich allerdings auch abweichende Bestimmungen der Inhalte von inferior und superior. Aus diesem Grund soll die anschauliche Bezeichnung "Luxusgut" der Bezeich-

Der Annahme allgemeiner Unersättlichkeit wird von manchen Ökonomen Keynes' "fundamental-psychologisches Gesetz", das eine, mit wachsendem Einkommen sinkende durchschnittliche Konsumquote impliziert, als ein allgemeines Bedürfnissättigungsgesetz gegenübergestellt.[41] Von einer allgemeinen Sättigung darf jedoch nur dann ausgegangen werden, wenn das Sparen selbst zu keiner Bedürfnisbefriedigung führt. Dieser Vorstellung vom Sparen als bloßem "Nicht-Konsum" wird jedoch gerade von denjenigen Ökonomen, die unter Sättigung "*das Phänomen eines hinter dem Anstieg der verfügbaren Einkommen zurückbleibenden Wachstums des privaten Verbrauchs*"[42] verstehen, die Vorstellung vom Sparen als Luxusgut entgegengehalten.[43]
Aus diesem Grund sollte, um Mißverständnisse zu vermeiden, statt von allgemeiner Sättigung von Sättigung bei Sozialproduktsgütern gesprochen werden. Die Keynes'sche Konsumhypothese ist dann gleichzusetzen mit der Annahme eines Strukturwandels bei der Güternachfrage, der durch eine partielle Sättigung bei Sozialproduktsgütern und das Entstehen des Luxusgutes "Sparen" (in Form der Geldvermögensbildung) charakterisiert ist.

Nach diesen Vorüberlegungen soll nun das spezielle **Bedürfnis, das durch die Bildung von Geldvermögen befriedigt wird**, analysiert werden.

Die "Ursache" der Geldvermögensbildung könnte sowohl in einem Bedürfnis nach "mehr Gütern in der Zukunft" gesehen werden als auch in einem Bedürfnis nach "finanzieller Sicherheit". Im ersten Fall ist das Ausgeben der Zinseinnah-

---

nung "superiores Gut" vorgezogen werden.

41) So z.B. Monika Streissler: "*Keynes' Gesetz ist also im Gegensatz zur bisher gemachten Annahme grundsätzlicher Nicht-Sättigung ein allgemeines Bedürfnissättigungsgesetz, ...*"
Streissler, Monika: Theorie des Haushalts, Stuttgart 1974, S. 119.

42) Zinn, Karl Georg: "Sättigung" im gesamtwirtschaftlichen Zusammenhang - Anmerkungen zu einer umstrittenen Sache, in: Jahrbuch für Sozialwissenschaften 35 / 1985, S. 1 - 24, hier: S. 5.

43) Das obige Zitat von Monika Streissler geht weiter: "*... oder anders ausgedrückt die Annahme, daß Sparen ein «Luxusgut» ist, das bei fortgesetzter Einkommenssteigerung einen immer bedeutenderen Platz in der Einkommensverwendung einnimmt.*"
Zinn führt dazu in einer Fußnote aus: "*Ersparnis bzw. Vermögensbildung stellt selbstverständlich - wie der Konsum - auch eine Bedürfnisbefriedigung dar. Gerade wegen dieses "Eigengewichts" des Vermögensbildungsbedürfnisses, welches nicht (mehr) erlaubt, Ersparnis quasi als Restgröße der Einkommensverwendung zu interpretieren, die nur aufgeschobenen Konsum darstellt, ist das Sättigungsproblem so brisant.*"
Streissler, Monika: Theorie des Haushalts ... S. 119.
Zinn, Karl Georg: "Sättigung" im gesamtwirtschaftlichen Zusammenhang ... S. 3 - 4.

men und, bei begrenztem Zeithorizont, das Ausgeben des Geldvermögens in der Zukunft das Mittel zur Bedürfnisbefriedigung. Im zweiten Fall ist der (durch Sparen akkumulierte) Geldvermögensbestand direkt das Mittel zur Bedürfnisbefriedigung. Der erste Fall läuft auf eine Wahlentscheidung zwischen gegenwärtigen und zukünftigen Gütern hinaus. Das Bedürfnis nach mehr Gütern in der Zukunft ist nicht eigenständig, sondern leitet sich aus dem Ziel der intertemporalen Konsumnutzenmaximierung ab und hat damit lediglich instrumentalen Charakter. Dagegen ist "finanzielle Sicherheit" als ein originäres Bedürfnis zu verstehen.

Nach Maslow gewinnen die Sicherheitsbedürfnisse mit zunehmender Befriedigung der physiologischen Bedürfnisse (also mit steigendem Realeinkommen) an Bedeutung. Allerdings spielt das hier interessierende Bedürfnis nach finanzieller Sicherheit aus der Sicht des Psychologen Maslow verständlicherweise nicht die entscheidende Rolle. Maslow sieht in den Sicherheitsbedürfnissen vor allem das Verlangen nach Schutz "*vor wilden Tieren, extremen Temperaturen, kriminellen Attacken, Mord, Chaos, Tyrannei und dergleichen*"[44]), also die Vermeidung von Risiken. Jedoch führt Maslow auch den "*Wunsch nach einem Sparkonto, und nach Versicherungen verschiedener Art*"[44]), also die finanzielle Kompensation beim Eintritt des Risikofalls, als Ausdruck von Sicherheitsbedürfnissen an.

Der Meinung des Psychologen Maslow, "*der gesunde und von Glück begünstigte Erwachsene ist in unserer Kultur in seinen Sicherheitsbedürfnissen im großen und ganzen befriedigt*"[44]) wird - vermutlich stellvertretend für die Mehrzahl der Ökonomen - von Giersch mit der Vorstellung widersprochen, Bedürfnisse "*sind kultivierbar und damit unbegrenzt, vor allem das unersättliche Bedürfnis nach Sicherheit durch Vermögenssubstanz*"[45]).

Eine andere Möglichkeit, die Grenzenlosigkeit der Nachfrage nach Vermögenshaltung zu "begründen", ist die Annahme, daß Vermögen ein Positionsgut ist. Wenn jeder bestrebt ist, mehr Vermögen als die anderen anzusammeln, um sein Ansehen in der Gesellschaft zu erhöhen, dann sinkt der Nutzen eines gegebenen Vermögensbestandes, wenn das Vermögen der anderen steigt. Das Bedürfnis, die eigene gesellschaftliche Stellung zu verbessern, kann nur

---

44) Maslow, Abraham H.: Motivation und Persönlichkeit ... S. 82.

45) Giersch, Herbert: Weltwirtschaftliches Wachstum durch Liberalisierung, in: Kyklos, Vol. 39 / 1986, Fasc. 4, S. 518 - 536, hier: S. 518.

auf Kosten anderer Menschen erreicht werden, deren gesellschaftliche Stellung sich zwangsläufig verschlechtern muß.[46] Die Möglichkeit, daß die Geldvermögenshaltung nicht nur der finanziellen Sicherheit dient, sondern zugleich auch ein Positionsgut sein könnte, beeinträchtigt die folgende Analyse nicht und soll aus diesem Grund nicht näher untersucht werden.

Ein begrenzt substitutives Gut zu dem Gut "Geldvermögen" ist die Versicherung.[47] Mit dem Abschluß einer Versicherung kann für den Eintritt vorher bekannter und abschätzbarer Risiken "finanzielle Sicherheit" produziert werden. Der Vorteil einer Versicherung gegenüber der Geldvermögensbildung besteht in der sofortigen Gewährung finanzieller Sicherheit im gewünschten Umfang. Dagegen benötigt der Aufbau eines entsprechenden Geldvermögensbestandes einen bestimmten Zeitraum, innerhalb dessen eine Unterversorgung mit finanzieller Sicherheit hingenommen werden muß.[48] Diesem Nachteil der Produktion finanzieller Sicherheit durch die Bildung von Geldvermögen steht jedoch der Vorteil der Universalität des Geldvermögensbestandes bei der Abdeckung finanzieller Risiken gegenüber. Auch der Eintritt vorher nicht bekannter oder nicht berücksichtigter Risiken ist durch das Halten von Geldvermögen finanziell abgedeckt.

---

46) Die Betonung der Vermögenshaltung als Positionsgut kann etwas scherzhaft als "Dagobert Duck-Syndrom" bezeichnet werden. Das Handeln von Dagobert Duck wird ausschließlich von dem Bedürfnis "der reichste Mann der Welt zu sein" bestimmt.
Es sei daran erinnert, daß die Vorstellung, der wirtschaftliche Erfolg sei die treibende Kraft des Unternehmers, da wirtschaftlicher Erfolg als ein Wert an sich gesehen wird, auch ein wichtiger Baustein der Analyse Schumpeters ist. "*Gewinngröße als Erfolgsindex - oft in Ermangelung eines andern - und Siegespfosten. Wirtschaftliches Handeln als Sport: Finanzieller Wettbewerb, noch mehr Wettkampf.*"
Schumpeter, Joseph A.: Theorie der wirtschaftlichen Entwicklung, 3. Auflage, München / Leipzig 1931, S. 138.

47) Diese Auffassung wird von Manfred Wulff für die gesamte Reinvermögensbildung vertreten. "*Die Reinvermögensbildung steht dabei in einer Substitutionsbeziehung zu Versicherungsbeiträgen, weil ein großer Teil der Risiken durch den Abschluß von Versicherungsbeiträgen beseitigt werden kann.*" Welche finanziellen (!) Risiken von Versicherungen aus welchem Grund nicht beseitigt werden können, wird von Wulff nicht erörtert.
Wulff, Manfred: Theorien und Dogmen als Ursachen wirtschaftspolitischer Probleme, Berlin 1985, S. 127.

48) Das sogenannte "Versicherungssparen" ist der Versuch der Banken, diesen Nachteil durch die Verbindung von Sparplänen mit einer Risikolebensversicherung zumindest für einen bestimmten Risikofall zu beseitigen.

Es bleibt festzuhalten: Durch das Halten von Geldvermögen kann eine ungewisse, nicht mit Wahrscheinlichkeiten vorhersehbare Zukunft finanziell gesichert werden.

Da sowohl die Geldvermögensbildung als auch die Versicherung der finanziellen Sicherheit dienen, wenn auch in unterschiedlicher Form, ist zu vermuten, daß eine Parallelität zwischen der Entwicklung der Geldvermögensbildung und den Ausgaben für Versicherungen besteht. So ermittelt das IFO-Institut im Rahmen seiner Strukturberichterstattung für den Zeitraum von 1970 - 1986 eine durchschnittliche jährliche Zunahme der Ausgaben für Bank- und Versicherungsdienstleistungen um 11,8 %, was die höchste Steigerungsrate aller Ausgabenkategorien ist.[49] Der Anteil der Banken und Versicherungen an der realen Bruttowertschöpfung hat sich 1987 mit 5,3 % gegenüber 1960 mit 2,4 % mehr als verdoppelt.[50] Damit sind Bank- und Versicherungsdienstleistungen zweifelsfrei als Luxusgüter einzustufen. Nach einer Vorhersage der Basler Prognos AG wird sich daran in naher Zukunft nichts ändern. Während für das reale Bruttosozialprodukt im Zeitraum von 1980 bis 2010 lediglich eine Steigerung um 91 % erwartet wird, soll die Wertschöpfung der Banken um 119 % und die Wertschöpfung der Versicherungen sogar um 157 % zunehmen.[51]

Der Anteil der Geldvermögensbildung am Einkommen der privaten Haushalte entspricht deren Sparquote, wenn - der volkswirtschaftlichen Gesamtrechnung folgend - die Sachvermögensbildung in Form langlebiger Gebrauchsgüter zu den Konsumausgaben gerechnet wird.
Die Sparquote zeigt bis zum Jahr 1975 einen eindeutig ansteigenden Trend. In den folgenden Jahren ist eine Stabilisierung mit einem Durchschnittwert von 13,5 % zu beobachten. (Vgl. Grafik 27, S. 339)

Wie ist diese Entwicklung (unter der Annahme, daß Geldvermögen ein Gut ist!) zu erklären?
Bis zum Jahr 1975 kann das Sparen als Luxusgut (oder genauer, das Sparen als Produktion des Luxusgutes Geldvermögen) interpretiert werden.
Die Stagnation der Sparquote seit 1975 dürfte vor allem auf zwei Entwicklungen zurückzuführen sein:

---

49) ifo-Institut für Wirtschaftsforschung: Wettbewerbsfähige Strukturen gestatten Expansionspolitik, Strukturberichterstattung 1987, Kernbericht, Berlin / München 1988, S. 209.
50) Deutsche Bundesbank: Der Dienstleistungssektor in der Bundesrepublik Deutschland als Träger des wirtschaftlichen Wachstums, in: Monatsberichte August 1988, S. 40 - 48, hier: S. 42.
51) Behrens, Bolke: Kampf ums Sparschwein, in: Wirtschaftswoche Nr. 13 / 1987, S. 54 - 74, hier: S. 59.

- Das Substitutionsgut Versicherung ist relativ besser (d.h. mehr Risiken sind versicherbar) oder auch billiger geworden.
- Andere Sparmotive, außer der "finanziellen Sicherheit", haben an Bedeutung verloren.

Grafik 27: Sparquote der privaten Haushalte[1)]

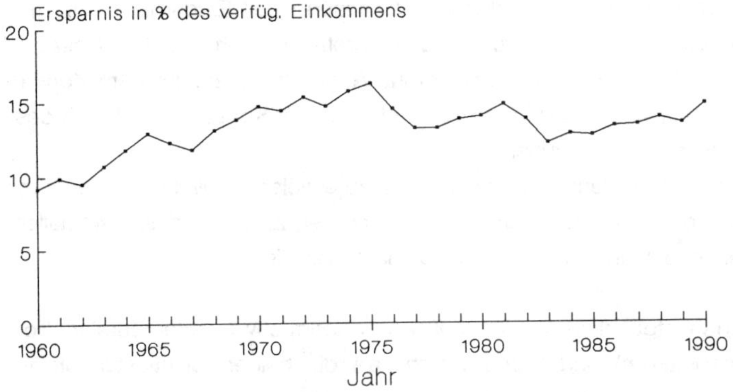

1) Die Daten sind zusammengestellt aus der gesamtwirtschaftlichen Finanzierungsrechnung der Deutschen Bundesbank.

Im Gegensatz zur (Risiko-)Versicherung, die ausschließlich finanzielle Sicherheit schafft, liegen der Geldvermögensbildung außer dem Wunsch nach finanzieller Sicherheit noch andere Motive zugrunde. Auf die Funktion der Geldvermögenshaltung als Mittel zum intertemporalen Konsumnutzenausgleich und (möglicherweise) als Positionsgut wurde schon hingewiesen.

Welche weiteren Sparmotive lassen sich finden?
Die Deutsche Bundesbank unterscheidet bei der Analyse des Sparerverhaltens in der Bundesrepublik zwei Arten von Motiven:[52)]

52) So z.B. in
Deutsche Bundesbank: Zur längerfristigen Entwicklung des Mittelaufkommens der Kreditinstitute, in: Monatsberichte Oktober 1985, S. 26 - 38, hier: S. 27.

- Die Anschaffung dauerhafter Konsumgüter und der Erwerb von Wohnungseigentum soll durch das Ansparen oder Zwecksparen ermöglicht werden.
- "*Längerfristige Vorsorgemotive*" sind für das "*Vermögenssparen*" oder "*Vorsorgesparen*" ursächlich.

Das Zwecksparmotiv und das Vorsorgemotiv werden in anderen Untersuchungen ebenfalls gesehen.[53)] Darüberhinaus wird zum Teil als eigenständiges Motiv noch die "*Erzielung von Vermögenseinkommen*" genannt.[54)]
Im Rahmen der neoklassischen Kapitaltheorie ist die Möglichkeit, Vermögenseinkommen zu erzielen - also die Verzinsung der Ersparnisse - als Bestimmungsfaktor des Zwecksparens zu interpretieren. Je höher der Zinssatz, desto teurer wird gegenwärtiger Konsum im Vergleich mit zukünftigem Konsum. Es wird heute mehr gespart, um in Zukunft mehr für Konsum (als Zweck des Sparens!) ausgeben zu können.
Die Möglichkeit, Vermögenseinkommen zu erzielen, beeinflußt jedoch auch den Umfang des Vorsorgesparens. Je höher der Zinssatz, desto schneller führt Sparen im gewünschten Umfang zu finanzieller Sicherheit.

Es kann festgehalten werden, daß Zwecksparmotiv (intertemporaler Konsumnutzenausgleich) und Vorsorgemotiv als die beiden wichtigsten Motive des Sparens angesehen werden. Das Vorsorgemotiv entspringt dem originären Bedürfnis nach finanzieller Sicherheit. Das Zwecksparmotiv entspricht dem Ziel der intertemporalen Konsumnutzenmaximierung.

Das Zwecksparmotiv hat in der Bundesrepublik in zunehmendem Maße an Bedeutung verloren. Anstelle des Zwecksparens tritt zunehmend der Konsumentenkredit als Mittel zum intertemporalen Konsumnutzenausgleich. Das Vorsorgemotiv dürfte inzwischen in der Bundesrepublik zu dem überragenden Motiv der Geldvermögensbildung geworden sein. Die "Anti-Ponzi Politik" der privaten Haushalte läßt sich letztlich mit dem Bedürfnis nach finanzieller Sicherheit erklären.

---

53) Exemplarisch sollen genannt werden

Döhrn, Roland: Sparerverhalten und Konsumentwicklung, in: Mitteilungen des Rheinisch-Westfälischen Instituts für Wirtschaftsforschung, Jg. 35, 1984, S. 31 - 49 und

Hermanns, Wolfgang / Klaus Steinbrink: Das Anlegerverhalten und seine Auswirkungen auf die Geschäftspolitik der Sparkasse, in: Kreditwesen 7 / 86, S. 286 - 290.

54) Döhrn, Roland: Sparerverhalten und Konsumentwicklung ... hier: S. 40.

Wie läßt sich erklären, daß die "Anti-Ponzi Politik" der privaten Haushalte nicht durch das (Finanzierungs-)Verhalten der Unternehmen kompensiert wird?

Ausgangspunkt der folgenden Überlegungen ist - wie bei der Analyse der privaten Haushalte" - die Annahme, daß das (Netto-)Geldvermögen eine unmittelbare Planungsgröße ist.

Eine zunehmende Risikoaversion bewirkt bei Unternehmen eine Präferierung der Geldvermögensbildung gegenüber der Sachvermögensbildung. Die Risikoaversion der Unternehmen steht in einem direkten Zusammenhang mit den Kriterien, die Kapitalanleger zur Beurteilung eines Unternehmens heranziehen. Wenn Kapitalanleger ihre eigene Liquiditätspräferenz als ein Maßstab zur Beurteilung von (Produktions-)Unternehmen heranziehen, dann überträgt sich das Streben nach finanzieller Sicherheit auf die Unternehmen. Die für Investitionen in das Sachvermögen kalkulierte Risikoprämie steigt. Der Abstand zwischen der, für die Bildung von Sachvermögen geforderten Rendite und der, für die Bildung von Geldvermögen geforderten Verzinsung wird größer.

Zwei Zitate aus einem der unzähligen "Börsenbriefe" für Kapitalanleger lassen den Zusammenhang zwischen dem Liquiditätsstreben von Kapitalanlegern und dem Wunsch nach "schuldenfreien" Unternehmen erkennen:[55)]

- Die erste von zehn Thesen zum Anlagejahr 1988 lautet, "*Geld zusammenhalten - liquide bleiben - nichts riskieren. Bonität geht vor Rentabilität!*"
- "*Man muß nicht immer schwarz sehen. Es gibt deutsche Unternehmen, die in den letzten drei Jahren ihre Schulden vollkommen getilgt haben und per Saldo eine Netto-Liquidität von vielen Milliarden aufbauen konnten.*"

Es steht außer Frage, daß die Liquiditätspräferenz der Anleger nur <u>ein</u> Bestimmungsfaktor des (Finanzierungs-)Verhaltens der Unternehmen ist. Worauf es ankommt, ist zu sehen, daß von den privaten Haushalten eine Wirkung auf die Unternehmen ausgeht, die für den privaten Sektor <u>insgesamt</u> einen dauerhaften Finanzierungsüberschuß wahrscheinlicher werden läßt. Im Kern der Erklärung des strukturellen Überschusses des privaten Sektors steht das originäre Bedürfnis nach finanzieller Sicherheit, das sich im Verhalten der Konsumenten äußert.

---

55) o.V.: Kapitalanlagen - Analysen, Trends, Ratschläge aus Zürich, Jan. 1988.

Wie läßt sich das "konservative" Verhalten des Staates erklären?

Im Rahmen der keynesianischen Konjunktursteuerung Ende der sechziger und in den siebziger Jahren wurde in der Bundesrepublik der Budgetsaldo des staatlichen Sektors zu einem Instrument der Wirtschaftspolitik. Ein konjunkturelles Absorptionsdefizit des privaten Sektors soll durch einen entsprechenden Absorptionsüberschuß des Staates ausgeglichen werden, um die gesamtwirtschaftliche Nachfrage zu stabilisieren und damit eine Rezession zu verhindern. Obwohl die keynesianische Argumentation an der Leistungsseite ansetzt (Sparen wird als Nachfrageausfall auf dem Gütermarkt und nicht als Angebot von Finanzierungsmitteln auf dem Kreditmarkt gesehen), wird nicht, was konsequent wäre, von einer Politik des "surplus spending" (Absorptionsüberschuß), sondern von einer Politik des "deficit spending" (Finanzierungsdefizit) gesprochen. Tatsächlich wird jedoch vom (IS-LM-)Keynesianismus die Finanzierungsseite, entgegen der Bezeichnung "deficit spending", vernachlässigt und den Kritikern für den Aufbau ihrer Gegenposition überlassen.[56)]

Gegen eine Politik des "deficit spending" werden vor allem die beiden folgenden Argumente vorgebracht:

- Die staatliche Kreditaufnahme verdrängt über steigende Zinsen private Investitionen.
- Die Rückführung der Finanzierungsdefizite im konjunkturellen Aufschwung gelingt nur unvollkommen. Ein Teil der Defizite wird "strukturell" und führt zu einer ständig steigenden Staatsverschuldung. Bei einem Zinssatz, der größer als die Wachstumsrate des Sozialprodukts ist, steigt der Anteil der Zinsausgaben an den gesamten Staatsausgaben und/oder der Anteil der gesamten Staatsausgaben am Sozialprodukt. Der finanzpolitische Spielraum wird fortwährend enger. Da dem Anstieg der Staatsquote Grenzen gesetzt sind, müssen "irgendwann" Maßnahmen zur Verringerung der staatlichen

56) Der Versuch, in neueren Lehrbuchbeiträgen die Finanzierungsseite in das IS-LM-Modell zu integrieren, führt, bildhaft gesprochen, zu einer fortwährenden Verschiebung der IS- und LM-Kurve und nimmt damit der IS-LM-Analyse wirtschaftspolitischer Maßnahmen oftmals ihre Eindeutigkeit. Alles scheint möglich. Vgl. z.B. die Kurvenverschiebungen in dem Beitrag von Siebke, Jürgen / H. Jörg Thieme: Einkommen, Beschäftigung, Preisniveau, in: Vahlens Kompendium der Wirtschaftstheorie und Wirtschaftspolitik Bd. 1, 3. Auflage, Münschen 1988, S. 85 - 172.

Erinnert sei auch an die Ausführungen zum Verhältnis des Finanzaktiva-Ansatzes zum Absorptionsansatz (S.33) und insbesondere an die Kurvenverschiebungen im Rahmen des New Cambridge Approach (S. 44 / 45).

Wir informieren Sie gern regelmäßig über unser Verlagsprogramm.
Geben Sie uns dazu bitte umseitig Ihre Adresse bekannt.*

Welche Themengebiete sind für Sie von Interesse?

¤ Ökonomie
¤ Sozialwissenschaften
¤ Wirtschafts- und Sozialgeschichte
¤ Ökologie/Umweltpolitik
¤ Kommunal- und Regionalpolitik

Metropolis-Verlag, Marburg

* Der Verlag verpflichtet sich, die Daten nur zu diesem Zweck zu verwenden und sie nicht an Dritte weiterzugeben.

Name

Straße

PLZ/Ort

Antwortkarte

Metropolis-Verlag
für Ökonomie, Gesellschaft und Politik

Postfach 1748

W-3550 Marburg/Lahn

Finanzierungsdefizite ergriffen werden, die umso drastischer ausfallen, je länger eine Politik des "deficit spending" betrieben wurde.

Während die Politik des "deficit spending" von einer Lücke bei den privaten Ausgaben ausgeht ("Lückenthese"), laufen die Gegenargumente auf eine Verdrängung privater Ausgaben als Folge der Finanzierung der Staatsdefizite hinaus ("crowding-out These"). Die Richtung der unterstellten Ursache-Wirkung-Beziehung wird genau umgekehrt gesehen.

Lückenthese

Ursache → Wirkung

$$(S_{pr} - I^{n}_{pr}) + (T - G) = (X - M)$$

Wirkung ← Ursache

crowding-out These

Der Budgetsaldo des Staates hat während der achtziger Jahre in der Bundesrepublik (und den meisten anderen Industrieländern) seinen instrumentalen Charakter im Rahmen der Konjunktursteuerung weitgehend verloren.
Durch den längerfristigen Abbau der staatlichen Budgetdefizite sollen die Finanzierungsbedingungen privater Investitionen verbessert werden. Es wird argumentiert, private Investitionen seien die notwendige Voraussetzung für ein stetiges Wachstum des Produktionspotentials. Wirtschaftswachstum sei erforderlich zum Abbau der Arbeitslosigkeit und zur raschen Verbesserung des Umweltschutzes. Die Konsolidierung des Staatshaushalts wird zum wirtschaftspolitischen Allheilmittel.
Die Gründe für das konservative Verhalten des Staates dürfen jedoch nicht nur auf der Ebene der Instrumente, sondern müssen auch auf der Ebene der Ziele gesucht werden. Zu einem konservativen Verhalten gehört, keine Schulden zu machen bzw. bestehende Schulden (real) zurückzuzahlen. Wenn dies zutrifft, dann hat die Konsolidierung des Staatshaushalts den Charakter eines eigenständigen Ziels der Finanzpolitik. Die Bürger wünschen sich einen Staat, der "spart", der Überschüsse "erwirtschaftet".

Die Vorstellung, daß Geldvermögen an sich ein Gut ist, hat nicht nur über das Verhalten der Anleger Einfluß auf die Investitionen im Unternehmenssektor, sondern auch über das Verhalten der Wähler Einfluß auf den Umfang und die Finanzierung der Staatsausgaben.

Der entscheidende **Ansatzpunkt einer generellen Kritik an der These vom strukturellen Überschußland** ist die Festlegung auf eine Kausalrichtung im Rahmen von Identitätsgleichungen: Der Leistungssaldo des privaten Sektors wird als Ursache und der Leistungs(bilanz)saldo gegenüber dem Ausland als Wirkung interpretiert.

These:

Ursache → Wirkung

$$(S_{pr} - I^n_{pr}) + (T - G) = (X - M)$$

Die Umkehrung dieser Ursache-Wirkung-Beziehung ist Ausgangspunkt der (logischen) **Antithese** zur These vom strukturellen Überschußland.

Antithese:

Wirkung ← Ursache

$$(S_{pr} - I^n_{pr}) + (T - G) = (X - M)$$

Die Argumentation der Antithese kann sowohl

- auf der Leistungsseite als auch
- auf der Finanzierungsseite geführt werden.

Die Argumentation auf der Leistungsseite könnte wie folgt geführt werden:

- Der Leistungs(bilanz)überschuß gegenüber dem Ausland sei Ausdruck einer hohen Wettbewerbsfähigkeit auf dem Gütermarkt. Exportbedingte Zusatzgewinne ließen die Ersparnisse im Unternehmenssektor steigen. Die Argumentation auf der Leistungsseite zur Erklärung von Überschüssen im Außenhandel entspricht im Kern der klassischen "vent-for-surplus These".

Auf der Finanzierungsseite läßt sich wie folgt argumentieren:

- Der Nettokapitalexport ins Ausland sei das Spiegelbild einer geringen Wettbewerbsfähigkeit (der Kapitalnachfrager(!) oder - aus dem anderen Blickwinkel - der Wertpapieranbieter) auf dem Kapitalmarkt. Ausländische Kapitalnachfrager verdrängten über höhere Zinsen inländische, weniger rentable Investitionen. In Analogie zur binnenwirtschaftlichen crowding-out These kann man von einer "weltwirtschaftlichen crowding-out These" sprechen.

Die Vertreter der weltwirtschaftlichen crowding-out These befürchten als Folge der Verdrängung inländischer Investitionen eine, im Vergleich zu anderen (Nettokapitalimport-)Ländern relative Abschwächung der Entwicklung der gesamtwirtschaftliche Produktivität.

Dadurch werde
- sich in Zukunft die internationale Wettbewerbsfähigkeit auf den Gütermärkten verschlechtern und
- die Schaffung von Arbeitsplätzen verhindert (Kapitalmangel als Ursache der Arbeitslosigkeit).

Um dieser Entwicklung zu begegnen, müsse die "Konkurrenzfähigkeit des Wirtschaftsstandorts Bundesrepublik" verbessert werden. Als Faktoren, die die Konkurrenzfähigkeit des Standorts Bundesrepublik beeinträchtigen, werden beispielsweise genannt[57)]

- die hohen Arbeitskosten
- die hohen Energiekosten
- hohe Preise bei der Telekommunikation, im Briefverkehr, bei allen Arten von Transporten
- <u>die Belastung durch den Umweltschutz</u>
- die hohe Besteuerung der Gewinne
- die Rechtsunsicherheit und die unabsehbaren Genehmigungsverfahren für Investitionen
- die Verschlechterung des sozialen Friedens und des Betriebsklimas
- der unklar geregelte Bereich des Arbeitsrechts, der Arbeitszeitordnung, der Sozialpläne.

Eine Verbesserung der Konkurrenzfähigkeit auf dem Kapitalmarkt erfordere somit Maßnahmen, die

- die Möglichkeiten zur Sachvermögensbildung ausweiten, was in der Forderung nach "Deregulierung" zusammengefaßt wird und
- die Rendite des Sachvermögens erhöhen, was der Forderung nach einer Verbesserung der Kosten-Erlös-Relation entspricht.

---

57) Die folgenden negativen Standortfaktoren werden von Engels genannt.
Engels, Wolfram: Regierungswettbewerb, in: Wirtschaftswoche Nr. 7 / 1988, S. 112.

Diese Forderungen machen die enge Beziehung der weltwirtschaftlichen crowding-out These zu den Vorstellungen des Finanzaktiva-Ansatz deutlich. Die gemeinsame analytische Grundlage von weltwirtschaftlicher crowding-out These und Finanzaktiva-Ansatz ist die Finanzierungsseite.[58)]
Im Rahmen der "binnenwirtschaftlichen crowding-out These" konkurrieren die privaten Investoren (I^n_{pr}) und der Staat (G - T) als Nachfrager auf dem Kapitalmarkt um das begrenzte Angebot des privaten Sektors (S_{pr}). Dabei hat aus der Sicht des privaten Sektors die Kapitalnachfrage der privaten Investoren die "Qualität" von Sachvermögensbildung, während die Kapitalnachfrage des Staates Geldvermögensbildung darstellt.
Zur Finanzierung seines Defizits muß der Staat die Geldvermögensbildung relativ zur Sachvermögensbildung "attraktiv" machen. Dies kann direkt über einen höheren Zinssatz erfolgen, aber auch indirekt über bürokratische und gesetzgeberische "Erschwernisse" der Sachvermögensbildung (Stichwort "Investitionsstau") oder eine steuerliche Benachteiligung der Sachvermögensbildung.
Mit der "weltwirtschaftlichen crowding-out These" wird das Ausland als zusätzlicher Konkurrent für private Investoren um das Kapitalangebot des privaten Sektors in den Vordergrund gestellt. Die Konsolidierung der öffentlichen Haushalte führt zwar zu einer verminderten Inanspruchnahme des Kapitalmarktes durch den Staat, doch die erhoffte Zunahme der privaten Investitionen bleibt aus, weil gleichzeitig die Kapitalnachfrage des Auslands steigt.

Die Diskussion der Antithese sollte deutlich machen, daß die These vom strukturellen Überschußland (selbst im engen anlytischen Rahmen der hier verwendeten Identitätsgleichung!) nur eine mögliche Ursache-Wirkung-Beziehung herausgreift und versucht, Argumente für diese Kausalitätsrichtung zu finden. Der analytischen Hervorhebung einer Kausalitätsrichtung liegt die (mit der Analyse zu rechtfertigende) Annahme zugrunde, daß diese Kausalrichtung dominierend ist.

Abschließend soll die These vom strukturellen Überschußland in ein "Tableau der möglichen Ursache-Wirkung-Beziehungen zwischen den Leistungssalden der volkswirtschaftlichen Sektoren" eingeordnet werden.

---

58) Vgl. hierzu auch die Ausführungen von Rosenstock.
Rosenstock, Adolf: Realzins, Sparen und Investieren in den achtziger Jahren, in: Wirtschaftsdienst X / 1988, S. 2 f.

Bei der dazu verwendeten Identitätsgleichung mit 3 Elementen sind 6 Ursache-Wirkung-Beziehungen zwischen den Elementen möglich. Übersicht 34 (S. 349) zeigt diese Ursache-Wirkung-Beziehungen paarweise als These und Anti-These geordnet.[59)]

(1) Lückenthese und crowding-out These sind die beiden zentralen pro und contra Argumente der Debatte zur Staatsverschuldung in der Bundesrepublik Ende der siebziger und Anfang der achtziger Jahre.[60)] Ist das Staatsdefizit Wirkung oder Ursache des Absorptionsdefizits bzw. Finanzierungsüberschusses des privaten Sektors?

(2) Lokomotiventhese und recycling These stehen für die beiden wichtigsten wirtschaftspolitischen Strategien zur Bekämpfung der Zahlungsbilanzungleichgewichte und der Wachstumsschwäche in der Weltwirtschaft in der zweiten Hälfte der siebziger Jahre. Aus der Lokomotiventhese folgt die Forderung nach einer expansiven Fiskalpolitik (Ursache) zur Steigerung der Importe (Wirkung).[61)] Dagegen führt die recycling These zur Forderung nach einer Finanzierung der gestiegenen Importe (Ursache) durch die Bereitstellung von Anlagemöglichkeiten für ausländisches Kapital durch den Staat, was eine expansive Fiskalpolitik (Wirkung) erforderlich macht.[62)]

---

59) Die Ursache-Wirkung-Beziehungen sind beispielhaft mit Namen von Thesen versehen. Unter die gleiche Ursache-Wirkung Beziehung können verschiedene Thesen einzuordnen sein. So ließe sich neben der weltwirtschaftlichen crowding-out These die schon erwähnte vent-for-surplus These anführen und neben der binnenwirtschaftlichen crowding-out These das Äquivalenztheorem von Ricardo.

60) Einen repräsentativen Querschnitt dieser Debatte gibt der Sammelband von
Simmert, Diethard B. / Kurt-Dieter Wagner (Hrsg.): Staatsverschuldung kontrovers, Köln 1981.

61) Zur Lokomotiventhese vgl. die Ausführungen zum Absorptionsansatz in Kapitel 1.1.2.1. (S. 30 - 35) und insbesondere die Fußnote 17 auf S. 34.

62) Insbesondere in den Jahren 1980 und 1981 muß das Staatsdefizit in der Bundesrepublik als wirtschaftspolitische Reaktion auf die Verschlechterung der Leistungsbilanz, insbesondere als Folge der stark verteuerten Erdölimporte gesehen werden. Das recycling der Petro-Dollars zur Finanzierung der Leistungsbilanzdefizite sollte durch eine direkte Kreditaufnahme des Staates in den ölexportierenden Ländern Saudi-Arabien und Kuwait sichergestellt werden. Entscheidend für das Gelingen des recyclings ist jedoch nicht die Struktur der staatlichen Kreditaufnahme (Kreditaufnahme im Ausland oder im Inland), sondern das Niveau der Nettokreditaufnahme.
Zur recycling These vgl. den Beitrag von Völling, Johannes: Auslandsverschuldung des Staates - Analyse der Möglichkeiten und Grenzen, in: Diethard B. Simmert / Kurt-Dieter Wagner (Hrsg.): Staatsverschuldung kontrovers, Köln 1981, S. 269 - 279.

(3) Die These vom strukturellen Überschußland und die weltwirtschaftliche crowding-out These können als konkurrierende Ansätze zur Erklärung struktureller Zahlungsbilanzsalden, wie sie sich in den achtziger Jahren herausbildeten, verstanden werden. Die These vom strukturellen Überschußland könnte aufgrund der saldenmechanischen Beziehungen auch als weltwirtschaftliche Lückenthese bezeichnet werden. Das Ausland (und nicht der Staat, wie bei der binnenwirtschaftlichen Lückenthese) füllen die (Absorptions-)Lücke des privaten Sektors.

Das strukturelle Überschußland ist nicht als Endpunkt der Entwicklung einer Volkswirtschaft (vergleichbar dem reifen Gläubigerland in der Theorie vom Schuldenzyklus) zu sehen, sondern als ein mögliches (nicht zwangsläufiges!) Stadium einer fortwährenden, grundsätzlich nicht vorhersehbaren, aber von Menschen gestaltbaren Entwicklung. Die Richtung der wirtschaftlichen Entwicklung wird im Spannungsfeld zwischen den sich wandelnden Bedürfnissen der Konsumenten und den begrenzten Produktionsmöglichkeiten bestimmt. Das strukturelle Überschußland bietet in mehrfacher Hinsicht, relativ zu anderen Ländern die besten Voraussetzungen für eine Entwicklung in Richtung einer umweltverträglichen Wirtschaft. Der Überschuß erleichtert die Finanzierung und Produktion von Umweltschutzmaßnahmen. Darüberhinaus deutet der Überschuß auf eine relativ hohe Bereitschaft der Konsumenten hin Umweltschutzleistungen zu kaufen. Dieser Zusammenhang zwischen dem Auftreten eines strukturellen Überschusses und einem verstärkten Bedürfnis nach Umweltschutz ist Gegenstand des folgenden Kapitels.

Übersicht 34: Tableau der möglichen Ursache-Wirkung-Beziehungen zwischen den Leistungssalden der volkswirtschaftlichen Sektoren

(1) Lückenthese vs. binnenwirtschaftlicher crowding-out These

Lückentheorie

Ursache — Wirkung

$$(S_{pr} - I^{n}_{pr}) + (T - G) = (X - M)$$

Wirkung — Ursache

binnenwirtschaftliche crowding-out These

(2) Lokomotiventhese vs. recycling These

Lokomotiventhese

Ursache — Wirkung

$$(S_{pr} - I^{n}_{pr}) + (T - G) = (X - M)$$

Wirkung — Ursache

recycling These

(3) These vom strukt. Überschußland vs. weltwirtschaftl. crowding-out These

These vom strukturellen Überschußland

Ursache — Wirkung

$$(S_{pr} - I^{n}_{pr}) + (T - G) = (X - M)$$

Wirkung — Ursache

weltwirtschaftliche crowding-out These

8.2.2. Umweltschutz als Luxusgut

Der strukturelle Einkommensüberschuß eines Landes wurde im vorherigen Kapitel mit einer partiellen Sättigung bei Sozialproduktsgütern und dem Aufkommen des Bedürfnisses nach finanzieller Sicherheit erklärt. Dem Bedürfnis nach finanzieller Sicherheit kann durch die "Produktion" des Luxusgutes Geldvermögen entsprochen werden. Wenn der Staat die vom privaten Sektor gewünschte Geldvermögensbildung nicht durch ein entsprechendes Angebot an Wertpapieren ermöglicht, dann entsteht eine Lücke, die durch das Ausland ausgefüllt wird.

Finanzielle Sicherheit ist, wie ein Vergleich etwa mit den Ausführungen von Maslow zum Sicherheitsbedürfnis deutlich zeigt, nur eine spezielle, aus dem ökonomischen Denken in Tauschwerten abgeleitete Form der Sicherheit. Finanzielle Sicherheit heißt nicht, daß die Eintrittswahrscheinlichkeit eines bestimmten Risikofalls durch vorsorgende Maßnahmen vermindert wird. Im Gegenteil, es wird sogar die Auffassung vertreten, daß finanzielle Sicherheit mit einer Erhöhung der Wagnisbereitschaft verbunden ist.[63] Finanzielle Sicherheit heißt lediglich, daß die Schäden bei Eintritt des Risikofalls (vollständig oder auch nur teilweise) durch die Verfügung über einen bestimmten Geldbetrag (tausch-) wertmäßig kompensiert werden. Die Frage, ob die Schäden real beseitigt werden können, d.h. der ursprüngliche Zustand vor dem Eintritt des Risikofalles wiederhergestellt werden kann, wird nicht gestellt.
Diese Frage ist jedoch von Bedeutung für den Umgang mit solchen Risiken, die erst durch wirtschaftliche Aktivitäten entstehen. In diesem Fall sollten die "Kosten des Risikos" nicht größer sein als der volkswirtschaftliche Nutzen, der das Risiko verursachenden wirtschaftlichen Aktivität.[64]

---

63) Diese Auffassung wird z.B. von Hans-Werner Sinn für das Substitutionsgut Versicherung vertreten: "*So wichtig die reine Produktion von Sicherheit ist: die Versicherung bloß als Institution zur Befriedigung eines spezifischen Konsumbedürfnisses zu sehen, hieße ihre Rolle bei der Bereitstellung eines zentralen ökonomischen Produktionsfaktors zu übersehen. Dieser Produktionsfaktor heißt Risiko.*" (S. 15) "*Billiger Versicherungsschutz ersetzt teure Schadensverhütungsaufwendungen.*" (S. 22) "*Die volkswirtschaftliche Bedeutung des Versicherungswesens ... liegt neben der Befriedigung des Grundbedürfnisses nach Sicherheit vor allem in der Erhöhung der Wagnisbereitschaft.*"(S. 24)
Sinn, Hans-Werner: Gedanken zur volkswirtschaftlichen Bedeutung des Versicherungswesens, in: Zeitschrift für die gesamte Versicherungswirtschaft, 1 / 1988, S. 1 - 27.

64) Die Aussage, "der Nutzen einer Aktivität (z.B. der Genforschung) ist für den Menschen größer als das Risiko" impliziert, daß Risiko und Nutzen vergleichbar sind. Ein Vergleich ist nur

Wie ermittelt man die Kosten des Risikos?

Die Kosten des Risikos sind eine Funktion der Eintrittswahrscheinlichkeit und der Art und des Umfangs der erwarteten Schäden bei Eintritt des Risikofalls. Die Verknüpfung der Eintrittswahrscheinlichkeit mit den möglichen Schäden erfolgt nach Maßgabe der Risikoeinstellung.[65)]

Neben den technischen Problemen der Festlegung der Eintrittswahrscheinlichkeit und der Bestimmung der Art und des Umfangs der physischen Schäden treten die ökonomischen Probleme (1) der Spezifizierung der Risiko"kosten"-funktion und (2) der Bewertung der Schäden auf.

(1) Bei Risikoaversion muß die Risikokostenfunktion so spezifiziert werden, daß einem Schaden von 100 DM mit einer Wahrscheinlichkeit von 50 % niedrigere Risikokosten zugeordnet werden als einem Schaden von 500 DM mit einer Wahrscheinlichkeit von 10 % obwohl der Erwartungswert der Schadenshöhe in beiden Fällen 50 DM beträgt. Die Risikokosten steigen überproportional im Vergleich zur Schadenshöhe. Dies bedeutet auch, daß 5 voneinander unabhängigen Schäden von jeweils 100 DM mit einer Wahrscheinlichkeit von 10 % in der Summe niedrigere Risikokosten zugeordnet werden als einem Schaden von 500 DM mit gleicher Wahrscheinlichkeit von 10 %. Wenn ein bestimmter Schaden auch mit keiner noch so kleinen

---

möglich, wenn Risiko und Nutzen in der gleichen Dimension und mit dem gleichen numéraire gemessen werden. Die Aussage, ein Gegenstand ist länger als breit, ist (unabhängig vom Wahrheitsgehalt) sinnvoll. Der Maßstab des Vergleichs ist das Meter. Dagegen ist die Aussage, ein Gegenstand ist schwerer als breit, sinnlos, weil für den Vergleich ein gemeinsamer Nenner fehlt. Die Formulierung "Kosten des Risikos" soll daran erinnern, daß Risiko im Rahmen ökonomischer Entscheidungssituationen in einer Wertgröße zum Ausdruck gebracht werden muß.

65) Diese Art der Ermittlung der Kosten des Risikos ist vergleichbar mit der Vorgehensweise der betriebswirtschaftlichen Entscheidungstheorie bei der Bestimmung des Nutzenerwartungswertes. Vgl. zur Bestimmung des Nutzenerwartungswertes z.B.

Laux, Helmut: Entscheidungstheorie - Grundlagen, Berlin / Heidelberg / New York 1982, S. 167 - 206.

Das Problem der Verknüpfung von Eintrittswahrscheinlichkeiten mit den möglichen Schäden wird in der umweltpolitischen Diskussion oftmals übersehen oder übergangen, so auch von Ernst Benda: "*Der Begriff des Risikos umfaßt daher sowohl die Wahrscheinlichkeit eines Schadenseintritts wie auch das potentielle Ausmaß des Schadens.*"

Benda, Ernst: Umweltvorsorge und Recht, in: Das Vorsorgeprinzip im Umweltschutz, Texte 25 / 1984 des Umweltbundesamtes, S. 23 - 41, hier: S. 27.

Wahrscheinlichkeit riskiert werden soll, dann müssen die Risikokosten gegen unendlich gehen.[66)]

(2) Hinsichtlich der Bewertung sind reversible und irreversible Schäden zu unterscheiden. Während für die Bewertung reversibler Schäden zumindest eine objektive Obergrenze in Höhe der monetären Kosten einer Beseitigung der Schäden besteht, sind irreversible Schäden ausschließlich einer subjektiven Bewertung zugänglich, die zumeist nur vage unter restriktiven Annahmen durch eine monetäre Größe ausgedrückt werden kann. Ein wichtiger Grund hierfür ist nicht zuletzt, daß die Bewertung irreversibler Schäden in hohem Maße ethischen Gesichtspunkten unterliegt. Irreversible Schäden an der natürlichen Umwelt betreffen alle zukünftigen Generationen, ohne daß deren Bewertung der Schäden in die Entscheidung über eine wirtschaftliche Aktivität, die das Risiko zu irreversiblen Schäden in sich trägt, einfließen könnte. An die Stelle der Bewertung durch zukünftige Generationen tritt eine ethische Norm, die festlegt, wie Belange zukünftiger Generationen berücksichtigt werden sollten.

Das <u>Vorsorgeprinzip der Umweltpolitik</u> in der Bundesrepublik folgt der ethischen Norm, daß "*künftigen Generationen eine soweit wie möglich intakte Umwelt hinterlassen werden*"[67)] soll. Allerdings wird durch die Formulierung "so weit wie möglich" der Vorsorgegedanke relativiert. Vorsorge soll nicht uneingeschränkt stattfinden, sondern eben nur im Rahmen des Möglichen. Eine uneingeschränkte Vorsorge würde alle wirtschaftlichen Tätigkeiten, von denen ein noch so geringes Risiko einer irreversiblen Schädigung der natürlichen Umwelt ausgehen könnte, verhindern. Dagegen führt eine Vorsorge im Rahmen des wirtschaftlich[68)] Möglichen in den seltensten Fällen zu einem Unterlassen wirt-

---

66) Was hier in Analogie zur Risikonutzenfunktion der betrieblichen Entscheidungstheorie mit Risikokostenfunktion bezeichnet wird, nennt Meyer-Abich "Schadenswertfunktion". Der Ausdruck Risikokosten scheint jedoch treffender zu sein. Der Vergleich vieler kleiner Schäden mit einem großen Schaden dient Meyer-Abich zur Illustration überproportional steigender Schadenswerte.
Meyer-Abich, Klaus Michael: Von der Wohlstandsgesellschaft zur Risikogesellschaft, in: Aus Politik und Zeitgeschichte - Beilage zur Wochenzeitschrift "Das Parlament", 36 / 1989, S. 31 - 42, hier: S. 38.

67) Wicke, Lutz: Umweltökonomie ... S. 140.

68) Wenn die Umwelt vor Schäden wirtschaftlicher Aktivitäten geschützt werden soll, dann kann es nur um die wirtschaftlichen Möglichkeiten gehen und nie, was oft, aufgrund von Formulierungen wie "der Umweltschutz entspricht dem Stand der Technik" angenommen wird, um die technischen Möglichkeiten. Dies zeigt sich deutlich darin, daß als ultima ratio zur Verhinderung von Schäden in jedem Fall die Einstellung der wirtschaftlichen Aktivität verbleibt. Der

schaftlicher Aktivitäten, sondern in der Regel zu einer Reduzierung des Risikos auf das sogenannte "Rest"risiko.
So wird z.B. festgestellt, daß "*ein massiver Rückgriff auf die fossilen Energieträger bis in das nächste Jahrhundert ... ein erhebliches klimatisches Restrisiko bedeuten*" würde.[69)]

Die Begrenzung des Risikos wirtschaftlicher Aktivitäten für die natürliche Umwelt ist ein Aspekt des Umweltschutzes, der in den letzten Jahren immer stärker in den Vordergrund der umweltpolitischen Diskussion getreten ist. Hierfür lassen sich, ohne Anspruch auf Vollständigkeit, die folgenden Gründe nennen:

- Der Unfall von Tschernobyl machte deutlich, daß auch das kleinste Restrisiko jederzeit Wirklichkeit werden kann (eine Tatsache, die durch die Angabe von relativ langen Zeiträumen, die durchschnittlich vergehen bis der Risikofall eintritt, leicht verdrängt wird).
- Das Auftreten des Ozonlochs zeigte, wie schwierig es ist, alle Risiken wirtschaftlicher Aktivitäten zu erkennen.[70)]

Stand der Technik ist immer auch abhängig von den wirtschaftlichen Möglichkeiten (aus der Sicht der Unternehmen von den wirtschaftlichen Zwängen) zur Verbesserung der technischen Möglichkeiten.

69) Neu, Axel D.: Substitutionspotentiale und Substitutionshemmnisse in der Energieversorgung, Kieler Studien 175, Tübingen 1982, S. 106.

70) Am Beispiel des "Ozonlochs" läßt sich besonders gut zeigen, daß die Verwendung des Begriffs "Risiko" geeignet ist, falsche, zu optimistische Vorstellungen von unserem tatsächlichen Wissen ökologischer Zusammenhänge hervorzurufen. Der Begriff Risiko impliziert, daß alle möglichen Folgen einer bestimmten Aktivität, wie z.B. beim Roulettspiel, bekannt sind. Die Aussage, die Verwendung von FCKWs ist für die natürliche Umwelt risikolos, durfte nie dahingehend verstanden werden, daß keine Risiken für die Umwelt bestehen, sondern nur so, daß aufgrund des derzeitigen Wissenstandes keine Risiken erkennbar sind. Der, von Frank Knight in die ökonomische Theorie eingeführten Unterscheidung von Risiko und Unsicherheit folgend, bestand und besteht Unsicherheit über die Verwendung von FCKWs für die natürliche Umwelt, weil das Wissen über ökologische Zusammenhänge nicht vollständig ist und deshalb nicht, wie beim Roulettspiel, Wahrscheinlichkeiten angegeben werden können, die sich zu 1 addieren, d.h. alle möglichen Folgen erfassen. So warnt die Enquete-Kommission "Vorsorge zum Schutz der Erdatmosphäre": "*Betrachtet man nur die bislang erforschten chemischen Abbauprozesse, so scheint eine drastische globale Abnahme des Ozons zur Zeit unwahrscheinlich zu sein. Bisher unbekannte Mechanismen könnten jedoch plötzlich - vergleichbar zum antarktischen Ozonloch - eine gänzlich veränderte Situation schaffen.*"
Die Erkenntnis hieraus sollte sein, daß eine Berechnung der Kosten des Risikos (das besser Unsicherheit genannt werden sollte) nur den derzeitigen Wissenstand widerspiegelt und deshalb mit größter Vorsicht erfolgen sollte.

- Dem Bild der Bedürfnispyramide folgend, dürfte mit zunehmender finanzieller Sicherheit das Bedürfnis nach Reduzierung von Risiken wirtschaftlicher Aktivitäten für die natürliche Umwelt dringlicher werden.[71)]
- Je stärker die natürliche Umwelt schon geschädigt ist, desto schwerer wiegt das Risiko einer weiteren Schädigung. Für das strukturelle Überschußland ist als Folge seiner fortgeschrittenen "Entwicklung" eine hohe Belastung der natürlichen Umwelt anzunehmen. (Auch wenn die Umwelttechnologie am fortschrittlichsten ist, denn der größte Teil der Umweltbelastungen der Vergangenheit sind von der Natur akkumuliert worden.)

Aus den genannten Gründen wird die Bereitschaft der Konsumenten, einen steigenden Anteil ihres Einkommmens für das Luxusgut Umweltschutz[72)] auszugeben, zunehmen.

Zum Unterschied zwischen Risiko und Unsicherheit vgl z.B. die Ausführungen von Kurt Rothschild.

Knight, Frank H.: Risk, Uncertainty and Profit, Boston 1921.

Rothschild, Kurt W.: Einführung in die Ungleichgewichtstheorie, Berlin / Heidelberg / New York 1981, S. 107 - 110.

Enquete-Kommission "Vorsorge zum Schutz der Erdatmosphäre": Erster Zwischenbericht ... S. 82 / 83.

71) Die Formulierung "Bedürfnis nach Reduzierung von Risiken wirtschaftlicher Aktivitäten für die natürliche Umwelt" ist ungewöhlich und soll deshalb kurz erläutert werden. (Vertrauter sind Formulierungen wie "Bedürfnis nach besserer Umweltqualität".) Im Gegensatz zu einer Schäden behebenden, reaktiven Umweltpolitik soll eine vorsorgende Umweltpolitik Schäden vermeiden. Ausgehend von der Wirkungskette "Emissionen - Immissionen - Schäden" setzen vorsorgende Maßnahmen am Anfang der Wirkungskette, bei den Emissionen an. Solange der Wirkungszusammenhang zwischen Emissionen und Schäden nicht genau vorhergesagt werden kann (was nur in der mechanisch funktionierenden Welt des Laplaceschen Dämons theoretisch möglich wäre), vermindert eine Einschränkung der Emissionen die Wahrscheinlichkeit, daß (in Art und Umfang) bestimmte Schäden in Zukunft auftreten. Das Risiko wirtschaftlicher Aktivitäten für die natürliche Umwelt wird reduziert oder umgekehrt die Sicherheit vor Schäden erhöht.

Das (Sicherheits-)Bedürfnis nach Reduzierung von Risiken zeigte sich nach dem Unfall von Tschernobyl nicht nur in einer steigenden Ablehnung der Energiegewinnung durch Atomkraft, sondern auch in dem Verlangen nach Lebensmitteln mit möglichst niedrigen Becquerel-Werten, obwohl bei den meisten Menschen nur eine sehr vage Vorstellung von dem Zusammenhang zwischen Becquerel-Werten und Gesundheitsschäden bestehen dürfte.

72) Hierbei handelt es sich um Ausgaben für Umweltschutz im eigentlichen Sinn des Wortes, also um Ausgaben, die die Umwelt vor Schäden schützen sollen, um "vorsorgende" Ausgaben. Nicht gemeint sind Ausgaben, die bei der Beseitigung von Schäden entstehen. Solche defensiven oder "nachsorgenden" Ausgaben sollten nicht als Umweltschutz-, sondern besser als Umweltreparaturausgaben bezeichnet werden.

Die Konsequenz eines vorsorgenden, d.h. die Risiken wirtschaftlicher Aktivitäten für die natürliche Umwelt reduzierenden Umweltschutzes ist, ganz allgemein formuliert, ein vorsichtiger, weniger treffend auch als "schonend" bezeichneter Umgang mit dem noch vorhandenen physischen Bestand an Naturvermögen.

Aus der Sicht eines Landes gibt es zwei Möglichkeiten, Naturvermögen zu (er-) halten. Die erste Möglichkeit ist der Umweltschutz im eigenen Land, die zweite Möglichkeit ist der Erwerb von Verfügungsrechten über Naturvermögen des Auslands. In Kapitel 7 wurde an den Beispielen "Rodung tropischer Regenwälder" und "Emission von Kohlendioxid" gezeigt, wie sich eine optimale Kombination der beiden Maßnahmen bestimmen läßt.

An dieser Stelle soll noch einmal die **Frage** aufgegriffen werden, **in welcher Form das Gut Umweltschutz Gegenstand von Markttransaktionen sein kann**. Bei der folgenden Antwort wird auf die Unterscheidung zwischen Leistungsseite und Finanzierungsseite zurückgegriffen.

Auf der **Leistungsseite** kann Umweltschutz als Teil eines Güterbündels verkauft werden. Beispiele sind: Autos mit Katalysator, phosphatfreie Waschmittel, lösungsmittelfreie Farben, rein biologisch erzeugte Nahrungsmittel. Aus der Sicht des Konsumenten bieten solche Güterbündel einen Grundnutzen und einen Zusatznutzen.[73)] Der Grundnutzen, z.B. beim Auto mit Katalysator, ist die Transportleistung. Dieser Grundnutzen ist der Anlaß, ein Auto zu kaufen. Durch den Kauf eines Autos mit Katalysator kommt der Konsument darüberhinaus in den Genuß des Zusatznutzens Umweltschutz.

Auf der **Finanzierungsseite** kann Umweltschutz als Verfügungsrecht über Naturvermögen gehandelt werden.[74)] Der Inhalt eines solchen Verfügungsrechts besteht in der Verpflichtung, das Risiko einer wirtschaftlichen Aktivität für die natürliche Umwelt durch geeignete Maßnahmen zu reduzieren. Im Extremfall

---

73) Die explizite Differenzierung nach Grundnutzen und Zusatznutzen zur Erklärung des Konsumentenverhaltens geht auf Wilhelm Vershofen zurück. Einen anderen, an dieser Stelle genausogut gangbaren Weg zur Erweiterung der traditionellen eindimensionalen Nutzentheorie zeigt Kelvin Lancaster mit seiner Vorstellung vom Gut als Bündel von Eigenschaften.

Vershofen, Wilhelm: Die Marktentnahme als Kernstück der Wirtschaftsforschung, Berlin / Köln 1959.

Lancaster, Kelvin: Consumer demand - A new approach, New York / London 1971.

74) Dieser Gedanke knüpft an die grundlegenden Überlegungen zur Vermögensbilanz eines Landes in Kapitel 4.4.1 (S. 185 f.) an.

einer Minderung des Risikos auf null, ist die wirtschaftliche Aktivität zu unterlassen.
Das Entgelt sowohl für eine vorübergehende Übertragung ("Leasing") als auch für eine endgültige Übertragung ("Kauf") eines Verfügungsrechts kann als "Kompensationszahlung" bezeichnet werden. Ein Beispiel aus dem nationalen Bereich ist die Kompensationszahlung an Landwirte, die durch einen verminderten Einsatz von Düngemitteln das Risiko des Eintrags von Nitraten in das Grundwasser reduzieren. Die Landwirte haben das Recht, in Form eines unbegrenzten Einsatzes von Düngemitteln über Naturvermögen zu verfügen, verkauft.[75)]

Ebenso wie auf der Leistungsseite ist auch auf der Finanzierungsseite ein Angebot von Produkten möglich, die über den Grundnutzen hinaus einen Zusatznutzen enthalten. Beispiele für Geldanlagen mit Zusatznutzen sind das "Missionssparen", das "ethische Investment" und das "Ökosparen".[76)] Der Zusatznutzen ergibt sich aus der speziellen (und damit eingeschränkten) Verwendung der zur Verfügung stehenden Finanzierungsmittel.[77)] Die Bezahlung des Zusatznutzens durch den Gläubiger erfolgt in Form eines reduzierten, unter dem Marktzins liegenden Zinssatzes.

---

75) Vgl. hierzu die Ausführungen in Kapitel 7.1., S. 240 f.

76) Missionssparen ist bei dem Sparinstitut der Steyler Mission möglich. Mit den Spareinlagen werden ausschließlich Projekte finanziert, die in Zusammenhang mit der Missionstätigkeit stehen. Eine Geldanlage nach ethischen Kriterien wird durch spezielle Investmentfonds in Großbritannien (z.B. "Merlin Ecology Fund") und den USA (z.B. "New Alternatives Fund") möglich. Diese Fonds enthalten nur Aktien von Unternehmen, die z.B. keine Waffen, keine Tabakwaren, keine Atomkraftwerke herstellen oder deren Produkte und Produktionsmethoden umweltverträglich sind. In der Bundesrepublik ist eine Geldanlage in solche Fonds bisher nur über die "ethische Vermögensverwaltung ARTUS" in Köln möglich. (Vgl. die Artikel von Kai Peter Rath und Reinold Rehberger). Ökosparen ist bei der Ökobank in Frankfurt möglich. Den Sparern wird garantiert, daß ihre Einlagen ausschließlich zur Finanzierung umweltverträglicher Projekte verwendet werden.

Rath, Kai Peter: Sauber und rentabel, in: Wirtschafts-Consens Nr. 12 / Oktober 1989, S. 6 - 7.

Rehberger, Reinold: Ethisches Investment - weltweite Hausse für die grünen Aktien, in: Natur, Nr. 1 / 1990, S. 85 - 87.

77) Emil-Maria Claassen unterteilt den Ertrag eines Vermögensgegenstandes in den pekuniären und den nichtpekuniären Ertrag. Der pekuniäre Ertrag kann als (indirekter) Grundnutzen verstanden werden und der nichtpekuniäre Ertrag als der (direkte) Zusatznutzen. Claassen analysiert lediglich "*Liquiditätsvorteile*" als einen nichtpekuniären Ertag, weist jedoch darauf hin, "*daß der nichtpekuniäre Ertragssatz der Aktiva nicht unbeding allein aus Liquiditätsvorteilen zu bestehen braucht*".

Claassen, Emil-Maria: Grundlagen der Geldtheorie ... S. 178 - 180.

Vergleichbar der Geldanlage mit Zusatznutzen ist die, an bestimmte Auflagen über die Art der Verwendung gebundene, von staatlichen Stellen gewährte oder subventionierte Kreditvergabe, z.B. für den Wohnungsbau oder den Umweltschutz. Der spezielle Verwendungszweck hat dann den Charakter eines öffentlichen Gutes, dessen Produktion durch die Kreditsubvention bezahlt wird.

Die Vorstellung vom Zusatznutzen einer Geldanlage (= Kreditvergabe) und einem Entgelt für den Zusatznutzen in Form eines Zinsabschlages kann unmittelbar auf die zwischenstaatliche Ebene übertragen werden. So kann beispielsweise der Zinssatz für Kredite der Weltbank entsprechend dem Ländergrenzen überschreitenden Zusatznutzen, der sich aus der speziellen Verwendung des Kredits ergibt, unter dem Marktzins festgesetzt werden. Dieses Verfahren läßt sich auch auf "Altschulden" anwenden. Der nachträglichen Zinssatzsenkung ist ein (partieller) Schuldenerlaß bezüglich der Wirkung gleichzusetzen.78) Damit lassen sich Debt-Nature swaps als ein Instrument zur Umgestaltung bestehender Kreditvereinbarungen ansehen.79)

Der potentielle Nachfrager des Gutes Umweltschutz steht unabhängig von der Form, in der Umweltschutz gehandelt wird, vor der Wahl zwischen verschiedenen Arten von Sicherheit. Die finanzielle Sicherheit kann durch die Bildung von Geldvermögen "produziert" werden, die Sicherheit vor Umweltgefahren durch Umweltschutzmaßnahmen.
Das Naturvermögen wird durch Umweltschutzmaßnahmen aufgewertet, indem der physische Bestand an Naturvermögen besser vor dem Risiko einer Schädigung oder Zerstörung geschützt wird. Der physische Bestand an Naturvermögen kann - ausgehend von einer ursprünglichen Erstausstattung an Naturvermögen - von Menschenhand nur mehr oder weniger intensiv genutzt (und dabei unter Umständen geschädigt oder zerstört) werden, jedoch nicht in irgendeiner Form vermehrt werden.80) Allerdings kann ein Land durch den Kauf von Verfügungsrechten über Naturvermögen seinen Anteil am - für die Welt als Ganzes gesehen - konstanten physischen Naturvermögen erhöhen.

---

78) Vgl. hierzu die Ausführungen in Kapitel 4.3. "Abwertung der Schulden", S. 171 f.

79) Der Debt-Nature swap in Form einer "Kreditsubvention" wird in Kapitel 9.2. "Debt-Nature swap zur Finanzierung von Entwicklung" auf S. 377 f. ("3. Variante") erörtert.

80) Diese Vorstellung von physischen Naturvermögen steht in enger Beziehung zum Entropiesatz in der Physik, wonach Energie nicht produziert, sondern lediglich umgewandelt werden kann und dabei auch noch "entwertet" wird.

Der Tausch Umwelt gegen Schulden kann als eine Portfolioumschichtung zwischen Geldvermögen und Naturvermögen interpretiert werden. Eine Erklärung für diese Portfolioumschichtung aus der Sicht des Nachfragers von Umwelt und Anbieters von Schulden besteht aus den beiden folgenden Elementen:

- Einem sich abschwächenden Bedürfnis nach (zusätzlicher) finanzieller Sicherheit steht ein zunehmendes Bedürfnis nach Sicherheit vor Umweltgefahren gegenüber.
- Die Produktion von Umweltschutz im Inland für die inländische Bevölkerung ist teurer als der Import von Umweltschutz aus dem Ausland.

Beide Elemente finden sich im strukturellen Überschußland:

- Auf der einen Seite läßt der strukturelle Überschuß den Bestand an Geldvermögen fortwährend steigen und erhöht damit die finanzielle Sicherheit. Auf der anderen Seite führt gerade der Reichtum an Sozialproduktsgütern und die hohe finanzielle Sicherheit zu einem Wertewandel, der die Umweltgefahren als immer bedrohlicher erscheinen läßt und damit das Bedürfnis nach Sicherheit vor Umweltgefahren verstärkt.
- Die Produktion von Umweltschutz erfolgt bei überproportional steigenden Kosten. Je weiter der Umweltschutz im Inland fortgeschritten ist, desto eher wird auch das zweite Element der Erklärung des Tauschs Umwelt gegen Schulden zutreffen.

9. Ausgestaltung von Debt-Nature swaps

Die **ursprüngliche Intention** von Debt-Nature swaps folgt dem Bestreben privater Umweltschutzorganisationen die Schuldenkrise zur Finanzierung von Umweltschutzmaßnahmen in Entwicklungsländern zu instrumentalisieren.
Dieses Ansinnen wird erstmals 1984 von Thomas E. Lovejoy, einem Mitarbeiter des World Wildlife Fund, in einem kurzen Artikel in der New York Times zur öffentlichen Diskussion gestellt: "*But why not use the debt crisis ... to help solve environmental Problems? For instance, debtor nations willing to protect natural resources could be made eligible for discounts or credits against their debts.*"[1]

Um den Einstieg in die normative Analyse der optimalen Ausgestaltung von Debt-Nature swaps zu erleichtern, erscheint es hilfreich, zunächst auf **schon praktizierte Debt-Nature swaps** einzugehen:[2]

(1) Bolivien / Conservation International
Der erste Debt-Nature swap findet im Juli 1987 zwischen der bolivianischen Regierung und der US-amerikanischen privaten Umweltschutzorganisation "Conservation International" statt. Conservation International hofft, daß dies "*the beginning of a beautiful barter*" ist.[2] Die Zeitschrift "The Economist" lobt den Tausch als eine "*intriguing idea*"[3] und "Time" schreibt, daß "*creative financing reached new heights*"[4].

---

1) Lovejoy, Thomas E.: Aid Debtor Nations'Ecology, in: New York Times, 4. Oktober 1984, S. 31.

2) Die Darstellung der ersten vier Beispiele für Debt-Nature swaps stützt sich auf die folgenden Quellen:
World Wildlife Fund: Debt-for-Nature Swaps - A New Conservation Tool, Letter No. 1 / 1988.
UNCTAD: Debt-for-Nature Swaps, in: Trade and Development Report 1989, Genf 1989, S. 44 - 45.
Schreiber, Helmut: "Debt-for-Nature Swap" - An Instrument against Debt and Environmental Destruction?, in: Zeitschrift für Umweltpolitik und Umweltrecht 4 / 89, S. 331 - 352.
Oberndörfer, Dieter: Schutz der tropischen Regenwälder durch Entschuldung, Freiburg i. Brsg. 1988, (Studie im Auftrag der Bundesregierung).

3) o.V.: Beautiful barter in Bolivia, in: The Economist, July 18 / 1987, S. 42.

4) o.V.: Creative Financing, in: Time, July 27 / 1987, S. 34.

Der Nennwert der getauschten Schulden beträgt 650.000 US-$. Der Kaufpreis dieser Schulden in Höhe von 100.000 US-$ ist durch Spenden mehrerer privater Unternehmen aufgebracht worden. Die Leistung Boliviens im Tausch gegen die Schulden besteht in der flächenmäßigen Ausweitung eines seit 1982 bestehenden Naturschutzgebietes ("Beni Biosphere Reserve")[5] auf 1,2 Mio. ha und in der Schaffung eines Fonds zur Finanzierung von Maßnahmen zur Betreuung und Erhaltung dieses Naturschutzgebietes. Der Fonds wird von der bolivianischen Regierung mit heimischer Währung im Gegenwert von 100.000 US-$ dotiert. Zusätzlich zahlt die bolivianische Außenstelle der Hilfsorganisation "USAID" heimische Währung im Gegenwert von 150.000 US-$ in den Fonds ein, so daß insgesamt Finanzierungsmittel im Gegenwert von 250.000 US-$ bereitstehen.

(2) Ecuador / World Wildlife Fund

Im Dezember 1987 vereinbaren Ecuador und der World Wildlife Fund einen Debt-Nature swap zur Ablösung von Schulden im Nennwert von 10 Mio. US-$. Die Ausgestaltung dieses Debt-Nature swap folgt dem Vorschlag des Präsidenten von Fundación Natura, der größten privaten Umweltschutzorganisation Ecuadors, Roque Sevilla.

Der "Sevilla-Vorschlag" beinhaltet folgende Elemente: (Vgl. Übersicht 35, S. 361)

- Der World Wildlife Fund kauft auf dem Sekundärmarkt von privaten Banken in US-$ nominierte Schulden des ecuadorianischen Staates zum Marktpreis.
- Die Dollar-Schulden werden von der ecuadorianischen Zentralbank zum Nennwert gegen Schulden in heimischer Währung getauscht.
- Der Gläubiger dieser Schulden wird die ecuadorianische Umweltschutzorganisation "Fundación Natura". Die Übertragung der Forderungen gegen den bolivianischen Staat erfolgt in Form von Wertpapieren.
- Die jährlichen Zinszahlungen werden zur Unterhaltung schon bestehender und neuer Naturschutzgebiete, zur Ausbildung von Personal für diese Naturschutzgebiete und für Maßnahmen zur Umwelterziehung verwendet.
- Am Ende der Laufzeit der Wertpapiere kann Fundación Natura über einen Kapitalbetrag in Höhe des Nennwerts der Forderungen verfügen.

---

5) Das Beni Biosphere Reserve enthält Lebensräume für 13 der 18 in Bolivien vom Aussterben bedrohten Tierarten. Diese Angaben finden sich in:
o.V.: Hochfinanz hilft Tropenwälder schützen, in: Naturwissenschaftliche Rundschau, 41. Jahrgang, Heft 4 / 1988, S. 162.

Übersicht 35: Der Sevilla-Vorschlag zur Gestaltung von Debt-Nature swaps 6)

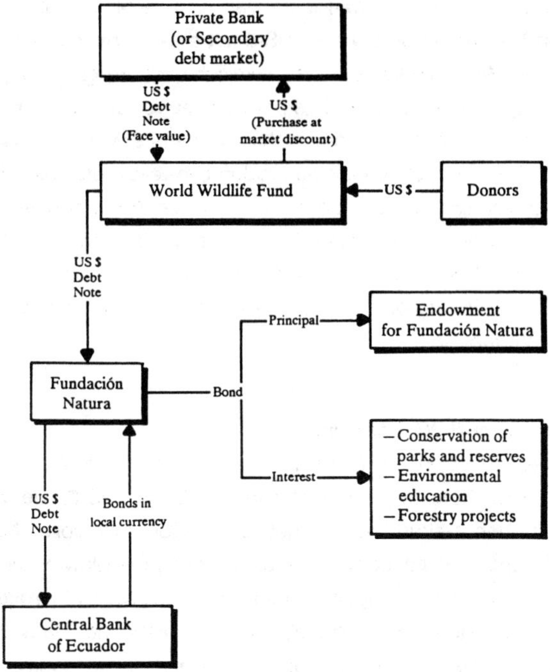

Das Gesamtvolumen des Tausches umfaßt Schulden im Nennwert von 10 Mio. US-$. Der gesamte Kaufpreis dieser Schulden setzt sich zusammen aus 354.000 US-$ für den Erwerb von Schulden im Nennwert von 1 Mio. US-$ im Dezember 1987 und 1,08 Mio. US-$ für den Kauf von Schulden im Nennwert von 9 Mio. US-$ im April 1989. Der Umtausch des Nennwerts der Schulden erfolgt zum offiziellen (die heimische Währung überbewertenden) Wechselkurs. Fundación Natura erhält nicht übertragbare Wertpapiere mit einer Laufzeit von 9 Jahren und einer Verzinsung von 31 % im ersten Jahr. Der Zinssatz für die folgenden Jahre ist variabel, was zumindest einen teilweisen Ausgleich für steigende Inflationsraten ermöglichen soll.

---

6) Diese Übersicht ist übernommen worden aus:
World Wildlife Fund: Debt-for-Nature Swaps ... S. 5.

(3) Costa Rica / World Wildlife Fund, u.a.

Der dritte Debt-Nature swap wird 1988 zwischen Costa Rica und den Umweltschutzorganisationen World Wildlife Fund, Nature Conservancy und Conservation International vereinbart. Costa-Rica erklärt sich bereit, Schulden bis zu einem gesamten Nennwert von 5,4 Mio. US-$ mit einem Abschlag von 25 % auf den Nennwert in Wertpapiere, die auf heimische Währung lauten, umzutauschen. Bedingung für den Umtausch ist, daß die ausländischen Umweltschutzorganisationen die von ihnen auf dem Sekundärmarkt erworbenen Schulden in den für diesen Zweck geschaffenen nationalen Umweltschutzfonds "Fundacion des Parques Nacionales Costa Rica" einbringen. Die Zinszahlungen von 25 % des "neuen" (um 25 % abgewerteten) Nennwerts der Wertpapiere stehen dem nationalen Umweltschutzfonds zur Einrichtung von Nationalparks durch Landkäufe und zur Finanzierung der laufenden Ausgaben für die Verwaltung der Nationalparks zur Verfügung.

(4) Philippinen / World Wildlife Fund

Im Juni 1988 einigen sich die Philippinen und die Umweltschutzorganisation World Wildlife Fund Schulden im Nennwert von 2 Mio. US-$, die vom World Wildlife Fund auf dem Sekundärmarkt gekauft wurden, zum vollen Nennwert in heimische Währung umzutauschen und einer nationalen Umweltschutzorganisation der Philippinen zur Verfügung zu stellen. Damit sollen Projekte zur Verbesserung der Verwaltung von Nationalparks, für Forschung, Umwelterziehung und zum Schutz der Natur vor unerlaubten Eingriffen finanziert werden.

(5) Kenia / Bundesrepublik Deutschland

Der erste und bisher einzige Debt-Nature swap zwischen der Regierung eines Schuldnerlandes und der Regierung eines Gläubigerlandes wird in einem Abkommen zwischen der Bundesrepublik Deutschland und der Regierung der Republik Kenia über "Finanzielle Zusammenarbeit" im September 1989 vereinbart.

Die Bundesregierung ermöglicht der Regierung Kenias mit der Kreditanstalt für Wiederaufbau geschlossene Darlehensverträge über insgesamt 747,5 Mio. DM dahingehend zu ändern, daß die gewährten Darlehen in Zuschüsse umgewandelt werden "*und damit die ab diesem Zeitpunkt fälligen Rückzahlungen und Zinsen aus diesen Darlehensverträgen erlassen werden*".[7] Als Gegenleistung

7) Der vollständige Wortlaut des Abkommens und eines gleichzeitig ratifizierten Protokolls wird im Anhang (S. 390 - 392) wiedergegeben.

setzt die Regierung Kenias "*die durch den Schuldenerlaß freiwerdenden Mittel in Landeswährung im Rahmen des Möglichen für konkrete und nachprüfbare Maßnahmen des Umwelt- und Ressourcenschutzes ein*".
In einem Protokoll zu dem genannten Abkommen werden als mögliche Maßnahmen des Umwelt- und Ressourcenschutzes aufgeführt:

- die Förderung von Institutionen, die dem Umwelt- und Ressourcenschutz dienen und
- konkrete Projekte / Programme in diesem Bereich.

Weiterhin ist vereinbart worden, daß

- auf Wunsch einer der beteiligten Regierungen Konsultationen stattfinden,
- die Regierung Kenias der Regierung der Bundesrepublik eine Liste der im folgenden kenianischen Haushaltsjahr zu fördernden zusätzlichen Maßnahmen zusammen mit einer Erläuterung übersenden wird,
- die Regierung Kenias die Bundesregierung nach Abschluß des Haushaltsjahres über die Verwendung der Mittel unterrichtet,
- das festgelegte Verfahren nach drei Jahren überprüft wird.

Obwohl die bisher durchgeführten Debt-Nature swaps im einzelnen sehr unterschiedlich ausgestaltet sind, tritt der gemeinsame Kern der Tauschgeschäfte doch in jedem Fall recht deutlich zutage. Auf der einen Seite steht der Abbau der Auslandsverschuldung (= Leistung des Gläubigers) und auf der anderen Seite werden Ressourcen für den Schutz der natürlichen Umwelt bereitgestellt (= Gegenleistung des Schuldners).

Die Ausgestaltung von Debt-Nature swaps soll im folgenden unter drei Aspekten erörtert werden:

- Wie lassen sich Debt-Nature swaps zum Abbau von Verschuldung gestalten? (Kapitel 9.1.)
- Welche Möglichkeiten bestehen, Debt-Nature swaps über die ursprüngliche Funktion - nämlich Abbau von Verschuldung - hinaus, auch zur Finanzierung von Entwicklung einzusetzen? (Kapitel 9.2.)
- Wie könnte eine, die Transaktionskosten senkende Institutionalisierung von Debt-Nature swaps aussehen? (Kapitel 9.3.)

9.1. Debt-Nature swap zum Abbau von Verschuldung

Der **Grundgedanke** eines Debt-Nature swaps zum Abbau von Verschuldung kann wie folgt formuliert werden:
Die Schuldnerländer können eine als zu hoch angesehene Verschuldung abbauen, indem sie "Schulden" gegen "Verfügungsrechte über Naturvermögen" eintauschen.

Unter Rückgriff auf die in Kapitel 4.4.1. vorgestellte Vermögensbilanz läßt sich der Debt-Nature swap zunächst einmal beim Schuldner als Passivtausch und beim Gläubiger als Aktivtausch erfassen. Dabei sind "Verfügungsrechte über Naturvermögen" als ein Teil der "sonstigen Ansprüche" anzusehen.

Übersicht 36: Debt-Nature swap in der Vermögensbilanz für ein Land

Aktiva	Passiva
1. Sachvermögen	5. Auslandsverbindlichkeiten
2. Humanvermögen	5a. Schulden 5b. Direktinvestitionen 5c. sonstige Ansprüche darunter: **Verfügungsrechte über Naturvermögen**
3. Naturvermögen	
4. Auslandsforderungen 4a. Devisen 4b. "Kredite" 4c. Direktinvestitionen 4d. sonstige Ansprüche darunter: **Verfügungsrechte über Naturvermögen**	6. Volksvermögen

Durch einen Debt-Nature swap zum Abbau der Verschuldung ändert sich in jedem Fall die Art der Ansprüche (= Forderungen) des Gläubigers an das Vermögen des Schuldners. Die "Kreditforderungen" des Gläubigers bzw. die "Schulden" des Schuldners werden in "sonstige Ansprüche" umgewandelt.[8]

---

8) Diese Feststellung findet sich auch bei Stein Hansen. "*The debt is repurchased by reserving a piece of tropical forest for puposes determined by the seller of the discounted debt, and in this sense the foreign seller continues to have a claim on domestic resources.*"

Ändert sich damit auch die Höhe des Volksvermögens, über das das Gläubigerland bzw. das Schuldnerland verfügt?

Eine Antwort auf diese Frage hängt davon ab, wie der Wert der beiden Tauschgegenstände "Kreditforderungen" bzw. "Schulden" und "sonstige Ansprüche" (hier "Verfügungsrechte über Naturvermögen") bestimmt wird.[9)]

Bei Verwendung des Tauschwerts bleibt das Vermögen sowohl des Gläubigers als auch des Schuldners quantitativ unverändert, denn der Tauschwert der Verfügungsrechte über Naturvermögen bestimmt sich in diesem Fall gerade durch den Wert der im Tausch hingegebenen Kreditforderungen.

Wenn dagegen der Wert der diskontierten erwarteten Nutzenströme herangezogen wird, dann schlägt sich ein Debt-Nature swap in einem unmittelbaren Anstieg des Volksvermögens der Tauschpartner nieder. Die Erklärung hierfür ist einfach. Generell kommt ein freiwilliger Tausch nur dann zustande, wenn der Nutzen (oder Gebrauchswert) eines angebotenen Gutes von dem Nachfrager höher eingeschätzt wird als der Tauschwert. Damit ein Debt-Nature swap überhaupt stattfindet, muß also der Wert der diskontierten erwarteten Nutzenströme aus dem Verfügungsrecht über Naturvermögen (= Gebrauchswert des Verfügungsrechts) aus der Sicht des Gläubigers größer sein als der Tauschwert des Verfügungsrechts.[10)] Die Zunahme des Volksvermögens des Gläubigerlandes ergibt sich aus der Differenz zwischen Gebrauchswert und Tauschwert des Verfügungsrechts abzüglich aller Transaktionskosten, die dem Gläubiger in Zusammenhang mit einem Debt-Nature swap entstehen. Der Gebrauchswert des Verfügungsrechts über Naturvermögen leitet sich für den Gläubiger aus der Art der Verwendung des Verfügungsrechts ab. Der Gläubiger kann ein Verfügungsrecht erwerben, um z.B. eine irreversible Übernutzung von Naturvermögen zu verhindern und damit alle Möglichkeiten zur Nutzung dieses

---

Der gedankliche Bezug zu einer Vermögensbilanz wird von Stein Hansen jedoch nicht sichtbar gemacht.

Hansen, Stein: Debt for Nature Swaps ... S. 9.

9) An dieser Stelle sei noch einmal auf den heuristischen Charakter der Vermögensbilanz hingewiesen. Die hier verwendete Vermögensbilanz ist ein Hilfsmittel der Analyse und nicht ein Ergebnis.

10) Der Frage, warum es in einer Geldwirtschaft überhaupt zu einem "Naturaltausch" der Art Schulden gegen Verfügungsrechte über Natur kommt und nicht Geld als universelles Tauschmittel "zwischengeschaltet" ist, wurde in Kapitel 4.4.2. bei der allgemeinen Analyse von Debt swaps nachgegangen. Im folgenden wird vereinfachend davon ausgegangen, daß die Transaktionskosten bei Verwendung von Geld größer wären als bei einem "Naturaltausch".

Naturvermögens für die Zukunft offen zu halten.[11] Ein zur Zeit heftig diskutiertes Beispiel hierfür ist der Schutz tropischer Regenwälder mit dem Ziel, den unwiederbringlichen Verlust genetischer Information als Folge einer Übernutzung der Regenwälder zu verhindern. Ein zumindest ebenso wichtiger Bereich für die Schaffung von Verfügungsrechten ist die Begrenzung der Emissionen von Treibhausgasen. Der Gebrauchswert für den Gläubiger läßt sich in diesem Bereich aus der Möglichkeit zur Steigerung der Effizienz sowohl einer globalen als auch einer nationalen Umweltpolitik ableiten. Global wirksame Emissionen können mit Hilfe von Verfügungsrechten an der Quelle mit den geringsten Vermeidungskosten reduziert werden.[12]

Die **Vorteilhaftigkeit eines Debt-Nature swaps** wird durch den Ansatz des Wertes der diskontierten erwarteten Nutzenströme aus dem Verfügungsrecht über Naturvermögen unmittelbar als Zunahme des Vermögens sichtbar. Diese Aussage gilt nicht nur für den Gläubiger, sondern genauso für den Schuldner. Ein Debt-Nature swap ist für einen Schuldner vorteilhaft, wenn aus seiner Sicht der Gebrauchswert des von ihm angebotenen bzw. von ihm geforderten Verfügungsrechts über Naturvermögen kleiner ist als dessen Tauschwert. Die Zunahme des Vermögens des Schuldners entspricht der Differenz zwischen Tauschwert und Gebrauchswert des Verfügungsrechts abzüglich der Transaktionskosten, die der Schuldner zu tragen hat.[13] Der Gebrauchswert des Verfügungsrechts über Naturvermögen ergibt sich für den Schuldner aus dem Verzicht auf eine alternative Verwendung des Verfügungsrechts. So verzichtet ein Schuldner, der ein bestimmtes Gebiet unter Naturschutz stellt auf die Möglichkeit, in diesem Gebiet Erze zu schürfen, intensive Land- oder Forstwirtschaft zu betreiben oder industrielle Großprojekte anzusiedeln. Bezogen auf das Beispiel

---

11) Vgl. hierzu insbesondere die Ausführungen in Kapitel 8.2.1. "Die These vom strukturellen Überschußland", S. 327 f.

12) Vgl. hierzu die Ausführungen des siebten Kapitels zur "ökonomischen Analyse des anthropogenen Treibhauseffekts" (S. 239 f.).

13) Dieser Sachverhalt wird von Stein Hansen unter Vernachlässigung von Transaktionskosten wie folgt beschrieben: "*The benefit of such swaps for the debtor country is determined by the difference between the present value of the costs of the outstanding debt and the present value of the cost of equity.*"
Der Gegenwartswert der Kosten der Schulden entspricht (im Gleichgewicht genau, ansonsten näherungsweise) dem Marktpreis der Schulden, der wiederum bei einem Debt-Nature den Tauschwert des Verfügungsrechts über Naturvermögen bestimmt. Der Gegenwartswert der Kosten des Vermögensanspruchs ("equity") ist gleich dem Gebrauchswert des Verfügungsrechts über Naturvermögen.
Hansen, Stein: Debt for Nature Swaps ... S. 9.

des Gemeinschaftsgutes "Klima" ist ganz allgemein der Verzicht auf eine naturintensive Produktion zu nennen.[14] Der Verzicht auf eine alternative Verwendung des betreffenden Verfügungsrechts über Naturvermögen bzw. der Verzicht auf eine naturintensive Produktion bringt dem Schuldner jedoch nicht nur Erträge in Form einer verminderten "Schuldenlast", sondern zusätzlich einen unmittelbaren Nutzen aus der Erhaltung bzw. dem Schutz der natürlichen Umwelt. Dieser Umstand schlägt sich in einer Verminderung der Opportunitätskosten der Leistung des Schuldnerlandes nieder.

Zusammenfassend kann festgehalten werden:

Damit ein Debt-Nature swap auf freiwilliger Basis zustandekommt, muß der Gebrauchswert (oder Nutzen) des "Schuldenerlasses" für den Schuldner größer und den Gläubiger kleiner sein als der Gebrauchswert (oder Nutzen) des dafür getauschten "Verfügungsrechts über Naturvermögen". Die Summe des Vermögenszuwachses bei Gläubiger und Schuldner als Folge eines Debt-Nature swaps kann als "privatwirtschaftlicher" oder internalisierter Wohlfahrtsgewinn des Tauschgeschäfts interpretiert werden. Der "gesamtwirtschaftliche" (= weltwirtschaftliche) Wohlfahrtsgewinn wird den "privatwirtschaftlichen" Wohlfahrtsgewinn der Tauschpartner umso mehr übersteigen, je größer die Zahl der Länder ist, die als "Trittbrettfahrer" von einem Debt-Nature swap profitieren.

So einfach der Grundgedanke des Debt-Nature swaps zum Abbau von Verschuldung ist, so vielfältig sind die Möglichkeiten der konkreten Ausgestaltung. Ein allgemeiner Grundsatz für eine aus übergeordneter "weltwirtschaftlicher" Sicht effiziente Ausgestaltung ist die Forderung nach Minimierung der Transaktionskosten. Diese Forderung läßt sich umso besser erfüllen, je größer die allgemeine Bereitschaft ist, Debt-Nature swaps durchzuführen. Das Interesse an neuartigen Transaktionen wird wesentlich gefördert, wenn Rahmenbedingungen exisitieren, innerhalb derer eine gewisse Standardisierung der Transaktionen möglich ist.[15]

---

14) Vgl. hierzu die Ausführungen in Kapitel 7.6. "Welthandel mit Emissionsrechten für Kohlendioxid", S. 295 f.

15) Ein anschauliches Beispiel für die Notwendigkeit geeigneter Rahmenbedingungen, um bestimmte Transaktionen erst vorteilhaft gestalten zu können, ist die Etablierung der Deutschen Terminbörse.

Bei der Standardisierung von Debt-Nature swaps sind vor allem folgende Punkte zu berücksichtigen:

- Bestimmung von Art und Umfang der Leistung und Gegenleistung,
- Kontrolle der Leistungserbringung und
- Sanktionen bei Vertragsverletzungen.

Die Erörterung von Möglichkeiten der Ausgestaltung von Debt-Nature swaps soll an diesen drei zentralen Punkten festgemacht werden.

Die **Leistung des Gläubigers** läßt sich generell bezeichnen als einen "Verzicht auf Tilgungs- und Zinszahlungen", die der Schuldner zu leisten versprochen hat. Dieser Verzicht kann sofort für alle in Zukunft anstehenden Zahlungen ausgesprochen werden oder entsprechend der vereinbarten Zeitpunkte für die Zahlungen zeitlich gestaffelt sein. Ein sofortiger Verzicht auf alle Tilgungs- und Zinszahlungen ist gleichbedeutend mit einem Schuldenerlaß. Der Schuldner wird einen Schuldenerlaß dann präferieren, wenn aus seiner Sicht der Vermögenstausch endgültig sein soll. Dagegen wird mit einem zeitlich gestaffelten Verzicht auf Schuldendienstzahlungen die Möglichkeit zu einem zeitlich befristeten Vermögenstausch, vergleichbar einem Wertpapierpensionsgeschäft[16], explizit offen gehalten. Der Gläubiger wird eine solche Vorgehensweise bevorzugen, wenn er Zweifel am Wert der vom Schuldner in Zukunft zu erbringenden Gegenleistung hegt. Wenn die Wertschätzung im Zeitablauf tatsächlich sinken sollte, dann könnte der Gläubiger den Tauschvertrag kündigen und der Schuldner hätte die noch verbliebenen Schuldendienstzahlungen zu leisten.

Die **Gegenleistung des Schuldners** besteht in der "Übertragung von Verfügungsrechten über Naturvermögen". Solange besondere Regulierungen fehlen, wird unterstellt, daß jedes Land das Recht hat beliebig über Naturvermögen zu

---

16) Bei einem Wertpapierpensionsgeschäft erwirbt der Käufer ein Wertpapier unter der Bedingung, daß der Verkäufer dieses Wertpapier gleichzeitig per Termin zurückkauft. Wertpapierpensionsgeschäfte werden z. B. regelmäßig von der Bundesbank auf dem Offenmarkt getätigt. Den Vorteil gegenüber einem definitiven Ankauf von Aktiva sieht die Bundesbank darin, daß solche Geschäfte auf Initiative der Bundesbank (also des Käufers) kurzfristig reversibel sind. Dies ist auch der Vorteil des zeitlich gestaffelten Verzichts auf Schuldendienstzahlungen gegenüber einem Schulden"erlaß".
Deutsche Bundesbank: Geldpolitische Aufgaben und Instrumente, Sonderdrucke Nr. 7, 1987, S. 68.

verfügen.[17] Dieses, alle Nutzungsarten umfassende, allgemeine Recht läßt sich in spezielle Verfügungsrechte aufspalten, so daß eine bestimmte Nutzungsart aus dem Bündel der Nutzungsmöglichkeiten von Naturvermögen herausgenommen und zum Gegenstand ökonomischer Transaktionen gemacht werden kann.

Was man sich unter der **Nutzung von Naturvermögen** vorstellen kann, soll kurz anhand der Emission des Treibhausgases Kohlendioxid in Erinnerung gerufen werden. Bei der Emission von Kohlendioxid in die Atmosphäre wird die Fähigkeit des Kohlenstoffkreislaufs genutzt, den Kohlendioxidgehalt der Atmosphäre durch die Bindung von Kohlenstoff in den sogenannten "Senken" zu stabilisieren.[18] Ein Anstieg des Kohlendioxidgehalts der Atmosphäre ist für den Menschen zwar nicht direkt schädlich oder nützlich (etwa durch Einatmen der Luft), bewirkt jedoch über den Treibhauseffekt eine Änderung des Klimas. Dieses Naturvermögen, nämlich Kohlendioxidemissionen wieder aus der Atmosphäre zu entfernen, läßt sich auf verschiedenen Abstraktionsebenen als Nutzung erfassen. Am naheliegendsten ist die Vorstellung von der <u>Nutzung natürlicher Kreisläufe</u>. Allerdings wird dadurch kaum sichtbar, worin der Nutzen für den Menschen besteht. Dies wird schon eher deutlich, wenn man von einer <u>Nutzung der natürlichen Stabilisierungsfunktion</u>[19] spricht. Der Nutzen für den Menschen folgt aus einer stabilen Zusammensetzung der Atmosphäre. Nur wenn die Zusammensetzung der Atmosphäre stabil ist, dann wird sich das herrschende Klima auf der Erde nach den bisherigen Erkenntnissen mit Sicherheit nicht wesentlich ändern. Das herrschende Klima bzw. die Sicherheit vor einer Klimaänderung lassen sich als Güter interpretieren, die von der Natur bereitgestellt werden. Damit ist Naturvermögen auf einem hohen Abstraktionsniveau über die <u>Nutzung des Klimas bzw. der Sicherheit vor einer Klimaänderung</u> begreifbar. Zu hohe Kohlendioxidemissionen führen zu einer Übernutzung des Kohlenstoffkreislaufs, zu einer Übernutzung der natürlichen Stabilisierungsfunktion der Atmosphare, zu einem Verlust an Sicherheit vor einer (katastrophalen) Klimaänderung und damit in jedem Fall zu einem Verzehr von Naturvermögen. Umgekehrt trägt eine Einschränkung der globalen Kohlendioxidemission zur Erhaltung von Naturvermögen bei. Damit läßt sich an der

---

17) In Kapitel 7.6. "Welthandel mit Emissionsrechten für Kohlendioxid" (S. 295 f.) wurde gezeigt, daß diese Unterstellung sinnvoll und zweckmäßig ist.

18) Zur Funktionsweise des Kohlenstoffkreislaufs vgl. die Ausführungen in Kapitel 6.1. "Die geophysikalischen Stoffkreisläufe", S. 211 f.

19) Zu den verschiedenen Funktionen der natürlichen Umwelt vgl.
Statistisches Bundesamt: Umweltökonomische Gesamtrechnung, Wiesbaden, Juli 1990, S. 5 - 10.

Kohlendioxidemission ein spezielles Verfügungsrecht über Naturvermögen festmachen.

Der Inhalt dieses Verfügungsrechts hängt nun davon ab, (1) ob es gelingt, auf dem Wege von Verhandlungen eine Höchstmenge für die globalen Kohlendioxidemissionen festzulegen und diese Höchstmenge zwischen den einzelnen Ländern aufzuteilen oder (2) ob jedes Land weiterhin beliebige Mengen Kohlendioxid emittieren darf.[20)]

(1) Im ersten Fall, der Existenz eines Nutzungs-(= Emissions-)kontingents für jedes Land, sind Verfügungsrechte so zu definieren, daß Teile des Nutzungskontingents eines Landes auf ein anderes Land übertragbar werden. Das Verfügungsrecht hat die Erlaubnis zur Emission einer bestimmten Menge Kohlendioxid zum Inhalt. Der Erwerber des Verfügungsrechts darf diese Menge Kohlendioxid über sein ursprünglich zugeteiltes Nutzungskontingent hinaus emittieren. Umgekehrt muß der Aussteller des Verfügungsrechts auf einen entsprechenden Teil seines Nutzungskontingents verzichten.

(2) Im zweiten Fall, der Möglichkeit zur "legalen" Emission beliebiger Mengen von Kohlendioxid[21)], muß das Verfügungsrecht eine Beschränkung der Emissionen zum Inhalt haben. Der Aussteller des Verfügungsrechts verpflichtet sich eine bestimmte Emissionsmenge nicht zu überschreiten. Dies erlaubt dem Erwerber seine eigenen umweltpolitischen Ziele nach außen abzusichern und zu verhindern, daß die Wirkung interner Maßnahmen zur Reduktion von Kohlendioxidemissionen durch erhöhte Emissionen im Ausland kompensiert wird.

Die vereinbarte Laufzeit eines Debt-Nature swaps kann - in Analogie zu einem "Konsol" - unbegrenzt sein oder zeitlich befristet werden. Für den Fall einer zeitlichen Befristung ist es unter dem Gesichtspunkt der Minimierung der Transaktionskosten vorteilhaft, eine automatische Verlängerung der Laufzeit des Debt-Nature swaps vorzusehen.
Ein zeitlich befristeter Debt-Nature swap entspricht de facto einem "Leasing" von Naturvermögen bei Aussetzung der Tilgungszahlungen während der Leasingdauer. Die "Mietzahlungen" des Gläubigers an den Schuldner gehen als

---

20) Eine Analyse dieser beiden Fälle wurde in Kapitel 7.6. "Welthandel mit Emissionsrechten für Kohlendioxid" (S. 295 f.) vorgenommen.

21) "Legal" soll heißen, daß keine speziellen vertraglichen Vereinbarungen oder allgemeine völkerrechtliche Grundsätze (z. B. der Grundsatz der territorialen Integrität) verletzt werden.

Zinszahlungen des Schuldners wieder an den Gläubiger zurück. Die Mietzahlungen des Gläubigers stellen eine Internalisierung externer Erträge dar, die aus dem Naturvermögen des Schuldners an den Gläubiger fließen.

Sowohl ein zeitlich unbefristeter als auch ein zeitlich befristeter Debt-Nature swap läßt sich mit der Möglichkeit einer Kündigung versehen. Das Kündigungsverfahren sollte so geregelt sein, daß die Kündigung lediglich im Falle eines Fehlverhaltens eines Tauschpartners durch den davon benachteiligten Tauschpartner ausgesprochen werden kann. Durch eine Verpflichtung zur "Abmahnung" des vertragsbrüchigen Tauschpartners läßt sich das Kündigungsverfahren zu einem wirksamen Sanktionsmechanismus ausgestalten.
Durch die Möglichkeit zur Kündigung seitens des Schuldners wird auch dem Vorwurf begegnet, daß eine vorübergehende Zwangslage der Schuldnerländer von den Gläubigern zur weiteren Aneignung von Volksvermögen der Schuldner ausgenutzt wird.

Ein besonders heikler Punkt bei der Ausgestaltung von Debt-Nature swaps ist die Frage, wie und durch wen die Kontrolle der Leistungserbringung des Schuldnerlandes erfolgen soll. Wichtig ist, daß die Modalitäten der Kontrolle keine Souveränitätsrechte des Schuldnerlandes verletzen. Aus diesem Grund ist es am günstigsten, die laufende Kontrolle "vor Ort" einer nicht-staatlichen Umweltschutzorganisation im Schuldnerland zu übertragen. Diese nationale Organisation sollte jedoch in einem engen Kontakt zu einer internationalen Organisation - wie dem Umweltprogramm der Vereinten Nationen "UNEP" - stehen, um durch entsprechende Absprachen ein möglichst einheitliches Vorgehen in den verschiedenen Ländern zu erreichen.

9.2. Debt-Nature swap zur Finanzierung von Entwicklung

Die wirtschaftliche Entwicklung eines Landes erfordert heute mehr "Kapital" 22) als in der Vergangenheit. Während die heutigen Industrieländer bei ihrer Entwicklung noch auf den ursprünglichen (= vorindustriellen) Naturvermögensbestand zurückgreifen konnten, müssen die Entwicklungsländer der Gegenwart in einem viel früheren Entwicklungsstadium Rücksicht auf die verminderte Kapazität der natürlichen Umwelt nehmen. Sowohl die Ressourcenvorkommen als auch insbesondere die Assimilationskapazität der Natur zeigen immer enger werdende Grenzen auf. Die Entwicklungsländer müssen nicht nur zur Realkapitalbildung sparen, sondern sie müssen auch "Natursparen".23)
Die Naturintensität der Produktion in Entwicklungsländern darf auch im Interesse der Industrieländer nicht das gleiche Ausmaß haben, wie bei der Entwicklung zum Industrieland in der Vergangenheit. Für den Zwang zum Natursparen müssen die Entwicklungsländer entschädigt werden oder mit anderen Worten, das Natursparen muß von den Industrieländern finanziert werden.24)

"Natursparen" führt bei gleicher Arbeitsproduktivität zu einem größeren Kapitalkoeffizienten der Produktion. Der größere Kapitalkoeffizient resultiert aus der Notwendigkeit Umweltschutzinvestitionen zu tätigen bzw. umweltfreundlichere und damit teurere Produktionsverfahren anzuwenden.

Eine Verpflichtung zum Natursparen als Gegenleistung für einen "Schuldenerlaß" lenkt die Entwicklung des Schuldnerlandes in eine ganz bestimmte Rich-

---

22) "Kapital" ist im Sinne von Realkapital, reale Ressourcen, reale Ersparnis zu verstehen. Vgl. zum Begriff "Kapitel" jedoch auch Fußnote 26 auf der folgenden Seite.

23) Diese Auffassung, die kaum mehr bestritten wird, ist die Konsequenz aus Simulationsrechnungen der folgenden Art: Wenn alle Bewohner der Erde den gleichen Energieverbrauch pro Kopf wie ein US-Amerikaner hätten, dann wäre der Weltenergieverbrauch um ein vielfaches größer. Ein solcher Zustand wäre von den ökologischen Auswirkungen nicht tragbar. Man kann sagen, ein US-Amerikaner beansprucht durchschnittlich mehr Naturvermögen, als im Durchschnitt der Weltbevölkerung ökologisch tragbar ist.

24) Mit Recht weist der Präsident der Weltbank Barber Conable darauf hin, daß es nicht ausreicht den Entwicklungsländern zu raten, "*im Umweltbereich nicht die Fehler der industrialisierten Welt zu wiederholen. ... Solange aber solche Ratschläge nicht mit brauchbaren Alternativen einhergehen, impliziert dies, daß Entwicklungsländer im Interesse eines globalen Umweltschutzes stagnieren sollen.*"
Conable, Barber B.: Entwicklung und Umwelt- ein globales Gleichgewicht, in: Finanzierung und Entwicklung, Dezember 1989, S. 2 - 4, hier: S.3.

tung. Diese Tatsache könnte man sicherlich zum Anlaß nehmen, statt von einem Debt-Nature swap von einem "Debt (for) Development swap" zu sprechen.[25] Da bei dieser Art der Entwicklungsfinanzierung der Erhaltung von Naturvermögen ein erheblicher Stellenwert zukommt, erscheint es sinnvoll die Bezeichnung Debt-Nature swap beizubehalten.

Der **Grundgedanke** des "Debt-Nature swaps zur Finanzierung von Entwicklung" ist einfach:
Wenn die Entwicklungsländer teilweise auf die Nutzung und damit die Erträge aus Naturvermögen zugunsten der Industrieländer verzichten (müssen), so liegt es nahe, daß zur "Kompensation" dieser Leistung die Industrieländer auf Erträge aus Vermögen zugunsten der Entwicklungsländer "verzichten".

So forderte auf der zweiten Ozon-Konferenz in London im Juni 1990 die brasilianische Delegation Ausgleichszahlungen für die Kosten der Umstellung von Produktion und Verbrauch von umweltschädlichen FCKWs auf unschädliche Ersatzsubstanzen. Zusätzlich zu den Ausgleichszahlungen müßte auch technisches Sachwissen zur Verfügung gestellt werden.[26]
Mit anderen Worten, die Industrieländer haben für eine Beschränkung der Nutzung des Produktionsfaktors "Natur" in den Entwicklungsländern einen Preis zu zahlen. Nur bei einer eingeschränkten Nutzung des Produktionsfaktors "Natur" in den Entwicklungsländern hat die Natur als globales Gemeinschaftsgut die von den Industrieländern gewünschte Qualität. Dies läßt sich - abstrakt formuliert - durch eine Änderung der Portfoliostruktur der Industrie- und der Entwicklungsländer erreichen. Ein Entwicklungsland tauscht das Verfügungsrecht über einen bestimmten "Anteil am (globalen) Naturvermögen" gegen das Verfügungsrecht über einen bestimmten "Kapitalbetrag".[27]

---

25) Diese Begriffsbildung findet sich bei Fues / Unmüßig.
Fues, Thomas / Barbara Unmüßig: Ein Routineereignis unter Erwartungsdruck, in: epd - Entwicklungspolitik, 16 / 17 / 1988, S. 13 - 17, hier: S. 14.

26) o.V.: Forderungen bei der Ozon-Konferenz, in: Frankfurter Allgemeine Zeitung vom 27.6.90.

27) Welche Vorstellungen mit den Begriffen "Anteil am (globalen) Naturvermögen" und "Kapitalbetrag" zu verbinden sind, läßt sich in einer "exakten" Definition kaum vermitteln. Eine Erklärung dieser Begriffe sollte jedoch an dieser Stelle auch nicht mehr notwendig sein. Was unter einem "Anteil am (globalen) Naturvermögen" zu verstehen ist, wurde anhand von Beispielen im siebten Kapitel bei der ökonomischen Analyse des anthropogenen Treibhauseffekts verdeutlicht (S. 239 - 302). Die mit dem Begriff "Kapital(betrag)" verbundenen Vorstellungen wurden im ersten Kapitel bei der Analyse der Ansätze zur Erklärung von Verschuldung erörtert (S. 24 - 94).

Es sollen nun exemplarisch **drei Varianten** des "Debt-Nature swaps zur Finanzierung von Entwicklung" vorgestellt werden:

1. Variante:

Der von den Industrieländern zu leistende Kapitalbetrag kann als verzinsliche Forderung gegen die Industrieländer von dem betreffenden Entwicklungsland in sein Portfolio aufgenommen werden. Die Forderung wird mit einer unendlichen Laufzeit ausgestattet (= "Konsol"). Das Entwicklungsland erhält jährliche Zinszahlungen auf den Kapitalbetrag. Diese "ewige Rente" läuft solange, wie das Entwicklungsland den Industrieländern das gewünschte Verfügungsrecht über Naturvermögen gewährt.

Im Gegensatz zum "Debt-Nature swap zum Abbau der Verschuldung" führt der "Debt-Nature swap zur Finanzierung von Entwicklung" nicht zu einem Passivtausch in der Vermögensbilanz des Entwicklungslandes, sondern zu einer Bilanzverlängerung. Auf der Aktiv-Seite steigen die Auslandsforderungen des Entwicklungslandes durch die "Kreditvergabe" und auf der Passiv-Seite nehmen die Auslandsverbindlichkeiten in Form eines "Verzichts" auf eine bestimmte Nutzung der natürlichen Umwelt zu. Das heißt, für das Zustandekommen dieser Art von Debt-Nature swaps ist eine Auslandsverschuldung des betreffenden Entwicklungslandes keine notwendige Voraussetzung. Wenn die Kreditforderungen (auf der Aktiv-Seite der Vermögensbilanz) und die Schulden (auf der Passiv-Seite der Vermögensbilanz) nicht getrennt ("brutto") betrachtet werden, sondern zum Nettogeldvermögensbestand eines Landes zusammengefaßt werden - eine Vorgehensweise, die z.B. für den Finanzaktiva-Ansatz konstitutiv ist[28] -, dann besteht kein "sichtbarer" Unterschied mehr zwischen einem "Debt-Nature swap zum Abbau der Verschuldung" und einem "Debt-Nature swap zur Finanzierung von Entwicklung". Dies macht deutlich, daß Debt-Nature swaps vor allem unter dem Aspekt einer "Globalisierung der Umweltpolitik" zu diskutieren sind und ihr Beitrag zur Lösung der Schuldenkrise eher einen "erfreulichen Nebeneffekt" darstellt.

Der reale Ressourcentransfer findet nicht auf einmal in Höhe des Kapitalbetrags statt, sondern jährlich in Höhe der ewigen Rente. Damit wird versucht, eine gewisse zeitliche Äquivalenz des Nutzenstroms aus dem Verfügungsrecht über Natur und den realen Kosten für die Industrieländer herzustellen.

Diese erste Variante des "Debt-Nature swaps zur Finanzierung von Entwicklung" ist mit einem Leasing-Geschäft vergleichbar. Das Verfügungsrecht über Naturvermögen wird von den Industrieländern auf unbestimmte Zeit

---

28) Der Finanzaktiva Ansatz wurde in Kapitel 1.1.2.3. (S. 44 f.) vorgestellt.

"gemietet". Die jährlichen Zinszahlungen sind dann als Mietzahlungen zu interpretieren.

Ein Vorschlag in diese Richtung wurde von dem "UNDP"-Vertreter in Indonesien - Galal Magdi - mit dem Ziel unterbreitet, die Entwicklung, speziell der Forstwirtschaft, zu finanzieren. Nach den Vorstellungen von Magdi könnten die Geberländer mit dem Leasing von ganzen Wäldern in den Entwicklungsländern einen wichtigen Beitrag zur Erhaltung dieser Wälder leisten. "*Dieser Ansatz würde Forstprogramme ermöglichen, wobei das Entwicklungsland kompensiert würde, bis selbsttragende Forstwirtschaft wieder möglich wird.*"[29)]

2. Variante:
Der Kapitalbetrag wird dem Entwicklungsland sofort nach Vertragsabschluß vollständig ausgezahlt. Die Art der Verwendung des Kapitalbetrags steht dem Entwicklungsland grundsätzlich offen. Allerdings wird die Erfüllung der Verpflichtungen des Debt-Nature swaps vom Entwicklungsland Ausgaben erfordern, die zumindest einen Teil des Kapitalbetrags beanspruchen. Dabei ist zwischen Ausgaben zu differenzieren, die in heimischer Währung getätigt werden können und solchen, die Devisen erfordern.[30)] Für das Entwicklungsland ist zunächst vor allem der tatsächlich "frei" verwendbare Zufluß an Devisen das wichtigste Argument, einen Debt-Nature swap durchzuführen.
In der Vermögensbilanz des Entwicklungslandes bewirkt der Debt-Nature swap auf der Aktiv-Seite einen Anstieg des Devisenbestandes und auf der Passiv-Seite nehmen durch die Übertragung eines Verfügungsrechts über Naturvermögen an das Ausland die Verpflichtungen zu. Da die Leistung der Industrieländer in Geld ("Devisen") erbracht wird, liegt in diesem Fall - wenn man sich an die konventionellen Definitionen hält - kein Tausch, sondern ein (Ver-)Kauf vor.[31)]
Ein schwerwiegender Nachteil des Kaufs von Verfügungsrechten über Naturvermögen ergibt sich, insbesondere für den Käufer, aus dem Mangel an zeitlicher Kongruenz der Leistungen. Die Leistung des Käufers (= der Kapitalbetrag) wird sofort wirksam, die Gegenleistung des Verkäufers (= Gewährung eines Verfügungsrechts über Naturvermögen) erstreckt sich auf einen längeren,

29) Der Vorschlag von Magdi wird ohne weitergehende Erläuterungen in einem Pressekommunique des UNDP vom 25. Juni 1987 erwähnt.

30) Vgl. hierzu Kapitel 4.4.4. "Die Kritik am Debt swap als Instrument zur Lösung der Schuldenkrise", S. 201 f.

31) Vgl. hierzu die Ausführungen in Kapitel 4.4.3. "Die Bedeutung des Sekundärmarktes für Schulden" (S. 196 f. und insbesondere Übersicht 17 auf S. 197).

im Extremfall "unendlich" langen Zeitraum. Dieser Nachteil eines Kaufgeschäfts läßt sich durch folgende Regelung abschwächen:
In Höhe des von den Industrieländern geleisteten Kapitalbetrags werden den Industrieländern Forderungen gegen das betreffende Entwicklungsland gutgeschrieben. Die Forderungen haben eine unendliche Laufzeit und werden mit einem Zinssatz von null ausgestattet. Das heißt, der Schuldendienst beträgt ebenfalls null. Der Zinssatz von null ist jedoch an die Erfüllung der vertraglichen Verpflichtungen seitens des Entwicklungslandes gebunden.[32] Sobald das Entwicklungsland formal oder durch sein Verhalten den Debt-Nature swap "kündigt", wird ein bei Vertragsabschluß vereinbarter Zinssatz größer als null wirksam. Da der Markt- oder Tauschwert einer unverzinslichen Forderung mit unendlicher Laufzeit null ist, hat das Entwicklungsland durch diese Regelung die Möglichkeit, zwischen dem "Verfügungsrecht über Naturvermögen" und "Verschuldung" jederzeit zu wählen. Die ursprüngliche Transaktion "Umwelt gegen Devisen" kann durch eine weitere Transaktion "Schulden gegen Umwelt" in ein konventionelles Geschäft der Art "Schulden gegen Devisen" umgewandelt werden. Die Transaktion "Schulden gegen Umwelt" läuft dabei entgegen der bisher unterstellten Tauschrichtung ab. Das Entwicklungsland nimmt das ursprünglich gewährte Verfügungsrecht über Naturvermögen wieder zurück und läßt dadurch die vorher vereinbarte Verpflichtung zur Schuldendienstzahlung aufleben.

3. Variante:
Der Preis (oder die Kompensation) für einen Verzicht auf Nutzung von Naturvermögen (oder die Gewährung von Verfügungsrechten über Naturvermögen) kann von den Industrieländern in Form einer <u>Kreditsubvention</u> gezahlt werden.
So sieht die Weltbank (inzwischen) die Notwendigkeit zinsgünstiger Kredite für Umweltschutzinvestitionen, "*wenn sich der Nutzen jenseits der Landesgrenzen niederschlägt. Dies trifft auf Maßnahmen zu, die beispielsweise den direkten Export von Emissionen verringern oder sich auf die Erhaltung einer einzigen einheimischen Spezies konzentrieren, die eventuell von internationaler Bedeutung ist. In solchen Fällen dürfte die Kreditvergabe zu Marktzinsen kaum akzeptabel sein. Verschiedene Entwicklungsinstitutionen und nicht-staatliche Organisationen begutachten deshalb gegenwärtig verschiedene Subventionsme-*

---

32) Eine solche Konstruktion wird u.a. von Schmidt als ein Instrument zur Lösung der Schuldenkrise angeführt. "*Umwandlung in zinslose Anleihen, wobei die Zinspflicht nur unter bestimmten Bedingungen wieder auflebt.*"
Schmidt, Helmut: Für einen Marshall-Plan der Industrie-Staaten, in: Die Zeit vom 23.9.1988, S. 37 - 40.

chanismen für den Umweltschutz. Ein Verfahren, das kürzlich für einige Länder angewendet worden ist, sind Schulden - Umwelt - Swaps."[33)]
In der Höhe der Kreditsubvention spiegelt sich der Zusatznutzen wider, der den Industrieländern durch eine "umweltverträgliche" Verwendung der Kreditmittel zugute kommt. Gerade durch die Bündelung von Leistungen, die mit einer Kreditsubvention einhergeht[34)], eignet sich diese Variante besonders gut, Debt-Nature swaps als ein Instrument der globalen Umweltpolitik zu etablieren. Der Umweltschutz kann, verstanden als Zusatznutzen einer Kreditvergabe, im Rahmen bestehender Finanzierungsinstitutionen und -mechanismen in das weltwirtschaftliche System "eingebaut" werden. Damit wird der wichtige erste Schritt zu der dringend notwendigen "ökologischen Reform" des weltwirtschaftlichen Systems getan, ohne neue Organisationen schaffen zu müssen.
Im November 1990 einigten sich zunächst 25 Industrie- und Entwicklungsländer darauf, diesen ersten Schritt zu tun. Im Rahmen eines drei Jahre währenden Pilotprogramms sollen Mittel aus einer "Globalen Umweltfazilität" bereitgestellt werden, "*um bei der Finanzierung von Programmen und Projekten zu helfen, die Einfluß auf die globale Umweltsituation nehmen*".[35)] Die "Globale Umweltfazilität" wird anfänglich mit 1,5 Mrd. US-$ ausgestattet sein und gemeinsam von der Weltbank, dem Entwicklungsprogramm der Vereinten Nationen ("UNDP") und dem Umweltprogramm der Vereinten Nationen ("UNEP") verwaltet werden. Die Mittel sollen in die folgenden vier Bereiche fließen:

- Schutz der Ozonschicht,
- Begrenzung der Emission von Treibhausgasen,
- Schutz der Artenvielfalt,
- Schutz der internationalen Gewässer.

Es ist vorgesehen, Projekte zu fördern, die einen "substantiellen Nutzen" für die globale Umwelt haben, deren Gesamtrendite für das betreffende Land jedoch nicht "attraktiv" genug ist, und auch solche Projekte zu unterstützen, die nach inländischen Gesichtspunkten gerechtfertigt sind, jedoch dem betreffenden Land zusätzliche Kosten aufbürden, um zusätzliche, global wirkende Vorteile zu erzielen.

---

33) Warford, Jeremy / Zeinab Partow: Die Umweltpolitik der Weltbank, in: Finanzierung & Entwicklung, Dez. 1989, S. 5 - 8, hier: S. 5.

34) Zur Bündelung von Leistungen bzw. Nutzenarten vgl. die Ausführungen zur Frage, in welcher Form das Gut Umweltschutz Gegenstand von Markttransaktionen sein kann, in Kapitel 8.2.2. "Umweltschutz als Luxusgut", S. 355 f.

35) o.V.: Die globale Umweltfazilität, in: Finanzierung & Entwicklung März 1991, S. 24.

Die "Globale Umweltfazilität" wird aus einem Fonds bestehen, zu dem in Form unentgeltlicher Leistungen beigetragen werden kann, und einem Finanzierungsabkommen, das durch die Vergabe von Vorzugskrediten auf bilateraler Ebene helfen soll, die vom Fonds unterstützten Aktivitäten mitzufinanzieren.

Es stellt sich die Frage, ob der mit der "Globalen Umweltfazilität" verbundene Zentralismus notwendig und effizient ist, oder ob nicht Möglichkeiten bestehen, die Rahmenbedingungen für Debt-Nature swaps (in jeglicher Form, also nicht nur in Form von Kreditsubventionen) so zu gestalten, daß die Vorteile eines stärker marktwirtschaftlich orientierten Allokationssystems genutzt werden können. Dieser Frage wird im folgenden Kapitel nachgegangen.

9.3. Vorschläge zur Institutionalisierung von Debt-Nature swaps

Das allgemeine Ziel einer Institutionalisierung von Debt-Nature swaps kann darin gesehen werden, die Transaktionskosten für die potentiellen Tauschpartner zu senken und damit die Effizienz von Debt-Nature swaps zu erhöhen. Unter dem Aspekt der Transaktionskosten läßt sich ein (beliebiger) Tausch gedanklich in vier Schritte zerlegen:

(1) Kontakte zwischen den potentiellen Tauschpartnern herstellen ("Suchkosten"),

(2) Bedingungen des Tausches aushandeln ("Verhandlungskosten"),

(3) Leistungserbringung des Tauschpartners überwachen ("Kontrollkosten"),

(4) eventuelles Fehlverhalten des Tauschpartners sanktionieren ("Sanktionskosten").

Die folgenden Vorschläge zur Institutionaliserung von Debt-Nature swaps orientieren sich an dieser Schrittfolge.

Die Kontaktaufnahme zwischen den potentiellen Tauschpartnern läßt sich durch die Einrichtung einer "Tauschzentrale" (oder "Börse") wesentlich erleichtern. Um Zeit und Kosten zu sparen sollte diese Tauschzentrale von einer (oder auch mehreren) schon bestehenden internationalen Organisation(en) aufgebaut und getragen werden.[36] Bei der Suche nach hierfür geeigneten Organisationen ist nicht nur auf das Vorhandensein der notwendigen sachlichen Kompetenz zu achten, sondern auch darauf, daß diese das Vertrauen der Industrieländer und der Entwicklungsländer besitzen. Diese Voraussetzungen werden beispielsweise von dem Umweltprogramm der Vereinten Nationen ("UNEP") und dem Entwicklungsprogramm der Vereinten Nationen ("UNDP") erfüllt.[37]

---

36) Im Gegensatz hierzu unterstützt Oberndörfer die Forderung des amerikanischen Kongresses, eine neue internationale Behörde zum "Umweltschutz durch Schuldenerlaß" nach dem Vorbild der "Internationalen Atomenergiebehörde" einzurichten. Nach den Vorstellungen von Oberndörfer sollte von dieser Behörde der Einsatz, der im Rahmen von Debt-Nature swaps bereitgestellten Mittel "*koordiniert, administriert, geplant und überwacht werden*".
Oberndörfer, Dieter: Schutz der tropischen Regenwälder durch Entschuldung ... S. 51.

37) Auf der zweiten Ozonkonferenz der Vereinten Nationen im Juni 1990 in London wurde in

Die primäre Aufgabe der Tauschzentrale ist - in Analogie zur Funktion eines "Marktplatzes" -, einen (regelmäßig aktualisierten) Überblick über das Angebot und die Nachfrage von "Umweltschutzprojekten" (oder von "Verfügungsrechten über Naturvermögen") zu geben. Zur Realisierung von "Debt-Nature swaps zum Abbau von Verschuldung" sind darüber hinaus von der Tauschzentrale Informationen über das Angebot auf dem "Sekundärmarkt für Schulden" zu sammeln und allen Interessenten bereitzustellen. Zur Erfüllung dieser Informationsfunktion muß die Tauschzentrale den potentiellen Tauschpartnern bekannt sein und gut, d.h. mit geringen Kosten zu erreichen sein. Dies erfordert "Werbung" für die Leistungen der Tauschzentrale und den Aufbau eines weltweiten Netzes von direkten Ansprechpartnern für die "Kunden" der Tauschzentrale.

Die "Kunden" lassen sich in zwei große, sehr unterschiedliche Gruppen einteilen. Das sind zum einen die privaten Umweltschutzorganisationen und zum anderen die staatlichen Interessenten. Im Unterschied zu den staatlichen Interessenten unterliegen die privaten Umweltschutzorganisationen als "Finanziers" von Umweltschutz der Restriktion eng begrenzter Finanzierungsmöglichkeiten (Mitgliedsbeiträge und Spenden) und als "Produzenten" von Umweltschutz der Restriktion fehlender hoheitlicher Gewalt, d.h. ihre Aktivitäten müssen innerhalb der gesetzlichen Regelungen erfolgen und können nicht das Setzen von rechtlichen Rahmenbedingungen zum Inhalt haben. Die Tauschzentrale hat ihre Aktivitäten entsprechend der unterschiedlichen Möglichkeiten ihrer beiden "Kundengruppen" zu gestalten. Darauf wird bei der Erörterung des Verhandlungsprozesses noch zurückzukommen sein.

Ein wichtiger Punkt bei der "Gründung" der Tauschzentrale ist die Frage, wer die (Vermittlungs-)Leistungen der Tauschzentrale finanzieren soll. In Anbetracht des globalen Nutzens, der von der Tauschzentrale vermittelten Transaktionen, läßt sich eine "öffentliche Finanzierung" durch die Völkergemeinschaft ("Vereinte Nationen") rechtfertigen. Leistungen, die über eine reine Informationstätigkeit hinausgehen, könnten gegen Gebühren abgegeben werden. Auch eine

---

der Diskussion um die Einrichtung eines internationalen Fonds, der den Entwicklungsländern bei der Einführung FCKW-freier Techniken helfen soll, von den westlichen Industrieländern der Vorschlag gemacht, die Verwaltung dieses Fonds der Weltbank zu übertragen. Die Entwicklungsländer äußerten aufgrund der Machtstruktur bei der Weltbank jedoch Bedenken gegen eine Übertragung der Verfügungsgewalt über den Fonds an die Weltbank. Nach den Vorstellungen der Entwicklungsländer soll die Weltbank zwar die technische Verwaltung des Fonds übernehmen, aber die Entscheidungen über die Verwendung der Mittel von der Umweltorganisation der Vereinten Nationen "UNEP" getroffen werden.
o.V.: Forderungen bei der Ozon-Konferenz, in: Frankfurter Allgemeine Zeitung vom 27.6.1990.

(teilweise) Finanzierung über Mitgliedsbeiträge ist vorstellbar.
An die Informationsfunktion der Tauschzentrale läßt sich unmittelbar die Rolle eines "Auktionators" (oder "Maklers") anschließen. Denkbar wäre, daß die Tauschzentrale bei ihr eingehende Tauschangebote in Form einer "Ausschreibung" veröffentlicht. Im Rahmen einer solchen Ausschreibung können sowohl Kapitalgeber für bestimmte Umweltschutzprojekte gesucht werden, als auch umgekehrt Kapital im Tausch gegen "Umwelt" angeboten werden.
Beispiele für die erste Möglichkeit sind: (1) Eine private Umweltschutzorganisation möchte in einem "ökologisch wertvollen Gebiet" (was in der Ausschreibung zu belegen ist) Land kaufen und ein Naturreservat einrichten bzw. eine Beschränkung auf "umweltverträgliche Bewirtschaftungsformen" vornehmen. Der für den Landkauf benötigte Kapitalbetrag und die voraussichtlichen Kosten für die Betreuung des Projekts werden in der Ausschreibung genannt. (2) Ein Entwicklungsland erklärt sich bereit, die energiebedingte Emission von Kohlendioxid in Zukunft auf das derzeitige Volumen zu begrenzen. Die geforderte Gegenleistung (z.B. "Erlaß von Schulden", technische Hilfe bei dem Aufbau eines Energieversorgungssystems) kann in der Ausschreibung genau fixiert sein oder als Aufforderung zu einem "Gegenangebot" formuliert werden.
Die zweite Möglichkeit - Kapital wird für "Umwelt" angeboten - läßt sich mit folgenden Beispielen illustrieren: (1) Eine private Umweltschutzorganisation gibt einen bestimmten Kapitalbetrag (oder ein bestimmtes Finanzierungsvolumen) vor und nennt ihre Präferenzen für die Art der Verwendung der zur Verfügung stehenden Mittel. Interessenten werden aufgefordert, Vorschläge für konkrete Projekte einzureichen. (2) Die Regierung eines Industrielandes bietet eine "Kompensation" für die Einschränkung von Kohlendioxidemissionen (oder von Emissionen anderer Treibhausgase) in Entwicklungsländern an.[38)]
Diese Beispiele lassen eine weitere wichtige Funktion erkennen, die von der Tauschzentrale wahrgenommen werden kann. Diese Funktion besteht - allgemein formuliert - in der "Bündelung von gleichartigen Interessen". Dabei ist etwa an die Möglichkeit zu denken, die von einzelnen Umweltschutzorganisationen für gleichartige Zwecke (z.B. zur Erhaltung von Regenwäldern) bereitgestellten Finanzierungsmittel, zu einem größeren Kapitalbetrag zusammenzufassen.[39)] Dadurch lassen sich nicht nur die Verhandlungskosten für die beteiligten Umweltschutzorganisationen reduzieren, sondern es wird vor allem

---

38) Zu den Voraussetzungen und der möglichen Ausgestaltung eines solchen Angebots vgl. die Ausführungen des Kapitels 7.6. "Welthandel mit Emissionsrechten für Kohlendioxid", S. 295 f.

39) Vgl. den Debt-Nature swap zwischen Costa Rica auf der einen Seite und mehreren privaten Umweltschutzorganisationen auf der anderen Seite (S. 362).

die Möglichkeit zu einer Beteiligung an Debt-Nature swaps auch für Interessenten mit "kleineren Beträgen" geschaffen. Die Tauschzentrale wird zu einer Kapitalsammelstelle für den globalen Umweltschutz.[40)]

Ein weites Betätigungsfeld eröffnet sich der Tauschzentrale im Bereich der Beratung potentieller Tauschpartner und bei der Unterstützung konkreter Vertragsverhandlungen. Das Ziel der Tauschzentrale muß sein, die Abwicklung von Debt-Nature swaps zu vereinfachen und damit die Verhandlungskosten zu senken.

Ein geeignetes Mittel zur Vereinfachung von Tauschvorgängen ist die Standardisierung der Gegenstände oder Leistungen, die getauscht werden sollen und der (Neben-)Bedingungen, unter denen der Tausch stattfindet. Zu den (Neben-)Bedingungen eines Tauschgeschäfts gehören insbesondere die Möglichkeiten, die Leistungserbringung zu kontrollieren und bei Bedarf eine Nachbesserung der Leistung zu verlangen, die Möglichkeiten, das Tauschgeschäft rückgängig zu machen und die Möglichkeiten eine unzureichende Leistungserbringung zu sanktionieren.

Wie eine (am Nutzen orientierte) Standardisierung von Leistungen im Umweltschutz aussehen kann, läßt sich am Beispiel der "Erhaltung tropischer Regenwälder" verdeutlichen. Zunächst ist eine Bestandsaufnahme des im Regenwald verkörperten Naturvermögens anhand objektiver Kriterien - wie "Bindung von Kohlenstoff je km^2 Waldfläche"[41)] oder "Anzahl der endemischen Arten je km^2 Waldfläche"[42)] erforderlich. Auf Grundlage dieser Bestandsaufnahme können verschiedene Kategorien gebildet werden, die den "Nutzen der Erhaltung" von Waldgebieten widerspiegeln. Bezüglich der beiden genannten Kriterien gilt, je mehr Kohlenstoff ein Waldgebiet bindet und je größer die Anzahl der endemi-

---

40) An dieser Stelle ließen sich viele Spekulationen über eine Weiterentwicklung der Tauschzentrale zu einer global tätigen "Öko-Bank" anstellen. Das Grundprinzip einer "Öko-Bank" besteht darin, durch die Finanzierung von "umweltverträglichen" Projekten einen möglichst hohen "Zusatznutzen" für die Kapitalgeber der Bank zu erwirtschaften, so daß die monetären Zinsen (als "Grundnutzen") für Einlagen und damit auch für Kredite unter dem Marktzinsniveau gehalten werden können. Vgl. hierzu die grundsätzlichen Ausführungen des Kapitels 8.2.2. "Umweltschutz als Luxusgut" (S. 350 f.) und die Ausführungen zur 3. Variante eines "Debt-Nature swaps zur Finanzierung von Entwicklung" (S. 377 f.)

41) Dieses Kriterium wurde in einer anderen Formulierung ("Netto-Freisetzung von Kohlenstoff in die Atmosphäre je Tausend km^2 Rodungsfläche") schon in Kapitel 8.1. "Die Schuldnerländer als Anbieter von Umwelt" (S. 313) verwendet.

42) Unter "Endemismus" versteht man die Begrenzung des Verbreitungsgebietes einer Tier- oder Pflanzenart auf einen sehr engen Bereich. Vgl. hierzu die Ausführungen des Kapitels 6.2. "Die räumliche Verteilung der Spezies in der Biosphäre", S. 219 f.

schen Art ist, desto höher ist die "Nutzenkategorie" des jeweiligen Waldgebiets. Gleichzeitig ist eine Skala von "Schutzstufen" zu entwickeln. Für jede Schutzstufe sind Mindestanforderungen bezüglich der Maßnahmen zum Schutz des Regenwaldes zu definieren. In der höchsten Schutzstufe könnten beispielsweise ausschließlich Forschungsaktivitäten gestattet sein, was mit entsprechend strengen Anforderungen an die Schutzmaßnahmen verbunden ist. In einer niedrigeren Schutzstufe sollte das Sammeln "extraktiver Waldprodukte" erlaubt werden und in einer noch niedrigeren Schutzstufe könnte ein (geregelter) selektiver Einschlag von Bäumen oder sogar eine weitergehende forstwirtschaftliche Nutzung ermöglicht werden. Mit Hilfe des Rasters aus "Nutzenkategorie" und "Schutzstufe" lassen sich die Angebote zur "Erhaltung von Regenwald" klassifizieren. Alle Angebote zur "Erhaltung von Regenwald", die von der Tauschzentrale in die gleiche "Schutzstufe" und die gleiche "Nutzenkategorie" eingeordnet werden, sind - im Rahmen der zugrunde gelegten Kriterien - als gleichwertig anzusehen. Durch diese Standardisierung wird es für die Nachfrager einer "Erhaltung von Regenwäldern" einfacher, die verschiedenen Angebote zu beurteilen und zu vergleichen.
Die zur Beurteilung von Tauschangeboten notwendige interdisziplinäre wissenschaftliche Kompetenz der Tauschzentrale kann genausogut auch zur Aufdeckung von Tauschpotentialen eingesetzt werden. Eng damit verbunden ist die Weiterentwicklung des aus der Not der Schuldenkrise entstandenen Tauschgeschäfts "Debt-Nature swap" zu einem effizienten Instrumentarium der globalen Umweltpolitik. Für die Anwendung dieses Instrumentariums sind jedoch weiterhin die nationalen Regierungen zuständig. Die Tauschzentrale wird zum "global orientierten" Berater und Koordinator der nationalstaatlichen Umweltpolitik.

Abschließend ist zu klären, welche Möglichkeiten der Kontrolle der Leistungserbringung und der Sanktion eines Fehlverhaltens von Tauschpartnern bestehen.
Die Souveränitätsrechte eines Landes setzen den externen Kontrollmöglichkeiten und erst recht der Anwendung von Sanktionen eine enge Grenze. Die Kontrolle der Leistungserbringung sollte - wie schon erwähnt - durch "unabhängige" nationale Umweltschutzorganisationen erfolgen. Die Tauschzentrale könnte allerdings technische Hilfestellung bei der Durchführung der Kontrollen geben. Zu denken ist an die Bereitstellung geeigneter Gerätschaften und die Ausbildung entsprechender Fachleute.

Eine Beteiligung der Tauschzentrale an Sanktionen - auch "moralischer" Art, wie die öffentliche Verurteilung eines Fehlverhaltens - sollte auf jeden Fall vermieden werden, um das notwendige Vertrauen in die Neutralität der Tauschzentrale nicht zu gefährden.

10. Der Tausch "Schulden gegen Umwelt" - ein Resümee

Die Bandbreite der Bewertung von Debt-Nature swaps als Instrument zur Lösung der Schuldenkrise und/oder der Umweltkrise reicht in der Diskussion von einer generell negativen Einschätzung wie

> *"Debt for Nature swaps, seien sie von privater oder öffentlicher Hand durchgeführt, lösen weder die Schulden- noch die Ökologiekrise der Dritten Welt"*[1)]

und

> *"Viele Tropenländer verdrängen ihre eigene Verantwortung und setzen lieber "debt-for-nature-swaps" als Druckmittel ein, als umgehend ihre naturvernichtende Entwicklungsstrategie zu revidieren ..."*[2)]

über eine grundsätzlich positive Beurteilung, die sich auf der Erwartung gründet, daß vor allem auf der Ebene privater Umweltschutzorganisationen Debt-Nature swaps einen wesentlichen Beitrag zur Lösung der Umweltkrise leisten können, bei einer allerdings geringen Wirkung auf das Gesamtvolumen der Verschuldung

> *"Debt-Nature swaps as they currently are being tested in the private sector are unlikely to do much to reduce the debt burden in the countries concerned, but could have major impact on conservation resources"*[3)]

bis hin zu einer uneingeschränkt positiven Einschätzung für den Fall, daß Debt-Nature swaps in Zukunft auch auf staatlicher Ebene praktiziert werden

> *"If the "Debt-for-Nature Swap" would be employed by state institutions as the tool of a transboundary "environmental foreign policy", beyond its present marginal contribution to solve the debt crisis, it could essentially help to solve the debt and environmental problems"*[4)].

---

1) Fues, Thomas / Barbara Unmüßig: Ein Routineergebnis unter Erwartungsdruck ... S. 17.
Zu diesem Zitat sei angemerkt: Eine Einschränkung der Analyse auf die Dritte Welt wird weder der Problematik der Schuldenkrise (Vernachlässigung der Gläubigerseite) noch der Problematik der Umweltkrise (globale ökologische Interdependenzen) gerecht. Dies sollte die vorliegende Arbeit deutlich gemacht haben.

2) o. V.: Tropenwald - Geteilte Verantwortung, in: Wirtschaftsdienst III / 1989, S. 118.

3) Hansen, Stein: Debt for Nature Swaps ... S. 6.

4) Schreiber, Helmut: "Debt-for-Nature Swap" ... S. 349.

Die erheblichen Unterschiede bei der Bewertung von Debt-Nature swaps dürften vor allem auch auf noch bestehende Defizite in der theoretischen Analyse dieses im Rahmen des "praktischen Umweltschutzes" entwickelten Tauschgeschäfts zurückzuführen sein.

In der vorliegenden Untersuchung wurde der Debt-Nature swap zunächst aufgrund der beiden Charakteristika, daß Transaktionen ohne Zwischenschaltung von Geld stattfinden und daß die Tauschgegenstände (abstrakte) Ansprüche an Vermögen sind, als eine abstrakte Form des Naturaltauschs betrachtet und analysiert.[5] Die Frage, worin der Vorteil besteht, auf Geld als Tauschmittel zu verzichten, konnte dahingehend beantwortet werden, daß die geldlose Abwicklung eines Debt-Nature swaps einen "versteckten Schuldenerlaß" ermöglicht. Dadurch wird für den Schuldner ein Anreiz geschaffen, dem Schuldentausch zuzustimmen.

Wenn der (Natural-)Tausch "Schulden gegen Umwelt" im Rahmen einer volkswirtschaftlichen Vermögensbilanz betrachtet wird, dann wird deutlich, welcher Art die durch einen Debt-Nature swap bewirkte (Portfolio-)Umschichtung in den Vermögensbeständen der Tauschpartner ist. Bei einem Debt-Nature swap zum Abbau von Verschuldung tauscht ein Gläubiger Kreditforderungen gegen "Ansprüche an (oder Verfügungsrechte über) das Naturvermögen" des Schuldners. In der Vermögensbilanz des Gläubigerlandes läßt sich ein Debt-Nature swap als Aktiv-Tausch und in der Vermögensbilanz des Schuldnerlandes als Passiv-Tausch darstellen.

Die Voraussetzungen für das Zustandekommen von Debt-Nature swaps sind weniger restriktiv als man zunächst vermuten könnte. Es müssen (1) weder die Nachfrager von Umwelt mit den (ursprünglichen) Gläubigern identisch sein, noch müssen (2) die Anbieter von Umwelt gegenüber dem Ausland Schulden haben. Diese Aussage wurde folgendermaßen begründet: (1) Die Nachfrager von Umwelt können auf dem Sekundärmarkt für Schulden die zum Tausch benötigten Schuldtitel von den ursprünglichen Gläubigern kaufen, d.h. jeder kann durch diese dem eigentlichen Debt swap vorgeschaltete Finanztransaktion zum (Sekundär-)Gläubiger werden. (2) Wenn die Anbieter von Umwelt nicht verschuldet sind, dann kann ein Debt-Nature swap so gestaltet werden, daß an die Stelle einer Verminderung der Schulden des Anbieters von Umwelt ("Schuldenerlaß") eine Zunahme der Schulden des Nachfragers von Umwelt tritt, und zwar dergestalt, daß der Nachfrager von Umwelt eine Verpflichtung zu Kompensationszahlungen eingeht. Die Kompensationszahlungen können als

---

5) Vgl. hierzu die allgemeinen Ausführungen zum Debt swap in Kapitel 4.4. "Tausch von Schulden gegen andere Passiva", S. 182 f.

ewige Rente geleistet werden, so daß (annähernd) eine zeitliche Äquivalenz zu dem Nutzenstrom aus dem Verfügungsrecht über Naturvermögen hergestellt wird.
Damit sind Debt-Nature swaps nicht auf einen Abbau von Verschuldung beschränkt, sondern können darüber hinaus von den "reichen" Industrieländern zur Finanzierung einer (umweltverträglichen) Entwicklung in den Ländern der "Dritten Welt" eingesetzt werden. Die Bezeichnung "Debt-Nature swap" steht dann in einem umfassenderen Sinn für alle Transaktionen, bei denen "Verfügungsrechte über Naturvermögen" gegen "finanzielle Aktiva (einschließlich dem Aktivum Geld bzw. Devisen)" getauscht werden. Die ursprüngliche, aus der Not der Schuldenkrise entstandene Idee des Debt-Nature swaps wird zur hilfreichen Konstruktion, um insbesondere den Entwicklungsländern einen Anreiz zu schaffen, sich an globalen Maßnahmen des Umweltschutzes zu beteiligen.

Die Bezeichnung "Schuldenerlaß" für die durch einen Debt-Nature swap bewirkte Verminderung der Schulden des Anbieters von Umwelt ist insofern irreführend, als allgemein mit einem "Erlaß" die Vorstellung von einer unentgeltlichen Leistung - also einem "Geschenk" - verbunden ist. Tatsächlich sind beispielsweise Maßnahmen zum Schutz der tropischer Regenwälder oder zur Einschränkung der Emission von Treibhausgasen Leistungen, deren Nutzen über die Grenzen eines Landes hinaus allen Ländern der Erde zugute kommen. Die physische Transmission solcher internationalen (positiven) externen Effekte des Umweltschutzes erfolgt im Rahmen der "ökologischen Beziehungen zwischen Ländern". Der anthropogene Treibhauseffekt wurde als Beispiel für die globale ökologische Interdependenz herausgegriffen und auf der Grundlage des (noch mit vielen Unsicherheiten behafteten) naturwissenschaftlichen Erkenntnisstandes einer umweltökonomischen Analyse unterzogen, mit dem Ziel, ein Anwendungsfeld für Debt-Nature swaps zu erschließen. Wiederum examplarisch wurde gezeigt, daß unter bestimmten Annahmen über den (völker-) rechtlichen Rahmen ein (potentielles) Angebot und eine (potentielle) Nachfrage von CO_2-Emissionsrechten besteht. Daraus läßt sich die Forderung ableiten, das Völkerrecht im Umweltbereich so zu gestalten, daß eine effiziente Lösung globaler Umweltprobleme - wie die Änderung des Klimas, die Zerstörung der stratosphärischen Ozonschicht und die Verminderung der Artenvielfalt - möglich wird, d.h. daß die Vorteile von Märkten auch bei der Allokation von Verfügungsrechten über das globale Naturvermögen genutzt werden können.

Die sozioökonomischen Bedingungen, unter denen "reiche" Industrieländer bereit sein könnten beim globalen Umweltschutz eine "Vorreiterrolle" zu übernehmen, sind umso besser erfüllt, je stärker das allgemeine Bedürfnis nach "Sicherheit" mit steigendem Einkommen an Bedeutung gewinnt. Auf der einen Seite schlägt sich der spezielle Wunsch privater Haushalte nach "finanzieller Sicherheit" durch ein entsprechendes Sparverhalten in strukturellen Leistungs (bilanz)überschüssen nieder, auf der anderen Seite ist der Gewinn an finanzieller Sicherheit, der mit einer weiteren Zunahme des Finanzvermögens einhergeht, nicht mehr ausreichend, den Verlust an Sicherheit vor (globalen) Umweltkatastrophen aufzuwiegen. Der Schluß liegt nahe, einen Teil des "Geld"-Sparens in ein "Sparen von Natur(-vermögen)" zu transferieren, um die Sicherheit vor Umweltkatastrophen (wieder) zu erhöhen.[6] Damit kann die Erhaltung von Regenwäldern oder der (teilweise) Verzicht auf die Emission von Treibhausgasen für die "armen" Länder der "Dritten Welt" tatsächlich *"zum hochrentierlichen Exportgut werden und nicht zu einer von den Reicheren abgepreßten Spende."*[7]

Die weitere Entwicklung von Debt-Nature swaps wird maßgeblich von Initiativen auf Regierungsebene bestimmt werden. Insbesondere in der Diskussion von Möglichkeiten, wie den Entwicklungsländern Anreize zur Erhaltung ihrer Regenwälder gegeben werden können, wird immer öfter gefordert, daß die Regierungen der Industrieländer Kreditforderungen gegen Regenwaldländer von den Gläubigerbanken kaufen und diese Forderungen im Tausch gegen einen Schutz des Regenwaldes vor einer Zerstörung durch Rodungen den Regenwaldländern anbieten sollten.[8]
Bei dem Bemühen, völkerrechtlich verbindliche Rahmenbedingungen im Bereich des globalen Umweltschutzes zu schaffen, nimmt die Bundesrepublik die einem "reichen" Industrieland gemäße Vorreiterrolle ein. So hat sich die Bundesregierung das Ziel gesetzt, *"spätestens auf der UN-Konferenz "Umwelt und Entwicklung" 1992 in Brasilien eine Klimarahmenkonvention gemeinsam mit Protokollen über die Verminderung der Kohlendioxid - Emissionen und der Erhaltung der tropischen Regenwälder sowie der Wälder in den gemäßigten*

---

6) Der Wunsch nach Sicherheit vor Umweltgefahren spiegelt sich in der zunehmenden Bedeutung des Vorsorgeprinzips in der Umweltpolitik der Bundesrepublik wider.

7) o.V.: Schatz der Menschheit, in: Frankfurter Allgemeine Zeitung vom 27.6.1990.

8) *"But why not use the most powerful instrument for saving the tropical rainforests - third world debt? ... Western governments should consider buying debt from their banks and exchanging it for environmental protection in the tropics."*
Nisbet, Euan G.: The business of planet management, in: Nature, Vol. 333 / Juni 1988, S. 617.

Zonen zu verabschieden".[9] Allerdings waren sich noch im September 1991 der UNEP-Exekutivdirektor Tolba und Bundesumweltminister Töpfer in einem Gespräch einig, "*daß der bisherige Stand der Verhandlungen zur Vorbereitung von UNCED 92 noch nicht die Wende in der internationalen Umweltpolitik verspricht, die notwendig ist, um die globalen Umweltprobleme auf Dauer bewältigen zu können.*"[10]

Die Chancen zur raschen Umsetzung naturwissenschaftlicher Erkenntnisse über das Ökosystem "Erde" in eine ökonomisch-rationale Umweltpolitik[11] und damit auch die Chancen zur Realisierung von Debt-Nature swaps in einer Größenordnung, die das bisherige Volumen deutlich übersteigt, dürften sich in dem Maße verbessern, wie es gelingt, eine Welt(wirtschafts)ordnung aufzubauen, die der Tatsache Rechnung trägt, daß der Mensch die Natur braucht und nicht umgekehrt.[12] Die Zeit drängt.

---

9) o.V.: Konzept zur Verminderung der CO_2-Emissionen ... S. 349.

10) Bundesministerium für Umwelt, Naturschutz und Reaktorsicherheit: Vorbereitung der UN-Konferenz Umwelt und Entwicklung, in: Umwelt, Nr. 11 / 1991, S. 490 - 491.

11) Ernst von Weizsäcker spricht aufgrund der globalen Bedrohung der natürlichen Lebensgrundlagen schon nicht mehr von Umweltpolitik, sondern von der Notwendigkeit einer "Erdpolitik".
Weizsäcker, Ernst von: Erdpolitik - ökologische Realpolitik an der Schwelle zum Jahrhundert der Umwelt, Darmstadt 1989.

12) Es ist jedoch nicht auszuschließen, daß das Wissen über Möglichkeiten, globale Umweltgüter mit einem vergleichsweise geringen Aufwand zu schädigen, zunächst einmal eingesetzt wird, um mit der "Umwelt als Waffe" andere Länder zu erpressen. So sollen schon einige Staaten auf internationalen Konferenzen damit gedroht haben, "die Produktion von Fluorchlorkohlenwasserstoffen, mit der sie eben erst begonnen hatten, kräftig zu steigern, wenn sich die Reichen aus dem Norden weigern sollten, für den erbetenen Verzicht zu zahlen."
Konrad, Adam: Die Umwelt als Waffe - Wie die Dritte Welt die Erste zu erpressen sicht, in: Frankfurter Allgemeine Zeitung vom 15.8.1990.

Anhang

Abkommen zwischen der Regierung der Bundesrepublik Deutschland und der Regierung der Republik Kenia über Finanzielle Zusammenarbeit

Die Regierung der Bundesrepublik Deutschland

und

die Regierung der Republik Kenia –

im Geiste der bestehenden freundschaftlichen Beziehungen zwischen der Bundesrepublik Deutschland und der Republik Kenia,

in dem Wunsch, diese freundschaftlichen Beziehungen durch partnerschaftliche Finanzielle Zusammenarbeit zu festigen und zu vertiefen,

im Bewußtsein, daß die Aufrechterhaltung dieser Beziehungen die Grundlage dieses Abkommens ist,

in der Absicht zur sozialen und wirtschaftlichen Entwicklung der Republik Kenia beizutragen,

in der Absicht, durch diese Übereinkunft auch die Bemühungen für verstärkte gemeinsame Anstrengungen zur Bewahrung der natürlichen Ressourcen und der Umwelt zu unterstützen, –

sind wie folgt übereingekommen:

Artikel 1

(1) Die Regierung der Bundesrepublik Deutschland ermöglicht es, die nachstehenden von der Regierung der Republik Kenia mit der Kreditanstalt für Wiederaufbau, Frankfurt am Main, geschlossenen Darlehensverträge über insgesamt 747 512 953,22 DM (in Worten: siebenhundertsiebenundvierzig Millionen fünfhundertzwölftausendneunhundertdreiundfünfzig Deutsche Mark und zweiundzwanzig Pfennige), nämlich

über 10 000 000,00 DM (in Worten: zehn Millionen Deutsche Mark) vom 17. Februar 1966

über 4 200 000,00 DM (in Worten: vier Millionen zweihunderttausend Deutsche Mark) vom 28. Juni 1971

über 5 500 000,00 DM (in Worten: fünf Millionen fünfhunderttausend Deutsche Mark) vom 28. März 1973

über 2 500 000,00 DM (in Worten: zwei Millionen fünfhunderttausend Deutsche Mark) vom 28. März 1973

über 5 800 000,00 DM (in Worten: fünf Millionen achthunderttausend Deutsche Mark) vom 14. Juni 1974

über 3 800 000,00 DM (in Worten: drei Millionen achthunderttausend Deutsche Mark) vom 16. Juli 1975

über 2 500 000,00 DM (in Worten: zwei Millionen fünfhunderttausend Deutsche Mark) vom 17. Dezember 1966

über 4 350 000,00 DM (in Worten: vier Millionen dreihundertfünfzigtausend Deutsche Mark) vom 26. Januar 1968

über 6 500 000,00 DM (in Worten: sechs Millionen fünfhunderttausend Deutsche Mark) vom 22. Mai 1970

über 2 000 000,00 DM (in Worten: zwei Millionen Deutsche Mark) vom 28. März 1973

über 10 000 000,00 DM (in Worten: zehn Millionen Deutsche Mark) vom 26. Juni 1969

über 1 300 000,00 DM (in Worten: eine Million dreihunderttausend Deutsche Mark) vom 24. November 1969

über 500 000,00 DM (in Worten: fünfhunderttausend Deutsche Mark) vom 28. März 1973

über 12 000 000,00 DM (in Worten: zwölf Millionen Deutsche Mark) vom 28. März 1973

über 4 000 000,00 DM (in Worten: vier Millionen Deutsche Mark) vom 28. März 1973

über 2 844 000,00 DM (in Worten: zwei Millionen achthundertvierundvierzigtausend Deutsche Mark) vom 30. September 1974

über 10 000 000,00 DM (in Worten: zehn Millionen Deutsche Mark) vom 30. September 1974

über 2 600 000,00 DM (in Worten: zwei Millionen sechshunderttausend Deutsche Mark) vom 24 Februar 1987

über 1 700 000,00 DM (in Worten: eine Million siebenhunderttausend Deutsche Mark) vom 30. November 1974

über 2 400 000,00 DM (in Worten: zwei Millionen vierhunderttausend Deutsche Mark) vom 13. Dezember 1974

über 13 500 000,00 DM (in Worten: dreizehn Millionen fünfhunderttausend Deutsche Mark) vom 23. Juni 1976

über 20 000 000,00 DM (in Worten: zwanzig Millionen Deutsche Mark) vom 13. Dezember 1974

über 37 000 000,00 DM (in Worten: siebenunddreißig Millionen Deusche Mark) vom 14. November 1975

über 5 000 000,00 DM (in Worten: fünf Millionen Deutsche Mark vom 13 Oktober 1977

über 4 200 000,00 DM (in Worten: vier Millionen zweihunderttau send Deutsche Mark) vom 13. Oktober 1977

über 13 700 000,00 DM (in Worten: dreizehn Millionen siebenhun derttausend Deutsche Mark) vom 31. Januar 1979

über 5 000 000,00 DM (in Worten: fünf Millionen Deutsche Mark vom 31. Januar 1979

über 10 000 000,00 DM (in Worten: zehn Millionen Deutsche Mark) vom 11. Januar 1977

über 82 266 000,00 DM (in Worten: zweiundachtzig Millionen zweihundertsechsundsechzigtausend Deutsche Mark) vom 8. Februar 1978

über 7 000 000,00 DM (in Worten: sieben Millionen Deutsche Mark) vom 26. September 1980

über 28 800 000,00 DM (in Worten: achtundzwanzig Millionen achthunderttausend Deutsche Mark) vom 11. Oktober 1979

über 3 000 000,00 DM (in Worten: drei Millionen Deutsche Mark) vom 13. Juli 1988

über 25 000 000,00 DM (in Worten: fünfundzwanzig Millionen Deutsche Mark) vom 31. Januar 1979

über 9 000 000,00 DM (in Worten: neun Millionen Deutsche Mark) vom 26. September 1980

über 18 000 000,00 DM (in Worten: achtzehn Millionen Deutsche Mark) vom 14. Januar 1981

über 4 500 000,00 DM (in Worten: vier Millionen fünfhunderttausend Deutsche Mark) vom 26. September 1980 über 3 000 000,00 DM (in Worten: drei Millionen Deutsche Mark) vom 14. Januar 1981

über 5 500 000,00 DM (in Worten: fünf Millionen fünfhunderttausend Deutsche Mark) vom 26. Oktober 1982

über 25 500 000,00 DM (in Worten: fünfundzwanzig Millionen fünfhunderttausend Deutsche Mark) vom 6. November 1981

über 1 500 000,00 DM (in Worten: eine Million fünfhunderttausend Deutsche Mark) vom 23. Februar 1988

über 6 800 000,00 DM (in Worten: sechs Millionen achthunderttausend Deutsche Mark) vom 26. September 1980

über 9 000 000,00 DM (in Worten: neun Millionen Deutsche Mark) vom 26. Oktober 1982

über 10 000 000,00 DM (in Worten: zehn Millionen Deutsche Mark) vom 6. November 1981

über 5 000 000,00 DM (in Worten: fünf Millionen Deutsche Mark) vom 8. Mai 1985

über 3 600 000,00 DM (in Worten: drei Millionen sechshunderttausend Deutsche Mark) vom 26. September 1980

über 199 606,86 DM (in Worten: einhundertneunundneunzigtausendsechshundertsechs Deutsche Mark und sechsundachtzig Pfennige) vom 26. Oktober 1982

über 1 400 000,00 DM (in Worten: eine Million vierhunderttausend Deutsche Mark) vom 26. Oktober 1982

über 14 300 000,00 DM (in Worten: vierzehn Millionen dreihunderttausend Deutsche Mark) vom 26. Oktober 1982

über 5 400 000,00 DM (in Worten: fünf Millionen vierhunderttausend Deutsche Mark) vom 8. Mai 1985

über 2 750 000,00 DM (in Worten: zwei Millionen siebenhundertfünfzigtausend Deutsche Mark) vom 26. Oktober 1982

über 30 800 000,00 DM (in Worten: dreißig Millionen achthunderttausend Deutsche Mark) vom 4. September 1984

über 15 000 000,00 DM (in Worten: fünfzehn Millionen Deutsche Mark) vom 26. September 1980

über 28 000 000,00 DM (in Worten: achtundzwanzig Millionen Deutsche Mark) vom 26. Oktober 1982

über 38 000 000,00 DM (in Worten: achtunddreißig Millionen Deutsche Mark) vom 26. Oktober 1982

über 656 000,00 DM (in Worten: sechshundertsechsundfünfzigtausend Deutsche Mark) vom 9. August 1982

über 20 000 000,00 DM (in Worten: zwanzig Millionen Deutsche Mark) vom 26. Oktober 1982

über 62 000 000,00 DM (in Worten: zweiundsechzig Millionen Deutsche Mark) vom 4. September 1984

über 20 000 000,00 DM (in Worten: zwanzig Millionen Deutsche Mark) vom 6. Januar 1984

über 8 000 000,00 DM (in Worten: acht Millionen Deutsche Mark) vom 4. September 1984

über 3 000 000,00 DM (in Worten: drei Millionen Deutsche Mark) vom 24. September 1986

über 25 000 000,00 DM (in Worten: fünfundzwanzig Millionen Deutsche Mark) vom 2. Februar 1988

über 12 800 393,14 DM (in Worten: zwölf Millionen achthunderttausenddreihundertdreiundneunzig Deutsche Mark und vierzehn Pfennige) vom 17. Dezember 1987

über 6 084 953,22 DM (in Worten: sechs Millionen vierundachtzigtausendneunhundertdreiundfünfzig Deutsche Mark und zweiundzwanzig Pfennige) vom 7. November 1988

über 3 762 000,00 DM (in Worten: drei Millionen siebenhundertzweiundsechzigtausend Deutsche Mark) vom 21. September 1971

dahingehend zu ändern, daß

a) die der Regierung der Republik Kenia sowie der EARC gewährten Darlehen mit Wirkung vom 31. Dezember 1988 in Zuschüsse umgewandelt werden und damit die ab diesem Zeitpunkt fälligen Rückzahlungen und Zinsen aus diesen Darlehensverträgen erlassen werden;

b) Zusageprovisionen auf nicht ausgezahlte Beträge aus den vorgenannten Darlehensverträgen ab 31. Dezember 1988 nicht mehr berechnet werden;

(2) Die Regierung der Bundesrepublik Deutschland ermöglicht es der Republik Kenia weiterhin, mit der Kreditanstalt für Wiederaufbau eine Vereinbarung zu schließen, nach der die Kreditanstalt für Wiederaufbau

a) die Republik Kenia aus der Garantie entläßt, die die Republik Kenia mit Garantievertrag vom 21. September 1971 zum Darlehensvertrag vom 21. September 1971 zwischen der Kreditanstalt für Wiederaufbau und der East African Railways Corporation übernommen hat und

b) anerkennt, daß keine Verpflichtungen der Republik Kenia gegenüber der Kreditanstalt für Wiederaufbau aus dem Darlehensvertrag zwischen der Kreditanstalt für Wiederaufbau und der East African Railways Corporation vom 21. September 1971 bestehen.

(3) Aufgrund des Absatzes 1 wird – vorbehaltlich der gemäß Artikel 2 mit der Kreditanstalt für Wiederaufbau zu schließenden Verträge – auf Rückzahlungen von insgesamt 695 646 953,22 DM (in Worten: sechshundertfünfundneunzig Millionen sechshundertsechsundvierzigtausendneunhundertdreiundfünfzig Deutsche Mark und zweiundzwanzig Pfennige zuzüglich Zinsen und Zusageprovision verzichtet.

Artikel 2

Weitere Einzelheiten werden in gesonderten, zwischen der Regierung der Republik Kenia und der Kreditanstalt für Wiederaufbau zu schließenden Verträgen geregelt, die den in der Bundesrepublik Deutschland geltenden Rechtsvorschriften unterliegen.

Artikel 3

Die Regierung der Republik Kenia setzt die durch den Schulderlaß freiwerdenden Mittel in Landeswährung im Rahmen des Möglichen für konkrete und nachprüfbare Maßnahmen des Umwelt- und Ressourcenschutzes ein. Einzelheiten werden durch ein Protokoll festgelegt, das Bestandteil dieses Abkommens ist.

Artikel 4

Dieses Abkommen gilt auch für das Land Berlin, sofern nicht die Regierung der Bundesrepublik Deutschland gegenüber der Regierung der Republik Kenia innerhalb von drei Monaten nach Inkrafttreten des Abkommens eine gegenteilige Erklärung abgibt.

Artikel 5

Dieses Abkommen tritt am Tage seiner Unterzeichnung in Kraft.

Geschehen zu Nairobi am 15. September 1989 in zwei Urschriften, jede in deutscher und englischer Sprache, wobei jeder Wortlaut gleichermaßen verbindlich ist.

Für die Regierung der Bundesrepublik Deutschland
Franz Frhr. v. Mentzingen
Dr. h.c. Siegfried Lengl

Für die Regierung der Republik Kenia
George Saitoti

Protokoll

Die Regierung der Bundesrepublik Deutschland

und

die Regierung der Republik Kenia

haben anläßlich der Unterzeichnung des Abkommens vom 15. September 1989 zwischen der Regierung der Bundesrepublik Deutschland und der Regierung der Republik Kenia über Finanzielle Zusammenarbeit in Durchführung des Artikels 3 Satz 2 des Abkommens folgendes vereinbart:

Beide Regierungen sind sich darüber einig, daß Artikel 3 des Abkommens wie folgt ausgefüllt wird:

Die Regierung der Republik Kenia wird die durch den Schuldenerlaß freiwerdenden Mittel in Landeswährung im Rahmen des Möglichen für zusätzliche Maßnahmen des Umwelt- und Ressourcenschutzes in Kenia verwenden. Die Höhe der hierfür jährlich aufzuwendenden Beträge orientiert sind an den Schuldendienstzahlungen, die ohne den Schuldenerlaß zu zahlen wären.

Die Maßnahmen des Umwelt- und Ressourcenschutzes können bestehen:

- in der Förderung von Institutionen, die dem Umwelt- und Ressourcenschutz dienen (institutionelle Förderung);
- in konkreten Projekten/Programmen in diesem Bereich

Die Regierung der Republik Kenia wird der Regierung der Bundesrepublik Deutschland eine Liste der im folgenden kenianischen Haushaltsjahr zu fördernden zusätzlichen Maßnahmen zusammen mit einer Erläuterung übersenden. Auf Wunsch einer der beteiligten Regierungen finden Konsultationen statt.

Nach Abschluß des Haushaltsjahres unterrichtet die Regierung der Republik Kenia die Regierung der Bundesrepublik Deutschland über die Verwendung der Mittel.

Nach dreijähriger Laufzeit werden beide Regierungen gemeinsam das vorstehend festgelegte Verfahren überprüfen.

Literaturverzeichnis

Abb, Fritz: Die Aussenwirtschaft in der Modellanalyse des ökonomischen Wachstums, in: Zeitschrift für die gesamte Staatswissenschaft, 114. Band / 3. Heft 1958, S. 468 - 490.

Abs, Ludger: Die Verschuldungskrise Lateinamerikas, Wiesbaden 1987.

Alexander, Sidney S.: Effects of a Devaluation on a Trade Balance, in: International Monetary Fund, Staff Papers, Bd. 2 / 1952. Ins Deutsche übersetzt, in: Klaus Rose (Hrsg.): Theorie der internationalen Wirtschaftsbeziehungen, Köln / Berlin 1965, S. 334 - 351.

Altvater, Elmar: Sachzwang Weltmarkt - Verschuldungskrise, blockierte Industrialisierung und ökologische Gefährdung - der Fall Brasilien, Hamburg 1987.

Amelung, Torsten: Internationale Transferzahlungen zur Lösung globaler Umweltprobleme dargestellt am Beispiel der tropischen Regenwälder, in: Zeitschrift für Umweltpolitik und Umweltrecht, 2 / 1991, S. 159 - 178.

Amelung, Torsten: Zur Rettung der tropischen Regenwälder - Eine kritische Bestandsaufnahme der wirtschaftspolitischen Lösungsvorschläge, in: Die Weltwirtschaft, Heft 2 / 1989, S. 152 - 165.

Baer, Gunter D.: Die längerfristige Bewältigung der Verschuldungsprobleme - planmäßige Lösungswege als Alternative zu pragmatischem Handeln?, in: Hans-Jacob Krümmel (Hrsg.): Internationales Bankgeschäft (Beihefte zu Kredit und Kapital Heft 8), Berlin 1985, S. 29 - 49.

Bardhan, Pranab K.: Optimum Foreign Borrowing, in: Karl Shell (Hrsg.): Essays on the Theory of Optimal Economic Growth, MIT Press 1967 S. 117 - 127.

Bazdarich, Michael J.: Optimal Growth and Stages in the Balance of Payments, in: Journal of International Economics 8 / 1978, S. 425 - 443.

Beck, Ulrich: Risikogesellschaft - Überlebensfragen, Sozialstruktur und ökologische Aufklärung, in: Aus Politik und Zeitgeschichte - Beilage zur Wochenzeitschrift "Das Parlament", 36 / 1989, S. 3 - 13.

Beinsen, Lutz: Der Absorptionsansatz der Zahlungsbilanztheorie, in: WiSt Heft 4 / 1988, S. 169 - 171.

Benda, Ernst: Umweltvorsorge und Recht, in: Das Vorsorgeprinzip im Umweltschutz, Texte 25 / 84 des Umweltbundesamtes, S. 23 - 41.

Behrens, Bolke: Kampf ums Sparschwein, in: Wirtschaftswoche Nr. 13 / 1987, S. 54 - 74.

Birnbacher, Dieter: Intergenerationelle Verantwortung oder: Dürfen wir die Zukunft der Menschheit diskontieren?, in: Jörg Klawitter / Reiner Kümmel (Hrsg.): Umweltschutz und Marktwirtschaft - aus der Sicht unterschiedlicher Disziplinen, S. 101 - 116.

Blinder, Alan S.: What's "New" and what's "Keynesian" in the "New Cambridge Approach" Keynesianism?, in: Brunner / Meltzer (Hrsg.): Public Policies in Open Economies, Amsterdam / New York / Oxford 1978, S. 67 - 85.

Bobinger, Manfred / Wolfram Schubert: Falsche Hochrechnung, in: Wirtschaftswoche Nr. 45 / 1987, S. 120 - 124.

Böhm-Bawerk, Eugen von: Unsere passive Handelsbilanz, in: Gesammelte Schriften von Eugen von Böhm-Bawerk, Hrsg.: Franz X. Weiss, Wien / Leipzig 1924, S. 499 - 515.

Böhm-Bawerk, Eugen von: Positive Theorie des Kapitals, Erster Band, 4. Auflage, Jena 1921.

Böhmer, Gerhard: Innovative Finanzierungsinstrumente der Weltbank, in: Die Bank 10 / 87, S. 528 - 534.

Boggs, Th.: The International Trade Balance in Theory and Practice, New York 1922.

Bonus, Holger: Eine Lanze für den "Wasserpfennig" - wider die Vulgärform des Verursacherprinzips, in: Wirtschaftsdienst IX / 1986, S. 451 - 455.

Borchert, Manfred: Außenwirtschaftslehre - Theorie und Politik, 3., verbesserte und erweiterte Auflage, Wiesbaden 1987.

Bramble, Barbara J.: The Debt Crisis - The Opportunities, in: The Ecologist No. 4 / 5, 1987, S. 192 - 199.

Breuer, Georg: Wie entsteht das Ozon-Loch?, in: Naturwissenschaftliche Rundschau, 41. Jahrg., Heft 2 / 1988, S. 62 - 64.

Broichhausen, Klaus: Bonn erläßt dreizehn Entwicklungsländern mehr als drei Milliarden Mark Schulden, in: Frankfurter Allgemeine Zeitung vom 21. 7. 1988, S. 1.

Brünig, Eberhard F. (Institut für Weltforstwirtschaft und Ökologie): Tropischer Regenwald als ideales Feld der Forschung, in: uni hh (Berichte, Meinungen aus der Universität Hamburg), Januar 1988, S. 40 f.

Bundesministerium für Forschung und Technologie (Hrsg.): Erforschung des stratosphärischen Ozons - ein Initiativpapier des Bundesministers für Forschung und Technologie, Juli 1988.

Bundesministerium für Umwelt, Naturschutz und Reaktorsicherheit: Konzept zur Verminderung von CO_2-Emissionen, in: Umwelt Nr. 7 / 1990, S. 349 - 351.

Bundesministerium für wirtschaftliche Zusammenarbeit: Siebenter Bericht zur Entwicklungspolitik der Bundesregierung, Bonn 1988.

Burdick, Bernhard: Klimaänderung und Landwirtschaft, in: Ökologie und Landbau Heft 77 / 1991, S. 19 - 24.

Cezanne, Wolfgang: Grundzüge der Makroökonomik, 2. Auflage, München / Wien 1985.

Cezanne, Wolfgang / Jürgen Franke: Volkswirtschaftslehre - eine Einführung, 2. Auflage, München / Wien 1984.

Chahoud, Tatjana: Funktionswandel des Internationalen Währungsfonds und der Weltbank, in: Altvater / Hübner / Lorentzen / Rojas (Hrsg.): Die Armut der Nationen, 2. Auflage, Berlin 1988, S. 44 - 54.

Claassen, Dieter / Dieter Reitz: Milliarden weggeweht, in: Wirtschaftswoche Nr. 11 / 1990, S. 188 - 189.

Claassen, Emil-Maria: Grundlagen der Geldtheorie, zweite, neubearbeitete und erweiterte Auflage, Berlin / Heidelberg / New York 1980.

Claassen, Emil-Maria: Grundlagen der makroökonomischen Theorie, München 1980.

Climatic impact committee: Environmental Impact of Stratospheric Flight, Washington 1975.

Conable, Barber B.: Entwicklung und Umwelt - ein globales Gleichgewicht, in: Finanzierung & Entwicklung, Dezember 1989, S. 2 - 4.

Connolly, Michael Bahaamonde: International trade and lending, New York 1985.

Cooper, Richard N. / Jeffrey D. Sachs: Borrowing Abroad - The Debtor's Perspective, in: Gordon W. Smith / John T. Cuddington (Hrsg.): International Debt and the Developing Countries, Washington D.C. 1985 (Weltbank), S. 21 - 59.

Council on Environmental Quality: The Global 2000 Report to the President, Washington 1980, Titel der deutschen Ausgabe: Global 2000 - Dewr Bericht an den Präsidenten, Frankfurt 1980.

D'Arge / Schulze / Brookshire: Carbon Dioxide and Intergenerational Choice, in: The American Economic Review, Vol. 72 No. 2, Papers and Proceedings, May 1982, S. 251 - 256.

Detwiler, R. P. / Charles A. S. Hall: Tropical Forests and the Global Carbon Cycle, in: Science, Vol. 239 / Jan. 1988, S. 42 - 47.

Deutsche Bundesbank: Der Dienstleistungssektor in der Bundesrepublik Deutschland als Träger des wirtschaftlichen Wachstums, in: Monatsberichte August 1988, S. 40 - 48.

Deutsche Bundesbank: Zur längerfristigen Entwicklung des Mittelaufkommens der Kreditinstitute, in: Monatsberichte Oktober 1985, S. 26 - 38.

Deutsche Bundesbank: Geldpolitische Aufgaben und Instrumente, Sonderdrucke Nr. 7, 1987.

Deutsche Bundesbank: Zahlenübersichten und methodische Erläuterungen zur gesamtwirtschaftlichen Finanzierungsrechnung der Deutschen Bundesbank, Sonderdrucke der Deutschen Bundesbank Nr. 4, 1988.

Deutsche Bundesbank: Die Zahlungsbilanzstatistik der Bundesrepublik Deutschland, Sonderdrucke der Deutschen Bundesbank Nr. 8, 1987.

DIW (Deutsches Institut für Wirtschaftsforschung): Schuldenkrise der Dritten Welt - Lage weiter alarmierend, auch Industrieländer gefordert, Wochenbericht 36 / 88, S. 469 - 477.

Didszun, Klaus: On the Problem of Negative Net Financial Transfers to Developing Countries, in: Intereconomics, Heft 2 / 1990, S. 64 - 72.

Diehl, Markus: Holzwirtschaft in den tropischen Ländern - Ursache für die Zerstörung der Regenwälder oder Entwicklungsgrundlage?, in: Die Weltwirtschaft Heft 1 / 1991, S. 211 - 222.

Dixit, Avinash / Victor Norman: Außenhandelstheorie, München 1982.

Döhrn, Roland: Sparerverhalten und Konsumentwicklung, in: Mitteilungen des Rheinisch-Westfälischen Instituts für Wirtschaftsforschung, Jg. 35 / 1984, S. 31 - 49.

Dresdner Bank AG: Die internationale Verschuldung - Ursachen und Lösungsansätze (Vortragsmanuskript), September 1986.

Ebel, Jörg: Problems of a Keynesian Investment Function, in: Zeitschrift für die gesamte Staatswissenschaft 134 / 2, 1978, S. 261 - 285.

Ebenroth, Carsten-Thomas / Matthias Cremer: Mexikos Umschuldungsangebot ein Ansatz zur Lösung der Schuldenkrise?, in: Die Bank 9 / 88, S. 488 - 494.

Engels, Wolfram: Die Leistungsfähigkeit von Kreditkonventionen am Beispiel des Transferrisikos, in: Engels / Gutowski / Wallich (Hrsg.): International capital movements, debt and monetary System, Mainz 1984, S. 67 - 83.

Engels, Wolfram: Regierungswettbewerb, in: Wirtschaftswoche Nr. 7 / 1988, S. 112.

Enquete-Kommission "Vorsorge zum Schutz der Erdatmosphäre": Erster Zwischenbericht, Bundestags-Drucksache 11 / 3246 vom 2.11.88.

Enquete-Kommission "Vorsorge zum Schutz der Erdatmosphäre": Schutz der tropischen Wälder (zweiter Zwischenbericht), Bonn 1990.

Enquete-Kommission "Vorsorge zum Schutz der Erdatmosphäre": Schutz der Erde (dritter Bericht), Bonn 1991.

Fabian, Peter: Ozonschicht angegriffen als Folge menschlicher Aktivität, in: Naturwissenschaftliche Rundschau, 42. Jahrg., Heft 4 / 1989, S. 145 - 147.

Falkinger, Josef: Sättigung, Tübingen 1986.

Famulla, Rainer / Klaus Spremann: Generationenverträge und Rentenversicherung als Ponzi GmbH, in: Zeitschrift für öffentliche und gemeinwirtschaftliche Unternehmen, Band 3, Heft 4 / 1980, S. 379 - 403.

Fehr, Benedikt: Partielle länderspezifische und marktkonforme Lösungen, in: Frankfurter Allgemeine Zeitung vom 29.9.1988.

Fess-Dörr, Eberhard: Mikroökonomie, Marburg 1991.

Fetherston, Martin J. / A. H. Godley: "New Cambridge" Macroeconomics and Global Monetarism, in: Brunner / Meltzer (Hrsg.): Public Policies in Open Economies, Amsterdam / New York / Oxford, Journal of monetary economics Supp. 9, 1978, S. 33 - 65.

Flohn, Hermann: Das Problem der Klimaänderungen in Vergangenheit und Zukunft, Darmstadt 1985.

Frey, Bruno S.: Umweltökonomie, 2., erweiterte Auflage, Göttingen 1985.

Frey, Bruno S. / Heinz Buhofer: Internationale Politische Ökonomie, in: WiSt Heft 1 / 1986, S. 11 - 14.

Fröhlich, Hans-Peter: Zahlungsbilanzsalden als Umverteilung monetärer Bestände, Köln / Berlin / Bonn / München 1986.

Fuchs, Nikolaus: Ursachen- und Krisenanalyse der Verschuldung von Entwicklungsländern unter besonderer Berücksichtigung betriebswirtschaftlicher Kriterien, Berlin 1986.

Fues, Thomas / Barbara Unmüßig: Ein Routineereignis unter Erwartungsdruck, in: epd - Entwicklungspolitik, 16 / 17 / 1988, S. 13 - 17, hier: S. 14.

Gehring, Thomas / Markus Jachtenfuchs: Haftung für grenzüberschreitende Umweltschäden - Allgemeine Regelung des internationalen Umwelthaftungsrechts, in: Zeitschrift für Umweltpolitik und Umweltrecht 3 / 1990, S. 233 - 254.

Gersovitz, Mark: Banks' International Lending Decisions - What we Know and Implications for Future Research, in: Gordon W. Smith / John T. Cuddington (Hrsg.): International Debt and the Developing Countries, Washington D.C. 1985 (Weltbank), S. 61 - 78.

Gesell, Silvio: Die neue Lehre vom Geld, Berlin 1911.

Giersch, Herbert: Weltwirtschaftliches Wachstum durch Liberalisierung, in: Kyklos, Vol. 39 / Fasc. 4 / 1986, S. 518 - 536.

Gleske, Leonhard: Erfolgreiches Krisenmanagement, in: Zeitschrift für das gesamte Kreditwesen, 1. Heft 1984, S. 13 - 14.

Glick, Reuven: Economic Perspectives on Foreign Borrowing: An Analytic Literature Review, Monograph Series in Finance and Economics 1986 - 4, New York University.

Gomez, Linda / Michael Zink: Maria Reiche - Die Hüterin der Linien, in: bild der Wissenschaft, 12 / 1985, S. 38 - 46.

Grass, Rolf-Dieter / Wolfgang Stützel: Volkswirtschaftslehre, München 1983.

Grassl, Hartmut: CO_2, Kohlenstoff-Kreislauf und Klima, in: Naturwissenschaften 71 / 1984, S. 129 - 136.

Greenpeace: Antarktis - Ultraviolettstrahlung verzehnfacht, in: Greenpeace-Nachrichten Nr. III / 1989, S. 14.

Guitián, Manuel: Adjustment and Economic Growth - Their Fundamental Complementarity, in: Corbo / Goldstein / Khan (Hrsg.): Growth-Oriented Adjustment Programs, Washington D.C. 1987, S. 63 - 94.

Hagman, Gunnar: Umweltzerstörung und Flüchtlingsströme, in: epd-Entwicklungspolitik: Materialien V / 1987, S. 62 - 75.

Handschuch, Konrad: Blühendes Geschäft, in: Wirtschaftswoche Nr. 41 / 1988, S. 54 - 71.

Hansen, Stein: Debt for Nature Swaps - Overview and Discussion of Key Issues (Weltbank - Environment Department Working Paper No. 1), 1988.

Hanson, James A.: Optimal International Borrowing and Lending, in: American Economic Review, Vol. 64 / 1974, S. 616 - 630.

Harrod, R.F.: Ein Essay zur dynamischen Theorie, in: Heinz König (Hrsg.): Wachstum und Entwicklung der Wirtschaft, Köln / Berlin 1968, S. 35 - 54, (englisches Original: An Essay in Dynamic Theory, in: The Economic Journal 49 / 1939).

Hartmann, Hellmut: IWF - Weitere Crashs sind nicht auszuschließen, in: epd - Entwicklungspolitik, 16 / 17 / 1988, S. 20 - 25.

Hasselmann, Klaus: Nicht auf Gewißheit warten, in: Der Spiegel Nr. 7 / 1990, S. 244 - 245.

Hauff, Volker: Unsere gemeinsame Zukunft - Der Brundtland-Bericht der Weltkommission für Umwelt und Entwicklung, Greven 1987.

Heinemann, Hans-Joachim: Wirtschaftliches Wachstum und Entwicklungshilfe - dargestellt an einem Harrod-Domar-Modell, in: Zeitschrift für Nationalökonomie 23 / 1963, S. 286 - 329.

Heinloth, Klaus: Energieversorgung kontra Klima, in: Max G. Huber (Hrsg.): Umweltkrise - eine Herausforderung an die Forschung, Darmstadt 1991, S. 22 - 44.

Heller, Peter W.: Das Problem der Umweltbelastung in der ökonomischen Theorie, Frankfurt / New York 1989.

Heller, Robert H.: Deutschland, Amerika und die Zukunft der Weltwirtschaft, Vortrag im Rahmen einer Veranstaltung des Deutschen Sparkassen- und Giroverbandes, Bonn am 5. Februar 1987, in: Deutsche Bundesbank / Auszüge aus Presseartikeln, Nr. 13 / 1987, S. 3 - 6.

Hermanns, Wolfgang / Klaus Steinbrink: Das Anlegerverhalten und seine Auswirkungen auf die Geschäftspolitik der Sparkasse, in: Kreditwesen 7 / 86, S. 286 - 290.

Hicks, John R.: The Evaluation of Social Income, in: Economica 1940, S. 107 f.

Hirshleifer, J.: Kapitaltheorie, Köln 1974, (Titel der amerikanischen Originalausgabe von 1970: Investment, Interest and Capital).

Hofmann, Inge: Leben nach dem Treibhauseffekt, in: Naturwissenschaftliche Rundschau, Heft 7 / 1989, S. 272 - 273.

Holthus, Manfred: Bewegung an der Schuldenfront, in: Wirtschaftsdienst X / 1988, S. 492.

Hort, Peter / Wilhelm Seuß: Gerüchte über mögliche Zinserhöhungen überschatten die Weltwirtschafts-Konferenz, in: Frankfurter Allgemeine Zeitung vom 20. 6. 1988, S. 1.

Hume, David: Nationalökonomische Abhandlungen (übersetzt von H. Niedermüller), Leipzig 1877.

ifo-Institut: Ausländische Direktinvestitionen zur Milderung des Schuldendrucks in der Dritten Welt - ein tragfähiger Ansatz?, ifo-Schnelldienst 13 - 14 / 88, S. 15 - 29.

ifo-Institut für Wirtschaftsforschung: Wettbewerbsfähige Strukturen gestatten Expansionspolitik, Strukturberichterstattung 1987, Kernbericht, Berlin / München 1988.

IMF (International Monetary Fund): Paris Club Creditors Respond To Diverse Debtor Circumstances, in: IMF Survey, 30. September / 1986, S. 297 - 299.

IMF: Developing Countries Develop Debt-Equity swap Programs to Manage External Debt, in: IMF Survey, 11. July / 1988.

Immler, Hans: Natur in der ökonomischen Theorie, Opladen 1985.

Issing, Otmar / Klaus Masuch: Zur Frage der normativen Interpretation von Leistungsbilanzsalden, in: Kredit und Kapital 1 / 1989, S. 1 - 17.

Johnson, Harry Gordon: Inflation - Theorie und Politik, München 1975.

Johnson, Harry Gordon: Towards a General Theory of the Balance of Payments, in: International Trade and Economic Growth, 5. Aufl., London 1967, wiederabgedruckt in: Frenkel / Johnson (Hrsg.): The Monetary Approach to the Balance of Payments, London 1976.

Judd, John P. / John L. Scadding: The Search for a Stable Money Demand Function - A Survey of the Post-1973 Literature, in: Journal of Economic Literature Vol. XX / 1982, S. 993 - 1023.

Kaps, Carola: Die Weltbank soll Zinsen subventionieren, in: Frankfurter Allgemeine Zeitung vom 14. 9. 1988, S. 15.

Kerr, Richard A.: Stratospheric Ozone Is Decreasing, in: Science, Vol. 239 / 25. 3. 1988, S. 1489 - 1491.

Keynes, John Maynard: Proposals for an International Clearing Union, wiederabgedruckt aus British Government Publication, Stationery Office, London 1943, in: Herbert G. Grubel (Hrsg.): World Monetary Reform - Plans and Issues, Stanford 1963.

Keynes, John Maynard: The General Theory of Employment Interest and Money, 8. Auflage, London 1949.

King, Benjamin B.: Notes on the Mechanics of Growth and Debt, Baltimore (Maryland) 1968.

Klump, Rainer: Gesellschaftliche Zeitpräferenzrate, in: WiSt Heft 6 / 1986, S. 303 - 306.

Knaebel, Wilfried K.-H.: Der New Cambridge Approach - Zur Analyse von Bestandsanpassungsprozessen in keynesianischen Modellen einer offenen Volkswirtschaft, Frankfurt / Bern / New York / Paris 1987.

Knight, Frank H.: Risk, Uncertainty and Profit, Boston 1921.

Kohlhoff, Hartmut: Die Banken und die internationale Verschuldungskrise, in: Zeitschrift für das gesamte Kreditwesen, 1. Heft 1984, S. 15 - 17.

Konrad, Adam: Die Umwelt als Waffe - Wie die Dritte Welt die Erste zu erpressen sucht, in: Frankfurter Allgemeine Zeitung vom 15. 8. 1990.

Koslowski, Peter: Risikogesellschaft als Grenzerfahrung der Moderne - Für eine post-moderne Kultur, in: Aus Politik und Zeitgeschichte - Beilage zur Wochenzeitschrift "Das Parlament", 36 / 89, S. 14 - 30.

Körner, Heiko: Zur Verschuldungsproblematik der Entwicklungsländer, in: Jahrbuch für Sozialwissenschaft 35 / 1984, S. 235 - 248.

Krelle, Wilhelm: Theorie des wirtschaftlichen Wachstums, Berlin / Heidelberg / New York / Tokyo 1985.

Krüsselberg, Hans-Günter: Umwelteffekte in Marktwirtschaften, in: List Forum Bd. 13 / Heft 2 / 1985, S. 101 - 117.

Külp, Bernhard / Eckhard Knappe: Wohlfahrtsökonomik I - Die Wohlfahrtskriterien, 2., neubearb. u. erw. Auflage, Düsseldorf 1984.

Lahl, Uwe / Barbara Zeschmar: Die große Verschiebung - der internationale Giftmüllverkehr, in: Peter Cornelius Mayer-Tasch (Hrsg.): Die Luft hat keine Grenzen, Frankfurt 1986, S. 184 - 204.

Lancaster, Kelvin: Consumer demand - A new approach, New York / London 1971.

Laux, Helmut: Entscheidungstheorie - Grundlagen, Berlin / Heidelberg / New York 1982.

Lovejoy, Thomas E.: Aid Debtor Nations' Ecology, in: New York Times, 4. Oktober 1984, S. 31.

Lusser, Markus: Internationale Verschuldung - Wege aus der Krise?, in: Die Bank 8 / 1987, S. 408 - 413.

Maier-Rigaud, Gerhard: Die ökonomische Knechtschaft der Ökologie, in: Reiner Kümmel / Jörg Klawitter (Hrsg.): Umweltschutz und Marktwirtschaft, Würzburg 1989, S. 53 - 62.

Maslow, Abraham H.: Motivation und Persönlichkeit, Olten / Freiburg 1977, (Originalausgabe: Motivation and Personality, New York 1954).

Mc Fadden, Daniel / et. al.: Is there Life after Debt? - An Econometric Analysis of the Creditworthiness of Developing Countries, in: Gordon W. Smith / John T. Cuddington (Hrsg.): International Debt and the Developing Countries, Washington D.C. 1985 (Weltbank), S. 179 - 209.

Meadows, Dennis / et. al.: Die Grenzen des Wachstums - Bericht des Club of Rome zur Lage der Menschheit, Reinbeck bei Hamburg 1973, (Originalausgabe: The Limits to Growth, 1972).

Meißner, Werner: Prinzipien der Umweltpolitik, in: Rudolf Wildenmann (Hrsg.): Umwelt, Wirtschaft, Gesellschaft - Wege zu einem neuen Grundverständnis, Gerlingen 1987, S. 197 - 207.

Menckhoff, L. / F. L. Sell: Is a Second Debt Crises Looming?, in: Intereconomics, January / February 1986, S. 34 - 37.

Meyer-Abich, Klaus Michael: Von der Wohlstandsgesellschaft zur Risikogesellschaft, in: Aus Politik und Zeitgeschichte - Beilage zur Wochenzeitschrift "Das Parlament", 36 / 1989, S. 31 - 42.

Minsch, Jürg: Ursache und Verursacherprinzip im Umweltbereich, St. Gallen 1988.

Molina, Mario / Sherwood Rowland: Stratospheric sink for chlorofluoromethanes - Chlorine atom catalized destruction of ozone, in: Nature, Band 249 / 1974, S. 810 - 814.

Moll, Walter L. H.: Taschenbuch für Umweltschutz, Bd. 1 Chemische und technologische Informationen, 3. Aufl., München / Basel 1982.

Moll, Walter L. H.: Taschenbuch für Umweltschutz, Bd. 3 Ökologische Informationen, 2. Auflage, München / Basel 1982.

Mundell, Robert A.: International Economics, New York / Toronto 1968.

Mundell, Robert A.: Geld- und Währungstheorie - Inflation, Zins und Wirtschaftswachstum in der Weltwirtschaft, München 1976.

Myers, N: Deforestration Rates in Tropical Forests and their Climatic Implications. A Friends of the Earth Report, London 1989.

Neu, Axel D.: Substitutionspotentiale und Substitutionshemmnisse in der Energieversorgung, Kieler Studien 175, Tübingen 1982.

Neumann, M.: Theoretische Volkswirtschaftslehre III - Wachstum, Wettbewerb und Verteilung, München 1982.

Nordhaus, William: How Fast Should We Graze the Global Commons?, in: The American Economic Review, Vol. 72 No. 2, Papers and Proceedings, May 1982, S. 242 - 246.

Oberndörfer, Dieter: Schutz der tropischen Regenwälder durch Entschuldung, Freiburg i. Brsg. 1988, (Studie im Auftrag der Bundesregierung).
O'Connell, Stephen A. / Stephen P. Zeldes: Rational Ponzi Games, in: International Economic Review, Vol. 29 / 1988, S. 431 - 450.
OECD (Organisation for Economic Co-operation and Development): Economic Outlook, Paris 22. Dez. 1977.
OECD: Economic Surveys - Germany 1990/91, Paris 1991.
OECD: Environmental Data - Compendium 1991, Paris 1991.
OECD: Environmental Indicators - A Preliminary Set, Paris 1991.
OECD: Financial Statistics Part 2 - Financial Accounts of OECD Countries / United States 1974/1989, Paris 1991.
OECD: The State of the Environment, Paris 1991.
Onitsuka, Yusuke: International Capital Movements and the Patterns of Economic Growth, in: American Economic Review, Vol. 64 / 1974, S. 24 - 36.
o.V.: Amerikanische Banken für Schuldenerlaß, in: Frankfurter Allgemeine Zeitung vom 9. 9. 1988.
o.V.: Anstieg des Methangehalts der Atmosphäre, in: Naturwissenschaftliche Rundschau, 42. Jahrg., Heft 7 / 1989, S. 274.
o.V.: Bankers propose debt forgiveness for Third World, in: Financial Times vom 8. 9. 1988.
o.V.: Banks "unable" to meet loan demands from Third World, in: Financial Times vom 14. 9. 1988.
o.V.: Beautiful barter in Bolivia, in: The Economist, July 18 / 1987, S. 42.
o.V.: Bevölkerung bejubelte Flucht der Bankräuber, in: Frankfurter Rundschau am Abend vom 9. 6. 88, S. 1.
o.V.: Bevölkerung von Los Mochis jubelte Bankräubern zu, in: Die Welt vom 23. 4. 88, S. 24.
o.V.: Brasiliens Umschuldung perfekt, in: Frankfurter Allgemeine Zeitung vom 24. 9. 1988.
o.V.: Britische Staatsanleihen - kostbar wie Goldstaub, in: Wirtschaftswoche Nr. 51 / 1988, S. 100 - 101.
o.V.: Chile will Banken deren Forderungen mit Abschlag abkaufen, in: Frankfurter Allgemeine Zeitung vom 29. 9. 1988.
o.V.: CO_2-Aufnahme und -Abgabe der Weltmeere, in: Naturwissenschaftliche Rundschau, 38. Jahrg., Heft 12 / 1985, S. 528.
o.V.: Creative Financing, in: Time, July 27 / 1987, S. 34.
o.V.: Das Feingefühl wächst, in: Wirtschaftswoche Nr. 52 / 1986, S. 39 - 42.
o.V.: Das war der Gipfel: Wie Helmut Kohl in Toronto den tropischen Regenwald entdeckte, in: Die Zeit vom 24. Juni 1988, S. 21.
o.V.: Die globale Umweltfazilität, in: Finanzierung & Entwicklung, März 1991, S. 24.
o.V.: Dreh den dollen Dollar, in: Wirtschaftswoche Nr. 3 / 1988, S. 14 - 25.
o.V.: Ein neues Modell mit Pfiff, in: iwd Nr. 4 / 1988, S. 7.
o.V.: FCKW-Bestimmungen verschärfen, in: Frankfurter Allgemeine Zeitung vom 26. 6. 1990.

o.V.: Folgekosten behindern am Golf den Wiederaufbau, in: Handelsblatt vom 25. 7. 1988.

o.V.: Forderungen bei der Ozon-Konferenz, in: Frankfurter Allgemeine Zeitung vom 27. 6. 1990.

o.V.: Freie Fahrt für Mikroorganismen?, in: Das Parlament, Nr. 29 / 14. 7. 1989, S. 7.

o.V.: Hochfinanz hilft Tropenwälder schützen, in: Naturwissenschaftliche Rundschau, 41. Jahrgang, Heft 4 / 1988, S. 162.

o.V.: Kapitalanlagen - Analysen, Trends, Ratschläge aus Zürich, Jan. 1988.

o.V.: Nach kaltem Winter heiße Klima-Debatte in den USA, in: Ökologische Briefe Nr. 14 / 1990, S. 8 und 13.

o.V.: Partielle länderspezifische und marktkonforme Lösungen, in: Frankfurter Allgemeine Zeitung vom 29. 9. 1988.

o.V.: Schuldendiskussion bleibt aktuell, in: Commerzbank Außenhandelsblätter 5 / 87, S. 3 - 7.

o.V.: Sick, sterilised and edentulous but happy, all the same, in: The Economist, 21. Dezember 1985, S. 23.

o.V.: The fast-buck artist is alive and well and selling dubious investments, in: Business Week, 30. Dezember 1985, S. 94 - 95.

o.V.: Tropenwald - Geteilte Verantwortung, in: Wirtschaftsdienst III / 1989, S. 118.

o.V.: Unctad urges Third World debt write-off, in: Financial Times vom 2. 9. 1988.

o.V.: Werden Zugvögel zu Standvögeln? - Einfluß des Klimas vermutet, in: Frankfurter Allgemeine Zeitung vom 14. 3. 1990.

o.V.: Wirtschaften für die Natur, in: Informationsdienst der Vereinigung für ökologische Wirtschaftsforschung Nr. 3 - 4, Berlin, Juli / August 1991.

Petersmann, Hans G.: Financial Assistence to Developing Countries - The Changing Role of the World Bank and International Monetary Fund, Bonn 1988.

Pohl, Rüdiger: Internationale Finanzmärkte und US-Leistungsbilanzdefizit, in: Wirtschaftsdienst IV / 1985, S. 202 - 205.

Ramanathan, V.: The Greenhouse Theory of Climate Change - A Test by an Inadvertent Global Experiment, in: Science, Vol. 240 / 15. 4. 1988, S. 293 - 299.

Rat von Sachverständigen für Umweltfragen: Umweltgutachten 1987, Stuttgart / Mainz 1987.

Rath, Kai Peter: Sauber und rentabel, in: Wirtschafts-Consens Nr. 12 / Oktober 1989, S. 6 - 7.

Rehberger, Reinold: Ethisches Investment - weltweite Hausse für die grünen Aktien, in: Natur, Nr. 1 / 1990, S. 85 - 87.

Richter, Dieter: Schlaraffenland - Geschichte einer populären Phantasie, Köln 1984.

Rocznik, Karl: 1988 - weltweit wärmstes Jahr, in: Naturwissenschaftliche Rundschau, 42. Jahrgang, Heft 9 / 1989, S. 364 - 365.

Röller, Wolfgang: Weltbank und Währungsfonds müssen stärker führen, in: Neue Osnabrücker Zeitung vom 21. 9. 1988.

Rose, Klaus: Entwicklung und Stand der Außenwirtschafttheorie, in: Klaus Rose (Hrsg.): Theorie der internationalen Wirtschaftsbeziehungen, Köln / Berlin 1965, S. 13 - 27.

Rosenstock, Adolf: Realzins, Sparen und Investieren in den achtziger Jahren, in: Wirtschaftsdienst X / 1988, S. 2 f.

Rothschild, Kurt W.: Einführung in die Ungleichgewichtstheorie, Berlin / Heidelberg / New York 1981.

Rotty, R. M.: Energy Demand and Global Climate Change, in: Wilfried Bach / Jürgen Pankrath / William Kellogg: Man's Impact on Climate, Amsterdam / Oxford / New York 1979, S. 269 - 283.

Rübel, Gerhard: Intertemporale Zahlungsbilanztheorie, in: Jahrbuch für Sozialwissenschaft 39 / 1988 (Festschrift für Klaus Rose), S. 102 - 110,

Sachs, Jeffry: Theoretical issues in international borrowing, Princeton studies in international finance No. 54, Princeton 1984.

Sachs, Jeffrey / Daniel Cohen: LDC Borrowing with Default Risk, in: Hans-Jacob Krümmel (Hrsg.): Internationales Bankgeschäft (Beihefte zu Kredit und Kapital H. 8), Berlin 1985, S. 211 - 235.

Sachs, Jeffrey / Josef Kneer: Debt Reduction - the Basis and Shape of a New Strategy, in: Intereconomics Jan. / Feb. 1990, S. 3 - 5.

Sauer, Hans-Dieter: Treibhauseffekt und Energiebedarf der Dritten Welt - Ein unlösbarer Konflikt?, in: Entwicklung & Zusammenarbeit 7/8 1990, S. 26 - 28.

Sauernheimer, Karlhans: Die außenwirtschaftlichen Implikationen des "New Cambridge Approach", in: Konjunkturpolitik, Heft 6 / 1983, S. 348 - 365.

Schäfer, Hans-Bernd / Siegfried Schultz: Der Zusammenbruch internationaler Zahlungsfähigkeit - Ursachen und Wirkungen, in: Hans-Bernd Schäfer (Hrsg.): Gefährdete Weltfinanzen, Bonn 1980, S. 131 - 141.

Schmidt, Helmut: Für einen Marshall-Plan der Industrie-Staaten, in: Die Zeit vom 23. 9. 1988, S. 37 - 40.

Schmidt, Liane: Integration der Vermögensbilanzen in die internationale Systeme Volkswirtschaftlicher Gesamtrechnungen, in: Statistisches Bundesamt (Hrsg.): Internationale Systeme Volkswirtschaftlicher Gesamtrechnungen - Revision und Erweiterungen, Band 4 der Schriftenreihe Forum der Bundesstatistik, Wiesbaden 1986, S. 111 - 132.

Schreiber, Helmut: "Debt-for-Nature Swap" - An Instrument against Debt and Environmental Destruction?, in: Zeitschrift für Umweltpolitik und Umweltrecht 4 / 89, S. 331 - 352.

Schumann, Hartmut: Schuldenkrise und Umweltschutz, in: Europa-Archiv, Folge 1 / 1991, S. 17 - 26.

Schumpeter, Joseph A.: Theorie der wirtschaftlichen Entwicklung, 3. Auflage, München / Leipzig 1931.

Sell, Friedrich L.: Der Kompensationshandel, in: WiSt 9 / 1988, S. 451 - 456.

Siebert, Horst: Foreign Debt and Capital Accumulation, in: Weltwirtschaftliches Archiv Bd. CXXIII, S. 618 - 630.

Siebert, Horst: Ökonomische Theorie der Umwelt, Tübingen 1978.

Siebert, Horst: The Half and the Full Debt Cycle, in: Weltwirtschaftliches Archiv Bd. 125, Heft 2 / 1989, S. 217 - 229.

Siebke, Jürgen / H. Jörg Thieme: Einkommen, Beschäftigung, Preisniveau, in: Vahlens Kompendium der Wirtschaftstheorie und Wirtschaftspolitik Bd. 1, 3. Auflage, München 1988, S. 85 - 172

Simmert, Diethard B. / Kurt-Dieter Wagner (Hrsg.): Staatsverschuldung kontrovers, Köln 1981.

Simonsen, Mario Henrique: The Developing-Country Debt Problem, in: Gordon W. Smith / John T. Cuddington (Hrsg.): International Debt and the Developing Coutries, Washington 1985 (Weltbank), S. 101 - 126.

Sinn, Hans-Werner: Gedanken zur volkswirtschaftlichen Bedeutung des Versicherungswesens, in: Zeitschrift für die gesamte Versicherungswirtschaft, 1 / 1988, S. 1 - 27.

Smeets, Heinz-Dieter: Der monetäre Ansatz der Zahlungsbilanztheorie, Frankfurt / Bern 1982.

Statistisches Bundesamt: Umweltökonomische Gesamtrechnung - Ein Beitrag der amtlichen Statistik, Wiesbaden 1990 (hrsg. als Diskussionspapier).

Streissler, Monika: Theorie des Haushalts, Stuttgart 1974.

Stützel, Wolfgang: Volkswirtschaftliche Saldenmechanik, 2. Auflage (unveränderter Nachdruck der 1. Auflage von 1958), Tübingen 1978.

Stützel, Wolfgang: Währung in weltoffener Wirtschaft, Frankfurt 1973.

UNCTAD (United Nations Conference on Trade and Development): Debt-for-Nature Swaps, in: Trade and Development Report 1989, Genf 1989, S. 44 - 45.

UNDP (United Nations Development Program): Presse Kommunique des UNDP vom 25. 6. 1987, Genf, S. 1.

Vershofen, Wilhelm: Die Marktentnahme als Kernstück der Wirtschaftsforschung, Berlin / Köln 1959.

Völling, Johannes: Auslandsverschuldung des Staates - Analyse der Möglichkeiten und Grenzen, in: Diethard B. Simmert / Kurt-Dieter Wagner (Hrsg.): Staatsverschuldung kontrovers, Köln 1981, S. 269 - 279.

Wagemann, Ernst; Struktur und Rhythmus der Weltwirtschaft, Berlin 1931.

Warford, Jeremy / Zeinab Partow: Die Umweltpolitik der Weltbank, in: Finanzierung & Entwicklung Nr. 4 / Dez. 1989, S. 5 - 8.

Weizsäcker, Carl-Christian von: Das eherne Zinsgesetz, in: Kyklos, Vol. 32 / 1979, Fasc. 1 / 2, S. 270 - 282.

Weizsäcker, Ernst von: Erdpolitik - ökologische Realpolitik an der Schwelle zum Jahrhundert der Umwelt, Darmstadt 1989.

Weltbank: Weltentwicklungsbericht 1985, Washington D.C. 1985.

Weltbank: Weltentwicklungsbericht 1988, Washington D.C. 1988.
Weltbank: Weltentwicklungsbericht 1990, Washington D.C. 1990.
Weltbank: World Debt Tables 1988 - 89, External Debt of Developing Coutries, Vol. I Analysis and Summary Tables, Washington D.C. 1989.
Weltbank: World Debt Tables 1990 - 91, External Debt of Developing Coutries, Vol. 2 Country Tables, Washington D.C. 1991.
Westphalen, Jürgen: Das internationale Schuldenmanagement vor neuen Aufgaben, in: Europa Archiv Folge 24 / 1987, S. 701 - 708.
Wicke, Lutz: Umweltökonomie, 3. Auflage, München 1991.
World Wildlife Fund: Debt-for-Nature Swaps - A New Conservation Tool, Letter No. 1 / 1988.
Wulff, Manfred: Theorien und Dogmen als Ursachen wirtschaftspolitischer Probleme, Berlin 1985.

Zinn, Karl Georg: "Sättigung" im gesamtwirtschaftlichen Zusammenhang - Anmerkungen zu einer umstrittenen Sache, in: Jahrbuch für Sozialwissenschaften 35 / 1985, S. 1 - 24.
Zinn, Karl Georg: Geldvermögen, Zinseinkommensquote und Inflation, in: Jahrb. f. Nationalökonomie und Statistik Bd. 201 / 4, 1986, S. 350 - 369.

Hochschulschriften

Band 1

Eberhard Feess-Dörr: Die Redundanz der Mehrwerttheorie. Ein Beitrag zur Kontroverse zwischen Marxisten und Neoricardianern.

167 Seiten, 24,80 DM,
ISBN 3-926570-11-3

Band 2

Thomas Huth: Kapital und Gleichgewicht. Zur Kontroverse zwischen neoklassischer und neoricardianischer Theorie des allgemeinen Gleichgewichts
256 Seiten, 39,80 DM,
ISBN 3-926570-15-6

Band 3

Ingrid Kubin: Neoricardianische Gleichgewichtsmodelle und Änderungen in der Zusammensetzung der Endnachfrage

225 Seiten, 39,80 DM,
ISBN 3-926570-12-1

Band 4

Gerd Grözinger: Konkurrenzpreise und Arbeitswerte. Ein Input-Output-Modell für die Bundesrepublik Deutschland 1960-1984

182 Seiten, 36,80 DM,
ISBN 3-926570-19-9

Band 5

Helmut Kesting: Produktionspreise, Wachstum und Verteilung

202 Seiten, 39,80 DM,
ISBN 3-926570-24-5

Band 6

Eva Pichler: Vollautomatisierte Güterproduktion. Auswirkungen auf Beschäftigung, Wachstum und Einkommensverteilung unter verschiedenen wirtschaftspolitischen Regimen
155 Seiten, 32,80 DM,
ISBN 3-926570-25-3

Band 7

Jan Brägelmann: Kuppelproduktion und Technikwechsel

179 Seiten, 36,80 DM,
ISBN 3-926570-32-6

Band 8

Peter Frankenfeld: Grundrisse einer Theorie der Wirtschaftspolitik von Weltorganisationen

300 Seiten, 44,80 DM,
ISBN 3-926570-36-9

Band 9

Friedrun Quaas: Das Transformationsproblem. Ein theoriehistorischer Beitrag zur Analyse der Quellen und Resultate seiner Diskussion

160 Seiten, 32,80 DM,
ISBN 3-926570-57-1

Band 10

Heino Klingen: Politische Ökonomie der Präklassik. Die Beiträge Petty, Cantillons und Quesnays zur Entstehung der klassischen politischen Ökonomie

218 Seiten, 39,80 DM
ISBN 3-926570-59-8